段纪武 著

远去的汽笛声

Distant Train Whistle

世界知识出版社

图书在版编目（CIP）数据

远去的汽笛声 / 段纪武著.
-- 北京：世界知识出版社，2017.12
ISBN 978-7-5012-5660-0

Ⅰ.①最… Ⅱ.①段… Ⅲ.①家族—史料—武汉
Ⅳ.① K820.9

中国版本图书馆 CIP 数据核字 (2017) 第 304918 号

书　　名	远去的汽笛声 Yuanqu de Qidisheng
作　　者	段纪武
封底书法	姜　勇
责任编辑	刘豫徽
责任出版	王勇刚
责任校对	张　琨
出版发行	世界知识出版社
地址邮编	北京市东城区干面胡同 51 号（100010）
网　　址	www.ishizhi.cn
经　　销	新华书店
投稿信箱	lyhbbi@163.com
电　　话	010-65265923（发行） 010-85119023（邮购）
印　　刷	北京虎彩文化传播有限公司
开本印张	787 毫米 ×1092 毫米　1/16　29¼ 印张
字　　数	417 千字
版次印次	2018 年 5 月第一版　2018 年 5 月第一次印刷
标准书号	ISBN 978-7-5012-5660-0
定　　价	68.00 元

版权所有　侵权必究

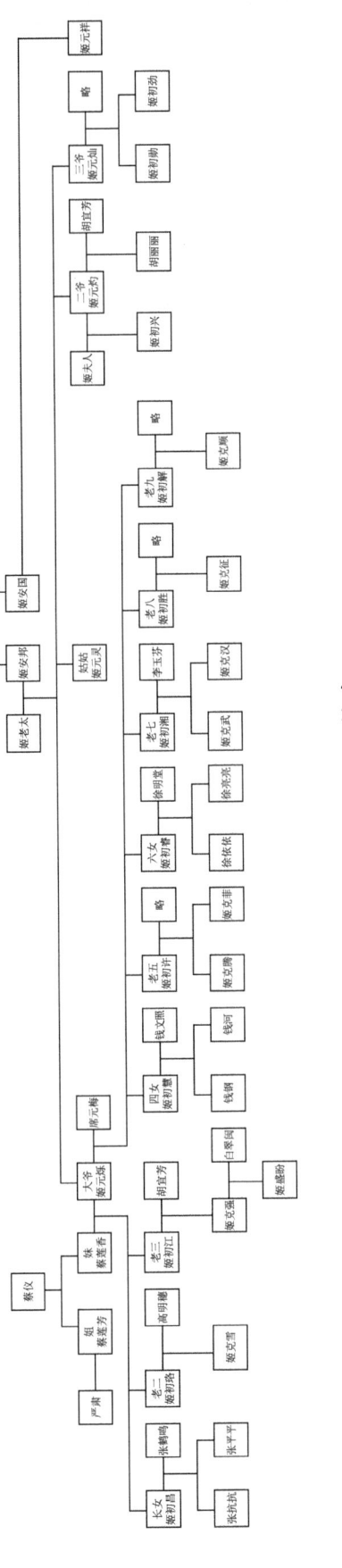

闲话纪武

初识纪武是在20世纪90年代中期，我从铁路公安部门调到当时铁道部为数不多的一家星级酒店做管理干部，兼做企业报纸的总编。

纪武是从铁路另外一家关闭的企业里调动过来，第一次在酒店见到他的印象就是这个伙计头很大。因他之前从未做过酒店的工作，酒店老总为安排这个人颇费了脑筋。后来想起当时酒店引进的一套德国啤酒设备没人接手，于是纪武就成为啤酒屋的"酿酒师"。

这个啤酒屋是前期建造方谈下的项目，由于合同或者其他什么问题，交付下来的设备没有设备资料。他到啤酒屋没有多久，有一天，就拿着一卷图纸到我办公室。撑开一看，竟然是他自己画的啤酒设备的图纸，流程原理、管线走向等，赫然纸上，不禁让我对他立马刮目相看。

那个叫"汉斯啤酒屋"的黑扎啤在他的打点下竟然誉满峡江小城，那是后话。

90年代，企业人才济济，能写会画的不少，所以我办的那个企业报纸十分红火，1998年曾经被评为"全国饭店业最佳企业报纸"。但说实话，副刊上的文章多是小资浓厚的东西，鲜有深度文章。某天他却突然送来几篇小文，其文文采飞扬感情真挚，让我惊讶大过惊喜，不曾想到原来这个"大头"伙计，居然还是个文化人。

后来我们以文会友，成为至交，也知道了他的家世。

纪武出身铁路世家，他的太爷爷从湖北汉川老家考入武昌的两湖书院，后赴日学习铁路报务，回国后投身中国铁路建设。爷爷十几岁顶职入铁路，历经北洋、民国、抗战、解放，在铁路上做了一辈子。我见过他爷爷的一张发黄的老照片，是三个年轻的铁路员工站在守车上，白衬衣黑裤子气宇轩昂，一股超然的民国风采扑面而来。

纪武的父亲也是顶职入铁路，经历了中国铁路史上最动荡、荒唐和发展缓慢的"文革"时期，未及建树，刚退休就逝去。纪武本人即是在中国铁路开始复兴的时候考入铁路司机学校，在襄阳机务段干起了火车司机，那个时代管火车司机叫"大车"（铁路人对火车司机的俗称），可见其职业生涯的亦有风光过。

如此算来，纪武可谓是正宗的铁路四代。

后来纪武离开了酒店，做过一些职业经理人的其他行当，但我们联系一直没有中断。几年前，他告诉我准备把自己的家族史写出来，并且给了我几页大纲征求意见。几页读完，使人眼睛一亮，这个题材之新颖，特色之鲜明，故事之传奇，完全是一部好的传记小说资源，还是一部长篇剧本的选择。

中国的铁路史，相对于其他比如战争史、文化史之类，在人们的认知当中，似乎并没有什么存在感。在小学课本里普及的就只有一个詹天佑，发明了火车连接挂钩和"人"字岔道；再后来可能还有人会晓得二七大罢工的施洋大律师、工人领袖林祥谦、"样板戏"《红灯记》里的李玉和，朝自己开一枪的王巡长等故事，或许还有慈禧太后担心惊动龙脉而乘坐马拉火车的荒诞野史流传……自然，这些支离破碎的铁路记忆远不是中国铁路的原貌。

在中国现代工业文明发展史中，中国铁路一直承担着先驱的作用。早期的铁路人是最早受到现代工业文明熏陶的一代人。纪武的太爷和几个青年同乡从汉川乡下走出来，被历史和命运裹挟着，有的进入铁路后成为高级管理人才，有的投身军界而成为国民党高级将领，有的献身教育成为教育家，也有的参加了共产党成为政界翘楚……他们每个人用一生的际遇，在时空中投射出一个时代的变迁。

纪武的铁路家史，富有独特的传奇性，从民国到解放到现代，跌宕起伏，展现的是一部中国铁路史的缩影。

纪武硕大的脑袋里储存的家族历史沉淀，就他本身铁路四代的身份已可算是稀缺资源，又有一种历史责任感撑在骨子里。为了将厚重的沉淀酝酿成一部血肉丰满的作品，纪武从各个渠道搜集相关资料，从文字到图片，品种数量之多，整理一下就是一份中国铁路史资料大全。加之他自身的文学天赋，和好学善察的本性，竟将博览群书之厚积，薄发成鲜活的文字，历经数年，终为我们还原了这部铁路世家的百年传奇。

书中讲述了一个铁路世家在中国铁路建设中，所经历的悲喜人生和家族命运。用铁路人的个性与风范，成就了他们对中国铁路事业的传承和坚守。同时，也记录了武汉这个中国铁路重镇，百年来的历史、地理、文化和民俗的变迁。

纪武从"大车"开始，沿着铁路两条铮亮的铁轨，抛洒下自己人生最美好的光景，又用笔捡拾起时间的碎片，镶嵌于铁路基石的记忆中。

铁路仍然在中国的大地上延伸，现在的动车、高铁无不是在老一代铁路人夯实的基石上起飞。雄壮的路基上铭刻着中国铁路人的功绩和血泪，直往前去！

徐晓光
2017 年 11 月 15 日
于香龙山舍

（徐晓光：笔名苍狼，科考探险作家。中国科学探险协会奇异珍稀动物考察专业委员会委员。著有：电视剧《铁道刑警》以及《苍狼之旅》

《大江寻源——三江源生死之旅》《水问——中国西部江河巡礼》《向水而行——中国民间科考之旅》《大脚印》等书。2012年10月20日被国际市民体育联盟 IVV 及 CVA 徒步中心评选为中国十大徒步人物。)

目 录

一、萌芽……………………………1

二、东京风云………………………7

三、姬安邦与蔡仪…………………13

四、烈士还乡………………………20

五、丫鬟喜妹………………………27

六、济南风波………………………30

七、元烁成亲………………………35

八、元灵北上求学…………………43

九、黄光……………………………47

十、吴大帅题的匾…………………51

十一、徐家棚的枪声………………56

十二、元灵赖婚……………………66

十三、二七风暴……………………70

十四、元烁的革命……………74

十五、悲哀与荒唐……………83

十六、风云诡谲……………92

十七、严肃镇压农会……………96

十八、喜妹成了席元梅……………99

十九、黄包车夫吴青天……………106

二十、太太元梅……………113

二十一、昙华林轶事……………118

二十二、吴青天归队……………127

二十三、珞珈山上……………130

二十四、铁路遐想……………145

二十五、国难中的爱情……………150

二十六、全民抗战……………160

二十七、武汉沦陷……………167

二十八、"匪窟"传奇……………171

二十九、"虎口"夺食……………180

三十、齐瘌痢……………185

三十一、"毛猴子"的战斗……………192

三十二、朱大奎就义……………196

三十三、齐扬灵获救……………198

三十四、胜利了……………201

三十五、阖家团聚……………204

三十六、高明穗……213

三十七、梅家山上……222

三十八、暗流涌动……228

三十九、胡宜芳……235

四十、黎明之前……245

四十一、铁路保卫战……253

四十二、天亮了……262

四十三、刘家小姐刘雅韵……268

四十四、山雨欲来……273

四十五、元祥回乡……288

四十六、兄弟重逢……297

四十七、搬了新居走了故人……300

四十八、"运动"来了……302

四十九、白爷……317

五十、"屠夫"初解……320

五十一、二七新村旧事……327

五十二、老宅没了……337

五十三、元灵之死……342

五十四、李玉芬惹事……345

五十五、克强的苦难……348

五十六、克强"劳教"……359

五十七、"二七"的奇人……368

五十八、老伙计道别……………………376

五十九、初解安置到铁路……………384

六十、克强变了………………………387

六十一、元烁的最后岁月……………391

六十二、冻土上的两座坟茔…………395

六十三、克强成亲……………………403

六十四、徐汉生升官…………………404

六十五、铁路子弟……………………407

六十六、初江为母寻亲………………416

六十七、克强求学……………………420

六十八、家族隐私……………………423

六十九、铁路畅想曲…………………430

七十、峡风茶道………………………438

七十一、新一代铁路人………………445

后记……………………………………452

一、萌芽

刚刚调署两江总督的张之洞，在总督府看完《马关条约》的条文密报，血气上涌，双目怒瞪，胡须乱颤。他对幕僚辜鸿铭大叫道："给总署拟电文！"

"旅顺、威海及北洋门户，若不退还，则北洋咽喉，从此梗塞。以后虽有水师，何处停泊修理？"

沉默片刻，语调低沉了些："彼日肆要挟，稍不满欲，朝发夕至。……彼时战不及战，和不及和，守不及守，即欲暂避，亦不及避！"

"通商条目、赔款限期，尤堪骇异。各省口岸、城邑、商业、工艺、轮船，处处任意往来，任意制造，一网打尽，工商生路尽矣。……赔款分期摊还，每年亦须还本息一千数百万两，各海关洋税空矣。"说到此处，他想到了在湖广总督任上十余年来呕心沥血创办的洋务实业，不由得难过得闭上了双眼，没有让那一滴老泪滴下来。

他猛地张目瞪脚："民贫极则生乱，厘税去则无饷，陆师海军永不能练，中国外无自强之望，内无剿匪之力矣！"

辜鸿铭一惊，停笔看了他一眼。

张之洞恶狠狠瞪着辜鸿铭，仿佛这个国家的罪人就是眼前这个自己一直很欣赏并正在着力栽培的有为青年。他加快语速喊道："割地一事，尤不可行。自有中国未闻以重地要地割予岛国之事。……岂有卧榻之旁，供人酣睡？坐视赤县神州，自我而沦为异域，皇太后、皇上将如后世史书何？！"

说到此处，他感到些疲惫，无力地坐到椅子上，张嘴呼气。

辜鸿铭看着这位曾经在外交风云变幻的政治舞台上纵横捭阖、翻云覆雨，现已近花甲的尊敬的老人，第一次感觉到了他的可怜。

春天的深夜，还有些寒意。

书房里电灯仍亮着，披着夹袄的张之洞还在书房研究这次战败的原因，案上堆满了战报、公文，地上铺着数十张地图。

佣人轻轻推开房门，送上黄芪红枣汤。张之洞的肝病一直没能痊愈，每晚都得给他炖一碗保养肝脏的黄芪红枣汤。张之洞挥了挥手，示意她先放在桌上。

特别是津海关监督盛宣怀的数十封来电，张之洞按时间顺序反复看了几遍，对照着地图，用红笔不断比画着日军登陆线路、清军调兵线路。

在赴江宁之前，张之洞就调遣湖北提督吴凤柱率襄阳驻军一万余人北上参战。抵两江任后，张之洞更是不遗余力支援前线抗敌作战。他于扬州、清江、宿迁至山海关、锦州沿线设"江南转运局"十二处，各雇大车三百辆，又购、租大量船舶，分水陆两路输送辎重。山东威海吃紧时，他主动送去自己在上海购得的快枪一千支、子弹一百万发。

威海之败主因就是救援不力。三万多日军在荣成从容登陆，而从南方调来的清兵还在路上仅凭双脚奔波。广东提督唐仁廉部从山海关出发，走了十九天才到沈阳，而此时，日军已攻占刘公岛，北洋舰队全军覆没，唐仁廉部不得已全军又沿来路返回。

天快亮了，张之洞的目光最后穿梭在中国和日本铁路地图上：中国地图上只有断断续续加起来不到五百公里铁路，且大多分布在后方，而日本地图上纵横交错连绵不断的铁路线已达三千多公里！张之洞惆怅地长吁一声："交通！"扬手一挥，不经意打翻了案上的黄芪红枣汤。

天已大亮，张之洞仍无倦意，伏案起草"由上海造铁路通苏州以达江宁，由苏州旁达杭州"的方案，筹定苏沪铁路官本、官商合办，指定向德国瑞记洋行借款二百万两为官本，"两年后于两淮盐务再筹一百万两，余招商股"。

几天之后，张之洞即接"著回湖广本任"的上谕。

想到当年在湖北自己亲手创办的汉阳铁厂、湖北枪炮厂、大冶铁矿、汉阳铁厂机器厂、汉阳铁厂钢轨厂、湖北织布局、缫丝局、纺纱局、制麻局、制革厂等一批企业，张之洞胡须遮掩下的嘴角不禁上扬了。

湖广总督张之洞站在武昌营坊口左老天符庙都司湖畔，看着环境优美的湖光山色，对簇拥的官员们说："洋务日繁，动关大局，造就人才，似不可缓。亟应及时创设学堂，先选两湖人士，肄业其中，讲求时务，融贯中西，研精器数，以期教育成材，上备国家任使。此地前后两湖，风廊月榭，荷红藻绿，环境雅静，极宜治学。拟每期招收鄂籍士子四百名，学成必须在鄂地供职七年后方可外调。"

一官员说："此项恐耗资巨大，朝廷不会拨款，地方又无法筹集。"

张之洞眯缝着眼睛，沉思片刻，说："可否由湘、鄂两省茶商捐资？"

官员说："恐不妥。商人无利不早起，湘籍茶商更是无由游说。"

张之洞说："那就取两湖士子，每省员额两百名，另为报答茶商资助，专录商籍学生四十人。"

两湖书院首届招生张榜，各地学梓围观看榜。湖北汉川的两位年轻秀才蔡仪、姬安邦找到了自己的名字，欢呼雀跃。

斋夫恭敬地引领提着行李的蔡仪、姬安邦进到斋房："老爷，这就是两位爷的铺。"并麻利地接过行李卷铺床。姬安邦忙阻止道："我们自己来。"

"那可不行，要丢饭碗的！"斋夫紧张地抓紧了手里的行李。

蔡仪、姬安邦只好交由斋夫去做，俩人开始清理自己带来的书籍。

斋夫出门后，见到伙夫，抱怨道："这到底是当学生来的还是做先生来的？每个斋房还配专门的斋夫、伙夫伺候着。"

伙夫忙说："小声点！来的时候不是官家教导了的吗，这些都是国家将来的栋梁，说不定也当上督抚呢，不然怎么叫我们称他们老爷呢？"

斋夫羡慕道："是啊！真是攀上了龙门，当学生还每个月领膏火银四两呢。"

伙夫说："我听督导们说，每月考完试，每个人还有十块钱赏银呢，考得好的可以拿到十二块钱呢。"

斋夫咂舌："乖乖！两百文钱就可以买一担米啊。"向天上作揖："老天开眼，什么时候我的儿子也能上这样的学堂，我……"

伙夫扬起手里的抹布挥了过去："见你的鬼！你那儿子十几岁了还大字不识一个，你做白日梦呢！这里的学生可都是秀才！"

"快来看，院门外有楹联呢！"蔡仪在门外喊道。

对书法有兴趣的姬安邦赶紧跑出来："我来看看！"

俩人念着："主恩先后三持节；臣本烟波一钓徒。张之洞"

姬安邦赞叹道："是香帅大人的手笔，真好！走，看看别的斋院。"

两个到附近的斋院一看，原来每个斋院都有楹联牌匾。

"宋学积分三舍法；楚村淹贯九丘书。张之洞。"

"北呼万岁天下定；南皮一老古来稀。梁鼎芬。"

"唯楚庆多才，夹袋宏搜，安得万间开广厦；取人不求备，锁闱清课，何妨六艺重专门。张之洞。"

张之洞率领文武百官莅临两湖书院，参加首届开学典礼。大门上两旁，镌刻着张之洞手书的对联：荆衡秀气；邹鲁遗风。

张氏官轿到校门即下轿步行，到孔子神位，亲率监督及所有学生行三跪九叩之礼。

到达正学堂，张之洞率领百官立于东阶，监督率领教师们立于西阶。

正学堂堂柱悬有一联：志在春秋，行在孝经，此为鹄臣鹄子；虽有文事，必有武备，法我先圣先师。年逾花甲的张之洞容颜肃穆地代表学生家长向西阶行叩首礼。

仪式完毕后，张之洞来到主讲斋，与书院监督梁鼎芬、分教杨守敬、杨锐以及刚聘用的教师人等喝茶交谈。

主讲斋大门挂着的是梁鼎芬题的对联：往事忆舺棱，身别修门二十载；新阳尽桃李，教成君子六千人。

张之洞说："学堂固宜速设矣，然而非多设不足以济用。须多设，则有二难：经费钜一也、教师难二也。教习求师之难，尤甚于筹费。尔等都是饱学之士，望不负众望。"

大家都点头称是。

张之洞继续说道："唯实学始能挽救国家危亡，须教导学生看轻科名。吟风弄月徒斫伤心志，无补国家，应专从务实学做实事。"话锋一转："出洋一年，胜于读西书五年；入外国学堂一年，胜于中国学堂三年。此孟子置之庄岳之说也。实用之术，西洋不如东洋。我已派员游历考察东洋，为学堂学成之士再修东洋之术寻觅游学之所，已购得日本东京路矿学堂，将其更名为湖北铁路学堂，学成之士，必须在鄂服务七年！"

在座的面面相觑。

1897年，蔡仪、姬安邦随全班官费留学日本"湖北铁路学堂"。学生们兴高采烈地在武昌长江码头登船。

姬安邦说："别太兴奋了，路途还遥远着呢，到上海得两天，转海轮到日本还得好几天呢！"

蔡仪突然看到轮船上被一群官员簇拥着的张之洞威坐在红地毯上的椅子上，正向他们微笑，忙对大家说："别闹了，总督大人到船上为我们送行来了。"大家立刻安静了，列队整齐地向大人们致礼。张之洞对学生频频答礼。

提督张彪赶到，对张之洞屈膝请安。

张之洞口衔长旱烟杆，对张彪视若无睹，目光一直看着他满怀期待的学生们。张彪尴尬地不知该不该起身，学生们见状窃笑。

北洋大臣袁世凯的文案刘大人悄声对辜鸿铭说："君之宫保保重学问，余之宫保保重事业。"

辜鸿铭不动声色地说："我揣摩，天下只有一种事业不需要学问。"

身边几位官员期待地看着辜鸿铭，刘大人傲慢地问："何者？"辜鸿铭压低嗓门："倒马桶。"

大家哄堂大笑。

原来这里有一个典故：传说当年袁世凯为了巴结老佛爷，绞尽脑汁之后，贿赂李公公，给老佛爷送了一只马桶。这只马桶相当精致、独具匠心——上面描金画凤就不必说了，体贴入微的功能奥妙藏在内里——除了接触屁股的部位舒适、具有很好的按摩功效之外，最绝的是马桶中间有每天可以清洗更换的透水透气的隔层，隔层上细细地铺一层黄沙，其上再铺一层水银。这样，就解决了老佛爷希望内急时出而无味、落而无声这两个难题。老佛爷用过之后，果然心里非常熨帖、舒坦。就这样，凭借一只马桶，袁世凯攀上了中国最大的权贵，开始了真正的政坛风云。

朝廷内外，不少人对袁世凯的作为所不齿，但也只是心照不宣，谁也不愿惹事、也不敢惹事。如今听这位年轻后生的机智笑谑，诸位都忍不住笑出了声。

刘大人面红耳赤，羞恼万分。

张之洞听到身后的喧嚣，不满地回头看看，大家立刻安静，挺直了胸膛。

张之洞对学生们作揖："学成归来之日，老朽依然给你们接风！"

但他并没有兑现诺言，这些学生也没有给他兑现的机会。

二、东京风云

1900年7月,日本东京,艳阳高照。

首届湖北铁路学堂学生已学习近三年,即将毕业。

小礼堂里,日本教员正在放着无声电影,并讲解着。

"为了建设台湾的纵贯铁路,打通台湾因溪流切割、交通落后所造成的隔阂,促进全岛性的沟通联系,台湾铁路总司令部司令小山保政带领的临时铁路队,三百多名来自日本的队员,有一百七十多人染病,其中多人牺牲。明治二十八年一月十四日,小山将患病的队员送回日本医治,光荣回国和英勇牺牲的勇士们高达二百八十二人。但铁路建设不能停止,于是又从日本调派新的勇士来台。临时铁路队牺牲人数,明治二十七年是八十一人,明治二十八年高达二百四十一人。在如此巨大牺牲下,台北到新竹的铁路才建设完成。

明治卅一年六月廿一日,小山就任打狗(高雄)铁路敷设部部长,开始了南部铁路的兴建。八月廿三日,获得明治天皇颁赠的四等瑞宝勋章,但他也在这一天因疟疾光荣牺牲。

日本时代的环岛铁路建设,先后完成了纵贯线、屏东线、台东线(窄轨)及宜兰线,长达七百四十公里的主干线。另外台湾四大制糖会社(台湾、盐水港、大日本、明治),各自铺设糖厂专用铁道,总长超过三千公里,遍布于西部山岳、海岸和中南部地区。其他像是阿里山的高山林业铁路,基隆与高雄的港口铁路,高雄的'哈玛星'渔业铁路(日语'滨线'),还有盐业铁路、煤业铁路等。三万六千平方公里的台湾,有着总长五千公里以上的铁路,说台湾是'铁路王国',一点也不为过。

这一切,都是大日本帝国勇士们不惧牺牲所换来的。饮水思源,当我们使用这些便利的铁路设施时，能不怀念当年那些日本而来的烈士吗？台湾民众更是感恩涕零，感谢天皇的恩泽。"

电影放完，大家鱼贯而出。

姬安邦不解地问蔡仪："这台湾真是日本的了吗？"

蔡仪冷笑："神州安在啊！？"

在宿舍，沈翔云、蔡仪与一帮同学激烈地讨论着时局。

一同学指着桌上的地图说："西伯利亚大铁路，将是沙俄吞食中华的主要工具。俄国财政大臣维特都说了：这条铁路修成后，将使'俄国能在任何时间内在最短的路上把自己的军事力量运至海参崴并集中于满洲、黄海海岸及离中国首都的近距离处'。光绪二十二年（公元1896年），《中俄密约》即索取了修筑中东铁路及其支线等特权。次年，沙俄舰队占据旅顺口，继而又向朝廷'租借'了旅顺、大连及其附近海域。"

"那日本帝国不会轻言放弃这块肥肉的。"

"是啊，日本帝国早晚要报'三国干涉还辽'的一箭之仇的。"

蔡仪说："日本已通过一项铁路建设计划，所需款项总额达数亿日元，意在抢在沙俄的西伯利亚铁路尚未通车之前先动手。日俄一战已不可避免。"

一同学展开一张报纸，指着上面一幅"群蛇吃龙"的漫画："这可是在我们清廷的国土上打仗啊！不论战局如何，割的都是朝廷的土地、中国的权益！"

"是啊，这日本和沙俄在朝廷的满洲打仗，打去打来，这满铁不是沙俄的就是日本的，就不会是我们大清的！"

沈翔云鄙视地说："朝廷的土地？那是我们民众的土地！"

一同学忙打圆场："是啊，是啊！朝廷自身难保。变法失败，女人当朝，排斥铁路，安得兴国。"

沈翔云说："推荐一本书:《民约译解》。我已将此书介绍给了两湖邪说，不知自爱，亲附乱党，沟通会匪者，到东后，竟为康党所煽惑，潜与交结。近日所发议论，专宗《清议报》之邪说，设立私会，奖助乱人，赞美逆谋，极为荒谬。……又沈翔云一名，本系湖北武备学生，因事革除，旋自备赀斧，前往日本亦入学校肄业，凡乱谋悖论，皆该生所倡者，尤为险谲之徒。凡涉事人等，万万不可教训，应请日本学校查明即行斥除。速道照会日本驻汉口领事濑川。"

晚间七点多，公使摆足了排场，才勉强出来接见这些留学生。公使一出来，蔡仪忍气吞声急忙趋前、屈膝长跪于公使面前，逐条陈述事件真相，并诘问道："此乃公使为国体面，为何断然不肯？"留学生秩序井然，与之轮番论理起来。

公使先是倨傲，后是大怒，严斥他们："尔等纯是目无纲纪，无理取闹！"

蔡仪等毫不示弱，先礼后兵，唇枪舌剑，据理巧妙力驳。

公使说道："你们的恩师香帅告诫尔等：若会匪鱼烂于先，各国瓜分于后，则中华从此亡矣，不能望其复有矣。神为之怨恫，祖考为之号泣，子孙为之窘辱灭绝，奴隶牛马，万劫不复，从康之祸，以至于此！所以，你们要忠君爱国，不要听从康梁'人人有自主之权''不受朝廷压力'的谬说，否则，大中华将亡国灭种。"

沈翔云针锋相对："吾国亡于满族已二百六十余年矣，岂至今日始言亡国耶？"

大家群情激愤，高呼"人人有自主之权""不受朝廷压力"等口号。

最后公使辞穷理屈，恼羞成怒，拂衣而去。

须臾，手执红白灯笼的日本警察三四十人，蜂拥而至，对照着手中的名单，将沈翔云、蔡仪等人抓住。学生们企图从警察手里抢回被抓的同学，警哨声起，大队增援的警察将现场围住，使得学生们不能动弹。

于是，沈翔云、蔡仪等被顺利地押往了警察署。

公使馆二楼窗内，清国的官员们见现场形势如此严峻，吓得大汗淋漓。

公使对慌张的同僚们说："尔等休要紧张。日方已得到香帅密函，同意对此等不法之徒即行斥除！"

一连数日，留学生群情激愤，天天围噪着清国公使馆。

三天后，东京警视厅发出公告，以妨碍治安罪将吴禄贞、沈翔云、蔡仪驱除出境，限当日返国。

得知消息，所有留学生当日整体骚动了起来。

留学生联名写了一封长信，上书公使，质问公使的不作为："为钦使者，当如何竭诚尽忠，以称其职；为学生者，当如何相勉互劝，期各致力，以报其国家。故设钦使漠视学生，以学生为不足恤，知己之可以为力而不为，或为焉而不力，是钦使负学生；负学生，即负国家也……。言论自由，文明公理。国步艰难之日，非阿附诡谀之时。"并轮番前往公使馆求见。但公使拒不出面，这更加激怒了留学生们。

在留学生抗议日趋加紧的形势之下，翌日凌晨，沈翔云、吴禄贞、蔡仪被日警强行带离关押所，去神户等待开往天津的法国邮轮。

无奈之下，姬安邦和同学们只好赶往码头为他们送行。因戊戌变法而流亡日本的梁启超也从横滨赶到神户码头参加话别活动，并当场谴责驻日公使是"文明之敌"。

人群中，日本学监感叹自语道："亡大清者，必此辈也！"

部分留日学生决定也提前回国，投身到反满革命的洪流之中。

姬安邦等另一部分仍留在日本湖北铁路学堂学习的学生，经历了沈翔云、蔡仪等同学被驱逐回国的事件后，深切地感受到中国的贫弱，从而激发出他们更加努力学习新文化、新知识以报效祖国的决心。这部分留学生大都逐步远离了政治活动，用全部的时间和精力投入到对铁路专业的求索和学习之中。

三、姬安邦与蔡仪

姬安邦从湖北铁路学堂顺利毕业了。

接到电报的蔡仪亲自到汉口码头接刚回国的姬安邦。

黄包车将姬安邦拉到旅馆,蔡仪说:"你明天回老家安顿一下,只怕你那宝贝女儿都不认得你了。一个月内,你直接赶到济南,到铁路总公司报到。这是信函和盘缠。"

姬安邦盯着蔡仪不语。

蔡仪不知所以,说:"怎么,想回家不出来了?一个月还是我说了不少情呢。朝廷正在筹建卢汉铁路,专业人员奇缺,恨不得你从上海直接到济南呢!"

姬安邦扑嗤笑出声来:"看你一身洋装的,要是你再把辫子去了,再矮那么一点点,我还以为是日本帝国的外交官呢!"

蔡仪甩开姬安邦拽着辫子的手:"那不是早晚的事!"马上又:"嘘——,在国内不要瞎说,要'咔嚓'的!"

姬安邦问:"跟你一起回来的那些个同党呢?没有被关起来?"

蔡仪答:"一言难尽啊。那几个一下船,就跑得无影无踪,听说有的又出洋了。最近听说沈翔云在上海。"

姬安邦看着他:"你们不干那启发民智、救国救民的大事了?"

蔡仪警觉地往后看看:"嘘,这不是在日本,小心隔墙有耳。不该晓得的事你以后不要打听。"

姬安邦说:"好啦,我晓得啦。我回家安置一下,五天后到汉口,你给我办好到上海、再到青岛的船票。"

蔡仪说:"我这次是随盛公(盛宣怀)办专程来拜会张总督的,商谈汉阳铁厂铸造铁轨之事,明日即将返程。我给你办好五天后的船票,你回到汉口后还是到这个旅馆取。我就不理会你了，济南府见！"

蔡仪回国后，被中国铁路总公司公办盛宣怀相中，被聘为公办秘书，每天忙得不亦乐乎。

盛宣怀在二十年前曾创建中国第一个电报局——天津电报局，他对先进的电讯网对洋务进步所带来的极大推动力深有感触。在接到筹建卢汉铁路（北京——武汉的铁路线，简称京汉铁路。因始建时北起由卢沟桥、南至汉口，故原称卢汉铁路；由于国民政府时期，北京称北平，所以又叫平汉铁路。卢汉铁路是甲午中日战争后，清政府准备自己修筑的第一条铁路，由天津关道盛宣怀为督办大臣统筹修建。）的任命后，首先想到的是先筹建铁路总公司报务科。知道湖北铁路学堂有电报专业，就命秘书蔡仪进行联络。得知这批留学生有张之洞"学成之士，必须在鄂服务七年"的规定，盛宣怀又通过李鸿章中堂与张之洞协调，终于得到张之洞"必须服务朝廷之铁路建设"的妥协。所以，蔡仪举荐湖北铁路学堂电报专业毕业的同乡姬安邦，毫不费周折。

姬安邦到铁路总公司报务科报到后，立即参加到中国第一条南北干线铁路卢汉铁路的筹建工作中。

1905年10月，黄河大桥胜利竣工，卢汉铁路全线通车。

张之洞高高兴兴登上去北京的花车。行至武胜关隧道南口时，老先生忙叫停车，下了火车、改坐大轿，让人抬着翻过武胜关的高山来到北口后，再上火车。因为"之洞"进洞，名字上有忌讳，堪舆上对自己恐不吉利。

因卢汉北段实起北京正阳门外，蔡仪建议盛宣怀将卢汉铁路改称为京汉铁路，盛宣怀深以为然。自此，"京汉铁路"在中国铁路史上独领风骚半个多世纪。

盛宣怀又在上海创设了中国红十字会。同年，他将他手中的铁路大权让给了唐绍仪。从此，铁路的发展介入到了军阀以及世界列强争斗的旋涡之中。

越来越失望的蔡仪，内心已生离开盛宣怀之意。

同年，詹天佑以京张铁路局会办兼总工程师的身份，主持修建京张（北京—张家口）铁路，姬安邦被聘参加。

蔡仪也怦然心动，但见盛宣怀毫无推荐自己之意，不禁黯然。

1907年，盛宣怀奉召进京，次年被任命为邮传部右侍郎。蔡仪找了个理由辞职，回老家湖北汉川做起了土财主。

位于汉水（当地称之为"襄水"）下游的汉川，地属江汉平原、湖北省中部，东与武汉毗邻、西连竟陵、南临沔阳、北接应城、云梦、孝感。县境有大小河流十六条，全属汉水水系和刁汉湖水系，有三百亩以上的湖泊五十个。汉水流域冲击沉淀而成的肥沃土地，以及江河湖汊里取之不尽的鱼虾莲藕，使汉川成为名副其实的鱼米之乡。

汉川城西南，姬家河蜿蜒而过，汇入汉水。姬家河之阴，为姬家湾，姬家河之阳为蔡家湾、萧家台，均为姬姓、蔡姓、萧姓家族集居之地。

姬家开有钉子厂、铁器厂，为船厂供铁钉，为船家供铁链、铁锚，为农家供农具；蔡家开有木材厂、造船厂，是附近水上交通工具的主要生产供应商；萧家参股汉口春和轮船公司开办的汉口——仙桃航线之客轮，途经并停靠县城、系马口、杨池口、分水嘴等港口。三家大姓，基本垄断了汉川当时的工业和水陆交通。

因三家世代联姻，多为亲戚，多年来相处和谐。三族耕读之风代传，唐宋明均出有状元、重臣，直至清朝，汉川及鄂地也是科举多中之地。姬家湾、蔡家湾、萧家台共同办有教馆，由三姓家族各出义田，不足部分由姬家、蔡家和萧家大户分出补足。

光绪廿四年（1898年），也就是蔡仪、姬安邦游学日本的第二年，注定是神州大地的一个动荡之年、不祥之年。

那年的京城，发生了"维新变法"。但那年的汉川人已无暇顾及，哪怕是天塌下来、只要不在汉川。那一年《汉川县志》上记载，"襄南久旱，山地棉花枯槁，旱区约占未淹地面的十分之四（同年襄北江西垸溃决）。"姬家垸溃口，引起连锁反应，数垸遭株连，"襄河南岸官民各垸畈，共计溃堤一百零二里七分……"

无奈，姬家垸大部分原住民迁往北岸萧家台。萧家台与蔡家台中间，十年后产生了一个新的地名——姬家台。

所幸大水之后并无瘟疫流行，大涝之后的久旱，也并未爆发蝗灾。但之后连续数年，水灾不断。民间正流传《荒年歌》的民谣："荒年歌，唱开口，十人听了九人愁；天灾水患连年有，受苦受难难出头。甲戌年旱裂土，秋田干得谷不收；磨破屁股车破手，一年辛苦付水流，钱粮国课逼得紧，地主上门催租佃；篦子篦了梳子梳，刀刮水洗光骨头。旱灾磨得人半死，乙亥年淹水更添愁；钟祥倒了狮子口，劈头淹了古城楼；大小湾子人烟稠，一夜冲得光光溜。田地屋宇被冲毁，箱子柜子随水流；家神祖宗翻跟斗，庙里菩萨打鼓泅；鸦雀老鸦满天叫，毒蛇出洞树上鳅；水里死尸手拉手，鱼占鸟巢逐人肉。这次大水淹的广，黄陂一直到安陆；襄河南北无干土，上到沙湖沔阳州；荒年歌，唱破喉，唱得长江水倒流；这是百姓遭劫数，子子孙孙记心头。"（原载《汉川县志》）

民众生活除地主豪绅及政府官员、工商富户生活依旧优裕外，城镇居民多靠肩挑背扛卖工或沿街叫卖来维持生活。每年秋后，多携妻挈子赴竟陵、沔阳、武昌等地挖藕、捕鱼、拾蚌以维持生计，至春耕时再回家种田。也有不少灾民背井离乡沦为乞丐，再也没有回到家乡。

近几年，工商富户坐吃山空，再也无法度灾，有的人家将全部家当装船，沿汉江散落到江夏、汉阳、汉口、武昌各地。他们在异地落户后，有开商铺的，有开糖厂的，有开车行的，也有开当铺的，其中一些人成了江城三镇工商界的新暴发户，开始在新的环境下繁衍生息。

天主教派的意大利神甫龙查理在喻家集购买一栋民房，开办诊所免费为乡民们治病，向乡民宣传天主教教义，得到当地众人的尊崇。

蔡仪回到家乡时，大灾的创伤已过，他重整学堂，安排严秀才重新入馆授课，自己带领族人重新开荒种地。有些当年外出的乡党商贾又携金返乡，原来的家族工业也重新开业，族人又过上了相对安稳的日子。

蔡仪开始优哉游哉，每日吟诗作画，聆听学堂朗读，俨然陶渊明再世。

在姬家河上游两里地的徐家岭，为古时纸坊台，加工造出精细的"古连纸"，供历代文书手抄墨本，深得文人雅士的喜爱，也是京城名士喜欢的馈赠品。此时，"古连纸"又恢复了生产经营，蔡仪经常到徐家岭购些好纸，邮寄给京城里的好友旧僚；也常和龙查理神甫喝茶交谈，并对天主教教义产生了浓厚的兴趣。

龙查理欲在姬家湾兴建天主教堂，蔡仪热心地帮忙选址，并主动代为与官府协调。汉川的第一个天主教堂修建成功后，蔡仪携全家皈依天主教。此时的蔡仪，已完全忘记了自己与铁路的渊源，也与铁路完全隔断了联系。

1908年，四川商办川汉铁路公司聘请詹天佑为总工程师，主持修建宜昌至万县段铁路，詹天佑赴宜昌主持开工典礼。詹天佑推荐姬安邦入济南津浦铁路总局，并告诫他要多学习西方铁路技术，准备效力于国家即将开启的铁路建设大潮。

次年，张之洞在京辞世。身在济南的姬安邦向北方长跪祭奠他心目中最尊崇的恩师。

时下国力匮乏，宜万铁路建设也最终流产。铁路建设仅存于规划，并无实际性进展，姬安邦似乎更认同了当年张之洞欲扑灭革命火苗、安定国内局势、一心振兴国力的道理。

不久，患肺结核的姬安邦请假回老家探亲养病。

蔡家门前的谷场边，一棵百年老樟树枝叶茂盛，夏日的晚风拂过，树叶发出沙沙的响声。

蔡仪在樟树下摆起茶具、竹椅，又递给姬安邦一把大蒲扇，两位老同学在繁星映照的夜色里把茶畅谈。

姬安邦说："香帅的离世，是朝廷的一大损失啊，我至今日还处在悲伤之中。"

蔡仪说："我们这位恩师啊，虽已盖棺，但仍无法定论啊，他可不是三言两语就能定论的。特别是我们这些他的所谓门生，更是五味杂陈。当年是他提拔栽培诸多湘楚弟子，但后来屠杀、迫害他最优秀的门生的也是我们这位恩师啊！"

姬安邦说："不管如何评价恩师，但他还是造就了我们大清的实业，这将造福子孙多年。很多事情他老人家也无能为力、奈何不得啊。就说铁路吧，光绪二十二年，香帅奏请修筑粤汉铁路，他主张官督商办，但朝廷却向美国借款，且认可美国提出的五十年还清债款后，方收回铁路管理权。此举引起粤、湘、鄂三省绅商不满，联合上奏，朝廷只好又付出高达六百七十五万美元的代价，从美国人手里赎回路权。"

蔡仪讥笑："光绪二十六年（1900年）粤汉铁路可是动工了，但只修了长沙到株洲这一小段就资金不足，听说现在又要停工了。前些日子湖南粤汉铁路公司发行股票筹了八百多万银元，还是入不敷出，现在正在与德、英、法银行接洽谈判，准备签署贷款协定呢。"

姬安邦叹息道："香帅经济大才，抵不住潮流大势啊。若不是香帅中流砥柱，经营实业和铁路，倡导教育，造就了一大批留洋归来的经济人才，大清恐怕是没希望了。

蔡仪哼哼两声，说："旁人只赞他练新军、兴经济、建铁路、育人才，我看只怕是他是同时也造就了大清的掘墓人呢。"

姬安邦说："说说铁路时政吧。朝廷成立责任内阁，首策即是铁路国有，此举或将强国。"

蔡仪说："我看未必。自办铁路是因为国库空亏、无力建路，方才交由地方筹资兴办，利益地方自得。但各地股东不同，情况各异，哪能一统办理。"

姬安邦说："邮传部尚书盛宣怀'歌电'（因5日的韵目代日为'歌'，故称）告以川汉铁路股款处理办法：对公司已用之款和公司现存之款，由政府一律换发给国家铁路股票，概不退还现款。如川人定要筹还现款，则必借洋债，并将以川省财政收入作抵。此电明示，不许川省股东保本退款，而只允换发铁路股票，即政府不但收路，而且夺款。"

蔡仪说："川省几乎是全民入股，朝廷低价赎买，怎能安抚民意？不比粤地，股东皆为华侨，与民无利益，故无大碍；也不比湖广，股东多为士绅，皆为红顶商人，会自行调剂填补。"

姬安邦说："盛宣怀的意思是，地方铁路因自身经营不善造成的亏空，不可由朝廷来填补，这同时也是避免列强的侵蚀啊。"

蔡仪忧虑地说："知此电一宣，川省必大乱。且盛久办洋务，又会与列强有经济瓜葛也未尝。表面为国，实际上恐因动乱而动摇国之根本也未定啊。"

姬安邦说："听说成都已现风潮迹象啊。"

蔡仪大蒲扇在空中一划，落在茶几上："成，盛是干才；败，盛将是千古罪臣！"

姬安邦也举起蒲扇，赞许道："臧否人物，纵横捭阖，意气风发，你是雄风犹在啊！"

蔡仪摇头大笑："我现在是人在桃花源，不知魏晋，逍遥自在，还要么事雄风啊！"

"哈哈！哈哈！"

四、烈士还乡

"山雨欲来风满楼"。历史的大变迁,终究要将每个中国人拉进来,不管你是富人还是穷人,是主动的还是被动的。

武昌起义的消息传到了汉川。

第二天下午,在马口镇整装待发的工人、农民、商人及军学各界组成的千余人队伍,佩戴着事先准备好的起义符号,高举十八星旗,浩浩荡荡,直捣汉川县城,接出了狱中关押的革命党人。(原载《汉川县志》)

汉川城沸腾起来了,城里城外的群众把县衙围得水泄不通。县官战战兢兢地交出钤印,只求保命。起义队伍放走县官,随即在县署大堂正式发出起义通电。

次日,汉川军政府成立,并请出蔡仪做军政府的总参事。

在总参事会上,蔡仪文绉绉地感叹道:"若无香帅提倡新式学堂并外派留学生无数,风气何以清新?若无工业重镇,新军何以装备?若无人才汇聚而又相对宽容之新军,革命党人毛将焉附?满清之亡,不亡于白莲教,不亡于太平天国,不亡于八国联军,而亡于新军;革命党人,乃是野蛮亡于文明,农业经济亡于资本主义,部族亡于天下。广州起义泣鬼神而不克,武昌一卒吼而天下易帜,致有'双十'之庆!清廷惊诧,而孙文愕然,天降馅饼乎?不然,此乃张氏积二十年之功也!经济基础变在先,社会思想随之新,其后革命党人滋蔓,乃革新'三部曲'也;不呼革命而革命,不言解放而解放,张氏之功也!大众之福也!"

大家见蔡仪像个私塾老先生一样,叨唠些大家觉得已经过时了的话。管他呢,现在正是用人之际,就只管点头逢迎:"是,是!我们解放了,改朝换代了,您老人家德高望重,又留过洋,以后就多多给我们出主意。特别是发布的公告，还要依仗您老人家好好给审改一下、把把关。这官样文章，非您老人家莫属啊！"

这年的冬天，是一个寒冬。江风凛冽刺骨，坑坑洼洼里的水都冻成了冰。黄昏，又下起了冻雨，地面立刻结成了凛（当地人称因冻雨而形成的那层硬冰为凛）。

蔡仪刚刚准备钻进热被窝，却听见大门拍得啪啪响，"蔡老爷！蔡老爷！"外面一片嘈杂。

蔡仪开门一看，只见外面场地里一队骑着马的军人举着火把、簇拥着一辆马车，马车上插着白幡。蔡仪一眼就看见了袖膀上系着白布条的严肃。

严肃字智伯，是萧家台教馆的先生严老秀才、人称严驼子的长子，几年前他和蔡仪的独子蔡宜之一同考入武昌陆军第三中学堂。

严肃一见蔡仪，哭号一声"蔡爹爹——"，便跪倒在地，匍匐不起。

蔡仪将目光移向马车，见到了马车上黑色的棺材，不由得眼前一花、双腿一软，旁边的士兵忙将他搀扶住。他还抱着否定自己的判断的一丝念想，指着棺材，问道："这，这是他？"

严肃跪着，哭着点头。

蔡仪一跺脚，号啕大哭起来，身体向下坠去。严肃忙叫士兵们将蔡老爷扶进府里去。

蔡家传出了蔡夫人凄厉的哭声。随着哭声，蔡夫人及两位小姐莲芳、莲香先后奔了出来，她们扑向棺材，但立刻被严肃和他身边的士兵拦住了。她们边哭边跟严肃央求，要开棺亲见一下宜之，但严肃坚决不允。

随后也跟出来的蔡仪对严肃发火了："连我看看儿子都不准？你这是么事意思、你到底想做么事？"

严肃只好将蔡仪拉到厨房，悄悄对他说了实情。

"宜之和我半年前才以学生军排长入伍。武昌起义爆发，我们营整编参加了起义。起义成功后，我们渡江追击北洋军，两天内就占领了大智门火车站和刘家庙。北洋清军派陆军、海军发动前后夹攻，全力反扑，我们因无险可守，以致冯国璋反攻汉口得手。没想到冯国璋竟下令放火焚烧了汉口！三天三夜的大火啊，一片焦土，汉口名镇毁于一旦。后来汉阳也失守，北洋军在龟山上架炮轰炸武昌。为了减少市民伤亡，我们组织人员上街疏导市民，将他们遣散到城外。那天，宜之带领着队伍冒着炮火在武昌街上进行疏导，一发炮弹正打在宜之身边，宜之和一名士兵当场牺牲。

我和战友们赶到现场，为他们收殓……都是残肢碎骨了……但我还是尽全力将宜之的遗骨收殓齐全，用白绸裹好，又找了口上好的棺材入殓。

本来军队不允许将烈士的遗体私自处理，是我和这帮生死与共的兄弟们，在长官下令之前将棺木私藏了起来，又找到关在大牢里的一个有命案的帮派老大、跟他做了笔交易，和帮会里应外合、趁乱出的城。"

蔡仪沉默半晌，突然下跪要给严肃致谢，严肃忙拉住他，自己却跪了下来："蔡爹爹，实在是不能开棺啊！"

蔡仪说："我知道了，这事交给我来做决断。劳烦你在这兵荒马乱的时候还能为你兄弟这样尽心。唉！没料到我老蔡家会断后啊，更没有料到我儿会死得这样惨。"他拉起严肃，问道："现在武昌局势如何？你怎么能走得开？不会是当逃兵了吧？"

严肃答道："仗打起来后，全国各地相应，纷纷独立。北洋清军见势不妙，当下正和我们在上海谈判议和。所以现在是暂时都息兵了，但箭在弦上，随时都会射出去的。我不能等宜之下葬了，必须连夜把兵士都带回去。"

蔡仪问道："这样怎么走？要不休息一夜，明早赶路？"

严肃摇摇头："不行啊，那样就真的会把我当逃兵办理了。"

蔡仪对夫人说道，儿子是死于非命，不宜大肆操办。一路颠簸，已过一日，明日设灵堂祭奠一天，后天就下葬了吧。

听见此言，大女儿莲芳又哭了起来，央求开棺看一眼哥哥。

蔡仪决然地说："你哥哥是在战场上被枪炮所亡，按规矩，入棺后不得再开棺，否则不吉利，亡者的魂魄也不安宁。不只是为我们蔡家，也为了整个湾子，就这样了。"

母女三人相拥大哭。

士兵们和蔡家人一起连夜摆设起灵堂，附近的乡亲们也都闻讯赶来过来帮忙。在家休病假的姬安邦也拖着病体赶到蔡家，陪着中年丧子悲痛不已的老友。

严肃悄悄把莲香喊到一旁，说："香妹，你就不要太过悲伤，要照顾好家人。"递给莲香一个小包："这是给你姐带的。我要走了，没有空见她，就劳烦你带给她吧，也劝劝她，要节哀。"

莲香不愿："不带！要安慰她你就自己去！"

严肃赔笑脸："这个时候，我可不敢惹她。来，这个是给你的。"递给她一个小玉兔。

莲香这才接过小布包。

莲香偷偷招呼正在陪着母亲一起悲伤的姐姐出来。

"这是智伯哥给你的。"莲芳打开小布包，见是一枚精致的小手表，大吃一惊，忙问："他人呢？"

蔡仪进来，莲芳来不及藏，被蔡仪看见，叫她拿过来。

蔡仪仔细一看，是一枚银质瑞士瓦斯针小手表，也大吃一惊："哪来的？"

莲香禁不住说了实话。

蔡仪严厉地说："我去还给他。你们老实地在灵堂陪着你哥哥。"

蔡仪喊住正要动身的严肃，令他到厢房来。

蔡仪将手表递给严肃，问道："这是哪里来的？"

严肃喏喏道："这是在攻入湖广总督瑞澄的督署时捡的。"

蔡仪说："这是不义之财，你不该私自藏匿的。"

严肃忙说着："是，是。"收回了手表。

蔡仪说："你以后也不要再跟莲芳来往了。看在他哥哥的份上，你就死了这条心吧！"

严肃脸通红。

严肃出门时，见到姬安邦，将他拉到树林里，跪下："姬叔，求您了！"

姬安邦拉起他："贤侄，有么事请直说。"

严肃说："我心仪莲芳姑娘已久，宜之生前也都知道，也准备亲自帮我跟他爹爹说的。"严肃将他通过蔡宜之和莲香，与莲芳交往数年的事一五一十地都告诉了姬安邦，"但刚才，蔡爹爹明确说了要我死了这条心。求姬叔费心成全小侄！"

姬安邦想了想，说："我先探探他是什么意思再说吧！"

严肃鞠个躬："拜托姬叔了！"

姬安邦找到一人悲哀独坐的蔡仪，作了个揖："节哀！"犹豫了一下，开口道："严家肃儿……"，蔡仪打断了他的话头："你不用说了，我不希望小女嫁给他。"

姬安邦说："我看他们两个蛮般配的，你何必……"

蔡仪咬咬牙："我已经绝了后，不希望再为女儿提心吊胆。你不用再费口舌游说了。再说了，我正在丧子的剧痛之中，当下提这些也太不合时宜。"

姬安邦摇了摇头："非也！你失子得子，未必不合时宜。你的担心，我看未必。严智伯这孩子前途远大，我看会为你蔡家光宗耀祖的。"

蔡仪眼光直直地盯着天花板不语。

姬安邦又找到蔡夫人："你知道严家肃儿和莲芳的事吗？"

蔡夫人说："不知道啊！"

姬安邦说："那俩孩子互相有意啊，肃儿托我说情，可你们家倔老头一下回绝了！"

蔡夫人一惊："有这事？你怎么清楚的？"

姬安邦说："你把莲香叫来一问不就清楚了。"

蔡夫人将莲香喊进来："跪下！"

莲香刚跪下，莲芳就跟了进来。"姆妈，别责罚妹妹了，还是我自己说吧。"她率直地说道，"我愿意跟肃哥好。"

蔡夫人气得直流眼泪："我刚失去了儿子，你刚没有了哥哥，你，你……"

莲芳只顾哭，不再说话。

蔡夫人找到蔡仪，见他仍是一动不动盯着天花板，就也陪着他静坐不语。

半晌，蔡仪对夫人说："唉！我不是看不起智伯这孩子啊。虽然他家境并不好，但这孩子从小勤奋好学，是个有出息的人。只是他和我们的儿子一样，也在军旅中，我怕啊！"

蔡夫人说道："我看，能不能叫他入赘我们家？"

蔡仪心一动：是啊！

蔡夫人见蔡仪心动，就说："那我跟他谈谈？"

蔡夫人叫人把严肃找来，对他说："我只问你一句，你能不能卸甲归田入赘蔡家？蔡家和严家也算是世交，你和宜之亲如兄弟，我们也会视同己出的。经营蔡家的产业，也不亏待你吧！"

严肃摇头："我已从军，就一定要完成自己的夙愿，大丈夫要以天下为己任。我想，要是宜之还在，也会这样的。"

蔡夫人气愤道:"这样,我是不会把女儿嫁给你的!"

蔡夫人将严肃的回答告诉蔡仪。

蔡仪喃喃念叨着:"以天下为己任,以天下为己任……"他突然说道:"去把莲芳喊来!"

蔡仪小心翼翼地问低着头的莲芳:"你愿不愿意跟他走?"

莲芳哭了,半天才说:"不愿意。我要伺候您和姆妈一辈子!"

一听女儿的话,心明如镜的蔡仪不由得摇着头长叹一口气。

心神不定的严肃在谷场上牵着马徘徊着。

姬安邦陪着蔡仪出了房门径直走向严肃。蔡仪直截了当地问:"你想好了?"

严肃两腿一并:"想好了,不灭鞑虏不还家!"

蔡仪转身便走:"那好,我等你还家。"

严肃一愣。

姬安邦忙说:"傻伢子,还不谢你蔡爹爹!"

严肃追上蔡仪,跪下说:"谢谢蔡爹爹!"并掏出一支钢笔,递给蔡仪:"这个就作为我的信物,我一定回来迎娶莲芳!"

了了一桩心事的严肃,召集好人吗,列队向蔡宜之的灵柩三鞠躬后,在这个阴冷的黎明前策马回奔武昌。

一大早,闻讯赶来的汉川革命军官员及士绅云集蔡家,在天主教堂前召开了隆重的烈士追悼大会。烈士的遗骸就葬在玛瑙垸蔡家坟田,一行人等在蔡宜之烈士的坟前再次默哀。新上任的胡县长说,县军政府要为烈士立碑。

第二天下午,胡县长又从县城赶来蔡家。他递给蔡仪一个大纸封,说:"中华民国大都督黎元洪黎亲手题写的碑文!蔡宜之烈士是我们地方的荣耀啊!这个原件您收着,我已经描好样本交给石匠去刻了。"

蔡仪却毫无表情,并没有要接的意思。胡县长只好将纸封放在桌上，继续说道："严智伯那小子真有本事，硬是请动了大都督题写碑文，还派人快马加鞭当日送到汉川军政府来。梁总司令本来要亲自送到府上，但他军务繁忙，委托我一定要亲自来。"

五、丫鬟喜妹

　　严秀才拿着严肃的来信告知蔡仪，信上说严肃已考入保定军校第一期炮兵科。知道了严肃已经暂时离开了战场，两家人稍稍松了口气。

　　三年后，湖北督军署参谋严肃回家探亲，并送上厚重的聘礼到蔡家。蔡家为女儿举行了隆重的订婚宴会。接到电报，姬安邦也赶回老家参加了宴会。

　　宴会客散，胡县长邀请蔡老爷、姬老爷、萧老爷到菊香楼喝茶，并打几圈牌九。

　　蔡老爷心情舒畅，牌运极好，胡县长却输得很惨。

　　胡县长带来的丫鬟喜妹暗示胡县长："老爷，太太吩咐过，今晚舅姥爷要来给老爷看病，天黑了就要回了。"

　　胡县长并不买账："少没规矩！看什么病？"

　　接着两圈，胡县长又没胡牌。

　　喜妹着急地说："老爷！您家不听招呼，太太怪罪下来您家可是要担待的！"

　　大家哄笑起来："小心河东狮子吼啊！"有人调侃着："这老狮子守窝，派了个小狮子随行？""要不干脆再续这个小的？"

　　喜妹脸一红，瞪了几位一眼："老不正经！"走开了。

　　大家再次大笑起来。

胡县长急了:"最后一把,来大一点的!"倾囊而出。

姬老爷见状忙打圆场,开玩笑地指着喜妹说:"要不县太爷最后一把就赌这个俊俏的小丫鬟?"

"好!好!"胡县长竟满口答应。

但最后一把胡县长仍输给了蔡仪。

胡县长把牌一推,站起身来:"把喜妹带走吧!"

蔡仪问:"真的?"

胡县长回答道:"真的!愿赌服输!"

胡县长介绍丫鬟喜妹的来历:"这个孩子是一个下江丫头把她从乡下带出来的。那时我在镇江府做师爷,一个大丫头一个小丫头,要饭要到我家里,内人看她们可怜,就施舍她们剩饭吃。她们也蛮有眼色,也勤快,主动帮着厨房做事。后来发现那个大丫头不光手脚麻利,还烧的一手好下江菜,内人喜欢得不得了,就收留了她们。她们就在我家里做下人。不多久,那个大丫头得病死了。我看这个小丫头才五六岁,就收留了她,要她跟着内人。从镇江到芜湖,又到九江,我们一直把她带到汉川。好可怜的,无名无姓,只记得带她出来的人叫她'七妹',内人就叫她'喜妹'了。其实,内人很喜欢她的,这孩子烧得一手好下江菜,家务也做得灵灵醒醒,很聪慧也很本分老实的。"

一听胡县长这一番话,蔡仪更不好意思应承了,便说道:"姬老爷本来就是一句玩笑话,县太爷何必当真。"

胡县长正色说道:"本人说话一句是一句,从来就没有食言过。这样吧,我跟喜妹交代一下,现在就跟你回去。"

蔡仪犹豫地说:"要不你还是回去跟夫人招呼一下吧,免得我带回去了你没法交代。"

胡县长叹一口气:"唉!现在我这个民国的县长也快当到头了,你不知道,如今民国政府任命官员像走马灯似的,我还不知下一步要到哪里去呢，人少轻便！回头我就托人把契书带给你。"

胡县长跟喜妹一说，喜妹就哭了起来："老爷，我是做错了么事吗？你就这样把我赶到乡下去？"

胡县长忙安抚道："么事乡下啊，你不晓得，蔡老爷是留过洋的啊，蔡家也是我们汉川赫赫有名的大财主，比我们胡家不晓得要体面几多。好了，你就别哭了，其实我这也是为你好啊，现今不比前朝时候，我现在是朝不保夕，每个月就那么几块现大洋，也快养不起一大家子人了，早晚还是要把你送走的。"

喜妹说："就是把我送人，也得叫我回去跟太太告个别啊。"

胡县长说："今天你就听我的，先到蔡老爷家去看看，过两天我就把你接回来，要是他们对你不好，你就不要再去了，行么？"

喜妹这才含泪点了点头。

蔡老爷满怀欣喜地带着赢来的丫鬟喜妹回家。蔡夫人见平白捡了个这么标致的丫头，名字也喜庆——"喜妹"，极喜欢，第一次见面就乐呵呵地把喜妹搂在了怀里，并把她收为自己的贴身丫鬟。喜妹也觉得跟老夫人很有缘分，有一种见到亲人的感觉，也就安下心来。

蔡夫人计划着这个礼拜天就带喜妹到天主堂洗礼皈依，感谢主的恩赐。

结束了假期，姬老爷又返回到济南的津浦铁路总局上班。他的肺结核病日益见重，不到半年，姬安邦竟英年早逝，病故在工作岗位上。

接到姬安邦病逝的电报，姬家感觉如天塌下来一般。

好在姬安邦的太太常年一人在家操持，已练就了处事果敢、自主的泼辣性格。痛哭了一场后，她抹去了眼泪，开始安排到：长子元烁远去济南为其父扶棺返乡，女儿元灵、次子元灼、幼子元灿留家帮助自己准备治丧事宜。

时逢中原军阀大战，十六岁的姬元烁，冒着战乱的硝烟，先是铁路，遇战事铁路中断又换乘马车，到汉口再走水路，经十余天硬是将父亲棺木扶至家乡。

蔡老爷等乡绅协同姬家族人到江边码头接丧，并交口称赞元烁为孝子。

六、济南风波

大丧完毕，接到济南铁路发来的公函，通知姬家可安排一子顶父职就业。理应是长子秉承父业，于是姬母叫元烁立即动身到济南顶职。

元烁子承父业，进入济南铁路局学习报务。

贺局长盯着元烁那棕色的眼睛，就想到了自己的挚友姬安邦。这双棕色的眼睛，与他的父亲一模一样。当年，就是这对有些忧郁的棕色眼睛，让他觉得平静、柔和、纯净，觉得姬安邦就是值得自己一辈子深交的朋友。果然，姬安邦成了自己这一辈子都忘不了的挚友。想到早逝的姬安邦，贺局长不禁有些伤感，为了掩饰自己的情绪，忙叫人送走了元烁。

贺局长自然是非常关照元烁的了：元烁一出门，贺局长的电话就到了总务科，叮咛一定要安排好姬元烁的住宿。

幼年时，姬安邦就对元烁进行过外语的基础启蒙；在私塾几年，老秀才又对他进行了严格的古文经典的强化灌输和碑帖临写；后来又在天主教堂里帮龙查理神甫抄写了一段时间的洋文教义。这些，使他打下了深厚文化底子，所以对新知识有着浓厚的学习兴趣、并具备很强的知识接受能力。再加上贺局长不断地给元烁提供接触和学习技术的机会，不久，元烁就熟练掌握了报务技术并成为铁路局的电报技术骨干。

同时，元烁利用一切机会与公司里的德国人和日本人接触、交谈。一年多时间，除了已熟练地掌握了英语和日语，德语和俄语也能与人交流。

元烁的聪慧和进步，令贺局长欣喜不已：这小子有其父的聪颖，又有比其父不知强多少倍的牛一样壮的身体，身高颀长，相貌堂堂，定会前途无量。于是便有意栽培元烁。

众人的宠爱，城市的浮华，很快使元烁脱离了原有的胆小和朴实。他的交友广泛起来，除了铁路内的同事，济南城内的三教九流也结识了不少。

一日，元烁请济南车站警务室的陈巡警到聚湘楼吃湘菜。

几杯酒下肚，兴致刚上来，就听到包厢内传来一声瘆人的惨叫。

陈巡警皱了皱眉，喊伙计过来："怎么回事？还让不让人安生喝酒了？"

伙计忙使眼色："莫管闲事，你们安生喝你们的好了。"

陈巡警明白了，又是惹不起的人。于是对元烁说："不管旁人，我们喝！"

"啊——！我真的不知道啊！"又是一声惨叫。

元烁心里一咯噔，好熟悉的声音！他把酒杯一扔，翻身就往包厢里去，陈巡警起身想拦，却扑了个空。

一进包厢，元烁就吓了一跳：门里两侧，一边一个光头大汉，手里握着砍刀；八仙大桌上，两个人按压一个人，一个按着头、一人按着手腕，桌上一摊血迹；还有一个人正扬着手里的砍刀，砍刀在空中定格。

元烁想退出去都来不及了：门口的两个人已挡住门。

定格的砍刀转换了方向，对准了元烁。

元烁忙说："误会，误会！我是听到了我的朋友的声音进来的。"

"元烁，是我啊！啊啊，快帮我求情呐！"

元烁看到了压在桌子上的一张泪涕横流的脸：是贺局长的小舅子杨小千。

这杨小千是济南车站值班员，仗着姐夫是局长，下班后老是在车站专盯着进出站的单身美女搭讪，常有不知深浅的少女们被他带到车站的宿舍被他糟蹋。有一次，他居然勾搭上了济南城的首富陈万豪的小老婆，被陈万豪发现，非要取杨小千的小命不可。后来，贺局长仿效古人负荆请罪，将杨小千五花大绑，亲自押送到陈府，跪在门前。陈万豪也觉得这事太张扬了反而更没有面子，就命人快将他们放进来。就这样，贺局长还是花了一千块袁大头方才息事。

元烁说道："慢，慢！这个人就是我的朋友。是不是他又玩了你们的女人？你们放了他，找他姐夫要钱好了，他姐夫是铁路局局长……"

"放你妈的屁！玩你妈了！"

元烁不明白了："那是么事情？"

杨小千喊道："他们说我偷东西——"

"住嘴！"大汉赶紧把他的头又压了下去了。

"哈哈，你们肯定弄错了，他们家太有钱了，怎么会偷东西！——诶，不会是偷人吧？"

门旁的大汉一耳光扇了过来："你想死！"

这一耳光打得元烁两眼直冒金星，想喊陈巡警来帮忙，便大叫了起来："怎么平白无故打人！"

机警的陈巡警果然就循声过来了，但走到门口，就被一个戴礼帽的瘦老头伸臂拦住了。

他刚想动手，只见老头把礼帽往上推了推，露出了半张脸。

"黄老爷子！"陈巡警马上单膝跪下，做了双手抱拳一掌上翻的拜见姿势。

"黄老爷子"江湖大号"黄一飞"，是济南黑帮"铁鹤帮"的帮主。近年来，北洋政府全力剿杀南方蔓延来的"青红帮"，致使"青红帮"在北方已快销声匿迹，本地的"铁鹤帮"反而悄悄崛起，侵蚀到了各行各业。陈巡警也是此帮中人。

"小陈，那个大个子是谁？胆量挺大的，敢闯我的场子的真的还没有遇见过。"

"他是铁路局电报科的，是南方人，就是爱喝个酒，没有什么帮派背景。"

"噢，电报科，那他知道的不少啊。"

"那就不清楚他知道的有没有用了。对了，里面是……"

"这样，你探探大个子的意思，能不能入我们帮。入，这次就给他个大面子。"黄一飞悄声地对陈巡警说道："叫他帮忙找到丢失的货。看样子杨小千是真的找不到了。"

陈巡警双手鼓了几声掌，进到包厢里。

他先给几位作了作揖，开口道："这位姬先生，深得黄老爷子赏识，黄老爷子叫我来通报各位，一切按姬先生的要求办。"

"诺。"几个大汉一起给陈巡警、姬元烁作了个揖，鱼贯而出。

两位马上扶起杨小千，只见他左手的小拇指、无名指已被各砍去了一节，白茬茬的骨头让人心悸。

陈巡警掏出手巾赶紧为他包扎，元烁背起他就往医院跑。

在医院手术室门口，趁杨小千在包扎的机会，陈巡警对元烁说："你看，要在济南城有面子，就得加入大的帮派。今天要不是我是'铁鹤帮'的人，你们两个就都出不来了。"

元烁不以为然："要不是杨小千，我也遇不上这样的事。"

陈巡警："你总会遇到难处的。还有，好多事都是互相帮忙的，这次你不是帮了杨小千的忙，是帮了贺局长的忙。贺局长以后就不会还有事找你帮忙？"

元烁说:"也是啊。你什么时候入的?"

"嗨,干我这一行的,不入帮,小案破不了,大案不敢动,不要说我的警棍是摆设,就算是人家今天想要我脱这身黑皮、我也就挨不到明天!"

元烁心一横,说道:"入就入!你告诉他。"

元烁入了"铁鹤帮",交了帖子,黄老爷子也告诉了他杨小千的事情。

原来,"铁鹤帮"有一批从汉口运来的私货,混放在布匹车里,本来计划好了和布匹一同卸货,但这个杨小千不知为何,竟将这一节布匹车"弄丢了"!"等我们在一个三等小站找到这一节车,车上的布匹还在,但车上的私货却不见了!刚开始,我们怀疑是杨小千搞的鬼,但对他动刑了,他都说不清,我们只好看你的面子,先放了他。"

元烁答应,帮忙再查查。

元烁果然查出来了。

原来,这列车有两节装的是一样的布匹,其中一节正常送到一个二等站,一节被杨小千误调到了一个三等小站。正巧,放有"铁鹤帮"私货的车号又记错了,"铁鹤帮"到那个三等小站的那节车上当然找不到货了。

果然,他们到那个二等站的布匹车上找到了他们要找的货。

贺局长知道杨小千被黑帮伤害致残后,大为光火,狠狠训斥着杨小千。听杨小千说是元烁和陈巡警解救的,又专门给这俩人打电话表示感谢。

济南城近期发生了多起政府官员被暗杀的事件,而且,都是被枪杀的。一时,全国舆论沸沸扬扬,大小报纸都在宣扬大总统袁世凯准备恢复帝制,南方革命党欲二次革命、不断派杀手潜入北方行使暗杀的消息。国民政府不得不加大破案力度,以正视听。

贺局长开会回来,召见元烁,严厉斥责其参与政治活动的行为。

元烁辩白到，自己从来对政治毫无兴趣，何从谈起参与。

贺局长摇头："你这次是扯进大麻烦了。我帮你，一是因为你父亲是我的至交，二是把你扯进来多少和小千有些关联。"

元烁辩解："我只是交了几个帮会朋友，而且这事对工作也是有帮助的。再说，我从来没有参与过他们帮会的行动，能有什么大麻烦。不就是个帮会嘛，也扯不上什么政治。"

贺局长无奈，只好明说："已调查清楚，所谓的'铁鹤帮'已被南方的革命党收买，成为他们在北方的帮凶。济南城几次暗杀活动都是'铁鹤帮'的人在作乱，帮会几个头头已被抓获，总帮主黄一飞已被现场击毙。"

"啊！"这下，元烁才真的怕了。

贺局长弯下腰，小声说道："你知道那次你帮他们找到的'私货'是什么吗？就是他们搞暗杀的枪支、弹药。"他将一个牛皮纸的封袋推到元烁跟前："小千已经被我送回乡下老家了。你速回湖北，这是给粤汉铁路督办总公所的介绍文函，里面还有我写给督办的推荐信，还有你两个月的工资。马上就走，一天都不要耽搁，也不要坐客车，就坐下午发车的军列，我已经安排过了。"

七、元烁成亲

武昌城南巡司河汇入长江处的陆地、靠南岸白沙洲一侧，形如长袋状。此处因河水入江形成巨大的漩涡，小船不能穿行，必须远离江岸绕行，如鲇鱼般滑溜，不得靠近、难于把控，故名鲇鱼套。

鲇鱼套的住民都是湖南湘、资、沅、澧四水流域的木材商人，他们从道光年间开始，便驾着竹排木筏穿越洞庭湖进入长江，在白沙洲和鹦鹉洲安营扎寨，经营竹木生意，鲇鱼套逐步成为中原地区和长江流域最大的竹木供应基地。

十年前，张之洞将粤汉铁路的北起始点定在鲇鱼套。因为铁路线以及车站站房占地将影响到竹木商的经济利益，千余名竹木商齐聚抗议。张之洞调来"楚材""金瓯"军舰本欲弹压，但此时的张之洞已敏锐看到清廷的摇摇欲坠，不愿自己成为引起民变的导火索，就采取了息事宁人的策略，将军舰从鹦鹉洲江面开调，停泊在远离鲇鱼套的汉口江边。同时暂停了鲇鱼套的铁路施工，先展开鲇鱼套火车站的配套工程——在宾阳门与中和门之间的城墙上新增一座城门，取名通湘门，意为"通往湖南的大门"，同时在蛇山鼓楼下开凿了一个运输铁路建设物资的公路隧道，取名鼓楼洞。

詹天佑就任粤汉铁路会办后，对粤汉铁路重新勘测定线。经过多日的实地考察，将粤汉线北起始点延至武昌徐家棚，以便将来再建与长江对岸的京汉铁路江岸火车站对驳的火轮轮渡航线。这样，就暂时避开了在鲇鱼套这个有纠纷的地区建站。

虽然鲇鱼套地面并没有建铁路设施，但还是有很多原来从事竹木生意的人渐渐加入到了铁路建设工作中，并形成了铁路上的一大帮派——竹木帮。

随着粤汉铁路的兴建，又有很多福建人、河南人、安徽人等背井离乡到武汉参加铁路建设，并形成另几个大的帮派——福建帮、河南帮、安徽帮、三江帮。他们分区居住，又集中在不同的工作团队，常有帮派械斗发生。铁路建设需要更多的人力，所以铁路管理当局也很是无奈，只好睁只眼闭只眼。

元烁的妹妹元灵考入了武昌湖北省立女子师范学堂。本来元烁要到老家去接她，但她坚持要和同学一起坐船来武昌。

元灵小时候，父母就跟她订了娃娃亲，对方就是教馆里严秀才的小儿子、也就是严肃的弟弟严关。

元灵知道，哥哥回家一定又要跟妈妈啰唆这些事，而且听说严肃正在武汉当官，肯定和哥哥有联系。元灵一想到这事就心烦，就是不想再和与这事有关联的人来往。

元烁第二天还是赶到位于起义门的女子师范学堂，给她送去十块钱，并一再告诫要安心读书，将来回到老家做一个女先生。

元烁到粤汉铁路督办总公所报到，之后被分配到粤汉铁路北端的起点站——武昌徐家棚车站。

严肃在湖北督军署参谋任上又考入陆军军校深造，毕业后回到武汉，任两湖巡阅使署参谋。

新婚的严肃夫妻，专门打电话给徐家棚车站萧站长，要他通知元烁赴家宴。

萧站长没想到这位刚到任的小值班员姬元烁还有这么个军方背景的老乡，很是羡慕，在转达电话时，竟有了些讨好之意。

被铁路繁杂的社会关系搞得疲惫不堪的元烁，得知有故人当上高官，自然是也很兴奋，一大早就赶到武昌城里，购买些点心，奔赴严肃在武昌的新家。

开门的是一个美貌的姑娘，她上下打量了一下元烁，问道："你就是那个孝子？"

元烁一愣："你是哪个？"

姑娘一笑："原来那个孝子长得这么高这么瘦，就是个篾片（湖北方言，原指竹子劈成的薄片，形容人长得瘦而高，同时也暗喻豪门富家帮闲的清客）嘛。"

元烁窘得不知所措。

严肃叫道："元烁老弟啊，快进快进。这就是莲香小妹嘛，你都不认得啦？"又对这个姑娘说道："见到老乡就这样，哪像个大家闺秀。快去，帮你姐姐做菜去。"

莲香做了个怪脸，大笑一声，进了厨房。

一桌菜，煞是丰盛。元烁尝了一口，赞赏道："还是老家的菜好吃。嗯，好像比老家的菜味道还要好些。嫂子，在家里的时候，两位大小姐只是看书、写字、绣花，伸手不沾香的，什么时候偷学了这么一手的？"

莲芳不好意思："本来你哥是要从饭店里叫餐的，我想还是自己家里做得好些，让你见笑了。"

莲香插嘴道："还不是要嫁人了，怕丢人，姆妈叫她跟每天跟喜姨下厨，学做菜做饭，现在做得跟喜姨差不多了呢。"

莲芳忙打断她："别胡说了！看你嫁人的时候么办。"

莲香说："我不会做，也不嫁人！"

严肃笑了："香妹以后就嫁个厨子。"

"你才是娶了个厨子！"莲香嘴不饶人。

严肃对元烁说："他们家那个丫头，就是专门伺候老太太的那个，叫喜妹的，真的是做得一手好菜。原来她做的下江菜就好吃，后来跟着他们蔡家，又会做了我们老家菜。老家菜味重，下江菜的清淡，她把两种菜融合改良了一下，还真的不错呢，我到她们家里待了几天，都不想吃馆子里的菜了。"

饭后，莲香只是缠着元烁问铁路上事，什么火车怎么开的呀，火车头里面有多热呀，蒸汽喷出来烫死了人没呀，撞到牛会不会翻车啊……只要她能想象到的，都会问，只问得元烁焦头烂额。但她似乎对元烁有时候的胡乱应付也很满意。

严肃夫妇完全插不上嘴，只是相视而笑。

元烁要走了。

严肃夫妇送到门口,莲香还在追问:"什么时候带我去看火车头?"

莲芳说:"元烁,干脆你把她带走,就不要送回来了。"

莲香腾地脸红了,跑进了屋里。元烁尴尬地傻笑着。

严肃夫妇回娘家,并将莲香送回。

两个女儿同时回家,蔡仪老两口很是高兴,忙叫喜妹操持了一桌丰盛的酒席。

席间,严肃说了莲香和姬元烁很是有缘,蔡老太太有所心动。只有蔡仪不动声色,问严肃姬家大公子在铁路上做什么,人品如何。

严肃对元烁美评有加:"元烁虽然只是个小小的值班员,但他有才智,要是世道平和,他将是个优秀的铁路人才。"

听说严肃归家,姬母带着二儿子元灼到严家拜访。

姬母问严肃:"你在武昌见到元灵没有?"

严肃说:"没有。我叫元烁带她到我家吃饭,元灵总是借故学业繁重而推辞。"

姬母抱歉地对严老爷说:"哎呀,我这个姑娘心野了,不懂事,还请您家多担待。"

严老爷说:"没得事,元灵姑娘也是我启的蒙,是个读书的料,就等她先好好读书吧。"

姬母说:"您家放心,这个姑娘就是你们家的,到时候你家关儿想不要还不行呢!"

严老爷高兴地说:"有您这句话,我就放心了哈!"

元灼是第一次见到大军官,对严肃是又敬又怕。

严肃问元灼在读什么书,严老爷插话:"你这个弟弟才是读书的料,以第一名的成绩考进的县中学,将来前途不可估量呢!"

严肃又问道:"毕业后想干什么呢?"

元灼喏喏地说:"我还没有想好。"

严肃说:"要不这次你就跟我走吧。"

姬母忙说:"那敢情好,就跟您家去当差吧。由您家这样的大官照应着,还怕有亏吃?"

晚上,姬母刚回到家里,严肃又跟了进来。

严肃对姬母说:"您家也不关心元烁的大事?"

姬母说道:"我这个儿子从小就到外面混世,我实在是管不了呢。您在城里是不是知道些么事?"

严肃笑道:"您家大公子还真是混得不错呢,就是还没有成亲的对象。"

"要不您家给他帮个忙,找个好人家?"姬母期盼地望着严肃。

严肃故作神秘地说道:"远在天边,近在眼前。有个好人家,就是不晓得您家愿不愿意。"

姬母问道:"谁家?"

严肃说:"莲芳的妹妹莲香么样?"

姬母一愣,忙说:"那敢情好!只是不知道蔡家愿不愿意?"

严肃这才说:"您家想,要不是他们也有意,我敢到您家来提这事?"

姬母一拍巴掌:"那您家就是大媒人了!"又犹豫道:"也不知道元烁那野小子么样想的。"

严肃说:"您家就放一百个心吧,他们俩早就对上眼了!"

姬母笑了:"原来你们早就串通好了,才来套我的口风呢!元烁他爸爸跟蔡老爷可是一起留洋的同窗呢,这门亲事要是能成那是再好不过了!好了,我明天就去跟蔡老爷提亲!"

严肃说:"那敢情好,我回武昌就跟元烁说:家里给他提了亲,就准备回家成亲了。"

严肃夫妇第二天返回武昌,并将元灼也一同带走了。

严肃安排元灼报考保定陆军军官学校。临行前,严肃嘱咐元灼:

"考试的事不要担心,我已经跟学校去过函了。以后注意和我保持联系,并注意不管是在军校还是到部队,都不要参与什么派别和党派,安心学习,将来会有机会报效国家。"

元灼点头应允。

见姬家母亲一反常态地拎着几大包点心上门来,蔡家人有些惊讶。等姬母笑吟吟地将事情说开了后,蔡家人才恍然大悟,原来今天姬家母亲是来提亲的呀!

蔡仪想起几天前女婿严肃故意提起姬家大儿子的事,不由得对女婿的处心积虑有些愠怒,哼了一声。蔡太太看了他一眼,他立刻感觉到了自己的失态,马上脸上现出来笑容,并掩饰性的鼓了个掌:"好,好!"

姬母再看看蔡太太,蔡太太知道这是要听自己的意见啊,她看了看蔡仪,说:"我们家对儿女的事都是蛮开明的,这事还是要看伢子们自己的缘分哟。"

姬母说:"这好办,我给烁儿去封信,你问你们家小丫头,等坐实了,如果他们没有么事问题,我就请媒人来正式提亲了!"

听了姬家母亲滴水不漏、步步紧逼的话,蔡太太有些招架不住了,求救地看着蔡仪。

蔡仪说:"嫂子啊,我们两家是外人么?且不说我们两家几百年的乡谊和世交,就说我跟老姬,同窗、同事,都一辈子了,比亲兄弟还亲,您家说,我还会拒绝么?我倒是巴不得我们两家能成一家呢!我也听说了,难得两个孩子有点那么个意思,我倒是想要促成好事。这样,我们不要问两个孩子,这事就交给我们家的大丫头、大女婿去坐实吧,他们都熟络,也好听真心话。"其实蔡仪心里早就有了谱,也有了主意。

在严肃的斡旋下,这门亲事终于促成。姬家、蔡家开始操办婚事,元烁请了假,准备回老家成亲。

蔡太太虽然对元烁也很满意,但想到大女儿嫁了,小女儿又要走了，不免也依依不舍，暗自流泪。她对蔡仪说："大女儿能干，我放心。这个小女儿在家里骄横惯了，虽然识文断字，但家务事一窍不通，将来么样过活哟，我还真的放心不下。"

蔡仪安慰她道："男大当婚、女大当嫁，你还真想留她一辈子？我看这个姬元烁不错，像他的父亲。铁路也是个铁饭碗，他们不会饿肚子的。"

"也是。只要他们过得好，我们也就放心了。以后我们就守着家业，安度晚年吧。只要他们孝顺，能给我们送终，我们也满足了。"说到这里，蔡太太又流眼泪了。

"好了，好了。紧哭个么事。你要是怕她吃亏，干脆我们把喜妹送给她作陪嫁丫头好了。"

蔡太太这才破涕为笑："这样好，反正我们以后也没有么事家务了，就把喜妹给他们吧，这样香儿也有个家里人做伴。"

姬家台举办了近几年来最排场的一场婚礼，严肃夫妇也赶了回来。姬家、蔡家、萧家以及本地的其他姓氏人家齐聚姬家台，流水席持续办了三天。

婚礼办完了后，元烁在家只小住了几天，就带着新婚妻子及陪嫁丫鬟喜妹，包了条小船，回到了武昌。

萧站长在徐家棚最大的酒楼，为元烁又补办了一场婚礼。他在车站专门为他们腾了两间宿舍给做新房，并一再抱歉道："只好这样了，等我们车站条件好了，再专门给你们在街上租一栋屋子。"

喜妹忙着在收拾新房。

莲香跟元烁说："以前喊喜妹叫喜姨，姆妈把她给我们了，现在要改口叫喜妹了，还真有点不习惯。"

元烁说："有么事不习惯的，你看，她比你要小十岁，还是个小姑娘呢。以前你喊一个小姑娘叫姨，那才别扭死了呢。"

莲香斥责:"你懂不懂规矩啊,那时候那是我姆妈的人啊!"

八、元灵北上求学

北京女子师范大学到武汉招生,元灵和同学们很兴奋,老师也鼓励大家报名。

但回到宿舍,大家又都偃旗息鼓了。

原来,他们中的大多数人都在家里订了娃娃婚,知道家里面不会同意他们继续上学的。有的同学都急得哭了起来。

元灵说:"我们要反对封建家长的包办婚姻。你们哭么事,平时都说自己是知识女性,五四青年,怎么一遇到事就知道哭!"

一位同学说:"我是想逃婚,但学费怎么办?"

另一位说:"家里知道了,还不是要到学校把我押回去啊!"

元灵说:"听说师大是不用交学费的。"

大家又兴奋了:"不交学费?那我就去报名!"

元灵说:"我们悄悄地报名,不要让家里知道,到时候我们直接跑。"

刚毕业的姬元灵和萧家台的同学萧秀云一同回到老家。姬母见到女儿回来了,很是高兴。她计划着第二天带女儿到亲家家里拜访,并与蔡老爷商量孩子们的婚事。

元灵告诉妈妈,自己已经考上了北京女子师大,几天后就要到北京复试,并要妈妈给自己一笔钱交师大的保证金。

姬母听后气得哇哇大叫:"你真的不要这个家了!你知道我守寡把你们拉扯大有多么不容易吗!你还要丢下我这个孤老太婆不管!我一个人在家里么样活哟!"

元灵横下一条心，就是要出去读书。

"做人要讲良心呐！你悔婚，叫我们姬家以后在姬家台么样做人！"

元灵说："您家晓不晓得，现在城里早就不认娃娃亲这回子事了。都么事年代了，您家么样还那样封建愚昧！"

姬母叫道："我封建愚昧？我供你们都读书，连你个女伢都抛头露面到外面读书，两个儿子都送到外面做事，我还封建愚昧？你有良心吗！"

姬母将元灵的屋门反锁上，说了句："你别想出这个门！"就坐在椅子上堵住门口。

屋里的元灵急得要掉眼泪。

一天过去了，母女俩就这样僵持着，一天都没有进水米。

元灵饿得躺在床上不动，但她又怕妈妈饿出问题来。半夜，他对妈妈说："您家就做点饭吧，我也饿。"

姬母呛道："饿死你！你心里还有老娘？老娘陪着你饿死，叫大家戳你的脊梁骨，叫你一辈子不得安神。想吃饭？莫想！"

元灵说道："我就是不要和乡里的女伢一样，我要跟哥哥们那样出去做事。"

姬母说："那好，订的亲不得反悔，你嫁人后可以回到武昌去教书，叫严关也到武昌去做事。这次你就是不能到北京去！"

元灵叫了声："那还是饿死我算了！"

母女俩就这样僵持着，一夜没睡。

天亮了，萧家秀云到姬家来找元灵，见到这个阵势，不知所措。

姬母见到秀云，说道："你们是读的么事书，读得都要造反了？"

秀云忙赔着笑脸："哪里啊，您家元灵是有本事，考上好学校了，那个学校还不收学费，毕业了还不要当个女校长？不像我，考不上。"

老太太说："考不上才好！考上了人就丢了。"

元灵在屋里叫道:"秀云,你不要跟她啰唆,反正我也没有钱,也走不了,死在家里算了!"

秀云忙劝道:"元灵,你也莫做傻事,跟姬娘娘好好商量嘛。"

元灵说:"有么事好商量的,我就是不想活了!"

老太太说:"好,好,都不活了。秀云,你走吧,去跟乡邻们说,准备给我们收尸!"

秀云吓得赶紧跑了。

秀云到蔡老爷家,紧张地把姬家发生的事,原原本本告诉了蔡老爷。

蔡老爷问:"元灵真的考上了?"

秀云说:"真的考上了。她怕家里不让考,是偷偷地考的。"

蔡老爷说道:"好!好!这事由我来说。"

蔡老爷和秀云带着几个烧饼赶到姬家。秀云不敢进门,在门外偷偷地听。

见到蔡老爷,姬老太太像见到了救星,一肚子的委屈化作眼泪,哇哇大哭。

蔡老爷故作不知地问道:"亲家哭什么?出了么事大事了?"

姬母哭诉道:"亲家您家可是要给我做主啊,儿女们没有一个孝顺的。男伢出去做大事,也就算了,这女伢也这样不听话,叫我么样办呐!"

蔡老爷说:"哪个敢说姬家的儿女不孝?哪个不晓得您家出了个大孝子啊!"

姬母说:"您家就莫提当年了,现今不是报应?原想他们出息了回家孝敬我,现今我老了,一个都不愿意回家孝敬我啊!这个死女伢也要跑到京城里去啊!多大了?严家还等着送亲呐!"

蔡老爷说道:"唉!我们两家是一样的啊。您家看我们,老了老了,还不是成了孤老孤太?我还指望您家那个孝子回来给我们两老送

45

终呢！"

见找到了知音，姬母平静了一些，说道："是啊，伢们么样都不懂得体谅我们呢！"

蔡老爷说道："好了，好了。您家先把门打开吧，我问一下元灵。"

一脸憔悴的元灵出来，喊了一声"蔡爹爹"，也哭了起来。

蔡老爷笑了："你们娘俩搞么事咧，想就义成仁咧。快，先把烧饼吃了！"

姬老太太哪有心思吃。元灵倒是毫不客气，抓过烧饼就往嘴里塞。

看着元灵的吃相，老太太气不打一处来。

"你还要出去读书？读么事书？"蔡老爷明知故问。

"我考上了北京女子师范大学中文系。"元灵边吃边咕噜道。

蔡老爷一拍大腿："好啊！这是光宗耀祖啊！我晓得这个新式大学，你这可比前朝殿试考中进士还要难得！没想到啊，一个女伢子！"

姬老太太还没来得及说话，蔡老爷对姬老太太说："亲家，这是天大的好事啊！您家看，愿不愿意办一场庆贺的宴席？我来主持，也好叫教馆的后生们好好学学！"

这个蔡老爷突然转了风向，姬老太太一时不知该如何应对。

蔡老爷又问元灵："盘缠准备得么样了？"

元灵朝妈妈努努嘴："还没有呢，学校通知要带保证金的。"

姬老太太撇过脸去："反正我是没有钱给的！"

蔡老爷说："这也是我们教馆的荣耀，这钱我们教馆出！另外，我来出盘缠！"

姬老太太哭笑不得："亲家老爷啊，您家到底是来搞么事的啊，么事都依着伢们。"

蔡老爷劝道："亲家啊！当年您家安邦和我，到东洋那么远去读书，临了老了不还是回老家来了吗？您家莫怕，儿女总是丢不了的。"

"那严家的亲事呢？……"这才是姬母的心病。

蔡老爷大包大揽起来："您家放心，这事还得办，只是要等元灵学成归来。我去跟严驼子说！"

姬母仍不放心，问元灵："那你把书读完后，马上回来成婚，答不答应？"

元灵应允地点着头。

蔡老爷挤着眼睛对元灵吼道："你么样这种方式回答？点头不行，要说句明白话。"

元灵明白了蔡老爷的用意，大声说道："我答应啦，读完书就回家成婚！"

九、黄光

不久，元烁和莲香的第一个女儿在武昌出生了，当了爸爸的元烁高兴得不得了，在家里盯着女儿看不够，每次都是在莲香的催促下，再亲一下女儿，才肯恋恋不舍地去上班。

元烁在徐家棚摆了一桌宴席，邀请萧站长等同事庆贺喜得千金。

武昌城北徐家棚，原来是一片荒芜的田野，早年仅有几户徐姓农民在此扎棚居住。随着徐家棚车站的建成，这片荒蛮之地迅速发展起来，厂矿林立，居民纷至，闹市繁华，商贾云集，成为武昌城外的又一个经济中心。

十年过去了，各地商贾们亲身体会到了铁路建站所带来的巨大商机，渐渐不再排斥在自己的领地上建兴建火车站。于是，除了在通湘门施工工地建成的"通湘门站"，在城南，也建成了"余家湾站""鲇鱼套站"。

元烁得到上司重用，担任了武昌徐家棚车站站长助理。

有了女儿，他依然改不了交友、喝酒的秉性。通情达理的莲香规劝了几次没有作用，也就懒得再说。好在家里有能干的喜妹照应，也就没有产生什么大的矛盾。

在徐家棚街上，有一家川味小酒馆，只有五、六张方桌，但价廉实惠，口味地道，成为铁路工人喝酒聚会的首选之地。特别是这家做的爆炒猪头肉，麻辣鲜香、糯中带脆，是元烁佐酒的必选菜。所以，这家小酒馆也是元烁除了车站和家以外，去得最多的地方。

湘鄂路第一段车房的一帮火车司机也是这里的常客，而且他们喝酒豪爽。久而久之，元烁也与他们因酒相识了，有时他们见元烁进来，也喊他一同就座同饮。

其中一位操湖南口音的年轻人，经常掏钱请工友们喝酒，工友们很尊重他，都称他为"黄哥"。经工友们引荐，元烁跟他也由酒友发展成为好朋友。

后来，元烁知道了他是竹木帮的黄光，在机车房煤炭库给机车掏灰。

一次，黄光在结账时发现带的钱不够，元烁大方地替他结了账。

没想到，第二天一上班，黄光就到车站找元烁还钱了。几经推辞，元烁抵不过他的热情，也就收下了。

黄光和其他外地来的没有成家的年轻人不一样。除了好喝几口，他从不逛窑子，也不赌博，见谁的面都客客气气，而且识文断字，经常帮不识字的工友们代写家书。

几杯酒下肚，元烁也常跟黄光提起自己在济南遇到的不可理喻的事情。黄光除了开导他，还告诉了很多他从来就不知道的事情。比如，革命党，孙中山，北洋系，还有苏俄。

元烁很好奇，但对他来说，这些只是自己所不知道的帮派，比如

"铁鹤帮""青红帮"。

车站萧站长警告元烁，黄光来路不明，本不是竹木帮的人，是直接从湖南来汉投奔的竹木帮，并很快成为竹木帮的领袖人物。这个人高深莫测，背景悬疑，一定要远离。

元烁置之不理，依旧与黄光喝酒、聊天。

一天，黄光托工友专程到车站带信，通知元烁下班后到小酒馆喝酒。

到小酒馆，元烁就感到有些奇怪：这宴席不像宴席、请客不像请客的，却来了这么多的人、把小酒馆都包了。里面本来就不大，每个方桌却挤了八九个人。

黄光一见元烁，就把拉他到主桌，引荐道："这位是江岸的林福生，是福建帮的。这位是徐家棚车站的姬元烁。"

瘦小的林福生和高挑的元烁互相还礼后，元烁悄声问黄光："今天这么大的场面，莫非是贵帮有什么大事？我一个局外人，参与不合适吧？"

"哎！莫急。"黄光站起来大声地说："各位兄弟！我早就敬仰林哥，只是无缘相识。今日请林哥过江来访，就是要和林哥结拜成异姓兄弟！请大家来，就是做个见证，庆贺一番！"

林福生用有些难懂的福建话说道："各位兄弟，我们隔江不隔情，都是吃的铁路饭，就都是劳苦兄弟。虽然我比黄老弟痴长几岁，但黄老弟是我一直敬仰的人，英雄出少年啊！我们结为金兰契友，从今往后，我们兄弟跟大家一起，有难同当、有福同享！"

在大家齐声喝彩中，林福生和黄光进行了结拜仪式。

难得的大聚会，当晚是一场大醉。

一月后，卢汉铁路同人会在刘家庙成立，粤汉铁路同人会在徐家棚成立。经黄光的介绍，元烁也加入了粤汉铁路同人会。紧接着，徐家棚又开办了粤汉铁路工人补习夜校，工友们称补习夜校为工人俱乐部，并踊跃参加，元烁也参与到俱乐部的活动中，还主动到识字班代过几堂课。

汉口北郊大赛湖以南，原来是一大片杂草丛生的滩涂，每年长江涨水时，后湖、东西湖的水倒灌，都要淹没这里方圆几十里。

张之洞早年主持修建的挡洪大堤，将后湖、东西湖倒灌的水挡住了，使这一片沼泽之地成为陆地，但依旧荒无人烟。

一位黄陂来的刘姓人家，在这里定居开荒，并从家乡雇来了大批农民耕种。几年下来，从丹水池到下滑坡路（即后来的黄浦路），都为刘家所有，刘家也成为武汉的大地主。刘老爷为了光宗耀祖，在这里建了座家庙，人称"刘家庙"。

当年京汉铁路勘查定线时，因此处只有一个标志性建筑刘家庙，所以各类史志都称此地为刘家庙地区，在此建成的火车站也就定名为刘家庙车站。直至京汉线全线开通后，才改名为"汉口江岸火车站"。

随着京汉铁路的建成运营，江岸逐渐人居拥挤，大多是贫苦的铁路工人租用刘家的地皮修建的简陋棚房。刘家也盖了些房屋，对外进行租赁和出售。

按距江岸火车站的距离，自然形成"头道街""二道街""三道街"等地名。因外来户更喜欢同籍群居，大家又按不同的籍贯人群的居住片区，习惯地称为回民街、河南街、福建街等。

这片原来的不毛之地，因为京汉铁路的通车，现在已经成为繁华之地。整个武汉地区，江北的江岸、江南的徐家棚，遥相呼应，大有成为超越老城区成为新的政治、经济中心的趋势。同时，也成为各种政治势力介入、争夺的是非之地。

工人代表黄光、大律师施洋等拜会刘老爷，洽谈租用福建街对面的原刘家家丁住的大院做部址，协助京汉铁路江岸分工会委员长林祥谦、副委员长林福生,在江岸成立了京汉铁路南段工人俱乐部。

黄光、施洋、李立三、项英、林育南等铁路工人运动的发起者,频繁来往于两岸。

黄光繁忙起来,元烁渐渐也很少见到他了。

没有了和黄光喝酒聊天的机会,元烁心里还真的觉得有些失落。

十、吴大帅题的匾

萧站长近日有些魂不守舍,经常无故训斥下属。

元烁看在眼里,到站长办公室小心翼翼地问:"站长,遇到么事难题了?用得着卑职的,尽管吩咐。"

萧站长眼睛一亮,马上想到元烁上上下下的关系,就说道:"是啊,有件事情是很难办,你要是帮得上忙,事成之后有么事要求都只管提。"

原来,湖北督军萧耀南在广东秘密采购了一批军火,命令铁路帮助运到武汉。但湘鄂战事不断,南方各军阀割据一方,想用铁路运输军火已不可能。萧耀南多次催促铁路当局,铁路当局又把这个烫手的山芋甩给了萧站长,萧站长是一筹莫展。

元烁想到了严肃,就对萧站长说:"你给我几天假,我先去办。不过办不成的话不要怪我啊!"

萧站长见元烁这么爽快地就应承了,喜上眉头,说道:"那是,那是。你就去想办法吧,办的是公事,不用请假,是出差。"

元烁找到严肃,说:"南方战事已严重影响到粤汉铁路的正常运营,粤省的火车都开不动了。"

严肃不知就里,说道:"那是你们铁路上的事,怎么,这也要找我啊？"

元烁说："火车要烧煤啊，现在粤省采购的煤都积压在我们车站，运不过去，站长要我负责，你得帮我想想办法啊。"

严肃推辞道："这种事我哪里有么事办法！"

元烁提示他："长江上的军舰不是还在走吗？你得帮我救个急啊！"

严肃一口拒绝："那不行！你以为军舰也是我能调得动的啊。"

元烁问道："那萧督军可以调动吗？"

严肃说："废话！我哪里跟督军说得上话！"

元烁给他支起了招："你给督军府打个报告，只带一船机车用煤，不然的话徐家棚车站就要变成煤山了，要瘫痪了。要是我们这里的铁路也瘫痪了，萧督军能不急？你只管打报告，我请铁路局再去和督军说，双管齐下，督军会同意的。"

"你有把握？"

"有！"

"那我就试试啊。以后这些破烂事不要再找我了。"

元烁回到车站，马上对萧站长说："那事有眉目了，你赶紧跟局长说，叫他马上找督军，要他同意军舰帮我们运送一次机车用煤到广东。"

萧站长疑惑道："这运煤的事跟我那事有么事关联？"

元烁诡谲一笑："瞒天过海。你再要他们安排，到那边卸完了煤将他们的货直接上到军舰上。"

萧站长恍然大悟："喔，喔！空军舰返回武汉，哈哈！"

元烁说道："还有一件事最重要。军舰直接返回到白沙洲，我找竹木帮的人卸货，保证一丝风声都不透露。"

萧站长佩服地说："老弟，你真行！成功后我为你请功！"

在元烁的谋划下，军火偷运任务圆满地完成了。萧站长得到铁路局的表彰，督军府也奖给了他一笔奖金。萧站长很讲义气，奖金一分不少地转送给了元烁，并抱歉地说："上面一再要求此事保密，不得再提起，所以没法给你表彰。你有么事要求尽管说，我答应过你的。"

元烁早就想好了："请您帮我找吴大帅给我们家老宅题个匾吧。"

萧站长为难了："这事我倒真的不敢打包票。试试看吧。"

几天后，萧站长真的拿来了一幅吴佩孚大帅题写的"耕读之家"几个斗大的字。元烁幸福之情难以言表，马上托人镌刻成匾，并计划着亲自护送回老家。

世上没有不透风的墙。

元烁在自家门缝里捡到一封信，是黄光留的。信中写道："元烁兄，没想到你竟干出助纣为虐的事，你背叛了工人阶级的利益，参与协助军阀混战，帮助军阀镇压劳工，我们感到极大的遗憾和悲愤，并决定开除你粤汉铁路同人会的会籍。希望你好自为之，不要再做与劳苦工友为敌的罪恶之事。黄光。"

元烁内心也感到了些后悔。但看到那块匾，又觉得欣慰，不禁又动手将大匾仔仔细细擦拭了一遍。

元烁上街，有意路过川味小酒馆，希望碰到黄光。他已编好搪塞黄光的理由，就说是奉萧站长的命令行事，自己也不知道运送的是什么货物。

他来回走了几趟，并没有见到一位熟人。正考虑是否要进酒馆，只见里面走出来一帮平常和黄光走得很近的工友。元烁刚要和他们打招呼，那帮人发现了元烁，一窝蜂地围了上来："看，这不是姬元烁吗？你个叛徒、工贼，还敢到处耀武扬威！""你欺骗工友，你是军阀的走狗！"

元烁刚要解释，脸上就重重地挨了一拳。他捂住脸喊道："误会！误会！我是来解释的！"

"还解释个屁！"又是一脚，踢得元烁一个趔趄。元烁借机掉头就跑。

工友们边追赶边喊道:"你跑得了和尚跑不了庙!"

挺着大肚子的莲香见到元烁失魂落魄跑进家门,脸上一块红肿,忙问缘由。

元烁无言以答,只是说:"竹木帮的人跟我搞翻了。"

莲香说:"竹木帮?他们不是听黄光的吗,你找黄光嘛,你们不是兄弟吗?"

元烁说:"还么事兄弟,就是那小子要搞我!"

莲香不解:"你到底做了么事?肯定是你做了对不起他们的事!"

元烁欲言又止,经不住莲香的追问,避重就轻地指着那块匾:"哎呀!还不是因为我托人找吴大帅题了这块匾!他们就说我勾结了大军阀!"

莲香说:"那干脆把这块破匾交给他们烧了!"

元烁说:"不能啊!我还不是想光宗耀祖?事已至此,就是把匾烧了,他们也不会饶过我的呀!"

莲香抱怨道:"你就不能安安生生过日子?以后就少跟他们来往,也不要老想着攀龙附凤。我都快生了,你再搞出点幺蛾子的事,我么样办啊!"

元烁不作声,任凭妻子抱怨。

看着受伤的元烁,莲香心疼地说道:"喜妹上街买菜去了,我去药店买点云南白药来给你搽搽吧。"

元烁忙说:"我不要紧,你现在就不要出去了,免得添乱。"他走到窗边,紧张地往楼下看了看。黄昏下的街道空无一人,只有暗黄色的路灯像鬼火一样摇曳。

接连好长一段日子,元烁走在街上都如同老鼠上街一般紧张、心虚,不断地四处张望,生怕遭到突袭,更不敢再走近工人俱乐部一步。

姬家的最小一个儿子姬元灿在县城中学初中毕业了。

元灿回家跟母亲商量，是到武昌继续读书、还是找哥哥们在外面给谋个好差事。这回，姬老母果断地断了元灿的念想："你哪里也不能去，在家，守住家业。老话说：乱世避乡里。不然遇到乱世，他们能躲到哪里去？我们要为姬家留住后路。"

老实的元灿从小就听妈妈的话，这次也一样，顺从地点了点头。

元灿的顺从，反而让姬老太太觉得有些对不住这个儿子，又多余地啰唆道："那几个指望不上了，只能指望你给我养老送终，指望你给你爹爹和祖宗每年烧纸敬香。还有家里的钉子厂，还有几十亩田，总得有人照应啊。"

在女儿初昌三岁的时候，莲香又怀上了。姬母得到消息，便急着要接儿媳妇早些回家养胎。她盼望着这次生个男丁，自己好抱上孙子。恰好萧家有一艘新木船要送到汉阳交货，老太太便叫元灿顺便跟船到武昌接大嫂回老家。

见到长大成人的弟弟，元烁很是高兴。听弟弟说母亲已经安排弟弟留守老家，元烁更是满意，说："你就把老屋守好。如遇乱世，正如姆妈说的那样，我们都是要回家避乱世的。"

元灿点点头："大哥，您就放心吧，你就不要操心老家的事了，我会守好老屋的。"

元烁指指那块大匾："这是我费了好大的气力弄来的。本来我要自己送回家的，但现在我没有时间回家，你就好好把它带回家吧。记着，挂匾的时候莫忘了请蔡爹爹和乡里的长辈喝酒，要放鞭，要搞得热闹些。"

元灿不解地问道："这块匾蛮贵重？"

元烁骄傲地说："那是。这是吴大帅专门给我们姬家题写的，很荣耀的啊。"

元灿带着大嫂、侄女和喜妹，抱着这块给元烁带来荣耀、也带来烦恼的大匾，回老家了。

十一、徐家棚的枪声

徐家棚工人俱乐部办得热火朝天，绝大部分的工友们都参加了俱乐部。不论是工友之间发生纠纷、还是工友们家里有了什么难处，都会去找俱乐部解决。俱乐部成了工友们的靠山，一切的公理评判标准，都服从俱乐部的权威。慢慢地，连工厂里的工头解决不了的事，也得找俱乐部来协调解决。

粤汉铁路湘鄂局局长王世堉召见徐家棚各站段及铁路工厂的领导开会，严斥他们对工人俱乐部的纵容，令萧站长与武长段的行车监工张恩在湘鄂路第一段车房共同组建机车研究所，以与工人俱乐部抗衡。

萧站长又挠头了。他知道自己平时与工人们根本没有什么交情，在工人们中没有一点号召力；还有那个监工张恩，平时更是与工人们水火不容。就凭这几个人，妄谈什么把工人们组织起来，简直是天方夜谭。

这时，他又想到了元烁。

元烁是个耐不住寂寞的人，见到以前的酒友们都围在工人俱乐部热闹，自己只能远远地观望，早就想也组织一帮人热闹热闹了，于是爽快地答应了萧站长参与组建机车研究所的要求。

元烁找到几个与工人俱乐部素有矛盾的工人，还有几个已经被工人俱乐部开除的人，告诉他们要组建一个铁路当局出面支持的机车研究所，不但不用交会费、还会发个红包。张恩也动员了几个工头参加。很快，就招募到了二十几个人。

元烁又邀请车站里的几个读书出身、不愿意与大字不识的穷工人们为伍的技术人员，发津贴请他们在机车研究所做教员。

徐家棚机车研究所终于成立了，萧站长亲自主持成立大会，并为局长王世堉题写的"徐家棚机车研究所"牌匾揭牌。

元烁甚是兴奋，每天在研究所里忙碌，觉得自己也是工人领袖了。

自从工业化的蒸汽机车在中国铁路线上开始奔驰，一个新的走私线路也在形成。利用火车头帮走私团伙偷运鸦片等违禁品以赚取一些佣金，是不少铁路机车司机的拿手好戏。刚开始，是将违禁品密封后沉入水箱里，或深埋到煤箱底层，很长时间这都是行之有效的办法。后来，随着政府稽查越来越严厉，查处的铁路走私案件越来越多，常用的藏匿方式已经不是什么秘密，这一下断了那些走私的司机们的财路。

但"道高一尺，魔高一丈"，利益的驱使总会让一些人的智慧之门大开，他们不会轻易放过任何发财的机会，哪怕是这财富沾满了不道德的血污。于是，一种更隐秘、但也需要更高的手艺或叫技术的方法悄悄出现了：将一定分量的违禁品密封后，用湿布紧紧包缠几层，再用翻锹法将包裹好的"货物"投掷到燃烧着的锅炉的左或右后死角，用稀煤浆子一次次浇注此处、一层层包裹住"货物"。运行途中也频繁地往后死角投稀煤浆子。这样，就在熊熊烈焰的锅炉里"造"出了一个安全的无火区，确保了"货物"的安全。到达目的地，一锹剜出死角的大煤块，用水浇冷后，撬开厚厚的硬煤壳子，"货物"就可安然无损地取出了。这种方法还有个好处：不怕检查。如真有人告了密，只要司炉装傻拖延片刻，"货物"也就瞬间化为了灰烬。

但走私老手张恩，现在已经不屑用这种麻烦、谨慎、量小的办法了。他利用自己的职权，与稽查部门的官员们勾结起来，明目张胆地用沉水箱、埋煤底的老方法大批量地走私。

工人俱乐部的人早就盯上了张恩。在得到确凿的消息后，俱乐部的负责人吴青天带人赶到徐家棚车站，将刚到站的机车堵在车站，上机车一搜，果然人赃俱获，查获的鸦片被工人们大张旗鼓地摆在站台上示众。

元烁很是为张恩的不成器感到愤恨，他将此事报告给萧站长，并力陈张恩的罪孽是不争的事实，说："要想保住护机车研究所，就必须严惩这个害群之马！"

萧站长当着吴青天和元烁的面，承诺一定会严厉处置张恩。但几日后，张恩仍在岗位上耀武扬威，吴青天却被机车房公布因旷工而开除。

元烁焦急地问萧站长："这样是非不分，莫非是非要搞得我们自己搞不下去？"

萧站长也无奈："局长发话了，说这是工人俱乐部的阴谋，要我们不要管。"

黄光代表俱乐部联合会向湘鄂铁路局提出申诉，要求开除萧站长和张恩，并在五天内给予答复。三天后，又以粤汉铁路全体工人名义致电交通部、两湖巡抚吴佩孚和湖北督军萧耀南，并向湘鄂铁路局进行最后通牒，如三日内不撤办萧、张，粤汉线将全路罢工。

徐家棚的街面上、车站和机车房的门口，出现了很多闲逛的陌生人。紧接着，俱乐部得到从外面赶回来的工友们的报告，说是在离徐家棚不远处的三层楼附近发现有军队聚集驻扎。

敏锐的黄光感觉到事态的严峻，他必须立即采取应对措施。黄光带着吴青天立即动身赶到火车站，他让吴青天到车站里面去把姬元烁请出来，自己坐在车站对面的馄饨摊上要了一碗馄饨，边吃边等着姬元烁。

听说是黄光找自己，元烁立即就跟着吴青天出来了。元烁觉得黄光还是把自己当作兄弟的，只要是他愿意见自己，那么一切都好说，更何况当时自己本来就做事有愧。只要是能了结恩怨，哪怕他再狠狠地揍自己一顿都行。没想到见面还没开口，黄光就一只手握住了元烁的手，说道："老姬，好兄弟，我就知道你会来见我的。"

姬元烁激动得嘴唇哆嗦着，一时不知道该说什么，只是狠狠地握着黄光的手，冒出了："诶，诶！"的两声。

黄光开门见山地说："我们遇到点难事，是人命关天的大事。现在，我们工人俱乐部已经不安全了,你能不能帮忙找个安全的地方,我们要开个紧急会议。"

听黄光根本就没有把自己当外人,一见面就把这么重要的机密跟自己说了,元烁顿时有些受宠若惊,同时也感受到了自己的重要性。他爽快地答应了,并表态:"老黄,都是自己兄弟,你就放心听我的安排好了,我自当为兄弟两肋插刀、排忧解难。"

元烁的家就在车站院子里的办公楼后面。

天刚黑,元烁拿出钱,递给守门的老头:"你去帮我到街上买一些下酒菜,夜里我们好好喝一杯。"

老头笑了:"到底是老婆不在家啊,又开始花天酒地了。"

元烁笑道:"不是您家那位管得太死吗?我是给你打牙祭啊。快去吧,我帮你看一会儿。"

老头刚走,元烁就招呼早就等在墙角黑暗处的黄光一干陌生人,屏声禁气地绕过办公楼,来到二楼元烁的家里。

黄光说:"老姬,你也参加会吧,我们都讨论过了,同意你参加。"

元烁拒绝了,说道:"你们放心开会吧,我还要到楼下和看门的喝酒,顺便给你们望望风。"

在元烁宿舍里,工人俱乐部联席会讨论了下一步的对策,并做出了大罢工的决定。

门房里,元烁和老头一杯杯喝着酒。很快,老头就眯起了双眼。

夜半了,元烁估摸着他们的会也开得差不多了,就对老头说:"我到办公室看看,今天站长还要我们机车研究所的几个人起草么事公告呢。我去看看他们搞完了没。"

老头说:"你快去,还有半瓶酒等着你呢。"

元烁带领黄光一帮人出门,并故意在门房窗口说道:"就这一点事,紧搞个么事,快点走,明天白天再搞吧。我还要喝酒呢!"

他又拿出一把钥匙递给黄光，小声说道："这是我家的门钥匙，要是在车站里遇到紧急情况，你可以去躲一下。我老婆回老家了，很安全的。"

黄光接过钥匙，感激地对元烁拱拱手。

三天后，仍未得到当局的回应。于是俱乐部联合会发布《罢工通电》，粤汉铁路徐家棚至株洲段铁路工人大罢工正式开始了。

局势动荡起来，机车研究所的几个负责人聚集在车站萧站长的办公室，坐立不安地等待着上司的指示。

粤汉铁路湘鄂局局长王世埍似乎早有准备，他命令张恩立即组织机车研究所的人到车房强行开行机车，并说："马上到一个班的武装士兵跟你上车，随行保驾，部队随后就进入徐家棚！"

张恩临危受命，其赌徒的本性暴露无遗，他兴奋地喊道："老萧、老姬，你们把车站的事搞好就行了，研究所的事你们不用再管了。其余的人，都跟老子上线，哪个他妈的腿肚子发软，别怪老子不讲情面！他妈的，跟老子过不去，看老子这回么样搞死你们！"

萧站长和元烁巴不得从这麻烦中抽出身来，马上答应、立刻离开了这个站长办公室，赶到车站调度室，现场关注着事态的发展。

张恩带领一帮人，飞速地赶往车房，爬上机车就启动，到整备线仓促地加水、上煤。

张恩挥舞着尖锤，驱赶着机车房仅有的几个欲阻拦的工人，并喊着："快，快！"机车仅上了一半的煤和水，就加速出库了。

到道岔，司炉自己跳下车扳道，等机车开过道岔，再扒上车。

留守机车房的工人飞跑着给罢工指挥部报信。

吴青天喊道："你们几个快到家属区，告诉大家不分男女老幼都到火车站拦火车去！其他所有人跟我到火车站！"

徐家棚铁路区工人和家属一千多人将火车站挤得水泄不通。

车站也乱成一团，萧站长和元烁在调度室亲自指挥起来。

看到前面站台上拥挤的人群，张恩恼羞成怒，命令司机加速通过。

吴青天见机车不但没有停车的迹象，反而加快了速度，忙高喊道："大家上轨道，拦住机车！"

工人和家属闻讯，立刻跑上轨道线，有些家属干脆睡卧在轨道上。

张恩疯狂地喊道："他们不要命了，老子也不要命了！加速！冲过去！"

此时，司机的手不由得哆嗦了，不由自主地关上了气门把手，推上了闸把。张恩一把把司机拉开，自己抢到了司机座位上，想重新开动机车。

萧站长在窗口看到这一切，头上冒出来冷汗。

元烁果断地说："关闭信号！"

萧站长吓得张口结舌："这、这，不好交差的啊！"

"听我的，我跟上面交代！"这次，元烁很是果断。

张恩见到出站信号关闭了，无可奈何地瘫坐在已经停止的机车上。

工人们愤怒地向机车跑过来。

张恩恐惧地喊道："快把车门车窗都关上！"

这时，一队士兵冲进了车站，一名军官边跑边喊："开枪，开枪！"

机车上的随行士兵拉开车门，对着向机车跑过来的人群就是一排子弹，立刻倒下了几个人。

人群炸锅了，返身又往站台跑。

站台上的军队也开枪了。人群四散而逃，不断有人倒下。车站瞬间成了屠宰场，死伤遍地，哭号连天。

一群工人见车站已经冲出不去了，就往站台反方向跑，翻过残破的院墙，向江边跑。

士兵们也跑过股道、越过院墙，尾随着向江边追去。

工人们跑到江边，见追兵仍不放过自己、边追边开枪，子弹就在耳边飞啸，左右看看没有逃路，"扑通"一声，径直就往江里跳。追赶到江边的士兵们，站在江边，对着水里的人就开始射击。

江里水泡、血泡刚升腾到江面，就被奔腾的江涛冲散。很多人跳进江里就再也没有起来。

萧站长和元烁吓得直哆嗦。

元烁说："没想到会这样！站长，这是出人命了啊！出了大人命！"

萧站长战战兢兢地自言自语道："幸亏我们关闭了信号，不然，就不是军队的罪孽，是我们的罪孽，我们在铁路上再也没法混下去了啊！"

军队开始清场。据统计，现场被打死打伤的工人和家属有一百余人，车站外面、包括江边死了十几个人，活着的人经过盘查，又抓捕了嫌疑人十几个。

还有大批的工人和家属逃了出去，其中有些人就此失踪，生死不明。

一名军官来与萧站长接洽，命令萧站长马上组织人员清理现场，并用水龙头冲洗站台。

见到当官的，萧站长顿时红了眼睛，失态地指着他的鼻子吼叫起来："你们怎么能在这里面开枪？那里面大部分都是些手无寸铁的人啊！血流成河啊！你们这些没有人性的军阀！"

军官倒是毫不介意萧站长的失态，平静地等他发泄完，给他立正、敬军礼："军人以服从命令为天职，这些问题请您去问你们的局长王世堉！"说完转身就走了。

在士兵的枪口警戒下，工人们收集起散落在车站里的衣服、鞋子，堆成了小山，浇上煤油，点火焚烧。然后用水龙头冲洗起车站站台、轨道。

萧站长气呼呼地跑到元烁的办公室里，还在喘着粗气。他不敢到站台看那血腥的场面，但又不得不听从上司的指挥和安排，执行军队的命令。一口怨气发向那个指挥自己的军官，但又像一拳头打到软棉花包上一样，没有得到回应，毫无快意、窝囊之极。

等萧站长慢慢平复下来，才发觉这个姬元烁竟然一直在埋头看着张旧报纸，根本没有抬头理会自己，又不由得气不打一处来，夺过元烁手里的报纸，揉成一团，扔在了地上。

元烁这才起身，给萧站长泡了杯茶，又坐了下去。整个过程依旧眼目低垂，没有直视萧站长。

萧站长很是无奈，只好敲敲桌面，盯着元烁，小声说道："军队正在搜捕俱乐部的领导人，黄光和吴青天是抓捕的重点。我晓得你和他们有往来，我不会把你认得他们的事告诉这些丘八的。但你这次要汲取教训，千万不要再惹麻烦了，要是晓得他们的下落，必须马上报告。"

元烁闷闷地答道："我上次帮您运军火那件事，已经得罪他们了。我挨打那事，您不是也晓得嘛。放心，只要有他们的消息，我会马上报告的。"

此时，黄光和吴青天正隐藏在元烁的家里，车站内军警的叫喊声就在耳边。

天黑了，元烁劝萧站长回家休息，自己在车站盯着，有事会打电话通知的。

萧站长说："还休息么事啊！这心还在怦怦跳呢。出了这么大的事，就是我想休息，他们那帮丘八，会放我休息吗！算了，你去歇吧，我就在这里守着。"

元烁说："那我去换件衣服，到下面看看，再来换您休息。"

回到家里，元烁紧闭上了门，靠在门上，闭上了眼睛。他不愿意把自己的慌张和恐惧展现在别人眼前，现在，在黑暗中只有自己一个人，他揉按着自己狂跳着的心脏，轻声地叹着气。

突然，他感觉到黑暗中出现了一丝威胁的迹象，猛地睁开了眼睛，发现眼前有两个巨大的黑影压了过来，他不由得张口就要大叫。"老姬，别出声。黄光。"一个熟悉而低沉的声音，将元烁的声息硬生生地压了回去。元烁摸到门旁的电灯拉线，刚要拉，手就被黄光的手给按住了。

黄光说："不要开灯，我是迫不得已才又躲到你这里来的。"

元烁的眼睛慢慢适应了黑暗，看清了黄光和吴青天那两张污秽的、充满了沮丧和悲愤的脸。

吴青天摇着元烁的肩膀，热泪直流："老姬，你看到了吧？这就是军阀的本性！死了多少我们的工友啊！血流成河啊！"

元烁也难过得流下了眼泪。

黄光说："你是对工友同情的，不管你曾经做过么事错事，我们都原谅你。希望你这次能彻底觉醒，站在工人阶级一边。加入我们吧，只有我们，才是打倒军阀的希望。"

元烁说："我不是已经在为你们做事吗？还加入什么？"

吴青天说："我们是共产党。我们早晚会打倒军阀，让这些劳苦大众们翻身做主。你要是愿意，就加入共产党吧。"

元烁摇了摇头，说："我不想加入任何党派和帮派，那都是些虚的东西；但我愿意为你们两肋插刀，这才是实实在在的兄弟。还不晓得这次我们能不能逃过这一劫呢，能活着就不错了，党派的事以后再说吧。"

黄光只好遗憾地说："那好吧，一切随缘。不过我们可以等你。"

夜里，一场雷阵雨不期而至，仿佛是在哀悼那些死难的人们。

大雨里，工人们还在不停地清扫血迹，黄光和吴青天也穿着雨衣混杂在清洗的人群里。

雨停了，元烁喊道："再接水管子，继续冲，把院墙那边的轨枕、道砟上也都冲干净！"他指着黄光、吴青天和围着他们的几个工人："你，你，还有你，你，快去货场仓库，再背几捆水管子来，要快！"

一会儿，工人们把水管子背来了。元烁见里面已经没有了黄光和吴青天的身影，放下心来。

第二天，全国各大报纸都刊登了粤汉铁路工人俱乐部联合会的电文《粤汉铁路全体工人为军警杀伤工人泣告全国书》，恳请全国同胞一致主持公道，予以实力援助，并向铁路当局提出：一、撤退弹压军队，并惩办行凶军警；二、革除并惩办王世埻；三、从优抚恤死亡之工人及家属；四、完全承认工人前次提出之七个条件。不达目的，本路工人死至无一人，亦在所不惜。

江岸的京汉铁路南段工人俱乐部回应：三日内如不作圆满解决，即全体罢工。

武汉工团联合会及其所属三十多个工会登报响应。

陇海铁路、粤汉铁路、京汉铁路一千多名代表在武汉集会，宣布将以同盟罢工的方式响应。

交通部训令王世埻"从速解决"。

此时，王世埻知道已经没有人会出面保自己了，呆坐在办公桌前。

粤汉铁路湘鄂局被迫宣布全部接受《罢工通电》。

消息传来，徐家棚工人俱乐部锣鼓喧天、鞭炮齐鸣，隆重集会庆祝胜利。死伤者家属悲喜交加，边流泪边咒骂着也加入到庆贺的人群里。

黄光启程到长沙参加粤汉铁路总工会成立大会。他对前来送行的吴青天说："不要相信军阀政府。我们任重道远，工人们还没有完全发动起来。还有姬元烁，这个人本质不错，要多做些工作，我们需要这样的人。"

吴青天说："这次我们相信他也太冒险了。不过经过这次考验，证明他还是值得我们相信的。我会做他的工作的。"

汽笛声中，火车启动了。

吴青天低声喊道："保重！奋斗！为了劳苦大众的明天！"

萧站长的撤职令和元烁副站长的任职令同时到了。

萧站长苦笑着摇头。元烁安慰道:"离开这是非之地安知非福。反正这辈子铁路这碗饭我们是吃定了,不管哪个做大总统、哪个派系当政,还不得倚重铁路、倚重我们这些人?"

萧站长说:"是啊,是啊!我们就是死了,也是铁路的鬼。这次我调到湘潭火车站,也算是回老家了。哪怕是扳个道,也比在这里听枪响要强。"

由于铁路局委任的徐家棚火车站新站长要缓些时候才能到任,副站长姬元烁暂时代理站长主持工作。

十二、元灵赖婚

在北师大读书的元灵毕业了,但她又考上了本校的研究生。她忐忑不安地回家探亲。这次,她不知道该怎样再次应对母亲的逼亲。

姬母见女儿终于归家了,长舒了一口气。她对儿子元灿说:"你去和严先生说,我们家元灵回家了,请他到我们家里来一趟。"

严老先生提着礼物,来到姬家。

元灵到老同学秀云家玩去了,两老人毫无顾忌地叙着家常,并商议着尽快选择一个吉日为子女成婚。

元灵一回家里,母亲就告诉她,严老爷来过了,两家家长已经商议好了,会尽快安排婚事。

元灵搪塞道:"我还没有毕业,还得一年。这次是学校放假回家的,过几天就要回学校继续上课。上学期间不准请假的。"母亲顿时就垮脸了:"你又来那一套,这次我不会再纵容你了。回去上学可以,就先成亲再走。"

姬太太故伎重演,将其堵在房内,又搬了把椅子,蹲守在门口。

元灵知道,这次是难过母亲这道关了,她这次既不哭闹、也不和母亲争吵,静静地躺在床上想着对策。

有元灿在家到底好多了,他把饭菜做好,送给坚守岗位的母亲:"姆妈,您家吃饱了好有精神看护姐姐。"姬母这次倒是没有绝食威胁的意思,坐在椅子上有滋有味地吃了起来。吃完了,把碗筷一放:"吃好了,收走!"

元灿又端出一盒饭菜:"我给姐姐送进去?"母亲不理会,元灿就自己动手在母亲的裤腰上解下钥匙,姬太太倒是没有阻拦。等元灿一进入房间,母亲就夺过钥匙,把门又锁上。

元灵正心烦着,让弟弟把饭菜先放到桌上。

元灿狡黠地对姐姐小声说道:"这扎实的屋子,你是跑不出去的了。要不,你求求我,我给你支个招?"

元灵没好气地说:"你能支个么事招?去!去!"

元灿说道:"姐,我不跟你开玩笑。我问你,你见过你那没过门的夫君吗?你不愿意,你就晓得他愿意吗?"

元灵一听,坐了起来:"你晓得么事?快说!"

元灿说道:"那个严关,也是县中学的高才生,每天掺和么事'新文化'呢。他早就说要出去找他的哥哥,说要去干大事呢。为这事,他和严先生不晓得吵过多少回。"

元灵诧异了:"是吗?那他老爹说要操办婚事,他也不抗争?"

元灿说:"嗨,那是严先生和姆妈他们一厢情愿。你何不跟严关亲自谈一下?"

元灵犹豫了:"我们这种关系,私下会面,那别人还不笑话。"

元灿笑道:"都这种时候了,你还顾那些?你就放胆一见,你走了,还不晓得么时候回来呢。"

"好，就这样！"元灵下了决心。

元灿离开后不一会儿，元灵就喊道："姆妈，我想好了，就先谈婚事，再说读书的事。"

姬母一听，高兴了："那好，你说么样谈。"

元灵说："我要跟他见面谈。"

姬母说："见面谈？那不行！媒妁之言、父母之命，你们谈么事！"

元灵求情道："姆妈呀！都这些年了，我也不晓得当年那个鼻涕虫现在变成么样了。你晓得，我现在也是女大学生了，总不能瞎碰一个人就嫁吧！万一他长出了一脸的大麻子呢？万一变成个了个大傻子呢？"

姬母骂道："放你狗屁！关儿是我看着长大的，人家的学识不比你差呢，要是也像你这样心野，人家早出去做大官了。"

元灵又说道："姆妈，那要是他看不中我呢？"

姬母说："他敢！"

元灵赌气地说："要是您家连这都不依我，那就不谈了。我誓死不依！"

姬母想了想，妥协了："那好吧。元灿！元灿！你去找你关哥到家来一趟，就说是我要找他问话。"

"好咧！"元灿乐颠颠地跑去了。

扭捏的严关被元灿连哄带骗地押送到姬家母亲跟前。听见这个人到了房门口，元灵叫道："我想跟你谈谈我们的婚事。姆妈，您家回避一下。"

姬母不情愿地应道："元灿，你在这里陪你关哥，看着你姐。我到大门口去候着。"

元灿说："好咧！您家就放心吧！"

元灵开门见山地问拘谨得额头快要冒汗的严关："你对老人订的这门娃娃亲么样看？"

严关小心翼翼地说:"老人家年纪都大了,我也不晓得该么样办。你是见过大世面的,你说吧!"

元灵说:"那好,那我就说说我的意见。现在都民国了,那种封建的包办婚姻,我看,早就该废除了!"

严关一激动,站了起来:"是啊!有你这句话,我就放心了。我和我哥哥都约好了,我正准备到保定去读军校,只是不晓得该么样跟老父亲说。"

元灵笑了:"是啊,我也是学业没有完成,还有好多事要做。这样吧,我们私下搞个默契:就跟父母说,我们商议好了,都愿意婚事先延期。你看行么?"

"好啊!不过,"严关放低声音:"我们两个以后就不要再谈么事婚事了。大丈夫四海为家,以兴国安邦为己任,一天到晚被父母逼婚,真是可悲、可怜!"

元灵拍着巴掌说:"你说得太好了!就这样,我们都可以轻松上阵!"

元灿长舒了一口气,说:"早就晓得你们自己谈就会是这样的结果。好了,我可以把姆妈喊进来了么?"

严关说:"不忙喊。我先回去,我们各自和家长谈清楚,叫他们自己去说。"

元灵开玩笑地说道:"严关,早晓得你是这样的大丈夫,我就不悔婚了!"

严关忙说:"莫,千万莫!那样的话,我们就到死都是姬家台的小农了。"

第二天,两位老人聚谈,他们都同意了延迟儿女们婚事的意见,并互相承诺:永不悔婚。

次日,元灵成行,到北京继续自己的学业。三天后,严关也启程奔赴武昌,去找他的哥哥严肃。直到死,他们都没能再踏上姬家湾的土地。

十三、二七风暴

阳历 1923 年阴历年刚到，元烁接到莲香的来信，希望元烁今年能回老家过年，过完年后全家一起回武昌的家。

元烁的请假条被新任站长陈站长收回。他把元烁叫到办公室，说道："刚接到电令，在赤党的煽动下，京汉铁路总工会又要闹事，这次的规模将覆盖整个京汉线、粤汉线。这种时候，谁都不得离岗。元烁，只能委屈您了。"

2 月 4 日晨，三千余名工人聚集于长辛店娘娘宫，黄光在会上作了总工会成立大会被军阀破坏的经过的报告，并宣布了罢工命令。

总工会发表罢工宣言，并提出复工条件：一、撤职查办京汉铁路管理局局长赵继贤、京汉铁路管理局南段副局长郑云、郑州警察局局长黄殿辰；二、要求赔偿召开成立大会所受的一切损失，被破坏的匾额要重新挂起，被抢走的物品要求郑州军警送回；三、每星期休息一天，阴历年放假七天，一律不扣工资。

罢工开始后，工人纠察队在各路口站岗放哨，在车站拦截火车，每个工人手举一面小白旗，上面写着"劳工神圣""提高工人政治地位""提高工人生活水平""争人权、争自由"等口号。

黄光又赶回汉口，与各帮会帮头谈判，要求妓院、赌场也歇业响应。各帮头都爽快地答应了，并承诺：罢工期间约束手下，绝不会骚扰滋事。

吴青天提醒黄光："城区还有很多乞丐和小偷，都是有组织的。他们会不会趁罢工浑水摸鱼？"

黄光说："是啊！差一点把他们给漏了。好，我马上联系他们的帮头。"

等邀请到这些帮头，黄光委婉地把要求说了出来，没想到这几个小偷帮的帮头直摇头："那不好办，我们手下人多，都是要糊口的啊！"

黄光说："我们理解你们的难处。你们也是贫困的下层民众，也是被贫困逼得迫不得已才做这一行的。但我们铁路工人也是被压迫得没有办法了，才不得不向政府争取要活命的权利，在这一点上我们的利益是一致的。"

帮头们说："我们也晓得你们是对的，也由衷地佩服你们。但你们不出工，还有那么多人资助你们，我们不行啊，那么多弟兄没有饭吃，难以说服他们啊！"

黄光爽快地说："你们也是在响应我们的大罢工行动，也应该得到一些资助。这样，我们负责转交一些资助给你们，你们负责组织在罢工期间的手下人员的安置。"

大罢工期间，社会治安反而比平常更显安定，秩序井然。只是大街门面都关门歇业，人力车也不上街了，一片寂静。餐馆打烊，但有几个餐馆的后院却收留了些平日游手好闲喜欢滋事的人喝着酒闲聊。

铁路局长赵继贤接到吴佩孚命令，令其严厉处置。赵继贤于是发出威胁布告，限工人在十二小时内复工，但工人不予理睬。

2月5日，湖北督军萧耀南派参谋长张厚生到江岸，以强硬态度要挟工会交出重要领袖。总工会指出：除非曹锟、吴佩孚及交通部负责人前来，否则，恕不接待。张厚生觉得很没有面子，恼羞成怒返回督军府。

当晚，萧耀南对张厚生下达命令："你亲自到江岸指挥，一定要控制住局势，如若有什么动荡迹象，你有临阵应对的权力！"

2月7日下午，张厚生终于下令军警开枪镇压。

京汉铁路总工会江岸分会委员长林祥谦以及林福生等工人领袖被捕。军警将他们绑在江岸车站站台旁的电线杆上，手提砍刀，一个个问过来："上不上工？"第一个问到的就是林福生。林福生眯缝着充血的眼睛，揶揄地一笑："做梦！"刽子手一刀砍在了林福生的脖子上，鲜血立刻喷射了出来，林福生脑袋一歪，牺牲在刽子手的刀下。刽子手又走向下一位，得到的依然是拒绝，于是绑在电线杆上的另两位工人领袖也惨遭杀害。

最后，刽子手走向了已经浑身是血的林祥谦，扬刀喊道："你复不复工？！"林祥谦瞪着刽子手，一字一字铿锵有力地说："上工要总工会的命令。我们是头可断，工不可上！"

刽子手抡刀便砍。

林祥谦拼尽最后的力气怒斥道："可怜一个好好的中国，就断送在你们这班军阀手里了。"慷慨就义。

武汉长江两岸，不论是否参加了罢工，只要是铁路工人模样，军警一律抓捕。

一时，工人们到处躲藏，很多人潜回乡下。整个江岸工人家属区户户大门紧闭，街面上没有人影。只有几个妇孺看门，偷偷拉开门缝，悄悄打听着："你家男人跑反了么？""是的，跑反了。"也有人听到问候就开始抹眼泪。大家都明白，这家男人不是被杀了就是被抓了，于是也就不再言语，陪着抹起了眼泪。

"浪尸漂，停阳逻。"因特殊的地理构造，长江水流到这里形成一个大漩流，使得阳逻成为江城捞长江浮尸的一道关口。几日后，开始有人家到下游的阳逻打捞浮起的尸体。一旦有人辨认出，自然是一阵撕心裂肺的号哭；没有找到失踪的家人的，又平添一丝希望，但又锲而不舍地继续在江边徘徊寻觅。这种煎熬，恐怕比确认了家人死亡更加痛苦、更加残酷，也更加难熬。

在军阀的血腥镇压下，2月9日，铁路不得已全线复工。

黄光在白沙洲被捕，被军警押解到武昌。

元烁得知后，慌慌张张地赶到督军府找严肃。严肃见到元烁，忙说："哎呀，我也正要找你呢！铁路上发生那么大的事件，我还担心你怎么样呢！"

元烁说："我还好。罢工期间，我们车站也进驻了军警，我们都在岗位上，哪里也不能去。直到昨天，军警才撤离，我也才可以离开车站来找你。"

"那就好。我是怕你又惹事。"

"唉，你看我是惹是生非的人吗？我这一能走动，不就来给你报平安来了么？"

严肃盯着元烁的眼睛："你真的是来报平安的？你没有那么好心。还记得你上次找我运煤的事么？玩心眼都玩到我这里来了。哼！说，又想搞么名堂！"

元烁被他盯得心慌，眼光游离着支吾道："我是有点事。是这样，那个黄光是我的结拜兄弟，这次被抓了。我想，你能不能……"

"打住！这事我帮不了你。你不要老是碰火星！那样我们都要把命搭进去的！"严肃斩钉截铁地说。

元烁急了："我们不是连襟么？能帮就帮，不能帮就拉到，么事命不命的，我就是死了，也不会牵连你的！"

严肃平静了一下，说道："我晓得你讲义气，但黄光不一样。如果他只是帮派闹事尚好周旋，但他是共产党，是上了通缉令的共产党！不要说他，就连大律师施洋，不是抓了就立即杀了么？你要晓得厉害性，你么样老是对政治那样白痴！不是我吓唬你，就你这样的人，要是掉进党派的旋涡，会连死都不晓得么样死的！"

在元烁转身离开的时候，严肃又说："莲芳前些日子已经回老家去了，要不你叫莲香在老家也多住些日子，多陪陪她家里的人？"

元烁没有有答理他，摔门而去。

沮丧的元烁在返家途中，看到整个徐家棚街上一片萧条，没有行人，店铺关门，就连老四川酒馆都挂出了歇业纸牌。整个铁路区如同一个垂危的老人一样死气沉沉，没有了朝气，他的心里也是一片悲凉。车站里，大家按部就班，闭口干着自己的工作。没有了激情，没有了欢笑，也就没有了希望和企盼。

1923年，詹天佑在汉口仁济医院病逝。

病衰的蔡仪，在家中被人搀扶着哀伤地在两块大白布上挥毫："工界推泰斗，国家失干臣。"写完后，托人立即送往汉口。

5月13日，武汉三镇公祭詹天佑。铁路人像找到了情绪的宣泄口，蜂拥参与公祭活动，所有的眼泪，既是哀悼詹天佑，更多的是哀悼在这次铁路大惨案中罹难的无辜死亡者。

詹天佑的公祭台上，蔡仪的挽联被挂至显要位置，成为记者们的报道热点。

十四、元烁的革命

元灼军校毕业后回到武汉，到督军府严肃手下就职。此时，严肃已秘密加入了国民党，并介绍元灼加入。

武汉三镇贴满了严查革命党的公告，湖北督军萧耀南宣布：抓一个杀一个。武汉又呈现一片恐怖的气氛。

知道元灼到了武汉，元烁便去督军府找弟弟。一听说是要找元灼，哨兵警惕地问:"哪个姬元灼?"元烁刚要说明,一位以前在严肃办公室见过面的军官跑了过来,打断了他们的问话。他把元烁拉到一旁,低声耳语道:"你的连襟一家和你的弟弟几天前就失踪了,督军正在追查,怀疑他们都是赤党,是一同潜逃了。你赶紧走吧,以后千万不要再来这里了。"

元烁糊涂了,他一路上都在想:严肃会是赤党?绝对搞错了!说他是杀赤党的人,那才是真的哩。

一个月后,陈站长悄悄地问元烁:"听说督军府的严肃是你的连襟?"

元烁说:"是呀!但听说他失踪了。么样,你见到他了?"

陈站长说:"你没有看报纸?他真的是赤党,是国民党。你看:'广州黄埔军校校长蒋中正,校长办公室主任严肃'。哈哈,萧耀南绝对没有想到,他的参谋就是赤党!好笑。"

元烁问:"共产党是赤党,国民党也是赤党?"

陈站长说:"你个白痴!算了,不说这个。以后你就不要管什么党,好好做你的本分。"

仅仅一年,南方的北伐军就打进了湖北,汀泗桥、贺胜桥没能挡住北伐军进军的步伐,武昌城被围。武昌城内,市民到处抢购粮食,一时人心惶惶,一片混乱。

守军占领了通湘门车站及梅家山高地,与北伐军展开激战,城内外炮火连天。

经过一个多月的激战,北伐军攻入了武昌。

从公告上得知,北伐过来的严肃就任武昌警备司令部司令。

元烁兴奋地找到警备司令部。见到严肃,元烁说:"没想到啊,原来你就是赤党。"

严肃笑道:"哈哈,看样子你直到今天脑袋里还是一盆子糨糊,还是不懂政治。我现在是国民革命军。现在国民革命了,你也要多了解政治，了解三民主义。"

元烁质问道："你是不是把元灼拐跑了？"

严肃斥责道："什么叫拐跑了！他是参加革命了。"

元烁忙问道："那他现在在哪里？也到武昌了么？"

严肃说："没有。他从黄埔军校出来后，在中央党部工作，现在在上海。"

武昌全城在搜拿国民党右派，特别是曾经反对过容共的"西山会议派"人士（国民党内的一个反对孙中山联俄、联共、扶助农工三大政策的派别）。

元烁也开始认真研读报纸了，特别是有关时政的报道。他终于搞清楚了，现在国民党、共产党是一家，反对共产党就是反对革命。他感慨道，要是黄光活到现在该有多好啊。

警备司令部抓了很多国民党"右派"，基本上都是叫嚣在国民党内清除共产党的国民党上层人物。严肃一边抓人，一边却安排偷偷放走了这些被抓的人。

元烁认真地问严肃："那些镇压罢工的军阀、官僚，那些开枪的杀人犯，都抓了么？"

严肃说："那都是政治上的事，你还是少掺和为好。很多事你是不懂的。"

元烁愤慨地说："不是说打倒军阀么？不把那些杀人的恶人杀掉，我心里就是不服。"

严肃说："革命不是报私仇。蒋总司令正在领导全国人民北伐、统一全中国，好多事情要慢慢来。"

严肃看看元烁，问道："我看你对革命倒是蛮拥护的，是不是也跟我一起干？你不是在报务上蛮有一套吗？革命需要你这样的报务技术人才。现在国民革命风起云涌，英雄汇聚，你要顺应潮流。就参加国民革命军吧！"

元烁拒绝道："我可不想参加什么党派组织。"

严肃笑了，赞赏地说："你真的是进步了，变得聪明了。我会让你这种人参加党派？不会的。我只是要你做事，做技术工作。"

元烁想了想，问道："我能干什么呢？"

严肃说："我们急需报务人才，你就报名吧，干你的老本行。"

元烁热血沸腾："好，我听你的，我参加！"

接到要调元烁到警备司令部的公函，陈站长对元烁规劝道："这事你可要想好啊，离开铁路可是件大事。你要是反悔还来得及的，我们也是需要你的。"

元烁说："我要参加国民革命了，等革命成功了，我再回铁路。"

陈站长只好说道："铁路就是你的娘家，我们会等你再回来的。"

他在武昌城内租了套房子，将家搬了过来。严肃和元烁两家的家眷也一同回到了武昌，一切安顿好了后，元烁又到理发店剃了个光头，到警备司令部报到，就任报务处技术科科长。

参加革命的元烁，全身心投入到报务设备的配置和报务技术人员的培训之中。

不久，警备司令部的报务工作就正常展开了。

严肃对元烁的工作很满意，多次当面表扬他。

自此，元烁再也没有蓄过长发，一辈子不是光头就是寸头。

警备司令部的哨位打进电话，说是元烁的弟弟前来探望。

听说是元灼来了，元烁兴奋地出门相迎。结果一看，来人不是元灼，而是叔叔安国的儿子元祥。见到儿时的玩伴，元烁依然很高兴，捶打着堂弟厚实的胸膛："你也来武昌参加革命了？"

元祥说："是啊，我现在在武昌农民运动讲习所学习。听说你到警备司令部了，专程来看望你的。这位是我的同学朱大奎。"

元烁看了看这位身材魁梧的年轻人，握着手："幸会，幸会！"

朱大奎说："你们兄弟相见，我们应该好好庆贺一番。要不，我请客，我们聚一聚？"

元烁说："本来应该是我这个当哥哥的做东请你们吃饭，但我的公务太忙。要不改天，我到你们学校专程拜访？"

元祥说道："那就不必了，我就是来看看哥哥。"

局势的变换之快，出乎所有人的预料。国民党开始清党，先是对国民党内的共产党进行劝退，几天后，就开始单个问询，有些有共产党嫌疑的人就直接被抓捕了。

警备司令部党部也对元烁进行了问询。对没完没了地问共产党的话题，元烁很是烦恼，说："我倒是想参加共产党，也有人要我参加，但我是不会参加任何党派的。不要说是共产党，就算是国民党请我，我也懒得理会的！"

党部调查人员说："你要老实配合调查，据我们所知，你参加过共产党领导的铁路罢工运动，即使你不是共产党，也有亲共的嫌疑。要知道，你这样的工作岗位，有亲共嫌疑的人是不能留用的。"

从党部出来的元烁很是郁闷，决定直接找到严肃问个明白。

一进门，元烁就嚷开了："严司令，不是你说要我参加革命的吗？么样又说我是反革命呢？"

不明就里的严肃问："到底发生了什么事？"

元烁就把被党部调查的事说了。

严肃安慰道："这是正常程序，你不要太在意，我会去跟党部说明你的情况的。放心吧，没事的。"

元烁说："我不是怕有么事，是不愿受这样的委屈！我么党都不是嘛，你说的，我是政治白痴，我就是白痴！我不想给你添麻烦，要不我就不干了，回铁路算了！"

严肃笑道："要革命，就要经得起委屈。"他拿起电话，直接跟党部的负责人通话："姬元烁是我特别招聘的报务技术人员，他的背景我最清楚不过。对，我担保。"放下电话，对元烁说："好了，对你的调查已经结束了，你回去工作吧，不会再有任何人找你的麻烦了。"

元烁依然闷闷不乐，但还是回去工作了。

党部的人果然再也没有找元烁麻烦，而且报务处的国民党党务会议，还莫名其妙地通知他参加。他的气还没有顺，一次都没有去过。但党部书记还是在会后将会议情况告知元烁，并给他看会议记录。元烁不胜其烦，对党部书记说："我不想跟党部有任何瓜葛，以后不要再来烦我了。再烦我，我就找严司令去辞职！"党部书记这才感觉自己是热脸贴冷屁股，就再也不理会元烁了。

下班后，经常有铁路上的老同事来找元烁喝酒，元烁乐在其中，也经常借酒发牢骚。

知道了这些情况的严肃警告元烁："你要注意自己的身份。你在报务科工作，有保密纪律的，以后要少和铁路上的人来往，特别是不要再跟他们喝酒了。"

元烁不高兴了："工作就是工作，我有职业道德的。但总不能限制我的生活吧？么事身份，我又不是么事党的人。"

严肃严厉地训斥道："你糊涂！算了，有些事现在还不想跟你说得说太明白。我是怕你又牵扯上共产党的事，那样是要杀头的！"

元烁又在和几位铁路上的好友在酒店里喝酒。

离开酒店时，天色已昏暗。突然"砰砰！"两声枪响，他们中的一位应声倒地。

几位持枪的黑衣人跑上前来，用枪对着元烁几个人："不要动！"一位持枪人走到中枪倒地的人身边，伸手摸了摸他的颈脉，判断其已死亡后，又拿出一张照片，对照了下死者的脸，摇摇头："不是。"恶狠狠对元烁几个人吼道:"消灭共党!你们谁都不要乱说!快走!"

元烁几个又惊又怕,已顾不得再看死者,仓皇逃离现场。

元烁吓得一夜未眠,眼前老是呈现着亡者和自己喝酒时的笑脸。

第二天天还未亮,一阵急促的敲门声将一家人惊醒。元烁迷迷糊糊开门,一位女人带着孩子进门就哭:"我们家男人到底犯了么事,么样找你喝酒就丢了命了!你要负责啊!"

元烁急忙辩解:"真的不关我的事啊!我也吓死了!"

女人叫几个小孩给元烁跪下:"要不是跟你在一起,么样会有这样的事,你要给我们孤儿寡母一个交代啊!"

元烁头脑混乱:"他们说是消灭共党。不信你问那几个人。"

"我们能问哪个啊!我连尸首都找不到了啊!他们说了,你就是政府的人,我就找你了!"

"我,我……"元烁不知道该说什么才能让他们相信自己。

喜妹也被吵醒了,但她吓得不敢出来,一边哄着屋里吓哭的孩子,一边躲在门后面偷偷看着。

手足无措的元烁只能扶几个小孩起来,对这个可怜的女人说:"这样吧,我带你到公安局去报案。"

几个人哭哭啼啼地随着元烁刚走出楼栋大门。几个军警正在门口守候着,不由分说,架起女人和小孩就往警车上推。

元烁急了:"么回子事?么样胡乱抓人?他们是小孩子啊!"

军警指着元烁吼道:"少废话!你也过来,录个口供!"

元烁慌了:"我有么事?"

不由分说,元烁被军警推上了警车。一位军官紧盯着元烁:"我们已经盯了你好久了。说,'共匪'黄光联系过你没有?你要老实坦白,否则后果你是知道的。"

元烁头一懵:"黄光?他不是死了好多年了么?"

军官骂道:"你放屁!看样子你是故意要和政府做对了?"

元烁说道:"那年工潮后,他被抓,不是被杀头了么!"

军官发怒了:"他妈的,那年他逃脱了。你到农民讲习所看你的堂弟,你没见到他么?他就在讲习所做教官,你不晓得?"

元烁真没想到:黄光居然真的还活着!居然就在武昌!可能曾擦肩而过我居然没有看见!

到底是真是假?元烁想起严肃说过,黄光是赤党,抓到马上就被杀头了的,哪里还跑得脱的?

看着发呆的元烁,军官相信了元烁是真的没见过黄光,便示意手下放人。

警车开走了,元烁站在原地,半天没有回过神来。

天已大亮,元烁看了看怀表,离上班时间还早。回到屋里,对正焦急着的莲香说:"没事了。你们自己过早吧,我今天要早些去上班,就先走了。"

他神情沮丧地在街对面的小铺里买了一笼汤包,准备打包带到科里再吃。

突然,从沟边冒出一个蓬头垢面的乞丐、抢了元烁手里的汤包袋转身便跑。

元烁气急败坏,抬腿便追。乞丐迅速跑进旁边的一小巷。元烁追进小巷,突见巷内还有几个农民模样的人站在小巷里。元烁感觉气氛不对,转身欲逃。

这时,乞丐小声喊道:"老姬!别跑,我是吴青天!"另一个熟悉的声音也传来:"哥,是我!"

元烁惊愕地收住了脚步,定睛一看:是吴青天、元祥、朱大奎及另外一个不认识的青年人。几个人都是套着件脏兮兮的破棉袄,脸上涂满了煤灰,双手笼在棉袖里,全都是乞丐模样,不认真辨认,还真认不出来。

元烁生气了:"你们搞么事名堂!要吓死我呀!"

吴青天抱歉道:"对不起了!我们有要紧的事要找你帮忙,不敢直接找你,只好这样请你了。"

元祥说:"现在到处都在搜捕共产党,我们不敢露面了。您方便不,想办法把我们送到湖南。"

元烁犹豫地说:"我试试吧,不晓得铁路上的人还买不买我的情面了。这样吧,你们不要再找我了,就今天晚上十点钟,我们在徐家棚停车场见面。"

"停车场那么大,我们在哪里碰头呢?"元祥问道。

元烁看了一眼吴青天,说:"他会晓得的。"

昏暗的夜里,伸手不见五指。停车场里,两队巡逻的警备队在股道间巡逻,元烁蹲在车轮后等着他们走开。

几分钟后,一位军官带着一位挑着两个大筐子的伙夫,爬上了一节守车。

守车上炉火通红,俩人架上铁锅,倒入肉菜,顿时香气四溢。

军官对巡逻队喊道:"开餐啦!两队都过来!今天变天,下半夜寒冷,都过来吃火锅,烤馍馍。"

两队人员立即跑了过来,准备上车。

军官训斥道:"非常时期,保持警戒!一队就地警戒,不要走动;一队上来开餐。限时一刻钟,一刻钟后对换!"

一下子,整个停车场没有了游走的巡逻队。真是天赐良机!元烁一阵狂喜,顺着车列狂奔到预定地点,蹲身在车底,拍了两下巴掌。

听见信号,黄光、元祥、朱大奎和吴青天从车底爬了出来。看见黄光,元烁的眼泪都快下来了。他鼻子发酸,拍着黄光的脸:"你还活着!你还活着!太好了!"没有时间寒暄,一伙人蹲着往列车中间加紧挪动着。到了位置，从车底出来，元烁拉开一辆闷罐车的车门，叫他们赶快上车。

车上装满了货物。元烁站在车下说："再过十分钟就要发车了，这一列车是直达岳州的。中途你们一定不要开门。这是一壶水，这是一包馍馍，你们就委屈一下吧！"

元祥问道："门锁上了，我们么样从里面出去呢？"

元烁说："你放心，这是把假锁，上面系了根线，你们看到了哪个小站，拉一下线，锁就掉了。"

"他们不检查么？"大奎不放心地问道。

"当然检查。我都安排好了，车长是我的熟人，信得过的兄弟，他会照应的。我先走了，你们保重！"

黄光作了个揖："老姬、青天，后会有期！"

元烁站在坡上，看着列车轰隆着向南方奔驰而去，内心产生一种莫名的欣慰。

十五、悲哀与荒唐

等这件事办完，元烁安排喜妹清理一下东西，准备送怀孕的莲香回老家待产。

元烁对莲香说："你把孩子们都带回去吧。现在世道又乱了起来，你们回去了我也放心些。"

莲香心事重重地说："我是担心你呀！家里没人照顾你了，就不要老是喝酒了。还有，遇事要多请教严肃哥，他比你沉稳老练多了。"想了一下，又说道："我看，你还是回铁路吧。我总有些担心，你做别的行当会不顺当的。"

元烁说："好了，你就放心吧，我没事的。等你坐完月子了，我就去接你们。"

没想到，莲香在老家生这第三个孩子时，因难产不幸亡故。

接到噩耗赶回老家的元烁，在莲香的坟茔前痛哭不已，深悔自己没有好好陪护妻子。

女儿初昌已懂事，抱着元烁的腿哭着说："伯伯，姆妈死了，你就不要再走了，就在家里陪我们吧！"

在老家，有将父亲喊做"伯伯"的风俗，姬家也不例外。

见到女儿这样，再看看一个刚会走路、一个刚出生就失去了母亲的儿子，还有老岳父老岳母那掩饰不住的悲伤，元烁还真的动了要和弟弟一起固守老家的念头。

元烁每天除了在莲香的坟头静坐一个时辰，就是到自家田里和钉子厂转悠、坐在河边看着弟弟元灿放牛。已过了半个月，他还没有动身的迹象。姬母看在眼里，又不敢劝说，就找到了亲家蔡仪。

蔡老爷在家里摆了宴席，把元烁叫了过来。

蔡老爷问："你是不想出去了？"

元烁不作声。

蔡老爷说道："莲香走了，我们两老比你更伤心，毕竟，她是我们的骨肉。你想想，莲香当年看中你的是么事？是你在外面见多识广，是你有本事、有出息。你这样伤心，我们两老也觉得知足了，莲香没有选错你！"

元烁端起酒杯一干而尽。

蔡老爷继续说："你是个讲良心重情义的好伢子。但你不能老这样待在家里，不然的话，我和你那死去的老父亲都不甘心呐！我们这一辈子为了么事远渡东洋求学，又远离家乡做事？不就是还有一个铁路救国的梦想吗？你要圆我们的梦啊！"

元烁还是不作声，又干了一杯。

蔡老爷也喝了一口酒，说道："现在，你跟严肃在军队做事，也是为了先国家安定，后实业救国啊。我厌恶政治，也不反对军事救国，但最终，还是要靠实业、靠经济啊！你早晚还是要回归铁路的。你走吧。"

元烁离开岳父家时，已酩酊大醉。

元烁回到武昌，向严肃提出离开军队。

严肃不同意，说："我晓得你还在丧妻的悲痛之中，我可以再放你一段时间的假，但你必须尽快振作起来！现在，国家尚未统一，'赤匪'还未剿尽，列强觊觎中华，我们要担负起历史的责任啊！你不要老想着离开军队。"

元烁说："我已经为国尽力了。你晓得，剿共剿来剿去，被杀的都是我当年的朋友啊！这种事，每每又都是军队首当其冲，这叫我么样面对他们啊！不管么样说，我的良心过不去，寝食难安，觉得莲香的死，都是因为我没有积德……"

严肃发火了："别说了！莲香的死，难道我就不难过？那只不过是个意外嘛！在军队里做事，又不是要你杀人，你只是个技术人员么！好了，先放你一个月的假，一个月后到科里报到，不到的话，按军法论处！"

元烁无法排遣心中的郁闷，独自一人乘坐轮渡过江，在大智门车站，约几个老同事喝酒。

一位萧站长的湘潭老乡告诉元烁说，那个倒霉的萧站长，在湘潭车站才几年，就等来了比当年徐家棚更猛烈的枪炮声。但他没有能享受到子弹的直接和快感，却蒙受了更痛苦的死法：他被一支梭镖贯穿胸膛，硬是在床上折腾了一个月才最终解脱。

元烁说："世事难料啊！现在人的命么样这么低贱！"他大口狂喝，

并高声划拳，很快就大醉了。

几位老同事见他已喝得不省人事，就把放倒在拼好的排凳上睡了。

打了一下午麻将的老同事见元烁醒了，说道："老姬，我们也不留你了，你赶紧过江回家吧，再晚了轮渡就要停了。"

元烁摇晃着站了起来，揉了揉还有些眩晕的脑袋，叫了一辆黄包车去往码头方向。

穿过歆生路，见"燕春楼"灯火辉煌，元烁忙喊停下。下得车来，径直走进燕春楼，老鸨招呼道："老爷，你是要见相好的还是要尝尝鲜？"

元烁摇摇手："找一个会唱竹枝词的。"

"好咧！您先到包厢喝茶，姑娘马上就到。"

进来一位标致的姑娘，外罩一件几乎透明的网眼纱衫，里面的粉红洋纱小背心将乳房托得玲珑毕现；短腿裤则吊在大腿上，两条箍着肉色丝袜的长腿在灯光下晃动着，脚上蹬着一双精致小巧的红色高跟皮鞋。扭腰进得门来，朝元烁妩媚地一笑，往高凳上一坐，一条腿跷起压到另一条腿上，抱起琵琶。

元烁顺着高跟鞋往上看去，光滑的小腿，圆滚的大腿……姑娘此时似乎有意地换了一下跷起的腿，元烁看到了丝袜尽头、大腿根部白晃晃的肉在灯光下一闪，心里不禁一颤。定了定神，元烁问道："你会唱竹枝词？"

姑娘妖艳一笑："报社还专门采访过我呢，报纸上登的那些竹枝词，有的还是记的我的唱词。"

"哦。你是哪里人啊？"

姑娘调好了琵琶，弹唱了起来："十家八九是苏扬，更有长沙与益阳，夹道东西深巷里，个侬浑似郁金香。我——是——扬州赛飞燕。"

元烁扬扬手："你就随意唱吧！"

姑娘唱了起来：

"沿湖茶肆夹花庄，终岁笙歌拟教坊。

金凤阿香都妙绝，就中第一简姑娘。"

元烁手指随着节奏晃动着。

"欲把深情寄予哥，当场无奈熟人多。

琵琶遮面秋波溜，郎自吃茶侬自歌。"

"哈哈，那你也来喝茶。"

"谢谢老爷。"姑娘放下琵琶，坐到元烁腿上，抿了一口茶。

元烁趁势把她搂起，在脸上亲了一口。姑娘半推半就，也把元烁搂起，一边对着元烁的耳朵吹气吟唱、一边把纤细的小手插进了他的衣服里，在他的胸口肌肤上轻轻地抚摸着。元烁被他撩得顿时全身酥麻、心头发颤，不由得在她身上上下其手抚摸起来。

"芦棚试演梁山调，纱幔轻遮木偶场。

听罢道情看戏法，百钱容易剩空囊。"

当姑娘也变得气息迷离时，欲火中烧的元烁把姑娘抱到了床上。他知道，这最后一段唱的是《梁山调》，说的是《水浒传》故事里的淫媒之事。

元烁迷上了这个赛飞燕，在妓院一住就是好几天。等手里的钱花完了，他过江取了钱，又回到了这里。很快，他的积蓄就花完了，就开始跟弟弟元灿写信要。

元灿刚开始还瞒着家里寄钱，但远远满足不了哥哥不断地索要，就跟母亲实话说了。姬母大吃一惊，不知道元烁到底遇到了什么大难事，便叫元灿写信询问。

元烁也不回信，姬母急了，对元灿说："你再写信问你哥哥。要是真的遇到大事，就卖地。"

元烁终于又回了封信，但只字不提究竟发生了什么事，只是还要家里给自己寄钱。

姬母急得坐卧不安，只好求蔡老爷给严肃写信问个究竟。

接到岳父的信，严肃也大吃一惊，问报务科元烁发生了什么事。报务科的人回答："他不是还在假期么，只是隔三岔五地回宿舍一趟，也不晓得每天到哪里去了。"

严肃觉得事情严重了，忙安排人调查。

回来的人向严肃报告说元烁是泡在妓院里，严肃一下子惊呆了。他只好给蔡老爷去电报，说是元烁病了，请姬母来一趟武昌。

喜妹陪着姬母赶到了武昌。严肃接到她们后，一路都在安慰姬母，也不听从姬母要先到医院去的请求，直接将她们接回到自己家里。

回到家里，还没等严肃将实际情况说完，姬母就气当场得大哭起来。她问严肃是哪个妓院，这就要喜妹陪自己去找。

严肃劝道："您家就先不要去了，我派人去喊他回来吧。"

姬母不愿意，说："我等不得啦，这就去。"

严肃无奈，只好将地方告诉她，由着她去。

姬母崴着小脚，由喜妹搀扶着过江在汉口街道上寻找起来。

到了燕春楼门口，姬母说："喜妹，这肮脏的地方我们不进去，就在门口等着吧，他总归要出来的。"

等了几个时辰也没有见到元烁出来，俩人又热又急，坐立不安。喜妹说："我还是进去看看吧。他们不能把我么样的。出了事情，您家就回去喊严司令来救我。"

姬母不愿意："那么样行，你一个姑娘家……"还未说完，性急的喜妹就闯了进去。

门口的老鸨忙拦住了她："你要做么事？这里是你来的地方么！"

喜妹将她一推，硬往里闯。一进大厅，就看见元烁怀里抱着个女人坐在大厅里听评书。

"先生！先生！"喜妹对着元烁大声喊起来，引得大厅的人都朝她看。

元烁见是喜妹，一把推开怀里的女人，站了起来："你么样来了？"

喜妹喊："你在这里做么事？老太太寻你来了！"

大厅的人哄堂大笑。

元烁脸上挂不住了，跑过来朝喜妹脸上就是两耳光："你滚出去！"

喜妹还从来没有被人打过，大哭起来："你打我？你打吧！你不走，老太太就要寻死了！"

"死就死，回去死！"

元烁又坐回到椅子上，并将赛飞燕重新搂在了怀里，对着大厅里的人拱手笑笑，既表达自己的歉意、又炫耀自己的张狂。

姬母见喜妹捂着脸哭着出来，忙问："么回事？他们打你了？"

喜妹哭诉道："是姬先生打的。他在里面抱着个女的，还说要我们回去死！"

姬母大怒："他翻天了！"也要进去。

老鸨骂道："你个老不死的，要砸老娘的场子啊！你敢进来！"

姬母说："我找我儿子！"

老鸨说："你哄鬼啊，刚才那位先生都说了，不认得你们，快滚吧！不然小心挨打！"

姬母大哭："这个不争气的啊！气死我了！我没有这个儿子了！"

俩人一路哭着，沿来路返回。

严肃知道了事情的原委，也气得在原地打转。

莲芳对姬母劝道："您家先莫气。"又对严肃说："你还不快找人把他弄回来！"

严肃拿起电话："宪兵队，派几个人到汉口燕春楼，把姬元烁给我拿回来！"

莲芳也对姬母说："您家好不容易来一趟武昌，就先休息一会儿，等他把元烁找回来，我陪您家一起逛逛街吧。"

姬母哭道:"我儿子都没了,还逛么事街啊!"

天黑了,才接到宪兵队的电话。严肃对着电话说:"人拿回来了?好,立刻把他押到我这里来!"

元烁一进门,就嚷开了:"你这是搞么事名堂!还要不要我见人呐!"再一看,母亲正端坐在客厅,就不再言语了。

姬母说:"你还晓得见不得人?我这个老脸都见不得人了!"说完,就开始扇自己的脸。

喜妹忙拉住姬太太的手:"您家不要这样!"

姬母说:"你,不是被他在那些不要脸的婊子面前打了耳光么?去,去扇他的耳光!"

莲芳劝道:"您老人家先消消气。元烁你也是的,么样这荒唐!去跟姆妈认个错吧!"

元烁直立在那,一动不动。

严肃急了,吼道:"姬元烁!你给你母亲跪下!"

元烁昂起头,就是不动。

姬母说:"你们都看到了吧?这个儿子算我白养了!你们也莫劝了,我明天就走,再也不来了。姬家也没有这个儿子了!"她起身进里屋去了。

严肃气急败坏:"来人!将姬元烁押回宪兵队,关禁闭!"

回到老家后,姬母大病一场。喜妹天天都到天主教堂里求主保佑姬母早日康复。

神父龙查理和他的中国太太去世后,就葬在教堂后面的坡地上。天主教堂的神父现在是龙查理的儿子龙青笋。

身体稍稍有些恢复的姬母在喜妹的搀扶下,找到龙神父。姬母说:"我们家老爷在世时,说过准备皈依天主教,但他不幸病故他乡,未能如愿。原想呢,等世道太平了我们再来遂老爷的愿,没想呢,这一晃就是十年。现在呢，我也想穿了，不管你是么样折腾，天主就在天上看着我们呢。我来遂愿了。我愿皈依做天主的信徒。"

龙神父在胸前划着十字。

姬母继续说道："老神父当年呐，跟我亲家老爷议论过，原想等筹集到银两，买下教堂右面到河边、后面到坡边的地，把教堂扩建，说是还要盖一所学校，还要请洋先生。其实那一片地呢，是我们家的祖田。后来北方闹义和团，老神父怕殃及我们这里，就躲回老家外国去了好几年，再说当时教堂也没有筹到那些银两。好在我们这里没有闹拳匪，没有乱起来，我的亲家老爷又是教徒，总是关照着教堂，教堂楼也没有遭到损毁。现在要扩建，只怕是没得蛮大的问题了吧。"

姬母从喜妹手里拿过地契，递给龙神父："这是一亩八分田的地契，就是老神父先前比画的那一片，我这次就捐给天主堂了。"

龙神父说："姬老夫人，我先代表天主感谢您家的虔诚。我们确实有扩建的计划，但接受您家的捐赠，我还要给教会报告，还有手续要办。要不地契您家先拿着，等报告批复了我们会有个专门的捐赠仪式的，到时候您家再拿出来？"

姬母一摆手："不必。给你就给你了，我不希望有么事仪式，也不想晓得你们么样筹划。后天就是礼拜天，我来受洗礼。"

自此，她和喜妹一样，成了虔诚的天主教徒。

教会接受了姬家的捐赠，龙神父开始招募工程人员测量地基，准备着天主教堂的扩建工程。

十六、风云诡谲

武汉警备司令部，副官带着一位西装革履的客人走进了严肃的办公室。

严肃不动声色坐着，眼都没抬。待副官出去并关上门后，示意客人将门反锁。

门一锁上，严肃立马从椅子上蹦来了起来："于副官，老同学，你终于来了！"

于副官从上衣口袋掏出一封信，递给严肃："这是唐长官的手谕。"

看完后，严肃划了根火柴将信点着，问道："这么说，唐长官已经控制不住他的部下了？"

于副官答道："正是。唐军长最得力的干将何健、夏斗寅，已开始抗命了。"

严肃说："看样子，蒋还是很看重唐军长的。"

于副官冷笑了一声，说道："蒋看中的是唐长官的部队。程潜第六军，这次给收拾了个干干净净；唐长官的第八军，到武汉后已扩充成了三个军：第八军、第三十五军、第三十六军，共计六万余人，此时正是武汉政府最可依靠的武力。所以，蒋、汪、谭、孙等，都在关注唐长官的一举一动。"

严肃问道："唐长官对分共怎么看？"

于副官说："唐长官原来就不懂国共两党到底有什么区别，只是认为自己北伐在前方浴血奋战，毛润之他们全力以赴支前，实在很够朋友，不能做过河拆桥的事令亲者痛仇者快。中央要分共，部下也踊跃为之，唐长官不得已同意了汪的分共方针。不过——"于副官压低了声音："唐长官这次并没有得罪中共，秘密将一大批中共重要人物礼送出境，还派人送给毛润之两根金条，让他赶快回湖南去。"

严肃不满地说："人情都让这位学长做了。"

于副官笑："你严司令也不差嘛，毛润之的挚友和同党黄光，不是也安全回到了长沙吗？"

严肃满脸正色作答："那我可不晓得。"

于副官会意地将话锋一转："不过唐长官还是要坚决反蒋。只是迫于这种形势，恐怕力不从心了。所以，唐长官要我一定转达歉意，并告知设法自保，坚守待时。"

严肃将头靠在椅子背上，眯起眼睛，问道："听说江西张发奎、朱培德部队有异动？"

于副官拱拱手，笑道："老兄情报灵敏，兄弟钦佩。"

严肃摇摇头："这张发奎二方面军的底子，可是唐长官的老队伍啊，高级军官里面我们保定的同窗可是不少哦！"

于副官应承道："那是那是。差点忘了，你那黄埔弟弟严关已经在朱培德手下升团长了。"

严肃一拍桌子："你少提他，我跟他现在一点关系都没有。"

于副官揶揄道："哦，你还是南京编遣委员会点验组副主任、中央军校武汉分校办公室主任兼总队队长呢，凭你的人脉，你不做情报长官简直是太可惜了！"

严肃斜眼盯住于副官："唐长官这次没有异动吗？不要又瞒着兄弟哟！"

于副官不满地说："您说哪去了！咱们可都是生死与共的战友啊！"

严肃摇摇头："不对吧！我听说中共代表李达到武汉来了，是找唐长官的吧？"

于副官脸色一变，惊骇地说："嘘！你从哪里听说的？"

严肃倒是放松下来，往后一靠，说道："看样子此言不虚哟！"

于副官喝口茶，用手指蘸茶水，在桌面写道：李找唐、洪（南昌的简称）起事、许总司令、唐已拒。

严肃站起来，紧张地看着桌面的字句。

待他看完，于副官就将杯中茶水泼向桌面，"告辞！"转身就走。

严肃拍着溅到衣裤上的茶叶，一脸不悦。但想到老同学刚写过的字句，又坐下思索起来。

他在办公室发了半天呆。面对着这复杂的政局，他怎么也理不顺自己的思路。

似乎想到了什么，他拿起电话："通知报务科姬元烁，到我办公室来。"

严肃对元烁说道："元烁，我晓得你的朋友多。要是有人想回老家，比方湖南、江西，你就找我吧，我可以开特别通行证的。"

元烁不解地问道："以前找你帮忙，你不管，现在么样变得这么活络？"

严肃叹口气："唉！我也想开了，朋友就是朋友，多个朋友多条路。好多政治上的事情，不光是你不懂，连我也是不清楚的，倒还不如跟你一样，干脆就不想。"

元烁一拍桌子："这就对了！早些这样多好！不过我现在朋友都得罪光了，没得人找我帮忙了。"想想不对，又问道："你有些反常啊！你的态度变化太大了，是不是遇到么事了？"

严肃忙说："那倒没有。只是最近时局会有很大的变动，有可能我的位置也要调动，会离开武汉。就是放心不下你这个冒失鬼，怕以后没得人再管你了，就给你做个人情吧。没料到你也没得人情要做了，那就罢了吧。我想，还是遂你的愿，放你回铁路吧。我要不在武汉，你在报务科早晚还是要出事的，到你熟悉的铁路上，你还安稳些，翻不起大浪来。"

元烁咧嘴一笑："好啊，好啊！那我跟铁路局联系一下。"

严肃说:"不用了,由政府出面联系,直接安排在通湘门车站。"

元烁不愿意了:"我要回就回徐家棚。我答应过我的兄弟们,回去好喝酒。"

严肃苦口婆心地劝道:"兄弟啊,你就是现在回徐家棚,也没有几个熟人了。那里是个共党窝子,萧耀南杀,汪精卫抓,蒋介石剿,哪里还有漏网之鱼?殃及池鱼,那里已经换了好几茬人了。这种情况下,你再去抢占别个的位置,别个还不翻你的老底、抓你的小尾巴啊!"

元烁不服气了:"我是徐家棚的老资格了,我有么事小尾巴怕人抓啊!"

严肃笑笑:"你以前的那些朋友,有几个不是共产党?那个时候保你,是因为他们蛮多是秘密身份,没有公开,所以说你是不晓得他们的真实身份还能说得过去。但现今分共、清党,哪个还瞒得住身份!你晓得的,宁可错杀一千也不放走一个!你能开脱得清白?"

元烁不作声了。

严肃拍着元烁的肩膀:"好兄弟,要是我像上次一样突然离开武汉,就劳烦你照顾一下你莲芳姐和小侄儿们。"

元烁问:"你又要走吗?"

严肃说:"动荡之中,哪个晓得明天会有么事,军人南征北战以服从命令为天职啊。你安稳了,也好照应我的家人啊。"

元烁复员重返铁路,到通湘门火车站任站长助理,人称师爷。

铁路线上军车调动频繁,主要是发往江西和信阳的部队。

姬师爷,此时基本上成了万能工:既协助站长处理行政事务,在人员紧张时,还充任调度员、值班员,有时还扳道。好像元烁天生就是干铁路的,他干什么都带着一股劲,毫无怨言。繁忙的工作,使他很快又找回了自己。

十七、严肃镇压农会

元祥从湖南回到老家，发动农民组织农会，并占据了天主教堂作为农会会部。

在农会的发动下，农民的阶级觉悟得到了提高。

原来，他们认为那种男耕女织的生活方式是天经地义的，耕东家祖上开垦的田地，交租子是天经地义；在东家花钱开的作坊出力，拿工钱也是天经地义；东家人手够的时候，也都是自己下田的。况且，东家也都是远亲近邻啊，也没有亏待过自己，遇到灾年，东家比自己吃得还差呢！

现在，他们明白了：人，是不能按亲戚、辈分划分的，要按阶级划分。有田产、有作坊的，都是靠剥削来的，不然，怎么有的长辈要给晚辈做工？田产、作坊，都应该是大家的！起码是现在。要我们去开荒占地，现在哪里还有地方可以开？要我们开作坊，哪里有那么多的本钱？特别让大家愤愤不平的是：蔡老爷凭么事不下地、不做工，还比我们都过得舒坦？凭么事连他家的姑娘都读书识字，而我们的子女大都大字不识？还不是仗着他们家有田、有工厂！只有打倒他们，我们才能得到公平！

被发动起来的农民，将蔡老爷抓了起来，带上高帽子游斗，家资被分，佣人遣散。

贫困的农民分得了平时想都不敢想的红木八仙桌、西式弹簧床、金漆的马桶，还有新的木船、肥沃的水田。高兴之余，大家明白了一个道理：只有跟着农会打土豪分田地，我们才能都过上好日子。

姬母很晓事，元祥一做工作，她就爽快地把钉子厂捐给了农会，祖田只留下七、八亩，其余的都分给了姬家没有田地的穷亲戚。

农会主席很欣赏姬家的做法,法外开恩地叫元灿将自家的耕牛牵了回去。

本来就多病的蔡老爷,被游斗后一病不起,住在农会指定的一间厨屋里。蔡老夫人见老爷这样了,就央求他赶紧给女儿写信,好接他到武昌治病。

莲芳接到求救信,被吓哭了。

严肃早就听说老家在闹农会,但没有料到会这样严重。他赶紧报告上司,提出要派军队救老岳父老岳母。

听说武昌的驻军正好有到沔阳一带剿共的作战计划,严肃就提出修改作战计划,先到汉川再到沔阳。

驻军同意了。严肃主动要求跟一个团立刻先行。

部队快马加鞭赶往汉川,措手不及的农会根本来不及撤离,元祥等几个农会的领导人被捕。

士兵们将元祥吊在被改为农会会部的天主教堂里鞭打。元祥宁死不屈,高声叫骂,被打了个半死。

姬母带着喜妹找到严肃,央求到:"你就放过元祥吧!不管么样,他都是自己家亲戚啊!你不就是要出口气么,现在气已经出了,再打,要打出人命的!"

严肃说:"还怕出人命?我要是晚来些时候,我的老岳父就没有了命了!"

姬母发火了:"他不是没有要你家老人的命么!就是些家产,生不带来死不带去,蔡老爷都不在意,你逞么事能!"

严肃不敢对姬老太太发火,就闭口不言。

姬母继续说道:"亲不亲家乡人。搞过头了,我们以后在乡里么样做人?你们就不落叶归根的么?"

见严肃有些犹豫,打人的军官说道:"出发前,长官有令:对付共产党，宁可错杀一千、也不放走一个！"

昏死过去的元祥苏醒过来，口齿不清地说道："老子就是共产党！老子不怕死！"

严肃抢过军官手里的鞭子，朝元祥脸上猛抽过去："就你这样还是共产党？！老子跟共产党的大官都有过交往，哪个像你这样野蛮！"

姬母喊道："都是乡里种田的，哪里有么事共产党！"

严肃放下鞭子，对军官说："放了吧。"

奄奄一息的元祥被扔到了街上，姬母赶紧叫喜妹喊人将元祥抬回他家里。

元祥已被伤得生死未卜，元祥的老婆吓得直哭。元祥的内弟恨得直咬牙，大骂严肃是个畜生。

严肃不顾团长的劝阻，孤身一人骑马回家看望父亲。

刚走到家门口，一声枪响，他的左手臂中枪。他一个翻身下马，躲到了墙后，拔出手枪就还击。

院墙后面，元祥的内弟站起身来，手端长枪，又是一枪。严肃瞄准他，也开了一枪。元祥的内弟中枪了，他大叫一声拖枪便跑。

士兵们听见枪声，跑了过来。严肃说："我没有事。快，去抓刺客！"

肩膀上中了一枪的元祥内弟被抓住了，并被拖到谷场上。元祥的老婆闻讯丢下元祥赶到谷场，抱着满身是血的弟弟就哭了起来。

团长带着一队人马也赶了过来，见军医正在给严肃包扎手臂，不由分说，对着元祥老婆和她弟弟的脑袋就是两枪。枪响后，没有了哭声，一片寂静。

严肃没有想到团长会这样鲁莽，吼道："你么样随便杀人！"

团长对吼道："你是司令！你出了问题，我怎么交差！他们都是共匪！武装的共匪！老子是来剿匪的，不是来走亲戚的！"

严肃有气无力地说："集合队伍，走吧。"

严肃派人将父亲、岳父、岳母、叔叔等家人送往武昌，自己随队伍继续向南开拔。

队伍行进中，后面一团大火映红了半个天空。严肃惊骇地勒马观望，问道："哪里失这么大的火？"

团长说："我把农会烧了。"

熊熊大火将天主教堂化为灰烬。

此时，严肃心里很矛盾。他觉得自己可能真的有些过分，有些对不起乡亲们。

队伍刚到沔阳，严肃又接到自己被调至剿共总部的命令，着令立即赶回武昌，随委员长赴江西剿共。

被救活过来的元祥，带领一帮青年农民进入汈汊湖区，发誓要发展队伍报仇雪恨。

十八、喜妹成了席元梅

门前开阔的谷场上，喜妹正带着初昌、初珞、初江姐弟玩老鹰抓小鸡。孩子们叫喊着"喜姨，喜姨，快来抓我咧！"就跑开，喜妹张牙舞爪做出老鹰状，逗得孩子们吱呀乱叫、满场乱跑。胡县长匆匆而来，看见这欢快的场景，不禁止步看热闹。

喜妹看到胡县长，停止了游戏，对初昌说："你带着弟弟妹妹先玩一会儿吧。"

喜妹走向胡县长："老爷，您家仙健。好久没来，今日怎么得空啦？"

胡县长笑："小丫头嘴越来越甜了。都长成大丫头了，姬老爷也快留不住你啦！"

喜妹虎脸一咋:"老不正经的,今天出门太太没有给您套嚼头?不跟您扯棉花了。"说完,又跑到孩子群里去了。

胡县长摇摇头,走进姬家。

元烁一袭白府绸宅衣,正在修剪着一块水仙根茎,桌上还放着几盘已整好的水仙。

"贤侄好雅兴啊!"

元烁见是胡县长,忙放下手中物件:"哟,胡老爷!您家仙健!我这是难得休个探亲假啊,也就是陪陪我姆妈,看看孩子们。"

胡县长端详着桌上的水仙:"这是哪里谋来的品种?"

元烁边擦手边说:"是从北平捎来的,知道您家也喜欢,这不,多准备了几盆。来,再尝尝这北平的茉莉花茶,喷喷香咧!哦,想起来了,您家不喝花茶,喜好铁观音。可惜我这里没有啊。"

胡县长忙说:"您看,您看,客气的。今天我也要尝尝皇上喝的花茶!你这站长大老爷就是不一样啰,京城里的好东西都可以送得来,你是胜过京官啊!"

元烁笑道:"您家言过其实了,我这不过是近水楼台罢了。要说体面啊,倒是那个湖北老乡黎元洪黎大总统,我们每年是要安排专车给他送洪山菜苔、樊口鳊鱼的呢。现在黎大总统已经下台了,但这些土特产,每年还是在往他府里送呢,他才是我们湖北人的这个!"元烁伸出大拇指。

胡县长说:"听说以下犯上搞逼宫、硬是把黎元洪搞下台的那个段祺瑞段执政,也是你们湖北人呢,听说还是你们汉川人。"

元烁摆摆手:"他家几代前就分支到安陆府地去了,后来又迁到合肥,真的算不得是老乡了。"

一坐定,胡县长就拿出一份报纸:"您看,武昌送来的报纸。"

元烁接过报纸,问道:"又出么事幺蛾子了?"

胡县长指着报纸："你看，元灵和严关发的启事。"

元烁惊叫道："哎，这俩人搞的么事鬼啊，'解除封建包办婚约'？这样也可得？"

胡县长压低声音："小点声，不好让你们家老太太晓得的！"

元烁问："严关现在在哪里？"

胡县长叹口气，说道："听说严关带兵，官至将军了，现在在汉口驻军。我看现在事已至此，你就由着他们去吧。别叫老太太知道，不然你们两家会鸡犬不宁，那老太太还不要闹到武汉去啊！"

元烁将报纸往桌上一扔，说："元灵在汉口市立第一女子中学任教导主任，如今这严关又到了汉口，两个异类碰到了一起，就要搞出些奇事。唉！不说了，能安宁一天是一天吧。"

胡县长忙点着头："是啊！蔡老爷、严先生现在都不在湾子里了，我一个外籍人，权把他乡做故乡，也就在这里耗尽余生了。"

元烁关切地问道："这一晃，您家赋闲都十几年了，没想过荣归故里？"

胡县长摇摇头："狗屁！我以举人身份入宦海，先是大清朝廷任命，后是民国政府委任，漂流一生，最大的官不过是县长，也就是七品芝麻官。两袖清风，老家又无田无产，回去坐吃山空，还不早晚得饿死？不如在这里，教三两学生，可以生活；几亩薄田，足以安老。——乃不知有汉，无论魏晋也！"

元烁伸出大拇指，赞道："好个桃花源中人！就是我父亲常说的'穷不失志，富不癫狂'。"

胡县长笑道："就是连一副牌九都凑不齐。"

元烁故作谄媚地说："哎，就您家那牌技？要不趁我在，给您家招呼几局？"

胡县长说："行！就赌大些，让我再把喜妹赢回来！"

元烁挤着眉头一笑:"您家想得美!"

胡县长问道:"贤侄这次探亲,要待多久啊?"

元烁回答:"我是十天的假,顺便处理一下家里的产业。您家看,现在到处闹匪,到处剿匪,都萧条了,该关的就关了,该卖了就卖了吧。"

这时,窗外传来了喜妹教孩子们儿歌的声音。

"摇啊摇,摇到外婆桥;外婆请你吃年糕;糖蘸蘸,多吃点;盐蘸蘸,少吃点;酱油蘸蘸,么吃头。"

"一只鸡,二会飞,三个铜板买了的,四川带来的,五颜六色的,骆驼背来的,七高八低的,伯伯买来的,酒里浸过的,实在有得的,骗骗小伢的。"

"赤膊佬,背稻草,一背背到湾头桥,湾头桥拐一跤,捡了一个金元宝,金元宝,么样搞,交给家家卖钞票。"

胡县长和元烁到窗边,看着喜妹说一句、孩子们跟一句,并拍着手打着节奏。

胡县长小声说:"这次带喜妹走么?"

元烁说:"不方便。"

胡县长说:"想一下。"

元烁想了想,听出了胡县长的戏谑之意,指着他的鼻子说:"你这个老不正经的!她可是下人呀。"

胡县长一把拉住元烁的衣袖:"你看,他们不是一家人?你也不掂量一下,你拖儿带女一大啪啦子,还嫌弃人家一个大姑娘伢?你就不想想,你要给孩子找个么样的后妈,你搞得安宁么?"

对着这个多事的老头,元烁竟一时瞠目结舌。

胡县长放开元烁:"我这就去找老太太,这个媒我做定了!"

姬母听胡县长说明来意,犹豫地说:"先一个知书达理的大小姐,后一个大字不识的下人,元烁会满意么?"

胡县长劝道："您不要光想着儿子，还要为孙女孙子着想啊！要是续弦不当，只怕伢们以后会受苦啊！"

姬母抹了一下眼泪："是啊，我也正是在为我的孙子们焦心啊！他们的命真苦啊！特别是小孙子，连一口母奶都没吃到啊！"

胡县长说："这个喜妹，我是晓得的，我把她带到这里的，就是觉得这个女伢从小就讨人喜欢，乖巧，懂事，有礼性，还特别会做事，烧的得一手好菜……"

姬母忙打断："莫说了，她回来住这一段时间，我还看不出来？我没得意见，一切还是要依元烁的主意。"

胡县长拱拱手："咦，那就行了，您家这位老太君没得意见，那就看我来操办了！"

姬母想到了几年前因丧偶而变得荒唐和忤逆的儿子，仍然心有余悸。要不是后来他回到老家，在自家床前跪着忏悔，一跪就是三天三夜不吃不喝，自己才不会心软又接纳这个儿子呢。也不晓得这个喜妹管不管得住儿子，姬母心里还是有些不踏实。

夕阳西下，元烁呆坐在河边码头石阶上。

"伯伯。"初昌不知何时走到元烁身边，依偎在身上。俩人静默无语，看着嫣红的晚霞在天空中变幻着。

不知不觉间，初昌都快十岁了，懂事了，知道心疼爸爸了。想到她是个没有妈体贴的孩子，元烁一阵酸楚。

天已将暗，寒气欲起。

元烁低声问初昌："你觉得喜姨对你们好吗？"

初昌说："当然好啊！除了姆妈和伯伯，喜姨是最卫护我们的了。"

"那，就让她做你们的妈妈，行不行？"

初昌想了想，"嗯，姆妈死了，现在喜姨还是跟以前一样，每天跟我们在一起，不是跟姆妈一样的么？"

元烁结结巴巴地说:"好吧,那,就让她做、做,你们的姆妈吧?"

初昌点点头,抱住了元烁。但元烁分明看见了她闭着眼睛的长睫毛上闪出来一滴泪花。

胡县长对姬母说:"姬老太太,我看这婚事这样办:我先把喜妹接回我家里,您家派花轿到我家里来把喜妹接过去。再摆上一天流水席,也算是明媒正娶、大事操办了。"

姬母说:"劳烦您家再去问问先生,要寻个良道吉日。"

胡县长两手一拍:"啊,我已经问好了,四天以后就行!我明天把喜妹先接回去,就等你家的大花轿了。"

姬母不大放心地说:"你还要跟喜妹絮叨絮叨,看看她的意思啊,不要委屈了她。"

胡县长满口应承到:"嗨,您家就放一百个心吧,这事就包在我身上!我是她的前老爷,也就是她的娘家父亲了,亏待不了她!"

喜妹正在胡家试穿着婚衣。胡县长对喜妹说:"明日你就出嫁了。其实你早就是姬家的人了,只不过身份是下人。这回,你要成为姬家的少奶奶了,这可是讨了个正牌名分,我也放心了。你一直没有大名,今天我就给你起名。"

胡县长用墨笔,在一张大红纸上边写边说道:"你只晓得从小别人就叫你七妹,我给你改的喜妹。喜妹,喜妹,那就姓席,酒席的席,名为梅,梅花的梅。嫁给了元烁,是元字辈,那你的大名就是:席元梅。"

不识字的喜妹欣喜地一个字一个字地辨认着:"席—元—梅。"

婚礼上,元烁看着写着的:"新郎姬元烁、新娘席元梅,喜结良缘"的大红纸赞叹道:"席元梅,好名字!这个胡老夫子,不愧是前朝举人,有水平!"

几个孩子围着盖着红盖头的席元梅,叫着:"喜姨!喜姨!"众人大笑:"还叫姨啊,该叫姆妈啦。"初珞和初江抿着嘴,不叫。懂事的初昌拉着席元梅的手，小心翼翼地叫了声："姆妈。"席元梅紧紧地将初昌搂到了怀里。

初珞和初江见状，也改口叫了起来："姆妈！""姆妈！"姬母在一旁边笑边抹起了眼泪。

喜妹以前在蔡家时就深得老太太喜爱，为此老太太才特意把她送给最心疼的小女儿做陪嫁丫头，让她代替自己陪伴、照应女儿。后来，小女儿不幸病逝，现在又是喜妹替代女儿的地位来照顾那几个女儿的骨肉。所以，在得到女婿迎娶喜妹的消息后，蔡老爷说："这喜妹也是从我们家走出去的人，是圣母玛利亚安排她到我们外孙身边照应的。我们要感恩天主啊！"两位老人互相搀扶着到教堂谢恩祈祷。

假期很快就要完了，元烁就要带着这个新的家庭返回工作岗位了。

姬母对元烁说："这次喜妹跟你走了，孩子们也有人照顾了，我也就放心了。"

元烁说："您家年纪也大了，要不跟我们一起到武昌去住？"

姬母摇头："我享不了那个清福，离开了这里的沟沟岔岔，我怕是一天也过不习惯呢。"

元烁说："元灼接您到南京您家也不愿去，留在老屋，我们还真是不放心呢。"

姬母又抱怨道："上个月元灼一家回来接我，他那个媳妇真的是个官太太呢，傲气得很，还有那个孙子初兴，惯得不像样子，就只吃他们从南京带来的东西，嫌我们这里的东西脏呢。我算是跟他们过不来。"

元烁劝道："听说元灼他那位太太真的是官宦人家的千金呢，人家是锦衣玉食惯了的，倒不是专门做作呢。"

姬母不乐意了："她嫁给元灼，那就是我们姬家的媳妇，就应该遵循我们姬家的家风。"

元烁忙说："好啦，反正你又不到南京去，他们也烦不到您家。这次几个小伢都走了，只怕您家会寂寞呢。"

姬母扬扬手："都走都走，走了我才清净呢。伢们也都大了，老二也该上学了，就到武昌城里去上吧。大丫头也从这里的私塾转到武昌去读吧，要不就把她交给元灵？元灵不是在办学吗？"

元烁应承道："是的，我也有这个想法，现在女子读书虽不算是个新鲜事，但是还是有些不放心，叫元灵看着，好。"

提到元灵，姬母的心病又被勾了起来："你看到元灵就问一下子她，她那婚事到底要么样办？不想回来办，就在武汉办也行啊，你这个当大哥的，要承担起来啊。"

元烁应付道："我晓得的，晓得的。"

姬母拉起元烁的手，叮嘱道："你们就放心去吧，对这个媳妇要好些，这是个造过业的人。我跟元灿就守在老家，你们有个么事就回来，饿不死。那铁路虽然是个铁饭碗，但是非也多，一不太平，总是铁路上的人先遭殃。不抵老家，虽然不能大富大贵，但过得殷实、平安。记着，遇到不顺心的事，不要硬挺，就回来过平平静静的生活。"

元烁点头："记得了，姆妈。"

十九、黄包车夫吴青天

江岸的大街上，吴青天拉着黄包车飞快地跑着。

别人拉车，都低头顺眉、不敢直视客人，吴青天却不是。每位客人下车或给车费时，他都会盯着客人的脸看，有蛮横的客人顺手就是一记耳光："个婊子养的，你看么事看？找打！"

吴青天确实是在找人，希望能遇到他当年的同志。

跑了一天了，吴青天发现车轴哐动，就将车拉回到头道街的车行。

修车的师傅骂他："么样拉的车，尽跑些狗啃的路，你狗日的属狗的呀？沿街找骨头？"

吴青天瞪他一眼，将车放翻，拿起工具自己动起手来。

修车师傅嘲笑道："嗨！一个拉车的，还会修车？了不得啦，有本事你就自己修！"

吴青天也不理会他，将车轴卸开，在一堆配件里找出几根长些的螺丝杆，比了比，又在配件堆里翻了翻，没有找到自己需要的，就出门来，到对面鹏程汽车修理行的废品堆里翻找了起来。

汽车修理行的小伙计齐癞痢不愿意了："我这里是修汽车的，你修个黄包车，你到我这里瞎翻个么事咧！"

吴青天笑笑："找几个小弹簧，只有你这里才会有。下次雨天我拉你回家不要钱。"

齐癞痢不爱听了："我会占你的便宜？你找吧，只准在废品堆里找。"

吴青天找到了自己需要的配件，回到车行在自己的车上安装起来。

看他居然在车轴上加装汽车上用的弹簧，修车师傅和几位拉车的都围了过来，想看个究竟。装好后，吴青天特意在门口凹下去的小水沟上来回过了几趟，感觉振动小多了。一位拉车的也接手试着过了几趟小沟，赞叹道："好多了。要不，老吴帮我们也改一下吧！"

吴青天说："不光是平稳些，主要是不会跑几趟就震松了。我看对面也没有这样的弹簧了，以后有了再帮你忙装吧。"

修车师傅认真地看了一下改装后的车轴，笑了笑："不错，不错！"

隔着汽车修理店的窗户，鹏程汽车修理行的老板兼经理一直看着吴青天举动。

黄包车的修车师傅递给齐癞痢一包烟："齐师傅帮忙，以后有这样的弹簧都给我留着。"

齐痢痢很乐意别人喊自己师傅，高兴地摸摸痢痢头："您家莫客气，就给您家都留着。"将香烟装到了口袋里。

第二天一收车，几个拉车师傅就在汽车修理行废品堆里扒弄了半天，结果一个有用的弹簧都没有找到。他们一起抱怨起齐痢痢："怎么连一个打圈圈的都没有啊！"

齐痢痢说："都被你们的大师傅要去了。"

大家不愿意了："么样能这样搞，走，我们找他要去！"

找到修车师傅，刚要开口质问，师傅却笑道："一辆一辆的来，都给你们改装。"

几天后，齐痢痢见到刚回到车行里交车的吴青天，便喊道："吴师傅，我们王经理找你。"

吴青天进入汽车修理行，问道："王经理，您家找我？"

王经理说："我看你像做过钳工的，就莫拉车了，到我店里来做师傅吧。"

吴青天说："我不想做修理工。"

王经理说："我晓得，你每天拉车满街跑，像是在找人。但我这里工钱高啊，你也在街面上跑了几年了，该找不到的肯定也找不到了。现在汉口街上很乱，还是到店铺里上班安稳些，说不好哪一天在大街上碰到火星，怕是想躲都难啊。"

吴青天说："这样吧，我还是拉我的车，哪天你店里忙不过来时就喊我来，但那天车行的份子钱你得帮我交。"

王经理笑道："你这是在傲盘子？"

吴青天说："不是我傲盘子，我还真的修过汽车，开过汽车。哪天你会用得着我的。"

吴青天走后，王经理自言自语道："修过汽车还开过汽车，你是哪路神仙？"

没想到，还真有这一天。

江岸车站运来了一车皮在战场上被炸坏的日军汽车，零零碎碎的汽车残骸堆了满满一车。警备司令部在其中挑出一辆稍完整的车架，要求在江岸设法修复。

一帮军警跑到鹏程汽车修理行，对王经理命令道："老板，请关门。带上所有人和工具，到机车房修车。"

王经理不知所措："老总，我们不会修火车啊。"

军警有些烦了："谁叫你去修火车了？是修汽车！快，不准耽搁，这是军令。"

王经理、两个师傅、齐瘌痢和另外三个小伙计，把工具堆上黄包车，像是被抓的囚犯，被军警押着小跑起来。

对面人力车行的人哪见过这阵势，以为他们犯了什么事，都跑出来围观。

王经理叫道："师傅们，请帮我看着门口的东西！"

齐瘌痢见围观的人很紧张，就大声喊道："有么事好看的！师傅们，我们是被司令部请去修汽车的！"

军警也笑了："小瘌痢，还不快跑！"

齐瘌痢回头一笑："你么样晓得我的小名啊！——哎哟！"一不小心，他被地面的石块绊了个狗啃屎。围观的人都大笑起来。

此时，国民政府已统一对全国的各个机车厂、机车房、火车车站等铁路单位进行了重新更名，江岸机车房更名为机务第三总段第七分段，简称"江岸段"或"江岸机务段"，但铁路家属和老人们仍习惯将这里称为"机车房"。

京汉铁路线最大的机车修理厂"京汉铁路江岸机厂"，就毗邻江岸机车房。

接到军事命令，机务段的人不敢怠慢，立即与江岸机厂进行了工作联系，说明了情况。机厂答应，需要什么配件，将在最快的时间里制作提供。

副段长兼程式师亲自任组长，将残骸车运到转车楼旁边一排青砖黄瓦的老房子里，一间做车间，一间做备品库，还整出一间作为工人们休息的宿舍。

齐瘌痢对这里再熟悉不过了，他从小就常在这里看火车头掉头。

这一片原来都叫刘家庙，机车房从瀑口迁到刘家庙后，在水塘边兴建了专供火车掉头的转车盘。开始的时候，这里由法国人管理，法国人在这里建筑了一幢二层小洋楼作为机关办事处，在附近一带十分显眼，成为标志性建筑，于是这个地方被称为"转车楼"，后来演变为"转车路"。

见要住在这一排房子里，齐瘌痢露出了恐惧的眼神。从小，大人不许他到转车楼玩，就是拿这排房子来吓唬他，跟他说这是鬼屋。他每次来看火车，都会不由自主地远离这排屋子。也难怪，这里从来没有人住过，大树下的老房子显得阴森恐怖。

王经理看齐瘌痢显出害怕的神态，不知缘由，问道："你怕这里么？"

齐瘌痢说："这是鬼屋。我不想住在这里面。"

王经理说："你看，门口都是拿枪的老总在看守，你回不去的。"说完，一把将他推了进去。

安顿下来，大家就开始了紧张的修复工作中。

经过一天的忙碌，副段长见进展不大，问王经理："需要什么，您尽管说。我不相信这大的两个搞火车头的厂拼不好一辆汽车。"

王经理列出来需要的配件图纸，说："现在恐怕不是配件的问题，是要搞清楚是么样的配件的问题。这是西洋进口的车，我们以前是修过的，但都是小部件的修理和更换。我们也没有把这种型号的车整体开卸组装过，所以有些原理我们也不清楚。"

副段长急了:"那怎么办?现在到哪里去请人啊!这刘家庙一大片就你一家汽车修理行啊!"

王经理想了想:"你帮我找一个人,他来了可能就成功了八成。"

"谁?"

"在我的汽车修理行的对面,有一家人力车行,有一个拉车的叫吴青天,你想办法把他请来。"

副段长不信:"一个拉车的?你不会诳我吧!"

王经理不乐意了:"我为何要诳你?不按时完成,我们一样都会倒霉的呀。"

副段长答应了:"那好吧,我这就去安排。"

副段长派出去的人,当晚便把吴青天给请来了。

果然,吴青天把他们不清楚的地方给画出草图来了。

仔细研究完了拉来的报废车辆和一堆钢铁物件,吴青天说:"这不就是一个空架子么,你们这是要造一辆汽车?"

副段长用手划着圈,说:"是我们,不是你们。现在你进来了,我们完不成任务谁都走不了。"

吴青天刚要发火,王经理劝道:"老吴啊!你出去不也就是拉个黄包车到处跑吗?这里有吃有喝,还有酒,有什么不好。好啦好啦,我知道你有这个本事,就帮帮我们吧。搞好了,我会好好犒劳你的。"

事已至此也只能这样了,吴青天无可奈何地留了下来。

经过一天的折腾,大家累得早早就躺下打起了呼噜。

深更半夜,齐癞痢突然怪叫着跳下床,光着身子就往门外跑。隔壁士兵被叫声吓醒了,端着枪就追了出来。跟着出来的吴青天忙拉住士兵:"没事,没事,小伙计是梦游了。"

士兵放下枪,吼道:"个小癞痢头,快滚回来,不然老子一枪蹦了你!"齐癞痢哭着跑了回来,士兵一脚把他踢进门里,拉上门,骂骂咧咧地回屋继续睡了。

大家再也睡不着了，干脆都起床，围着齐痫痫问长问短。

王经理自言自语地说："该不会是真的闹鬼了吧？"

齐痫痫说："我们住的这是鬼屋，小时候大人们都是这样跟我说的，他们都不敢进到这里来。"

吴青天长叹一口气，说道："这哪里是么鬼屋喔！"

王经理催道："你就不要卖关子了，就说说这屋子的来历吧！"

吴青天让大家都回到自己床上，自己也躺在床上，看着屋顶，娓娓道来。

"这排屋子，那是清代就有的机务段最老的房子，清朝光绪年间的。当年建江岸机器厂的时候，从刘家庙老房东刘老爷手里买来的。那时候在转车盘旁边那栋法国人的两层小洋楼还没有盖起，法国人就住在这排老屋里。转车楼的地名就是从那栋小洋楼叫起的。

你们晓得民国十二年的工潮么？对，就是二七惨案。当时工潮的领袖林祥谦和林福生几个人，被抓起来就是关在这间屋子的。当时一起被抓的，有好几十号人，其中重要的几个领导人就是关在我们住的这间屋子里的。

他们被打得半死，从这里押到车站，被军阀砍死在站台上。这间屋子里的人除了一个人逃脱，其余的都和林祥谦一起被杀了。他们被害后，尸体也是拖到这里后才通知家属认领的。"

王经理问道："你怎么知道得这样清楚？莫非你就是那个逃脱的？"

吴青天看了一眼王经理，继续说道："那年我才二十来岁，仗着年轻身体灵活，瞅了个机会，跳到路边一个粪坑里。军警们找了好久没有找到，我就在坑板下躲了两天后，才得以逃脱。后来我全身硬是脱了一层皮。但也有好处，从此以后，蚊虫都不叮咬我了。"

大伙大笑："你真了不起！""吴师傅大难不死必有后福！"几个人

都对吴青天的传奇经历感到敬佩。

吴青天坐起来，说："这些死去的烈士，是为了争取广大劳工的权益而牺牲的，你们说，他们会闹鬼吓我们吗？要闹鬼，他们也一定会是去闹那些军阀恶霸！"

王经理说："那是！癞痢头，你怕，你是干过么事坏事吧？"

齐癞痢赶紧摇头："不，不，我不怕了。"

吴青天站起来："这就对了。他们是烈士，他们的阳刚之气会永远保佑我们。来，我们一起来祭拜他们！"

"好，好！"几个人都迎合着。

大家都下得床来，摆起碗，倒入酒，在吴青天的带领下，跪起祭拜烈士英灵。

吴青天果然不负众望，带领着大家在期限内拼凑好了汽车，并亲自驾车载着副段长和王经理、齐癞痢，开到了机务段机关楼前。

副段长高兴地拍着俩人的肩膀，说："你们果然技艺超群，好，这次所有的功劳和犒赏都给你们！还有小癞痢，小小年纪，技术也是了不得！要是愿意，我就把你招到机务段来，怎么样？"

王经理慌忙说："老总，您家这样不好吧，我帮了你的忙，你还要挖我的墙角？不仗义啊！"

副段长大笑："哈哈，我也是随口说说，千万别当真。"

二十、太太元梅

粤汉铁路株洲到韶关段一直没有建成，以致粤汉线迟迟不能贯通，直接影响到国民政府的整体经济和军事战略。

1927年，国民政府铁道部成立，即把粤汉线铁路株洲到韶关的铁路建设列为首要任务。当时首任铁道部部长孙科倡议以庚子赔款修建，并从平汉线、粤汉线调用很多技术人员和工人，全力投入到民国当时最大的工程建设项目中。

在粤汉线于1936年4月28日全线贯通前，孙科离任铁道部部长，由张嘉璈接任。株洲到韶关线路被誉为中国铁路工程建筑标准最高的铁路路段。

这几年，是中国南方铁路发展最顺利的时期，也是北方铁路逐渐被日本军队强占的时期。

初昌考入武昌第一女子中学，平时不大回家，就和元灵姑姑一起住在学校宿舍。每到星期天，元梅就做一桌菜，把元灵和初昌接回家，大家聚餐叙家常。

初昌呢，越来越不愿待在父母家里了，每次聚完餐，就非得随着姑姑回学校。

不久，蔡仪蔡老爷在汉口病逝，严肃从"剿匪"前线赶回汉口奔丧，元烁夫妇带着初昌、初珞、初江赶到蔡宅祭奠外公。

初昌在外公的灵柩前痛哭，元梅也陪着流泪。

元灵赶来，在灵柩前磕了三个头，说道："蔡爹爹，要不是您老人家，我也没有今天。您老人家安息吧！"

元烁悲哀地对严肃说："他老人家走了，我们就成了铁路上的老人了。"

严肃说道："前方战事吃紧，我就要立即启程归队。就拜托你和你莲芳姐把老人送回老家安葬吧，后面的事，也就都拜托你了。"

元烁点头："让元梅陪老太太一段时间吧，他们熟，也方便照顾。"

元烁夫妇和莲芳将棺柩送回老家，遵循老人的遗愿，将老人葬于姬家湾玛瑙垸的祖坟地。

老人终于跟他的英雄儿子长相守在故乡的土地上了。

武汉三镇的饮食，汉口的源自黄陂、孝感口味，武昌的源自鄂州口味，汉阳主要是汉川、沔阳口味。这几个地区都是山区或者丘陵、湖区，口味偏咸，喜食腌制食品，再加上武汉交通运输枢纽地位的形成，先是码头的发展，后是铁路的兴建，劳工聚集，井市餐饮逐步形成咸鲜、重油的风格。虽然汉口英、俄、法、德、日、比六个租界并立，西餐兴起，但西餐只是作为时尚，并没有真正影响到市民的日常口味。

元梅烧得一手好菜，她把记忆中的下江口味融进了湖北菜的制作。比如，她煨排骨藕汤，要加入一小块橘皮和几粒淡菜；菜薹炒腊肉要放糖；烧肉要加黄酒；炒青菜必须先爆几粒海虾仁，等等。这一变，整个菜的风味都为之一变，觉得更丰富、更有层次、更有回味了。于是，当年的喜妹把蔡老太太照顾得很满意，极大地宽慰了老人的心，以至她要离开蔡家时，老太太很有些依依不舍。要不是心疼莲香，她是不会让喜妹陪嫁的。

现在的元梅把元烁的酒友们也照顾得很好。

元烁的同事，很多家就在武昌城外的农村，他们到元烁家喝酒，经常是随手带些菜来，有时是鱼虾，有时是野鸡、野兔，遇到有邻居杀猪了，就要些下水。要是什么都没有，就顺手在菜园里拔些青菜萝卜，反正是不好意思空手来吃。不管是什么原料，元梅总是弄得干干净净、利利索索，让大家吃得赞不绝口、喝得晕晕乎乎。

元梅还有一大爱好：打麻将。只要有牌局，她一定要赶。而且元梅的牌打得出神入化，似乎把她在胡县长家做丫头时所见过的牌局都吃透、记全了。

刚开始，和邻居的几位太太每天约，后来大家开始厌烦了：既没有那么多时间，也没有那么多钱都输给她，就设法回避元梅了。

开始，元烁还时不时给她一点零钱打牌，后来见她不但没输，还赚回来了小菜钱，也就懒得管她了。

没多久，元梅怀孕了。

元烁在老家请了位保姆七妈来照顾元梅。没想到这下元梅彻底脱身了：七妈的主要工作成了给家里做三顿饭，照顾大小三个男人的生活；元梅每天赶牌局，反而见不到人了。

一天，有人在楼下喊："姬太太，有您的电话，信阳来的！"

元梅顿时笑开了花："哈哈！来了！来了！"

她知道，这电话是约牌局的，是信阳车站徐站长的太太。

她跑进一个办公室，抓起电话："啊，是徐太太吧！是，我是姬太太。怎么样？人凑齐了？哦，王局长的夫人也来啊，哈哈，太好了，听说上次在你家她一个人通收，这次我倒要看看她有几厉害。几时到齐？明天上午？好好，没问题，等着我！还有陈站长家的太太。"

元梅一回家，就要元烁赶紧联系，加挂一节守车，她要和陈太太要坐夜车赶到信阳。

连夜从武昌赶到信阳打牌，这也不是第一次了，也有局长的夫人们从郑州赶到武昌会牌局的呢。

元烁担心道："你都这个样子了，不能这么样折腾吧，能不能推掉？"

元梅满不在乎："不就打个牌么，还有陈太太跟我一起呢，怕么事！给我些钱。"

第三天傍晚，陈太太扶着元梅回来了。

元梅说道："这些时，不能再出远门了，就在自家院子里玩吧。陈太太，你要给我约局哟！"

初昌中学毕业，元灵将她送进入省立教育学院继续学业。

转眼到了1937年的夏天，姬元烁家又添丁三口：四女初慧、五子初许、六女初睿。

几家太太在元烁家里打麻将。牌桌上，大家抱怨着今年的暑期真长，都快过中秋节了，天气还是那么闷热。

王太太说："报纸上说，日本人的飞机已经在炸南京了，这物价肯定要涨，钱一定会贬值的，你们要多换点金子啊。"

元梅说："像我们这样吃铁路饭的，哪里能有本钱买黄金，我看就多买些米存着，不饿着就行了。"

王太太笑："你看你，这大个站长太太，还搞得像个地主婆，怕是要在家里建个粮仓呢！"

大家大笑。

于太太说："这铁路饭也不好吃了呀，听说上海火车站也被日本飞机炸塌了呢。"

徐太太说："炸的那是上海火车南站。"

元梅说："这看样子真的要打大仗了，只是又要死多少人啰！"

于太太说："还有好多当官的靠打仗发财呢，就是报纸上说的么事'大炮一响，黄金万两'呢！"

徐太太对元梅说："听说你们家的那个么事亲戚，就是那个警备司令严司令，被委员长罢官回籍了，说他是拉着一马车的黄金回武汉的啊！"

陈太太一撇嘴："'大炮一响，黄金万两'，跟着委员长剿匪，哪有不发横财的。"看了一眼正要出门的元烁，又忙说道："姬站长，严司令不会是那样的人的，是吧？"

元烁忙应答着："啊，啊，那也不一定啊，知人知面难知心啊。只是马车拉黄金太假，不怕沿途有人打劫么？军队有的是汽车嘛，再不济，可以找我安排火车嘛！"

一桌人大笑。

元烁换好鞋子，问道："徐太太，那个严司令回武汉，住在武昌还是汉口啊？"

徐太太说："好像就住在昙华林。现在不是国共又合作了吗，那些共产党的代表也住在昙华林，好些外国人也住在那里，那里成了武汉的小巴黎了。"

二十一、昙华林轶事

昙华林是位于武昌西部城墙内的花园山北麓与螃蟹岬南麓之间的胡同区，这里隐没着汉口开埠时西方传教士在武昌设立的最早的文华书院和天文台、仁济医院，以及美国圣公会、英国伦敦会、瑞典行道会、意大利圣方济各会等宗教组织所建教堂。蜿蜒的小巷深处，名人寓所云集，林则徐、张之洞当年也曾在这里住过。

张之洞晚年，利用湖广总督林则徐兴建的丰备仓，先后开办公立小学和中学堂，民国初年改为省立第一中学。国共合作，政治部三厅在此成立，首任厅长郭沫若看中了学校的一栋二层楼楼房，正在准备征用作为第三厅的办公场所。

数千文化界精英荟萃于此，组织部副部长周恩来和郭沫若，在这里会见和领导文化精英们进行着抗战宣传。于是，武汉抗战期间的国共双方政治人物，也大多喜欢寓居在此，严肃也在此买下一栋寓宅。

已入夜，昙华林却灯火点点，人流涌动。小贩们挑着篮筐，叫卖着："沙湖莲藕，又脆又甜！""馄饨，鲜肉馄饨！"

武昌城四面环水，长江、沙湖、东湖、南湖分别在四个方向围绕着老城，期间还镶嵌着如珍珠散落般密布的小水域。不同的地方出产不同的蔬菜、瓜果和特产，如城里人家口传的顺口溜："大堤口的藜菜、沙湖的藕、长江里的鱼、东湖的虾、野芷湖的菱角、天兴洲的瓜，洪山的菜薹、南湖的王八……"只有这些地方出产的特定品种，品质才最好、市民才认可。这些特产，不仅在武汉畅销不衰，而且名声远扬到全国。现在这个季节正是饱口福的最好时候，武昌的大部分特产都在这个季节上市。昙华林现在如此鼎盛，正好成了小商贩挑担售卖的集中地。

此起彼伏、悠扬悦耳的叫卖声中，元烁漫无目的走在石板街上，见到一位军官模样的人，背着手在悠闲地散步，于是问道："请问老总，严肃严先生寓所在哪里？"

那人很和蔼地说："啊，您是问严肃严智伯先生吗？往前走，两个路口后右拐，进入高家巷，第二栋带阳台的小楼就是。"

元烁找到那人说的小楼门口，正准备敲门，后面过来一位学生装扮的年轻人，一把将元烁推到墙角。

元烁刚要发火，年轻人问道："你是谁？有没有身份证明？"

元烁说："没有，我是来走亲戚的，没有带什么证明。"

年轻人说道："那不行，这家住户是政府保护的人，你不能见。"

元烁说："我是严先生的亲戚，要不您先通报一下？"

"不行！你快离开。不然就抓你。"年轻人凶神恶煞地威胁着。

元烁只好快快地低头往回走，结果一下撞在人身上，抬头一看，正是刚才那位指路的军官。

军官退了一步，疑惑地问道："咦，您不是要找严先生的吗？怎么到家门口又不进去了？"

元烁指指："喏，有人把关。"

军官好奇地问："哦，您没有预约？"

元烁老实地回答道："他岳父去世的时候，我们见过一面，都好几年了，现在我们没得联系了。"

军官抬起手指指着元烁，说道："哦，您是姬站长，姬元烁，姬安全。"

元烁诧异："您认得我？"

军官笑道:"大名鼎鼎的大孝子,哪个还不认得!"

元烁笑了:"哦,是老乡啊!"

军官认真地说:"我们也是亲戚,还是亲上加亲呢!"

元烁说:"玩笑了。你是严肃家里人?"

军官后退一步,指着自己,问道:"您家真不认得我了?"

元烁看了看他,还是想不起来。

军官眯起眼睛,晃着头:"咦!该么样论呢?你是我嫂子的妹夫,不不,现在不是的了。是我的大郎舅哥?也不是的了。喔,是老乡,老乡!"

元烁这才明白过来,尴尬地说:"哦,您家是严关,严关兄弟!"

严关大笑:"哈哈!一晃几十年过去了,我记得您家比我还大两岁呢!"

想到严关和元灵未成的婚事,元烁不知道该怎样跟严关寒暄。

严关爽朗地笑着说:"哈哈,你是来拜访大哥的,我送你进去。"

严关带元烁走进大门,那两位把门的年轻人跑过来,两脚一并,低头致礼:"严将军好!"并代为按门铃。

严关对元烁说:"姬兄,您家进去吧,我就不打扰了。我就住在前头一点,我先回去了。"

元烁说:"有机会我们聚一下。"招了招手,就不知道再说些什么好了。

"哎呀,是元烁!稀客,稀客!你好啊!"严肃高兴地晃着元烁的肩膀。

严肃满面红光,并没有任何撤职查办后的抑郁神情,只是身体有些发福了。

莲芳也从楼上走了下来:"元烁,你来了?这一晃又是好多年没有见面了。你家里都还好吧?"

元烁忙鞠躬:"家里都还好!姐姐好!"

莲芳想到不幸的妹妹,抹起了眼泪:"那几个伢,受苦了。你不要委屈他们哟!"

元烁忙说道:"哪里会呀,您家放心。过些时我就让元梅带着小伢们来探望姨妈。"

莲芳说:"是啊,这些年了,我们家老人陆陆续续都走了,连个叙旧的人都有得。我们在武汉的亲戚就只有你们家了,你们又不来看我们。"说着,眼眶又红了。

元烁安慰道:"会的,会的,这不是刚晓得你们回来了么,这不,就赶来了。大丫头总在念叨她姨妈呢!"

莲芳这才笑了:"真的吗?她还记着我?我记得大丫头是民国七年七月间生的,哟,都快二十岁了,要出嫁了吧?你看你这个爹是么样当的!当初就不该叫她跟着那个女学究!我真怕大丫头什么都跟她学啊!"

元烁摸着光头:"是啊,对不住她姨妈了!元梅也着急啊,又不敢说,还不是怕这老丫头、小丫头多心啊。"

莲芳又问道:"那两个小子呢?也都是壮劳力了吧?打架么?"

元烁说:"是啊,都是大小伙子了,小的小学都快毕业了。"

严肃叼着烟斗,含笑看着俩人拉扯家常。

看看也该差不多了,严肃笑着说:"好啦,莲芳,给我留点时间吧?"

莲芳不好意思地说:"好啦,不耽误你们谈正事,我就上去休息了。"

元烁对走向楼梯的莲芳说道:"姐,过几天我叫大丫头来陪您住几天啊!"

严肃笑眯眯地问元烁:"怎么样,这些年铁路上还安稳吧?"

"还好。你们把战场都搞到外省去了,武汉倒是很平静。"

"还在通湘门?升职没有?"

"还在。都还顺利。去年年底通湘门火车站迁到宾阳门，叫了几天'宾阳门车站'，现在统一更名为'武昌总站'。我在代理站长。"

"武昌总站？"

"是啊，徐家棚车站叫'武昌火车站'。通湘门车站搬到宾阳门后，倒是离市区近多了呢，坐火车方便多了。"

"好，好。这些年武汉的经济还是没有受到剿匪，不，是内战的影响嘛。特别是铁路，铁路员工生活有所改善，思想也还稳定么，没有听说再有么事工潮。"

"那是。对了，刚才我见到严关了，是他带我来的。"

"哦，这小子，到家门口了也不上来，晓得避嫌了，要刮目相看啊。"

"你们两兄弟都得刮目相看的，严家'一门两将军'，也是美谈呢！"

严肃摇摇手："还谈么事'将'啊，都快被腌成'豆瓣酱'了。"

元烁说："要不是严关，我还进不来呢，你门口有把门的啊。"

严肃一笑："那是政府派的，对我不放心啊。"

元烁问道："你到底犯了么事事，居然被撤职了？"

"嗯，我算是代人受过吧。不过这十年，是我的人生最有意义的十年，我目睹了民国高层一段最纠结的历史。"

"纠结？"

"是，纠结。用简单思维，是正统与非法组织的政治斗争和战争，要紧跟委员长走。不能深入思维，要是细想，可能又一切又会都颠覆了。所以，我们这一大批军政大员，谁也不愿也不敢细想。"

元烁没有听懂。他继续问道："那年你从武汉带兵出去，是去平叛南昌兵变吗？"

"不是，"严肃娓娓道来："当时你们车站不是军列调运难得地频繁么，那么多的部队和装备都提前调运到江西去了，南昌成不了大器。当时的危机在于怕一呼百应、兵变四起，好多收编的将领对中央都还存有异心。"

"那你调到哪里去了？"

"委员长提出来攘外必先安内，首先收拢了带兵将领们的人心。我当时调任委员长侍从室第一处主任，全程参与了'剿共'，直到民国二十五年（1936年）到西北'剿匪'总司令部任参谋长。本来是委员长要我去监督张学良、杨虎城的异动的，但我是掉进了个大旋涡。西安兵变前，我报告委员长说张、杨与共产党有联系，委员长为了讨好张、杨，反而训斥我。兵变后，委员长要面子，又怪我没有及时汇报。我只好什么都不说了，说我么样我就认么样。好啦，渎职罪，扣押，并'永不录用'。"

"不是扣押么，这不还是放了。委员长还是仁义，处罚你是做给旁人看的吧。"

严肃不以为然地一笑："我跟了他多年，太了解他了。对了，兵变前一年，陇海铁路通到西安，元灼调任国民党陇海路特别党部特派员，当时他那个党部机关在郑州。鬼使神差，元灼竟然在兵变的前一天跑到西安巡视，结果被扣押在西安火车站。元灼真是运气好，那天晚上在火车站开枪打死好些个南京的党政人员，元灼不但毫发无伤，还利用他在西安跟杨虎城方面的人脉关系，掩护了几个南京党部的要员。这不，兵变解决后，委员长亲自嘉奖了元灼，现在元灼是官升一级，直接调到南京中央党部了。"

元烁摇头："这小子，机灵过头，未见得是好事。"

严肃继续说道："兵变后我被关了八个月。到今年，又要和共党坐下来谈了，共党那边是周恩来带队，这就想起我还有用了，就通过何应钦保释，将我调回武汉任军政部武汉办事处主任，主持抗日军队军火接济调配工作，好跟周恩来讨价还价。前途么，在委员长那里，我的政治生涯已经结束了，再也不会委以重任了。"

"你跟周恩来蛮熟络？"

"嗯。当年在黄埔，他在政治部，我在校长办公室，我们从工作到私交，都蛮好的。"

"怪不得你到这里来住，都说这里是小巴黎，国共两党都挤在一条街上呢。"

严肃笑："这个说法好，蛮形象。但真正的盛况，在珞珈山呢。"

"珞珈山？"元烁不解。

"对，珞珈山。"严肃说，"蒋介石把国民政府军事委员会设在珞珈山，他本人就住在珞珈山半山庐。周恩来夫妇到武汉的第二天，就入住珞珈山的'十八栋'，与蒋介石夫妇毗邻而居。蒋夫妇、周夫妇、陈诚、郭沫若，去年还互称为匪、刀枪相对的两党龙虎，现在也都住在同一个山头了。蒋、周两宅相距不过几百米，山间小路连接，听说他们常在其间散步休憩，还经常会在散步途中遇到，彼此相谈甚欢呢！"

俩人拊掌大笑，彼此心领神会。

元烁想到自己疑惑了多年没得到答案，于是问道："哥，我想问一件事，你要是觉得不能说就不说。那年工潮，黄光是不是你放的？"

严肃点头："那个时候，我是在北洋政府的军队里，但我和元灼已经秘密加入了国民党。当时在北洋政府军阀眼里，国民党、共产党都是赤党。放了共党，我们也待不住了，就南奔广州了。还有，清党的时候，你送了几个人往南去了吧？"

元烁惊讶地说："这事你也晓得？"

严肃说："你以为你有多大的能耐？就那么容易把政府要犯放走？那是有人给你让道呢！"

元烁涨红了脸。他不解地说："你这一会儿杀，一会儿放，一会儿又剿，一会儿又要和，搞的么名堂，把人都搞糊涂了。"

严肃笑道："我不是跟你说了吗，'纠结'，纠结的历史。国民党和共产党，先都是赤党，被北洋军阀剿杀，后来容共，共产党参加国民党，共产党就是国民党。再分共，驱共，剿共，到现在又联共。"

元烁嘟噜着："分分合合，但这次数都比过三国了吧。那合的时候，武汉三镇到处都是三民主义和三大政策的标语，第二天说变就变了。老蒋善变。"

严肃侃侃而谈："汪兆铭先生说，三民主义是主义，主义的时间性要长些，有固定性，有永久性。政策的时间就不同了，政策系由主义发展出来的，没有主义的时间性长。三民主义是中国国民党的主义，时间性是很长的，至于政策是主义的产物，由主义按着时间与环境而定出一种适用的政策，总理以前有联段政策、联张政策。因为段、张已为军阀，与曹、吴相同，故即放弃联段、联张的政策，政策与主义不同，由此便可明白。联俄与容共政策，为应付时代和环境所取的一种政策，不能与三民主义同样有长久的时间性。时代与环境变了，政策也即随之而变化的。这是对于政策和主义的解释。不错，国共两党都要国民革命，然只有一个中国，只有一个国民革命，分明是共坐一只船，一个为共产主义而奋斗的，一个为三民主义而奋斗的，总不能永远合作在一起的。所以容共之后，必定分共，是不可免的。这一长段话，这是汪兆铭先生在民国十六年分共的时候发表的演讲。"

元烁不解地问："这么说，委员长是认同了汪先生的理论？"

严肃摇摇手："那倒不是，是形势在变化，国际、国内形势。现在日本已挑起全面的侵华战争了，委员长又无法安内，就干脆先联共抗战，也就相应实现了政权的统一。"

元烁问道："你的意思是，暂时的？"

严肃苦笑着说："还不晓得。其实我求的不是这次的联合抗日，求的是希望不要再打内战了。我协助委员长全面剿共，元祥是湘鄂的共匪头子，严关是湘鄂赣的剿匪司令。我带着我的弟弟剿你的弟弟，又是通过你把士兵、武器弹药、供给送到前线。这不就是所谓煮豆燃豆萁啊。"

元烁惊诧地说："这样说，我也在里面打内战？你说的是兄弟相煎，那你当年还要剿共。"

严肃摇头："当年不剿不行啊，不剿中央政府政令不统一，三民主义无法推行，国家积贫，外敌窥觎，委员长也是不得已而为之啊！"

元烁宽慰道："现在好啦，大家都住在一条街上，攘外、安内可以一起实现。"

严肃叹口气，说道："也难啊，道不同不相为谋啊。委员长是国家元首，共产党是占山为王，双方希望要的东西不一样。比如，元祥要分我们家的地，要分你们家工厂，还要我给他武器，委员长命令我剿元祥。我和元祥在一张桌子上坐得下来么？"

元烁摆摆手，并不认同："好像没有你说的那样绝对。我妈和农会不是处理得蛮好么？做人不能太逞强，该放的就放一些，吃亏是福、和气生财嘛！"

严肃一愣："你妈的做法似乎比委员长高明。也许周恩来和元祥的愿望差不多。"

严肃话锋一转："你晓得这昙华林街名的来源吗？"

元烁说："我听说过，说是古时候巷内有花园，种的都是昙花，花多而成林，故称昙花林。古时花字通华字，加上武昌话的发音，就成了昙华林。"

严肃说道："昨天晚上我和郭沫若先生喝茶，他问我，我也是这样说的。我还说，你不要考我，我对这里太熟悉了，辛亥首义，我就是从这凤凰山上的蛇山、在蛇山上架炮轰炸总督府的。结果，他摇头。他说，'昙华'二字，传乃印度梵文译音，'林'即'居士林'的简称，这一街名与佛教有关。"

元烁不以为然："两位大员，不谈政事，却研究街名来源，无益。"

严肃一本正经地说道:"这就是政事。我意担心两党合作又是昙花一现,他意立地成佛和平有望。我倒是希望他的解释是对的。"

二十二、吴青天归队

吴青天看见报纸上刊登了八路军武汉办事处(以下简称"八办")在汉口安仁里一号筹建的消息,兴奋得他就在安仁里那一片转空车。

但门外来回进出的大都是一些国军的军官,多年的斗争经验告诉吴青天不能轻易冒险,于是就守在这附近揽起了黄包车生意。

不几天,流落在武汉三镇与组织失联的共产党人开始进入办事处登记。看着这些焦急进去又兴奋走出的人,吴青天也想早点走进去,但他还是忍住了冲动。

两个月后,到办事处登记的人越来越多,整个安仁里人群拥挤,像个大卖场。吴青天有些着急了,像这样鱼龙混杂,他更没有机会安全地与组织联系了。正在这时,不堪重负的武汉"八办"决定扩大机构,并搬迁到日本租界中街九号的大石洋行。于是,吴青天也拉着车跟了过去,并主动要求为"八办"搬家免费拉车。

一天刚搬完一车东西,吴青天就被"八办"的工作人员喊住了,请他把一位"八办"的首长送到大智门火车站。

拉着车刚拐入中山路,吴青天就听见背后传来低沉而亲切的声音:"吴师傅,不要停下来,听我说。我们观察你好久了,知道你是二二年的老党员,是当年湖北省委负责人黄光同志介绍你入的党。虽然你的联系人都牺牲了,但十几年来你一直在找我们。姬元祥同志到我们办事处来过,他看到你了,只是没有组织的同意不好跟你相见,你的情况元祥同志也跟我们做了介绍。你是我党的好同志。"

吴青天热血沸腾。他控制住自己喉咙的颤抖，低声问道："元祥同志看到过我？"

"他也坐过你的车。他考虑得比较周全，考虑到了组织上可能对你会有专门的工作安排，所以没有和你相认。"

"请求组织加紧对我的审查，早点批准我恢复关系，安排我的工作。"

"对你的审查已完毕，组织关系已恢复。你的身份暂时还不能公开，以便在今后与国民党共事时能更好地保护党的利益。你现在的上级是刘松峰，你们以前共过事的。今天下午三点钟，你到鹏程汽修厂找他，他会到那里修车的。"

"是不是以前在汉阳铁厂的那个刘松峰？"

"正是。他现在的身份是平汉铁路工会主任委员和国民党平汉铁路特别党部特派员。中共长江中央局决定，由刘松峰同志出面，通过在北伐时候就打过交道的严肃、姬元灼，向蒋介石提出成立铁道破坏队指挥机关的要求，以资'借庙躲雨'，解决生存问题。你的任务就是协助刘松峰同志工作。"

"一定不辜负组织的期望。"

"把你的家属安排好，就地隐居。你也要注意身份的保密，这也是为了保护你的家人。好啦，谈话结束。"

吴青天觉得有使不完的劲，顿时跑得飞快。

在鹏程汽修厂，刘松峰招呼吴青天上到汽车驾驶室里。见到吴青天，刘松峰高兴地说："我得一员干将了。记得二七罢工的时候，我带领船员工会支援江岸铁路工会，就是跟你联络的。"

吴青天说："我都闲置十几年了，没有为党做么事贡献，情况也不熟悉了。"

刘松峰说："我就简单跟你介绍一下工作进展情况。我以国民党'特种工作团团长'的名义,从去年就开始在平汉沿线招兵买马了。我们召集铁路工人和工人子弟,组织了'平汉铁路工人抗日训练班'进行爆破技术的训练,到了现今已培训三百人了。同时,党还派了大批共产党员进来领导这支队伍。今年年初,在郑州、郾城、驻马店、信阳、江岸五大站成立了五个按团编制的大队,每个大队下设三个分队,每个分队下设三个支队,每个大队少则六、七百人,多则一千六百余人。关于武器问题,在国民党配置之前,我们已经提前组织江岸机厂技术工人自己制造了三五连发手提式冲锋枪五十支。"

吴青天羡慕地说:"你这是要人有人,要枪有枪啊。更好的是,还可以正大光明地干。"

刘松峰说:"我们这支队伍是接受党的命令组建的。但一是因为现在是统一战线,要尊重国民政府对铁路的管理权,二是我们共产党的给养还很困难,所以党有'借船出海'组建抗日队伍之意,要千方百计争取国民党的给养。在周副主席的'借庙躲雨'策略运作成功后,我们所需的子弹、爆破器材等,均由指挥部统一向第一战区领取并分发。所需的给养,由第一战区按定员出具口粮证明,在驻地筹粮,地方凭此证明抵偿公粮。此外,第一战区还按定员发给每人每月四块五的生活费。"

吴青天说:"刘团长就给我下命令吧!"

刘松峰说:"项英同志安排近期把在郑州一带组织的六十多名技术工人的破坏队带到延安,接受军事政治训练。这次就由你带队,这对你下一步的工作也会有很大的帮助。"

吴青天愉快地接受了任务。

二十三、珞珈山上

身着军装的元灵匆匆推开房门,刚要开口,见初昌正在收拾行李,满脸疑惑。

初昌见穿着军装的姑姑,站起来赞叹道:"哎呀,姑姑,好漂亮!这不迷死人啊!"

元灵红了脸:"去,去!死丫头,瞎说什么。"

俩人异口同声问道:"你这是?"

初昌口快:"我先说吧。我们学校要加入联合大学,准备南迁,我考上了武汉国民党军事委员会战时工作干部训练团直属女生大队,就要去报到了。"

元灵问:"在哪里?"

初昌答:"就在珞珈山。"说完,递过报考简章和录取报到通知书。

元灵边看边说:"哦,那你和我是同学了。我是要上中央训练团教育班。我们都是首期班,团长都是蒋中正,副团长都是陈诚,我的教育长是陈诚,你的教育长是桂永清。我们的学校都在珞珈山的武汉大学。我们都是着军装受训。你仍然没逃出我的手心,我们住在一栋宿舍楼啊!"

初昌头一歪:"啊,还是在您眼皮底下啊!"

元灵说:"放心,不用我管你,听说战干团的教官都是部队下来的军官,你会晓得他们的厉害的。"

元灵边收拾边说着:"武汉大学不是已经迁到乐山了么,你们学校马上也要南迁的。我们湖北省所有的中学联合在一起,成立一所大型中学:联合中学。'联中'设在恩施,'联中'之下分别在鄂西、鄂北设立二十几个分校,有高级分校、初级分校、各类师范等分校,全部是公费学校。我们的教育班集训一个月后，就要分配到'联中'去了。不像你们，要受训半年，而且毕业后可能还要继续受训。现在寒冬腊月，注意行李准备要齐全。还有，这次搬走了还不晓得么时候能回来，重要的东西打好包，叫你妈妈来一起带回家存放吧。"

初昌问道："是不是我进战干团就算是从军了？要上前线？"

元灵说："那倒不一定。战争中，还有好多不是打仗的工作要做，比方宣传、教育、文化、科研、后勤。好啦，你别想多了，先好好受训吧。"

在干训团上课的间休时间，谢瑛拉着初昌，飞步跑上珞珈山上的最高建筑大图书馆。

整个珞珈山校园已成为国民政府领导全国抗战的军事指挥中枢。碧瓦飞檐的图书馆，已经成为军事要地，由持枪荷弹的士兵把守着不得靠近。

站在石栏杆下的台阶上，眼前青松翠柏、杂树竞立如盖，一片郁郁葱葱。透过疏密有间、变幻颤动的枝叶间隙，宫殿般宿舍楼清灰色的屋顶时隐时现，广场上出操的学员军装的黄色和秋冬草地的枯黄混合在一起，满目沧桑，一派肃杀。

谢瑛遗憾地说："那边可以看见东湖，那湖水烟波缥缈，碧波荡漾，帆影岸回，那才漂亮呢。可惜，这边有宪兵把守，我们过不去。"

集合号响了起来，俩人赶紧往山下跑。

瘦小精干的谢瑛还很小的时候，乡下的父母相继病故，她投靠汉口的哥哥家。哥哥嫂嫂都在纺织厂汉口第一纱厂做工，供养着谢瑛，直到她考上武汉大学。嫂子原想谢瑛中学毕业后，也能和自己一样到纱厂来做工挣钱，没想到她还要继续读书，这得供养她到什么时候啊！于是，嫂子和哥哥开始为钱的问题争吵，谢瑛回家也不给她好脸色看。倔强的谢瑛和嫂子大吵一番，就再也不回哥哥家了。

没了经济来源，谢瑛还真的无法继续在大学读下去了。经过一番研究，就自作主张转学到省立教育学院学师范，一来可以享受公费读书，二来可以一毕业就参加工作养活自己。就这样，谢瑛成了初昌的同学。

初昌劝过她，毕竟是自己的亲哥哥，和嫂子吵完架了事也就过去了。何况他们只是纱厂做工的，经济也会不宽裕，供养你这么多年也不容易。

谢瑛愤愤不平地说："你不晓得，他们哪里有过不宽裕。在纱厂做工，一个月月薪有三十多块呢，两个人六十多块，富裕着呢。你晓得你姑姑那么大的校长，一个月才多少钱呢？也才五十块钱呢！"

"做工能拿那么多？"初昌吃惊到，"听我姑姑说，在城外，九十块钱可以买一亩地呢！"

谢瑛讥笑道："你是大小姐，根本不晓得经济上的事。"

初昌羡慕地说："原来在纱厂做工能拿这么多钱啊，节省点，几年就可以成大地主呢！那你还读么事书，就该听你嫂子的，进纱厂做工多好。"

谢瑛气得打了初昌一拳："那好啊，干脆你和你姑姑都到纱厂去做工好了，以后当大地主。校长么，就由我来做。"

学校西迁时，她不愿开武昌，又和初昌一同报考了干部训练团，和初昌一起分到直属女生大队。

干部训练团团员文化水平参差不齐，有大学生、归国留学生，更多的是初中毕业生。谢瑛和初昌属于师范在读生，比一般团员文化水平要高些，俩人本来就熟络，就总是黏在一起，无话不谈，成了闺密。

姑姑元灵说得不错，干训团的教官确实很厉害，开团第一天，就给了这些女学生一个下马威：要求他们在半天时间内全部剪去长发，只准留齐耳短发。一时间，在校园操场上专门设立的理发点，传来了不少女孩子的哭声。谢瑛倒是没有哭，她把剪下的长辫子细心地收藏了起来。

干训团首期的教官，是曾任中央军校教导总队总队长的桂永清教育长专门挑选的军中精英，绝大多数是军校的教官，其中还有不少是黄埔军校毕业以后又曾去德国留学过的。他们把在教导总队的一套作法，原封不动地搬到战干团来，强调所谓"开明专政，绝对服从"，对学生的生活管理和训练要求十分严格，较之中央军校有过之而无不及。在他们严厉的调教下，上千学员无不服装整齐、精神饱满，讲礼貌、守规矩、军风军纪严明，来往珞珈山的各路党政军要员见之行为作风，无不交口称道。

地形和测绘教官张鹤鸣，就是一名从德国留学回国的地质专家。张教官年轻、帅气，不像一名有杀气的军人，倒像一个电影明星或艺术家。

按计划，正规训练时间为六个月。其中前三个月为军事训练，主要为基本军事操练、野外演习、实弹射击和兵器、地形、筑城、谍报、游击战术等军事课程；后三个月为政工训练，主要课程有"总理遗教""三民主义""总裁言行"，"政治学概论""经济学概论""国防形势""地理""新闻学""民众组训""军民合作""对敌宣传"等。其中穿插有不定期的"精神讲话"，即由军政要人或各界名流进行专题演讲。

到珞珈山不到一个月，蒋介石在大操场检阅正在珞珈山受训的所有师生和军政人员，附近的老百姓也聚集参加。检阅完毕后，他对参阅军民发表抗战演说："我们退无可退，忍无可忍，退亦死，忍亦死，大家只有干一场，精诚团结。在这亡国灭种、民族危亡的关头，风在吼，马啸啸，壮士捐躯为危亡，牺牲是永彪千古的英名！我们就要像珞珈山的三公一母的东方雄狮一样，四万万同胞藏身于高山丛林，与法西斯周旋，戏日寇于中华大地，用空间消灭我们的敌人，绝不死打硬拼。我们枕湖镇江，巍巍中华，与山河同在，与日月齐光！"

蒋介石的抗战检阅，极大地鼓舞了中国军民的抗战士气。

陈诚在一次讲话中说："北伐靠黄埔，抗战靠战干团。"这句话在战干团师生中广为流传，引以为自豪。

大家最感兴趣的还是周恩来的演讲。大家都想见识一下这位被国共双方褒誉有加的政治家，看看他到底有什么样的口才，很多女学员更是想观瞻一下早就在流传的"美男子"的英姿。周恩来的演讲以及风度，果然没有让大家失望。多年以后，珞珈山的学员们相聚，谈到抗战中珞珈山周恩来的这次演讲，还是津津乐道。

谢瑛在跟同学们抱怨着："这军冬装裁剪得太不科学，你看，一点都不合体，穿在身上肥肥大大、松松垮垮，是不是都按男兵的身材裁剪的？这怎么能打仗！"

同学们笑话她："是你的身材太苗条了吧？去，跟教官申请，换一套童子军的衣服。"

当天晚上，谢瑛到学校外面的裁缝铺，私自将棉衣改成收腰的、将棉裤改成紧腿的，又顺便把军装也改小了。

第二天，是张鹤鸣的地形实地勘察和地图测绘课。张鹤鸣带着全体直属女生大队的学员，到珞珈山上上课。

大家在张鹤鸣的指挥下，在山上摸爬滚打，时而勘测地形、时而绘制地图。

谢瑛这次可遭罪了：紧身的衣裤绑在身上，她是怎么也折腾不开。一会儿，她就掉队了。

张鹤鸣在一个山头上等着她，看到她快走近了，才又开始上课。可不一会儿，她又落伍了。

张鹤鸣急了，大声叫道："谢瑛！你是怎么搞的！才这么一点土坡子，你就这么狼狈，要是上战场了怎么办！你到底行不行？不行就自己打报告，回家算了！"

学员们都站在坡顶上给谢瑛加油，初昌又跑回坡下，拉着谢瑛往上跑。初昌边跑边埋怨："要你臭美！这下好了，你要出风头了！"

谢瑛艰难地跑上来了，谁知她刚到张鹤鸣前面，只听"吱"的一声，她的军装经不住她的折腾，一下被撕开了！

张鹤鸣吓了一跳："这是怎么了？"

只见谢瑛的军装，已经成了前后两片布的"褡裢"了。学员们也都惊呆了，初昌站在低着头的谢瑛身旁，不知所措。

张鹤鸣吼叫道："姬初昌，你说，到底怎么回事？"

初昌不敢搭话，低下了头。

谢瑛低声答道："我改的军装改太小了，撑破了。"

张鹤鸣发怒了："你，你，谢瑛！军装对战士意味着什么你不知道吗！你没有受过军容军纪的培训吗！来人，把她送到纠察处去！"

过来两个学员，把谢瑛押送下山。

张鹤鸣叫到："全体集合！你们还有谁改军装了？"

大家都摇头。张鹤鸣不放心，又逐个检查了一边，确认确实再没有人改过军装，就命令到："全体收队！"

他站在原地，直摇头："这简直是个另类！"

谢瑛被关了三天禁闭。回来的时候，又重新领了一套新军装。

学员们都笑她："大明星，这样美了吧？怎么又穿上长袍了？""关禁闭的待遇好吧？跟我们说道说道？"

谢瑛说："禁闭室的待遇可好了，住的单间，吃的小灶，比大饭店还要好呢！要不要我跟长官说说情，让你们也去享受几天啊？"

大家直摇头："嗯，我们没有那个福分。"

谢瑛突然发怒了："滚，都给我滚！"大家见她真的发怒了，一哄而散。

初昌劝道："好了，别这样，大家都蛮关心你呢，你关禁闭那几天，她们都在给教官们求情呢。再说，她们也都被罚站了一天呢，你看，没有一个人跟你抱怨吧！"

"哇——！"谢瑛大哭起来："丢死人了！我还有么脸面待在这里呐！呜呜！"

初昌赶紧安慰道："好了，不要哭了。几大点事！我听说那些长官们都关过禁闭呢，现在不都好好的！"

谢瑛一听，停止了哭泣："真的吗？他们也关过禁闭？那张教官被关过吗？"

初昌说："那倒不晓得。"

谢瑛恶狠狠地说："要让他关禁闭！关他个十天半月才解气！"

初昌说："你那么恨他啊，前几天还说他很帅呢！"

谢瑛停了一会儿，说："不过，他发脾气的样子还是蛮特别的。"

"嗯？"初昌没有理解她的意思。

谢瑛小声说道："我是说，他发脾气的时候还蛮可爱。"

初昌调笑道："你看你，该不会是喜欢上他了吧！"

谢瑛痴痴地说："还真是有点。"

初昌笑道："大姑娘家，也不晓得害羞！"

干训团的政治部有一个军乐队，张鹤鸣经常被借调到军乐队给他们上课。女子班的队员看见了，围着张鹤鸣要求他也给女子班开音乐课。张鹤鸣说，干训团的所有课程都是在开团前就定好了的，谁也没有权力更改。但是，可以在课余时间给她们讲讲音乐。于是，张鹤鸣在课余时间，给她们讲授起了乐谱、乐理，教唱起抗战歌曲，兴致高昂时还给她们介绍起了德国歌剧。

张鹤鸣在示唱时的优美美声唱腔，还有那投入的神情，引得女子班学员的深深钦佩。特别是谢瑛，对张鹤鸣更爱慕是得五体投地，她开始找各种理由接近张鹤鸣，还经常故意装作在校园里邂逅，创造机会多跟张鹤鸣说话。

一次，谢瑛看见张鹤鸣上了山，就赶紧从另一条道走了过去。结果，看到初昌正和他在一起。

看到谢瑛过来，初昌忙喊道："谢瑛，你怎么来了？"

谢瑛没好气地说："这么大的山，你能来，我怎么就不能来！"

张鹤鸣说："你来了正好，我在教她正确的发声方法呢，你来了，就交给你教了。"

谢瑛说道："你是专家，你教才对呢。我还有事，先走了。"

初昌忙对张鹤鸣说："张教官，那我也走了。"

谢瑛直往前走，也不理初昌。

初昌在后面追赶："谢瑛，等等我嘛。"

谢瑛还是不理。

初昌赶上来，抱怨道："也不晓得张教官怎么那么多事，老是嫌我唱歌难听。这不，路上碰到我，还要教训我。"

谢瑛说道："那他么样不教训我呢？"

初昌说："他么样会教训你，每次唱歌，都夸奖你，都把你捧到天上去了。唉！我要是有你的一半，也不会那么遭他嫌弃了。"

谢瑛这才笑了："你就糟蹋自己吧！我要是有你这漂亮，他也会跟我搭讪了。"

为了活跃干训团的文化生活，同时也是配合抗战的大形势需要，干训团政治部筹备成立"忠诚剧团"。看到"忠诚剧团"的招聘海报，女子班的学员都兴奋起来，跃跃欲试，都想加入。谢瑛更是激动，但想到自己的身高，未免又有些担心怕选不上。

招聘考试的时候终于到了。

轮到谢瑛，她忐忑地走了进去，见张鹤鸣也坐在考官席上，更是紧张。

谢瑛刚开口唱了几句，就被张鹤鸣喊停了。

谢瑛心里一紧，满脸沮丧，刚想敬礼离开，没想到张鹤鸣对另几个考官说道："这个考生的乐感很强，我了解她，性格活泼、外向，非常适合做演员。"那几个考官直点头："好的，通过了。"

谢瑛高兴得直鞠躬，又过去给每个考官敬了个军礼，跳着舞步，跑回到待考的学员中间。同学们问她考场的情况，她已经兴奋得什么话都说不出来了，只是傻笑。

轮到初昌，结果她是唱歌不过关，朗诵也不过关，跳舞又不会，遗憾地被淘汰。

蔫蔫走出来的初昌，看着还在蹦蹦跳跳着的谢瑛，羡慕不已。

谢瑛本来就喜欢演戏，进入了剧团，更是如鱼得水，很快成了骨干。

中华全国戏剧界抗敌协会在武汉成立，上海来的救亡演剧队在汉口上演抗战宣传话剧《保卫卢沟桥》。郭沫若特邀请珞珈山"忠诚剧团"的骨干们前来观摩，张鹤鸣和谢瑛也分到观摩票。听说是赵丹、周璇等上海的电影明星亲自出演，谢瑛兴奋地又蹦又跳，恨不得马上就赶到剧院。

熄灯号响了，宿舍的人躺在床上都还睁着眼，等着谢瑛回来说说今晚上的明星见闻。

半夜了，谢瑛才蹑手蹑脚地进来。大家突然叽叽喳喳的问了起来，谢瑛忙说："小声点，等我躺下了再慢慢说。"

躺在床上，听着谢瑛说着演出的盛况，初昌很是恨自己笨手笨脚、没能够进入剧团。要是在剧团能待上几天、哪怕只是几天，等看完了大明星再被剧团开除，那也值得啊！

第二天，宣传栏上贴出来一张广告："忠诚剧团"排演大型抗战话剧《保卫卢沟桥》，在学员和教官中招聘群众演员。

经谢瑛说情，初昌出演一个群众角色。虽然没有一句单独的台词，她依然非常高兴。她和所有演员们一起，开始了紧张的排练。

半个月后，迎来了《保卫卢沟桥》演出的日子。

天刚刚擦黑，珞珈山上的学员和官兵就集中在大礼堂拉起了歌。附近的老百姓也闻讯赶来，大礼堂的门口、窗外，都挤满了人。

演出在热烈的气氛中拉开了序幕。大礼堂里安静了下来。演员们投入的演出，引起了观众的共鸣。随着剧情的进展，台上台下开始了互动，特别是在演出进行到第三幕，剧中连长和战士们一起高唱"我们愿守上边的命令，可是我们不能被人无缘无故来调升！……守土抗战，谁说我们不应该！"这一段唱词时，台下爆发出热烈的呼号。

初昌虽然在戏里只是扮演一个群众角色，但是没有戏份的时候，她依然挤在闷热狭小的后台，有时伴唱，有时同呼口号。爱国的激昂情绪和战友们热情鼓励，使她分不清流淌在脸颊上的是汗珠还是泪水。

张鹤鸣把初昌拉到台侧，向底下的观众席探头张望，只见郭沫若、陈诚和几百个观众一起站立，振臂高呼"枪口一致对外！反对投降主义！"的口号。

由谢瑛主唱的全体大合唱《保卫卢沟桥》在大礼堂里响彻起来："敌人从哪里来，把他们打回到哪里去。中华民族是一个铁的集体！我们不能失去一寸土地！兵士战死，有百姓来抵，丈夫战死，有妻子来抵！中华民族是一个铁的集体！我们不能失去一寸土地！敌人从哪里来，把他们打回哪里去！"

初昌为台上台下一致的热情所感染，面向着台下群情激昂的观众，她和张鹤鸣也开始放声歌唱。他们觉得自己溶化在这洪亮的合唱歌声之中，溶化在千千万万同胞的爱国激情之中了。

不知道什么时候开始，初昌的双手紧握着张鹤鸣的双手，歌声完了，还紧握着没放。等她发觉了，忙松开双手，瞟一眼张鹤鸣那尴尬的脸，羞涩地往后台跑去。

演出结束时，全场报以热烈的掌声。郭沫若走上台，用诗一般的语言发表了即兴演讲："卢沟桥已经失掉了，我们依然要保卫卢沟桥。卢沟桥，它是不应失掉，在我们精神中的卢沟桥，那永远是我们的墓表。卢沟桥虽然失掉了，我们依然要保卫卢沟桥！"

台上台下，掌声雷动，呼号不断。

台下的长官和观众代表列队上台为全体演员献花。

一位西装革履的青年，斜抱着一束超大的鲜花，向台上走来，台下的观众莫名其妙地向他也发出雷鸣般的掌声。他上台后，径直走向谢瑛，将花束献给了谢瑛。谢瑛不知所措地接了过来。只见他右手抬到胸口，左手往后一扬，给谢瑛来了个西洋戏剧式的鞠躬礼；反过身来，又以同样的姿势给台下致了个礼，昂然下台。

台下又是一阵雷鸣般的掌声。

谢瑛还在惊恐和尴尬中：我又不是主角，他怎么给我一个人献花？他是谁啊？她捧着花，犹如捧着个大刺猬。

眼看要到春节了，元灵的教育训练团也要结束了。下山前，元灵找到初昌，跟她说自己已接到通知，到湖北联中的分校"一女师"就任校长，准备迁校湖北建始，而且立刻就要启程，恐怕没有时间去跟哥哥嫂嫂道别了。她嘱咐初昌，一定要把讯息带到家里。

除夕，干训团放假一天，初昌一大早就奔向了回家的路。

元烁见初昌回家了，忙问道："吃苦了吧？"

初昌说："苦什么呀，有吃有喝的。只是不能随便请假，没得机会回家玩。"

元烁取笑她："都这大的人了，还总想着玩。"

几个弟弟妹妹看大姐穿着军装，很是好奇和羡慕，都围了过来。初昌忙把带回来的糖果分给他们。

元梅问："这次要到过完年才回去吧？"

初昌说："不行啊，我只有半天假，晚上还要回去参加队里的团年会呢。"

元烁听见了，便说道："那今天我们就中午吃年饭！"

元梅早就把过年的饭菜准备好了，不一会儿，满桌的菜肴都摆上了。

初珞拿出捆在竹竿上的万响鞭炮，就要出门点放。元烁喊住了他："初珞，今年的鞭炮叫你姐姐放。"

初珞不情愿地把鞭炮杆递给了初昌。

初昌见状，忙说："每年的年饭，不都是初珞放的年炮么，还是叫他放吧，我怕鞭炮。"

元烁说道："今年不一样。你都穿上军装了，不晓得以后还有没有机会放了。今年的年炮，就由你来放吧。"

一听此话，初昌的眼圈就红了，她忙拉着初珞走到门外。

"噼噼啪啪"的鞭炮声震耳欲聋。鞭炮声中，初昌泪流满面。她也分不清，到底是鞭炮的硝烟熏到了眼睛，还是父亲的话触碰到了内心的脆弱，眼泪就是止不住流淌着。或许，还有些对自己前途的忧虑，对即将来临的战争的恐惧，甚至还有一丝要生离死别的伤感。

团年饭吃得很热闹，几个弟弟妹妹在不停地吵闹，元梅在不断地往初昌碗里夹菜添汤。她唠叨着："也不晓得你那个么事队里的厨子是哪里人，口味合不合你得胃口。唉，反正在外面你也吃不到我煨的排骨藕汤，今天就多吃点。"

初江笑话道："姆妈，一直在给大姐添菜，以为她是饿牢里刚放出来的啊！"

元梅训斥道："大过年的不要瞎说！我是担心她平日里伙食不好，一个人又不晓得照顾自己。"

元烁想到了元灵，问道："咦，大丫头，你姑姑呢？她怎么没有跟你一起回来过年？"

元灵说:"噢,对了,我还差一点忘记了咧。她前几天跟学校已经迁移到建始去了,走得急,冇得时间回来打招呼,要我带话,给您家们拜年。"

"建始是哪里啊?"元梅不知道、也没有听说过这个地名。

元烁解释道:"建始在三峡那里的大山里,过巴东,靠近恩施了。"

初许问:"是不是那个'巴东三峡巫峡长,猿鸣三声泪沾裳'的那个巴东?"在得到肯定的答复后,初许咂舌道:"听老师说,那里有野人的!"

元梅担心了:"哎呀,那元灵么样要去那个鬼地方!不会出事吧?"

初昌说:"你们就莫要瞎担心了,姑姑是跟政府一起去的,有好几万人呢,能有么事!"

元烁也笑:"这个老妹妹,比男人都强悍呢,还用操心她?"

一场团年饭,一直吃到下午。初昌要走了,元梅早就准备好了给初昌带走的东西:熏鱼、糖醋排骨、炒年糕以及一袋干绿豆丝。她不停地嘱咐着:"休假要回家啊,最好提前给带个信,我好煨汤。"

元烁倒是催了起来:"快走吧,莫违反了军令。"

珞珈山的大食堂里也摆好了宴席,这是专门给家不在武汉或回不了家的人员准备的年夜饭。

谢瑛也没有回哥哥家,就留守在珞珈山。宴会上,谢瑛可没有闲着,一上好吃的菜,她就马上移到自己跟前,趁人不注意,一下倒进她带进来偷偷放在桌下的饭盒里。

看到初昌来了,谢瑛忙招手示意她过来,并让她帮忙拿着布袋子。

初昌不知就里,一下被烫得差点把包丢在地上。开口刚要问只见谢瑛做出不要出声的手势,又忍了回去。

一会儿,见长官们都离席了,谢瑛拉起初昌就往外走。

初昌问:"你这样慌慌张张地,又是要做么事见不得人的事?"

谢瑛边跑边说:"跟我走,去开 PARTY。"

初昌不信:"大年夜,哪里有 PARTY 呀。"

谢瑛只管拉着她跑:"哎呀,你别问那么多了,跟我走就好了!"

等到气喘吁吁地停下来,初昌才发现,这是到了张教官的宿舍门前。初昌赶紧要往回走,谢瑛紧紧地挽住了她,叫道:"张教官,开门啊!"

开得门来,张鹤鸣见是她们俩,笑道:"怎么,这么早就拜年啊,现在还是除夕夜呢!"

谢瑛说:"我们跟你拜的是哪门子的年啊!快让我们进去,我们来开 PARTY 的。"

"到我这里来开 PARTY?你们没有弄错吧?快,先进来吧。"张鹤鸣忙把她们迎进来。

一进门,发现屋里还坐着个人。谢瑛一看,这不就是那天演出时给自己献花的那个人吗,就一步抢到他跟前:"你,你是谁?那天你为什么出我的洋相?"

这人一脸无辜:"出你洋相?我没有啊!我只是给明星献花而已。"

"明星?谁是明星啊!你明明知道我不是主角,偏要把花献给我,还不是出我洋相?"谢瑛愤怒地嚷着。

张鹤鸣忙说道:"来来,我来介绍一下。这两位小姐是——"

"谢瑛小姐您好!姬初昌小姐您好!"没等张鹤鸣介绍,他就又摆出了那天在舞台上的夸张动作,分别对谢瑛和初昌致礼。

姬初昌捂嘴笑了起来。

张鹤鸣继续介绍道:"这位是我在德国的同学刘一鸣,中央地质调查所的地质专家,现在借调在武汉军队里。"

谢瑛头一仰:"大过年的,你不回家,来珞珈山做什么?"

张鹤鸣接过话来:"一鸣也是单身一人,晚上吃完单位的团年饭后,专门赶过来陪我守年夜的。"

刘一鸣怪声怪气地说："早知道有美人厮守，我就不来了。"

谢瑛对张鹤鸣叫了起来："张教官，你怎么还有这样的狐朋狗友啊！没有一句好话！"

初昌忙拉拉谢瑛："别这样，"并打岔道："张先生怎么会认得我们呢？"

刘一鸣说："怎么会不认得呢，谢小姐大名鼎鼎啊，改军装关禁闭。还有，这位姬小姐五音不全开口跑调……"

谢瑛又对张鹤鸣叫到："张教官！你出卖我们！你说，你还说了我们什么坏话！"

张鹤鸣指指刘一鸣，直摇头："你啊！"

刘一鸣举起手："我发誓：他跟我说的都是好话，说谢瑛极有音乐天赋，天生的歌剧嗓子，如果到欧洲专门进修，会成为杰出的歌剧演员；说姬初昌扮相秀美，学识丰富……"

初昌红着脸打断他的话："好啦，别说了！"

谢瑛倒是听进去了："张教官，真的么？"

刘一鸣说："当然是真的了！不然，我怎么会知道你们这些优点。"

谢瑛说道："不对，你怎么会认得我们的？"

张鹤鸣说道："你们不认识一鸣，一鸣早就认识你们了。在排演的时候，一鸣到现场观摩过好几回呢！"

谢瑛说："那是偷窥！"

张鹤鸣说："你们俩是冤家聚头啊，怎么总是较劲呢。今天是除夕夜呢！"

谢瑛看见桌上有一瓶开了的洋酒，还有两个已经斟好了酒的高脚杯，说道："好啊，你们偷偷喝洋酒，也不喊上我们！什么教官啊！"

张鹤鸣说道："这不是还没有开始嘛。来，给你们也倒上！"

初昌说："我们还带来了好吃的呢！"

谢瑛说:"快!拿几个盘子来!"

张鹤鸣从柜子里拿出来几个盘子。谢瑛说:"啦啦啦!你们看,这是什么?"边说边拿出饭盒往盘子里倒。

张鹤鸣目瞪口呆:"你这是从宴会上拿的?"

刘一鸣又找到机会了:"哈哈,是偷的吧,是不是又该关禁闭了?"

谢瑛踢了刘一鸣一脚:"关你个头啊!是我省下来的。我都没有吃饱呢,要是都剩下,还不是倒了?"

初昌说道:"我这里也有,是从家里带的,是我妈妈做的。"

刘一鸣说:"那就是正宗的武汉菜了?那我要好好品尝!"

等谢瑛将饺子倒进盘子的时候,大家都愣了:"这是?"

只见饺子在饭盒里一焖,加上刚才跑的时候一阵晃荡,倒出来的已经是面皮加肉末了!

张鹤鸣说道:"没关系的,我们就当作是面片菜糊糊吃。"

大家一阵大笑,谢瑛倒是真不好意思起来。

酒都斟上了,张鹤鸣说:"来来来,我们共同举杯。在这除夕之夜,国难当头,想起前线正在流血的将士,还有千千万做了亡国奴的苦难人民,我们先敬他们一杯!"

初昌和谢瑛学着他们,将第一杯酒举起来,一饮而尽。

二十四、铁路遐想

过完春节没几天,刘一鸣就找到张鹤鸣,说接到工作任务,要对武汉市铁路运输的燃料储备情况做出分析,希望能到现场了解和统计机车单机能耗的数据,问张鹤鸣有没有办法。

张鹤鸣突然想到初昌是铁路子弟，就把初昌叫来问道："你能不能带我们上火车头？"

初昌想了一想，说："应该没问题。小时候，我爸爸经常带我到车站，我还上过火车头呢！"

张鹤鸣说："那好，你就带我们去找你爸爸。"

初昌说："那你给我请假去。"

刘一鸣说："恐怕不行。现在铁路是军管，不比平常时候。"

张鹤鸣说："我去找教育长讨个军事公函。前几天教育长说过，参谋部要核实一下武汉铁路周边的地形，希望我能给予帮助。正好，我就做一次实地勘察。"

刘一鸣放心了："有桂长官的指令，肯定没问题。"

不一会儿，张鹤鸣就回来了："很顺利，这是公函。初昌，你也不用请假，是去执行任务。"

三个人到了宾阳门的武昌总站，找到站长姬元烁。元烁见有桂永清签署的军事公函，跟驻站司令部去了个电话后，说道："好了，我们一定给你们支持。"

张鹤鸣说："我们希望能上火车头，看看他们的实际工作过程，最好是还能到附近转转。"

元烁说："那好办，就到那台调车机上，跟一趟小运转吧。你看，就是那个车头。"

这是一台美国产的蒸汽机车，由武昌机车房配备，负责车站的编组调车和短途小运转任务。

刘一鸣满意地说："挺好的，就这样吧！"

俩人套上元烁找来的工作服，对初昌说："你就在车站里好好陪陪你爸爸吧。"

初昌递给元烁一个大红苹果，拉了几句家常，元烁就又忙开了。

车站到站卸货的军列频繁。战略物资到站后，用汽车转运到长江码头，再经长江水道，运送到宜昌。

等忙碌的父亲歇下来了，初昌说："伯伯，要是武汉周边战况不利，日本人首先要轰炸的就是火车站。您家要做好准备啊！"

元烁说："打仗的事，就不是我们能预料的。我们听命令就好啦。"

初昌担忧地说："我们那是一大家子人啊，要是武汉失守了，我真担心我们家么样办。"

元烁说："还能么样办？要是武汉也打起来了，铁路也要沦陷了，估计我们会南撤。要是来不及撤，我就带着全家回汉川老家。"

初昌说："那我就到老家找你们去。"

元烁摇头："你就莫瞎说了，你穿上了军装，也就是国家的人了，就得听从长官的命令了，不然就是逃兵。"

初昌轻声说道："真的不晓得战局会么样发展。我有些怕。"

元烁宽慰着女儿："丫头，莫怕，我会把家里人都保护好的。你只要跟着军队走，也不会有事的。"

到中午，张鹤鸣和刘一鸣回到了车站。

初昌问道："怎么样啊？"

刘一鸣高兴地说："很好啊，我要的东西都有了。你看，这记录都半本子了。"

张鹤鸣一脸的煤灰，像个包公。见大家都在看张鹤鸣的脸，刘一鸣笑道："就是有劳鹤鸣当了半天的司炉。机车就在武昌附近转悠，晃晃悠悠跑了半天，收获倒是不小。"

张鹤鸣笑："本来就是来陪太子读书的呀。只是他老要我配合烧锅炉，好测算他的什么数据，故意折腾我。"

元烁过来说："快，去洗一洗。今天我丫头的长官来了，我要尽地主之谊，请两位长官吃饭！"

张鹤鸣忙说:"您这是说哪里话!今天本来就很麻烦您了,应该我们请您。"

元烁说:"要不这样,我们哪也不去,就在这里,你们,还有我的丫头,就在这里陪我吃顿工作餐。"

张鹤鸣和刘一鸣对视一下,说:"那好,恭敬不如从命,也好和姬大叔聊聊。"

元烁安排人送过来了饭菜,又叫人从外面的餐馆里端来了几个荤菜。他将几个铝制饭盒直接放到火炉的铁板上,烤得满屋子弥漫着饭菜香。

刘一鸣高兴得直叫唤:"这样吃饭真好!真香!"

初昌笑着说:"冬天的时候,我爸爸经常带我来这样吃呢!"

元烁又拿出几个洋瓷杯子,倒上两杯酒:"两位,喝点酒,去去寒。"

刘一鸣说:"大叔,您的酒呢?"

元烁笑道:"我们当班是不准喝酒的。我和初昌就以水代酒陪二位长官。"

不胜酒力的张鹤鸣,把酒倒给了刘一鸣,自己只留了一个杯底。

大家边吃喝边聊开了。

张鹤鸣说道:"现在还不错,机车用煤还是有保障的。"

刘一鸣说:"现在大的产煤区都沦陷了,这是举全国之力在保障武汉铁路的运输用煤呢!"

初昌问道:"要是武汉被围了,是不是煤炭就无法保障了?"

刘一鸣说:"那当然。可惜了,从江岸到徐家棚的铁路轮渡港刚通航,才实现的平汉线和粤汉线的连接,因为这场战争,这个铁路轮渡港起不了太大的作用了。"

张鹤鸣说道:"作用还是有的,政府就是要在战局恶化之前,调动所有力量完成军用物资的大转移。这过江通道,对调运物资的作用大着呢！"

元烁说："其实，车站的用煤已经开始紧张了，听说铁路的储备燃煤也快空了。"

初昌说："唉，要是火车不用烧煤就好了。"

元烁说："还真是有不烧煤的火车呢，听说在东北就有满铁的烧油的火车头，叫内燃火车。"

张鹤鸣伸出大拇指："姬站长就是见多识广。其实在美国、英国，已经都有了内燃火车，还研究出了能拉几千吨、运行速度达一百多公里的内燃火车呢！"

元烁听得直咋舌。

张鹤鸣继续说道："还有更好的呢，连油都不用烧，用电。我在德国的时候就有了，在柏林郊外有一条电车铁路，我还专门去坐过呢，那种火车头叫作电力火车，铁路上面有电线，跑起来连黑烟都没有。"

初昌赶紧跟父亲介绍道："这两位长官，是留学德国的专家。"

元烁说："那你们才是真的见多识广啊！"

张鹤鸣忙说："哪里！怎么能跟您这老铁路相提并论！"

元烁说："不能这么说，我们这火车头，不都是学的洋人的吗？你说的这些，让我长见识了。"

"哦，那我们要有几辆这样不用烧煤的火车头就好了。"初昌感叹道。

刘一鸣摇头："柴油是从石油里提炼的，我们国家油田极少，柴油也靠进口，根本无法保证用量，就算是进口了内燃机车，遇到战争恐怕也要成为一堆废铁。更别说电力火车了，我们哪里有那么多发电厂。"

元烁叹道："是啊，我们的国家太贫穷、太落后。你看，我在铁路做了这些年，看到的火车头都是外国的，什么日本的、美国的、法国的、比利时的，各种各样的杂牌子，就是还没有看到有我们中国的，更莫说是内燃火车了。"

张鹤鸣说:"要不是日本人打进来,我们也可以找到大油田,也能有内燃火车了!"

初昌对元烁说:"您家不晓得,他们两个专家,就是专门研究么事地质、么事燃料的。"

刘一鸣笑道:"你家的丫头就是有学识!"

元烁笑:"就是光'么事''么事'的!"

张鹤鸣也忍不住大笑起来。

元烁郑重地说:"我们铁路的将来,就靠你们这些有学识的人了。你们努力,争取让我们早些开上内燃火车,电力火车!"

"初昌!你太不够姐们情谊了!你们到火车头上去,也不喊上我!"初昌一回来,谢瑛就开始埋怨。

初昌解释道:"我也是突然被叫去的,说是执行任务啊!"

谢瑛说:"那也可以叫上我啊!我还没有上过火车头呢!"

初昌赌气地说:"是啊,我应该去给长官们说:我们班的那个大明星谢瑛小姐,还没有上过火车头呢,就给她也开个公函,派她到火车头上去吧,求你们了,就派她去吧!"

谢瑛"扑哧"一声笑了:"就你会耍赖!下次一定要带我上火车头!"

初昌答应道:"好,等有机会,我一定会带你上火车头!"

二十五、国难中的爱情

抗日战争爆发后,南京国民政府颁布《战时运输办法》,成立了铁道运输司令部,又在每个铁路管理局设置了线区司令部、在每个大站设置了车站司令部,对铁路实行军管。

铁道部在郑州和株洲两站分别成立长江以北、以南两个运输总调度所，通令各铁路局与运输司令部密切合作，"务使发挥战时铁路最大能力"，要求各路员工，"在军队未撤退以前，不得撤退"，"不论敌机如何轰炸，工作不得一日间断"。

为了切断粤汉铁路，早日攻陷武汉，1937年10月，日军飞机对粤汉铁路北段的线路、桥梁及供水设施进行了轰炸。湖北省境内的包括横跨府河、长达138米的杨家寨大桥在内的四座铁路大桥，全被日机炸毁。机务第三总段第七分段（江岸机务段）、湘鄂路第一段车房（武昌机务段）除部分机车南迁外，全部被炸，京汉、粤汉铁路陷于瘫痪。

1937年12月，杭州告急。

此时钱塘江大桥已经竣工，但还没有通车，大量的国军部队以及辎重拥堵在钱塘江南岸。

铁道运输司令部下令：所有火车头和车皮集中调往杭州；同时立即抢修大桥铁路线，冒险通车。一夜之间，部队、辎重和粮食都搬上了火车，共有三百多台机车和两千多辆客货车秘密地进行了两天两夜不间断的抢运。黑夜里，一列列火车通过钱塘江大桥，直接驶往浙赣线。

当所有人员和物资全部到达南岸后，一声巨响，这座由中国著名桥梁专家茅以升主持建造的美丽的钱塘江大桥，在向人们展示其美丽的倩影仅仅八十九天后，又在茅以升主持下炸为数段。

接到铁道运输司令部的命令，所有机车都集中到平汉铁路线和陇海线运送军队和辎重。成千上万的军人和各种坦克、大炮、武器和弹药，夜以继日地往北边运送。随着战局的恶化，战场迅速南移，日本军攻占了河南，正向湖北逼近。为了遏制住日寇的南进，铁路工人们憋足了劲，日夜加班。机务段的火车司机、司炉们主动要求中途不换班，实在累得不行了就趴在锅炉前打个盹儿。

张鹤鸣频繁被参谋部抽调去研究武汉地区的战略地图，再也没有空给女子班教音乐了。倒是刘一鸣，每次来珞珈山见不到张鹤鸣，就约谢瑛和初昌玩。

刘一鸣在操场上玩单杠，动作很是潇洒漂亮，引得谢瑛也跃跃欲试。

很快，谢瑛也能在单杠上玩出几个花样动作了。初昌倒是怕得不行，一上去就掉了下来，引得谢瑛只是嘲笑。渐渐地，初昌就不和他们一起玩了。

一次，谢瑛心不在焉，从单杠上头朝下栽了下来，吓得刘一鸣赶紧要把她往医务室送。

谢瑛不去，把头埋在沙地里一动不动。

刘一鸣关切地问："伤着筋骨没有？还是到医务室检查一下吧。"

谢瑛摇摇头。

刘一鸣说："那你是不是遇到什么事了放不下？"

谢瑛还是不语。

刘一鸣劝到："我们是好朋友吧？有什么事你就跟我说吧，说不见得我能帮你呢？"

谢瑛坐起来，说："你帮不了的。"

刘一鸣也坐下，说："听说你是孤儿，我也是。我家原来在东北，也就是后来的满洲，爸爸是开当铺的，也算是有钱人。我到德国留学时，全家人都没了。听说是日本人强迫那一片地区的居民都迁离，我父亲不愿意走，结果一家人都被当作抗联给杀了。有时，我真想当兵，上战场去杀鬼子报仇，但冷静下来一想，或许我为国家、为我们的军队找到石油，也是杀鬼子，也是报仇，心里就踏实了。"

谢瑛说："哎呀！我不是孤儿，我还有个哥哥呢！我不是为这伤心。"

刘一鸣说："那你还有什么事这么伤心啊！"

谢瑛忙说："对不起！我不是故意的。原来你是孤儿啊！看你每天乐呵呵的，我以为你的家庭很优越，很幸福呢。"

刘一鸣说："幸福，是一种生活态度。其实我也很孤独，我最亲近的人就是老同学鹤鸣了，所以我只要有心事，就总是来找他，但不是找他诉苦，只是跟他一乐呵，就都好了。"

谢瑛说："我也是觉得孤独，没有人说心里话。"

刘一鸣说："你不是还有哥哥吗。还有初昌，你们是多么好的姐妹啊！"

谢瑛说："我和哥哥家早就断绝关系了，他们也从来就没有来找过我。初昌是好姐妹，但是，有些话我还是不想跟她说。"

刘一鸣说："是啊，都是大人了，该自己承担的就必须自己承担。"

谢瑛想了想，说："你说，要是我和初昌，是打比方啊，你觉得张教官会是更喜欢我这样的，还是初昌那样的？"

说完后，谢瑛就后悔了："算了，我是开玩笑的，你不用回答了。"

刘一鸣笑道："就这事啊！我告诉你，我觉得鹤鸣对初昌会更……"

"知道了，你不要说了！"谢瑛明明知道结果，可还是不想亲耳听到有人说出来。

刘一鸣说："你不了解鹤鸣。他们家原来给他定了个亲，是他老师的女儿。鹤鸣的爸爸是个大学教授，你没想到吧，一个受过高等教育的大学教授也会做这样的事！后来鹤鸣为了逃婚离家出走，到南方读大学，才又到德国留学的。他是书香门第，自然喜欢那种文静、有书卷气的女孩。"

谢瑛失落地说："我也觉得初昌很适合他。"

刘一鸣说："谢谢你对我的信任，我保证不会再提这件事了。我们也是最好的朋友，不管怎么说，鹤鸣、初昌、你，还有我，都会是一辈子的好朋友。我也要走了，你回去好好休息一下。看你，玩得衣服都汗湿了吧，快回去吧！"

日军紧逼武汉，武汉保卫战即将打响。

此时的铁路线成了抗战的大动脉。先后参加武汉保卫战的中国军队共有十四个集团军、一百二十九个师、约一百一十万人，如此庞大的军队及辎重主要依靠粤汉铁路输送。这期间，粤汉线过线军车两百多列、运送部队达两百多万人、辎重五十四万吨。行车最密集时，全线列车高达一百四十列同时运行，有力地支持了国民党正面战场的军事行动。

1938年春节过后，38架日本飞机空袭武汉。刺耳的空袭警报在武汉上空响起，宾阳门附近传来了猛烈的爆炸声。

驻守汉口的中国空军的31架战机起飞迎战，接着就听见空中传来了交战的机枪声。

干训团的官兵们聚集在珞珈山山梁上，遥看着这场空中激战。

只见双方的飞机在空中交错穿插、上下冲击，发射出机关枪的火流。不一会儿，就有日本飞机一头栽了下去，屁股上带着一溜黑烟。山梁上传出一阵欢呼声。

看着中国飞机的英勇善战，初昌和谢瑛的手掌都拍红了。

见日本飞机一架架地被击落，大家心中充满了自豪和兴奋。中间，也有几架中国飞机被击落，大家又是一阵揪心。

这次空中保卫战史称"二一八空战"，中国空军在空战中共击落日机11架，中国飞机也损失5架。这是南京失守后中国空军取得的首次重大胜利，极大地鼓舞了军心和民心，也坚定了中国必胜的信念。

两个月后，日军又派出了几十架飞机突袭武汉。

有了上一次的空中大胜利，武汉民众也不惧怕日本飞机的轰炸了，都觉得他们就是有来无回，一定会被中国飞机打下去的。于是，防空警报响起来之后，有很多市民不再急着往防空洞里躲了，一些学生和老师反而跑出防空洞来，仰望激战的天空，形成了"武汉万民看空战"的奇观。

这一次，除了中国空军的飞机，苏联志愿航空队的四十多架战斗机也起飞参战,击落了十几架日机。看到日机尾巴上冒着黑烟栽下去,大家都鼓掌欢呼。

刘一鸣正好当天在珞珈山,听到警报声后,他拉起谢瑛就往山上跑。谢瑛对珞珈山上的山道很熟悉,她反而拉着刘一鸣一头就钻进了山上的丛林小道。他们左转右拐,居然饶过警卫,钻到了山的西北面一个军用油库的大水泥墩子上面去了。

这里倒真是观看武汉空战的大好地方。谢瑛看着日本飞机冒着黑烟掉了下去,几次都兴奋得站不稳了,幸亏有刘一鸣保护着,紧紧地拉着她的衣袖。

一架日本飞机被打中了,急忙往东面逃窜,居然往东湖这边飞过来了。

谢瑛看着这架冒烟的飞机好像要冲向自己,吓得"哇"的一声,就往后面躲。刘一鸣一把没拉住,和谢瑛一起失足掉了下去。下面的油库棚子"哗"地就塌陷了,一根木头柱子向着谢瑛跌倒的地方就倒了下来。刘一鸣一见不妙,赶紧用肩膀把柱子扛住。正在这时,一个从柱子上边滚下来的大油桶,猛地砸向刘一鸣的脑袋。

谢瑛爬起来,看着满头鲜血、昏迷不醒的刘一鸣,吓得大哭起来。

刘一鸣被守卫油库的士兵们送往珞珈山的医院抢救。

医生对哭泣着的谢瑛说,倒是没有什么大碍,头上拉开了一条口子,缝了几针,轻微脑震荡,休养几天,拆线就好了。

几天后,谢瑛和初昌来医院探望。

谢瑛不好意思地说:"都怪我,害你搞成这个样。"

刘一鸣说:"脑震荡啊!我要是变成傻子了,谁来管我啊!"

初昌说:"谁害的你,谁就管你呗!"

谢瑛说:"谁害的他啊,要不是他拉我去,我还不会去呢!"

刘一鸣夸张地叫道:"哎呀,你气得我头又疼了。哎哟!"

谢瑛倒是真的慌了："好好，我管你，好了吧？"

初昌见状，捂嘴直笑。

刘一鸣立刻就说："好了，不疼了。"

气得谢瑛又要打他。

初昌忙说："哎，这里是医院，他还是伤号，你不要又任性啊！"

谢瑛止住了手，说："还是你疼他！"

初昌说："这里好像没我的事吧！他就是活该，谁叫他英雄救美来着！"

谢瑛忙打岔："你那个老同学呢？他怎么不来看你啊？"

初昌说："你还说呢，张教官每天都来陪他，给他送饭，他把过年时我妈给我的豆丝都讨去了呢！"

刘一鸣忙说："那个豆丝真好吃！下次叫你妈多送点。"

谢瑛说："还想着吃！你是饿牢里放出来的啊！"

初昌一摇晃水瓶，说："这个人怎么照顾的你，连开水都没有了。我去打瓶开水去。"

初昌走后，刘一鸣一把抓住谢瑛的手："感谢你啊，我们也算是生死之交了！"

谢瑛忙抽手。但被刘一鸣死死地握着，怎么都抽不回来。

谢瑛满脸通红，小声哀求道："你放开呢！一会儿初昌回来了！"

刘一鸣说："你说了要管我的，要不我的头又要疼了。"

谢瑛羞涩地低着头，任凭他握着自己的手，不吱声了。

张鹤鸣在干训班讨论中国能源开发的重要性。他说："钢铁制造、飞机技术固然重要，但更重要的是石油资源的开发，能源将决定将来的战争胜负。这些日子，大家都看到了，武汉还没有开战，日本飞机就先打过来了。我们的飞机为什么能打赢他们，但不能也去轰炸他们呢？我们的航空汽油短缺啊，我们的航空汽油，都是从美国进口来的！中国要抗战胜利，不是一次两次的空战，而是持续的抗战。还有煤炭，中国的主要煤炭基地，已经都被日本占领了！你们说，能源重不重要？"

学员们异口同声地说："重要！"

张鹤鸣说："我已经提交了报告，提请政府再次启动能源勘探与开发计划，政府很重视，已经开始研究实施的方案了。我相信，很快，我们也能开发出高产大油田！"

大家高呼起来："抗战必胜！""能源救国！"

干训班要结束了，大家都在讨论自己何去何从。

教育处长在毕业大会上做动员报告："你们是干训班的第一期，是抗战的栋梁，一定要服从党国的安排。你们中的人，有的会到各级政治部和连队任政治指导员；有的会派到三青团中央团支部及各省、市支、区团；有的会到民兵团任干部；有的到各中专学校任军事教官；还有的会到战地服务团做战地救护工作。更可自豪的是，我们干训团中有些优异的人员，已经被特种工作部门选中，将从事更重要的机密工作。我们的干训班还会继续开办第二期、第三期，也会有优秀的学员继续留在战干团担任教官、指导员等长官，我们会在重庆，会在四川，会在桂林，会在大后方一直开办下去，直到抗战胜利！你们要记得陈长官的一句话：'北伐靠黄埔，抗战靠战干团'。战干团，永远是你们的光荣和骄傲！"

毕业大会一结束，大家都还在等待公布各自的去向。直属女子大队的姑娘们依依不舍地跟张鹤鸣教官道别。

张鹤鸣说："我还有一个重大的喜讯要公布：谢瑛要出嫁了！"

大家一扫分别的伤感情绪，纷纷问道："谢瑛要嫁给谁啊？""能不能吃了她的喜糖再走啊！"

更有人说："这个谢瑛，都要嫁人了还保密，走，我们找她去，好好治治她！"

张鹤鸣说："我告诉你们吧：她要嫁的人就是上次在后山看空战的时候为救她而负伤的那个刘一鸣！"

"噢，怪不得呢，那次演出的时候，还给她献过花呢！"

"是啊，我还看见过他们在练单杠呢，原来是另有图谋啊！"

张鹤鸣说："不管他们什么时候办喜事，我们准备好，在大家下山之前，要把喜糖吃到口！"

"好啊！"大家一片叫好声。

禁不住大家的撮合，刘一鸣和谢瑛终于答应，就在这几天把婚礼办了。

因为他们两个都没有家人参加，说是婚礼，其实很简单：女生们把谢瑛的宿舍拉上彩带，权当娘家闺房；把会议室也装饰一下做礼堂；刘一鸣开来一辆汽车，带来喜糖、瓜子，大家联欢一下，把谢瑛送上刘一鸣的汽车，这就算把谢瑛嫁出去了。

可没想到，陈诚长官知道了这第一期干训团的女团员要出嫁，也感兴趣了。他赶到会议室，并送给新人一对枕头套。

陈长官也认识刘一鸣，他说道："你娶了我的学生，也要给我鞠个躬哟！"

刘一鸣说："那是应该的。"拉着谢瑛就给陈诚鞠躬。

陈诚说："这我算不算是家长啊？"

大家都笑着喊道："算！"

陈长官走了后，大家围着新人就闹腾开了，脸盆、水杯、饭盒、毛巾都拿出来了。

刘一鸣哪见过这个阵势啊，忙向张鹤鸣求救。张鹤鸣却装作没有看见。

刘一鸣大声喊道："我还有一个喜讯要告诉大家！"

大家一听，停下来手，说道："快说！你要哄我们，看我们怎么收拾你！"

刘一鸣说道："绝对是个大喜讯！"

"还不快说！"

刘一鸣清清嗓子，说道："你们的张教官要和姬初昌要订婚了！"

大家一愣，谢瑛也一脸茫然。

张鹤鸣和初昌忙辩白道："别听他胡说！他这是故意转移目标，用你们湖北话说，就是'闹醒慌'！别理他，继续整他！"

大家说："好啊，你还敢'闹醒慌'骗我们！来，继续整他！"

刘一鸣求饶道："别，别！你们听我说完。"他清了清嗓子，说道："你们没有看出来？他们俩早有情有意，天生的一对、地就的一双。大家就要各奔东西了，是不是该叫张教官现在就向姬初昌求婚啊？"

谢瑛这才理会过来，喊道："张教官，赶紧向初昌求婚！"

初昌羞得就要往外跑，被谢瑛跑过去掳了回来，推到张鹤鸣跟前。

张鹤鸣说："怎么，你们这是要拉郎配啊！"

刘一鸣在他耳边说道："过了这个村可再也没有这个店了啊！你就不要再装矜持了。"

有人喊道："张教官，勇敢些！"

张鹤鸣说："我，我……"

谢瑛喊道："我什么啊！张鹤鸣！你娶我们女子班的第一号大美人，还委屈你了？"

张鹤鸣慌张得词不达意："不是的……"

他看看初昌，见初昌都要哭了，就走过去，拉开谢瑛，问道："初昌，你愿意吗？"

初昌低下了头，不作声。

张鹤鸣单膝跪下："初昌小姐，你愿意嫁给我吗？我愿意守候你一辈子。"

初昌早已泪眼婆娑，不住地点着头。

"噢！噢！初昌答应了！"大家欢呼雀跃起来。

谢瑛也陪着初昌流下了激动的眼泪。

几天后，刘一鸣到刚刚撤到重庆的中央地质调查所归队。谢瑛也分配到重庆，和刘一鸣一同登上了驶往重庆的轮船。

武汉会战前，张鹤鸣离开珞珈山到了重庆，到政府新成立的地质能源研究所就职。

在张鹤鸣的活动下，初昌被分配到陪都重庆宋美龄、邓颖超领导的"新生活运动总会妇女指导委员会"工作。她告别家人，将父亲偷偷塞在自己衣兜里的一枚金戒指穿上红绳子、挂在脖子上，孤身一人奔向重庆，奔向等候自己的爱人。

不久，张鹤鸣和初昌在重庆结婚。他们举办了一个极其简单、但规格又极其高端的婚礼：宋美龄、邓颖超、史良等参加了婚礼，宋美龄做的证婚人。

婚后，在张鹤鸣的建议下，初昌将初珞、初江也接到重庆读书。

二十六、全民抗战

日军飞机开始了对武汉的频繁的轰炸，重点就是铁路。

铁路员工冒着生命危险抢修路基桥梁，保证行车畅通。车站的员工也被组织起来，成立了"武昌铁路敢死队"，加入到车站司令部领导的线路抢修中。

随后，日军改变策略，由全面轰炸改为重点轰炸，出动飞机集中轰炸粤汉线上的铁路桥梁。敢死队员就在大桥附近储备材料，人员不撤离，轰炸时，就钻进就近的涵洞、沟管中躲避；敌机一飞离，就赶紧跑出来抢修，随炸随修。这种被动的应对，队员们的伤亡率很高。

元烁见机车一趟拉回来十来个死伤的抢修人员和士兵，忙问："是么回事，怎么一趟就伤亡这么大？也太不小心了！"

这位被炸伤腿的抢修队员说："姬站长，不是不小心啊！飞机走的时候看到我们从沟里出来，下一回就没有直接去炸桥，而是先找我们藏身的地方猛炸，还用机枪扫射。他们飞得好低的，我都看见飞行员凶恶的脸了。这样一搞，我们一个洞子里的人就都跑不脱了。"

元烁心疼地说："算了，你们就莫守在那里了，这样搞法，人还不都死完了。"

有队员说："那不行的，不及时抢修好，要耽误好些时间的，那样搞不好几天都发不出去一趟车。"

元烁恼怒地说："你们要都死了，一年都发不出去一趟车！"

元烁找到车站司令部年轻的叶司令，跟他说："不能这样抢修了，伤亡太大了。"

叶司令说："上面有死命令，多送一列车出去，抗战就多一分把握。就算是牺牲再大，也要保证武汉的抗战物资和人员多运出去一列。你只管组织好夜间的发车好啦，别的你不要管。"

元烁火了："你不能没心没肺啊，就看着他们这样去送死？"

叶司令说："老姬，你知道的现在是战争时期，是非常时期，哪有不死人的？铁路军管了，就要严格执行军令，否则，是要上军事法庭的！"

元烁一拍桌子："他们又不是士兵，他们是我的员工！我告诉你，要是连晚上跟我干活的人都没有了，那这铁路就是真的要瘫痪了！那样你也是要上军事法庭的！"

叶司令说："老姬，请冷静。我也心疼啊，这里面死的有一半是我的战士！这样，你提出个十人名单，把技术人员和必要的岗位人员抽出来，不叫他们出去冒险。就十个人。如果战局的发展有必要，这些人也不一定靠得牢不动用的！"

元烁想了想，说："我一个小时后给你名单。"

在站长办公室，元烁写着名单。

望着窗外来回跑动着的员工们，他写写又划掉，改了几次。留谁派谁，这决定着他们的生死，真是难以下笔，他的手在颤抖。最后，他下定决心，拿起写好了的名单走向了司令部办公室。

叶司令把名单递给副官："去，马上把这些人召集起来，抓紧时间休息，让他们晚上到姬站长那里报到！"然后对元烁说："你不要担心技术人员，株洲司令部说，郑州司令部组织的南撤人员已到湖南境内，准备支援我们一些。另外，可能再坚持两个月，武汉铁路也要南撤。"

抗战爆发后，随着东南沿海和中部省份的沦陷，国民政府提出开发、建设西南的口号，因此铁路除担负军运任务外，还须"兼顾地方物资、器材、人口、难民及一切公私财物之疏散在铁路将沦陷之前，一方面抢运机车车辆器材、案卷及可能移动之各项设备，同时必须顾及官商经营之工厂设备，尽量移运后方，俾增加生产力量""免资敌用"。

1938年至1943年年底，仅从上海、青岛、武汉等地迁往后方的民营工厂就有639家，机器设备十二万多吨，技术人员一万两千多人。这些抢运工作大部分是铁路工人在混乱的战场上进行的。在此过程中，因公死伤的铁路员工，有姓名可查者计2022人。

为保持东南沿海与西南各省的交通联系，抢运物资到后方，国民政府于1939年9月修通了湘桂铁路。这是全国抗战爆发后中国建成的第一条铁路，全长一千公里。武汉、广州沦陷以后，长江以北的胶济、津浦、平汉各铁路的机车、客货车、材料及机器等均由汉口过江，再经粤汉铁路运到湘桂线上的全州存放备用。

除了临近汉口这一小段铁路，平汉线基本已落入敌手。

1938年3月，平汉铁路六个段的两百余辆机车和行车人员均集中在江岸段，开始有步骤地进行南渡长江、调往粤汉线的疏散工作。

汉口失守前，所有疏散工作基本完成，除了留守人员，大部分铁路技术和管理人员也随局机关撤至桂林。

元烁带全家跟着局机关迁徙到桂林，等待重新分配。

在汉口大智路口"通城饮食店"的侧面院内，"第一战区铁道破坏第一总队"成立大会正在召开。

周恩来出席了大会，并在大会上宣读了军事委员会主席蒋介石任命刘松峰为"军事委员会特种工作团第二团长"的委任状，正式宣布按编制接受政府的给养。

刘松峰宣布成立"平汉铁路破坏总队"，由刘松峰任大队长、吴青天任副大队长。这支队伍的主要领导人大部分是昔日"二七"大罢工的领袖。

这样，就出现了挂国民党的牌子、由国民党提供给养，实际上又是共产党领导的这只特殊的抗日队伍。

高中刚毕业的初珞考入中央军校成都总校学生总队受训，初江继续在重庆读中学。

国民政府正式提出开发大西北，为抗战找石油。为响应国民政府的号召，张鹤鸣随地质能源研究所准备到大西北探测找石油。

临行前，初昌带着初江赴成都看望初珞。

一群意气风发的年轻军官列队唱着军歌："起来，不愿做奴隶的人们，把我们的血肉铸成我们新的长城……"

看着哥哥穿着整齐的军装、剃着光亮的和尚头从军校里正步走出来，初江不禁热血沸腾、羡慕不已。

初珞告诉姐姐，马上就要随国民革命军第五军戴安南部队出发，南下广西参战。姐姐嘱咐道，胜利后一定要回来寻找到随铁路南迁的父亲，那个时候就是我们全家团聚的时候。

回到重庆，初昌安排初江转为住校寄读生，并委托刘一鸣夫妇照顾弟弟。

几辆大卡车装满了探测设备和生活物资，准备启程了。送行的人群打锣敲鼓，政府要员和各界人士列队欢送。刘一鸣夫妇和初江也在欢送的人群里。

谢瑛拉着初昌的手依依不舍，抹着眼泪不停地嘱咐要保重身体、要多来信。

张鹤鸣送给喜爱音乐的初江一把口琴："拿着，多练习，多学些曲子，等我们再见面了吹给我们听。"

初江一直就盼望着哪天能有一把口琴，高兴得跳了起来。

次年，初江毕业，应征进入孙立人税警总团，移师贵州。

迁徙在桂林的元烁接到老家元灿弟弟的电报：姬老太太无疾而终。

元烁跪倒在地，向着北方磕头："儿子不孝，不能给姆妈送终了！"

刘松峰在破坏大队做动员："同志们，接到上级指示：为牵制日军沿平汉线南下的速度，我大队即日开赴敌后，执行爆破、断敌军运的任务。这次破坏的目标是道清铁路。道口至清化段铁路，是日寇目前军事控制的重点，我们任务艰巨，不但要保证破坏彻底，还要保证自身没有伤亡。同志们，党中央在延安等着我们的胜利的消息。大家有信心没有？"

"有！"队员们斗志昂扬。

刘松峰继续说道："这次任务，由副大队长吴青山同志带队指挥。今晚出发，三天后到达目的地。散会！"

刘松峰对吴青天说："这次你辛苦了，一定要把一百多人的队伍完整无损地带回来。"

吴青天笑道："老伙计，你对我还不放心吗？"

刘松峰说："不是不放心，这是我们的第一次敌后行动，不好把握的变数太多，我们只能成功不能失败。国民党的薛岳在粤汉线也搞了个铁路破坏大队，延安希望我们抢在他们前面创造战绩，以扩大影响。"

吴青天说："我们平汉破坏大队是真正在敌后作战，我们的战斗造成的影响力肯定比粤汉队的大。"

刘松峰握着吴青天的手："到达目的地后，注意和八路军的同志们配合好。这次就看你的了！"

盛夏夜半时分的待王、李封两站间的铁路两旁，静静地聚集了数百人。

吴青天的队伍匍匐在靠近铁路仅十几米距离的草丛里，八路军的一百余人和国民党担任游击任务的九十七军的一个团，分别在铁路两旁树林里埋伏着担任警戒掩护。

这是个闷热的夜晚，蚊虫肆掠，队员们不断地拍打着叮咬自己的蚊子。担任埋放炸药的小队长陈汉志，小声提醒着战友："轻点打，小心暴露。"

吴青天看看手表，骂道："妈的，都阴历二十了，这月亮还这么亮。"

陈汉志说："要不，现在我就动手？很快的。"

吴青天说："这次是几个部队联合作战，鲁莽不得。再等等吧。天这么闷，一丝风都没有，下半夜会变天的。"

一个时辰后，果然乌云出现，遮住了月亮，小风吹拂，夜虫寂静，蚊子散去。

吴青天赶紧下达命令："炸药队，立即行动！"

陈汉志应声之间，已如脱兔般带着他的小队，扛着炸药箱奔向了铁轨。

陈汉志完成任务后回来，吴青天立即安排两位队员分别通知担任掩护的八路军和九十七军首长：炸药已埋好，一切准备就绪，请他们后撤一里路，警戒和阻击日军可能的增援。

仿佛天助，下半夜并没有下雨。

平原上，鸡叫了起来。

黎明时刻，朝霞出现在东方。朝霞里，树梢、土房，像一幅静止的剪影，袅袅炊烟，又令这静止的剪影活动起来。

吴青天还没来得及欣赏这优美的平原美景，就发现一团火车的浓烟出现在铁路尽头的树梢上。

负责侦查的队员趴在铁轨上，也听见了火车的声音，快速地跑到吴青天身边报告。

吴青天冷静地下达了作战命令，只见破坏队的机枪、长短枪都从草丛里伸了出来，枪口对着铁路。

"轰喊哐喊……"，一列日军军车由东向西快速地开来。刚进入伏击线，吴青天做了个手势："放！"

陈汉志按下电钮，只听得"轰隆"一声巨响，车头顿时炸飞歪倒向铁路外，后面列车向前涌了过来，挤成一团。

吴青天高喊道："开火！"

各种火力立即向敌人猛烈扫射，还没来得及反应的日军只要是露头的，即被歼灭。

后面还没有脱轨的车厢里，坐满了持枪荷弹的日军士兵，他们不知道到底放生了什么情况，都趴在车厢里不敢应战。

吴青天见后面的车厢按兵不动，也停止了射击，队伍集中火力，悄悄地围拢到了这几节车厢周围。

五分钟后，按捺不住的日军终于出来开始还击。

吴青天一声令下，队员们开始扫射，并往车门车窗里投掷手榴弹。

枪弹声过后，战场上又寂静起来。

八路军来人通知吴青天带破坏大队立即随部队转移到修武车站一带。

等救援的日军赶到，战场上除了残破的车厢、扭曲的铁轨和遍地的尸体，已没有了对手的踪迹。

第二天，在修武、狮子营两站间的两公里线路上，一侧路轨全部被炸成废铁。

事后查明，这次战斗，共毙伤日军一百二十余人，漯河《警钟日报》、武汉《大公报》和《中央日报》都用红字登载了这次战斗的盛况。国民政府认为破坏队战果惊人，于是由交通部转汉口铁路局，按参战人数、工资情况，给予破坏队每人三千元奖金。

二十七、武汉沦陷

齐痢痢的手艺突飞猛进，已经是鹏程汽车修理行的头牌大师傅了。

武汉周边在遭受了日军飞机猛烈的轰炸后，黄陂、新洲、孝感等北边的县城陆续被日军占领，大批的难民流入武汉。

刘家庙的刘老爷，早早就收拾好细软跑了。人力车行的黄包车，也在武汉卫戍司令部的组织下，全部疏散。整条街，也就是这间已没有生意的鹏程汽车修理行，因为王经理还住在里面，没有锁门。他也按照其他家的办法，用砖头把所有的窗户都砌死，只留着大门进出。

王经理的老家就在新洲乡下，他火急火燎地想回乡下接老婆孩子。但听难民说，国军已在谌家矶、戴家山一带布置了防线，准备和进军汉口的日军展开决战，现在根本过不去。

江岸大部分居民都闭门不出，店铺都打烊。王经理已经提前给所有员工放了长假，并派发了遣散费。王经理依依不舍地交代这些技术好手：战局一旦稳定，一定要回来上班噢。

齐瘌痢无处可去，只能在修车行陪着王经理。

十月廿五日清晨，从戴家山方向传来了隆隆的炮声。王经理和齐瘌痢躲在屋里，猜测着这是哪边的炮声。

激烈的炮声，一直不间断地响了一整天，王经理和齐瘌痢也没有了精神头，吃完开水泡剩饭，靠在床上迷糊起来。

晚上六点多钟，天刚刚擦黑，炮声停了。齐瘌痢说："好了，日本鬼子打跑了。"说着就要开门出去。

王经理说："等会出去，先烧点开水，一会儿好慰劳国军。"

齐瘌痢点火生炉，一大壶水刚烧好，就听见外面路上一阵疾跑声。出门一看，只见排列整齐的国军队伍，从丹水池方向跑过来，沿着直通中正路的马路上急奔而去。

齐瘌痢拎着水壶，要给士兵们倒水。士兵一把把他推开，开水差点烫着齐瘌痢的脚。

一位跑着的军官对齐瘌痢说："快跑！鬼子跟过来了！"

齐瘌痢懵了："我们是打输了么？"

军官回头喊道："我们是按计划撤退！"

齐瘌痢丢掉手里的水壶，就往屋里跑，边跑边喊道："王经理，国军撤退了，鬼子要来了！"

王经理跑到大门口一看，国军队伍已经都过完了，整个马路空无一人，像条鬼街。

他看见了对面的水沟旁丢着的水壶，忙跑过去捡起来、再跑回修车行，喊道："瘌痢，出去把大门锁上，从后门进来！"

这一夜，日本兵并没有跟进到刘家庙。不远处不断地传来密集的枪声、爆炸声，每响一下，齐瘌痢和王经理就不由自主地哆嗦一下。

齐瘌痢说："这声音好像就在江岸机厂的后面啊，国军还没有撤退完啊。"

王经理裹紧被子，说："不会打到街道上来吧？"

天亮了，枪声稀落下来。

天大亮后，日军先头部队第十一军第六师团第廿三联队沿着国军撤离的线路，进入刘家庙。

后面跟着装甲车开进来的队伍，迅速进驻到机车厂、机务段、车站，日军的工兵部队以极高的效率开始了铁路抢修。

从平汉线信阳方向开过来的列车，拉着铸造着"昭和一十三年"字样的铁轨，一段段地向南延伸。

几天后，逐渐有人出门走动了，但看见街道上有日本兵在巡逻，又吓得立马缩了回去。

慢慢，有些胆大的出来看日军张贴的告示。告示上说：现在是戒严时期，每天只能早上七点到下午五点之间出门，否则格杀勿论。好在没有撤离的住户都储备有些粮食和煤，维持一段时间还没有多大问题，也就尽量闭门不出了。

三个日本兵、一个带白袖标的中国翻译，在一名日本军官的带领下，开始对每家每户进行户口查询、重新登记。

查到王经理这里，问道："你这里原来的员工呢？能不能尽快把他们找回来？"

王经理摇摇头："他们走的时候，都没有计划，现在没有办法联系他们了。"

日本人跟翻译探讨了一会儿，翻译说道："皇军说了，你们两位，已经被江岸机务段录用了，明天报到。这里，被皇军接收了，要成为皇军的汽车修理厂。你们不得动用任何工具和设备，只能带上你们的生活用品。"

王经理慌了，张口说道："不……"

"哗"的一声，日本军官的军刀拉出了一半。

王经理吓得后半句话没敢继续说，忙鞠躬："嗨！嗨！"

逐渐有些大胆的工友们试探着上街，并互相打探着情况。

王经理听工友们说，国军大部队撤退后，还有一支部队坚守在机车厂后面的江岸停车场，对日本的先头部队进行了伏击。进军武汉的日寇大为惊骇，武汉战役到了这个时候，在他们的枪炮下的武汉，应该是一座毫无抵抗力的空城了，没想到在城市的边缘，竟遇到一次最大的伏击！日军赶紧调动大部队进行反包抄，经过一夜的激战，国军部队全军覆没，五百多将士全部在汉口城外的江岸停车场殉国！王经理记住了这悲壮的一天：1938年10月26日，汉口沦陷的凌晨。

在武汉沦陷前的6月9日，为阻止日军南进，延缓武汉战役的发起时间，并将日军的进攻线路由南北纵向扭转为东西横向，国民政府做出了一个极其冒险的战略决策：炸开了黄河花园口的堤坝。黄河决口，一泻千里，由西向东奔泻的河水冲断了陇海铁路，淹没了淮河的堤岸，冲断了蚌埠附近的淮河铁路大桥。以豫、皖、苏三省四十四个县三十多万平方公里变成一片汪洋、八十九万老百姓葬身鱼腹、上千万人流离失所的残酷代价，破坏了日军沿平汉线南下、迅速占领汉口的作战计划，迫使日军侵华战术进军线路由沿平汉线、粤汉线南下变成了从上海、南京向武汉、宜昌方向沿长江逆水西进，从而为抗战的胜利奠定了决定性的战略基础。

大批河南难民流落到武汉，有的投亲靠友，有的沿街乞讨。江岸铁路原本河南籍人就多，"老乡见老乡，两眼泪汪汪"，见老乡遭灾，也都毫不吝惜地施舍。这一下，使江岸成了难民的聚集之地，也成为日本兵占领武汉铁路后重要的劳工来源。

由于在武汉沦陷之前，躲过日军大轰炸仅存的少量机车，都按计划过江南撤了，现在所用的机车都日军是从满铁调过来的。

江岸机务段在日本军队的军管下，从满铁和平汉线调来了一些技术人员，又找了些工人，开始了机车维修作业。王经理和齐癞痢也被迫进入江岸机务段做起了机修工人。

1938年10月，宜昌也沦陷。

国民党湖北省党部、湖北省政府及下设各厅局在武汉沦陷前已辗转迁往恩施。随后，第六战区指挥中心在恩施设立。小小的恩施山城精英汇聚、市井繁荣，骤然成为华中地区抗日战争的指挥中心和政治、经济、文化中心，同时也是中国反法西斯战争的战略要地。

恩施，地处鄂西南山地，中间为断陷盆地，四周高山林立，成为为陪都重庆的天然屏障。国民政府为了坚守这个关乎到国家生死存亡的至关重要的最后屏障，特任命陈诚为第六战区司令长官兼湖北省政府主席，坚守在恩施。

日本军方也意识到恩施在战争中的重要作用，发起过多次针对恩施的攻击战役，但在中国军队的英勇抗击下，终究无法踏进这险峻的山脉一步。于是，日均频繁派出飞机对恩施市区进行轰炸。

元灵随湖北省教育厅到恩施，参加将湖北省所有的中学联合在一起成立的一所大型中学——"联合中学"的组建工作。联合中学组建工作完成后，元灵又担任联合女子师范的校长，带领着女子师范的师生，在艰苦的条件下，坚持着育人教学。

二十八、"匪窟"传奇

在桂林的元烁被指派到岳州车站。刚到岳州铁路安顿下来，占领武汉后的日军又沿粤汉线追逐而来。他没想到，被破坏殆尽的铁路线这么快就被日军修复，并为敌所用。接到新的调令，元烁又拖家带口颠簸到株洲。

随着战线的南移，国民政府成立了铁道运输司令部，机关就设在衡阳。

抗战爆发后，浙赣铁路一度取代长江成为华南的交通干线，抢运战时物资。浙赣线萍株段刚通车不久，粤汉、浙赣、湘黔铁路在这里交汇，田心机车修理厂也建在这里。株洲已成为战时江南军事、交通和工业重镇，也成了日军觊觎的重要战略目标。从1937年10月开始，日军开始对株洲附近铁路沿线的南北车站、田心机车修理厂以及附近乡镇展开了频繁的轰炸。

为阻止日军南侵，在钱塘江大桥及至湄池间线路破坏后，各段线路也随着战争的失利，逐段自我破坏。

日军即将进犯株洲，长沙大战已在备战，铁道运输司令部开始组织铁路遣散，同时开始炸毁铁路。

司令部专门派员到株洲车站，给站长姬元烁分发了五根金条的遣散费，并告知：铁路线已经不通车了，要想办法从公路往西南撤离。其他人员也根据职位和家庭人数情况的不同，分发了不同数额的遣散费。

车站只剩下站长元烁、副站长何胖子两家人。除了不时传来的轰炸声，整个车站寂静得怕人。

还是婴儿的初湘又尿床了，元梅将尿湿的被褥晾晒在站台上。

到中午快要做午饭时，元梅突然想起昨晚将发放的遣散费——金条藏藏匿在被褥中，霎时吓得脸色苍白，忙跑到站台上去在被褥中翻找。哪里还有！她也不敢声张，悄悄地来到何副站长家。

何家一家人正在吃饭，元梅对何太太说："何太太，何太太，我有点事想问您。"

何太太头都不抬："我吃饭呢，别喊我。"

元梅叫了起来:"你捡了我的遣散费没有?我这一大家子都指望着这些遣散费活命呢!"

何胖子放下碗筷,盯着何太太。

何太太慌忙说:"我又没有到站台上去,我没有看到有什么东西。"

元梅说:"那才蹊跷,这里除了我们两家人,哪里还有别人!"

何太太说:"没有见到就是没有见到!"

元梅是多么精明的人,从何太太的神态举止上,她已断定:金条就在何太太手里。

元梅没有敢跟元烁说,直接到车站办公室给局长打电话,哭诉起来。

局长发火了:"这个何太太,太不像话了!这种时候,还贪人家的救命钱!去,把何副站长喊来!"

元烁和何副站长听到了元梅打电话时的哭诉声,也赶到了办公室。

元梅把电话递给何副站长。

何副站长接听电话,听局长说要派人来搜查,如查出丢失的金条在何家,就要军法从事。顿时吓得话语结巴:"是,是,您不用派人来,我会帮姬太太找到的。"

元烁往办公室一坐,说:"你们去吧,我不管这些闲事。"

元梅跟着何胖子到了何家,何副站长对何太太说:"拿出来,给人家。"

何太太仍然说:"没有!"

何副站长抡起椅子:"给人家!不然军法从事就杀你的头!"

何太太哇的一声哭了出来:"我给你!"从里屋里拿出一个小布包,递给元梅:"是我捡的,不是偷的。"

元梅连忙打开布包:五根金条都在!

何副站长给元梅赔笑脸:"麻烦姬太太给局长回个电话,就说金条您已经找到了。"

元梅忙说:"好的,好的,我这就去。"

元烁告别何副站长,拖家带口,挑着担子,顺着铁路线往南走。

才走了几个时辰,就遇到飞机轰炸铁路线。一家人慌不择路,就往西边的山路上奔去。

直走到天黑,也没有看到天上有飞机。这下元梅放心了:"看样子日本飞机不往山里飞,我们明天就走山路吧。"

晚上,一家人找了个破庙安顿下来,生火做饭。

第二天,还是往山里走。元烁见越走山越高大峻峭,有些害怕。几个孩子倒是感到很新鲜,不停地叫元梅停下来,摘树上的野果子吃。

元烁不安地对元梅说:"不要停,快些走。我们好像进到湘西大山里了,小心碰到土匪。"

果然,刚翻过一个山坡,就听见一声指哨声传来,一群挂着枪的土匪跑着围了过来。

"你们哪里来的?站好不要动,动就打死你们!"

初睿吓得哭了起来,引得初湘也在筐里大哭。

元梅说:"我们是逃难的,求你们高抬贵手,放我们走吧!"

那帮人笑道:"逃难的?不往南走走山里,我们还是第一次碰到。不要动,我们要搜身!"

元烁忙赔笑脸:"本来是顺铁路走的,那不是老是有飞机轰炸么,我们只好走山里了。"

这时,有人从元梅身上搜出来金条,叫了起来:"呀!有这么多金条!看样子我们遇到大户了!"

元梅要去抢回金条:"这是我们的遣散费!还给我们吧!兵荒马乱的,我们拖家带口的就靠这些金条活命了!"

那人一枪托把元梅打翻在地:"你活命,我们就不活命了?"

元烁说:"拿去就拿去了,别伤人啊!"

一位一直没开口、也没动手的中年人，这时开口说道："好了，金条收缴，所有人押回司令部。"

元烁捡起洒落一地的物品，重新挑起筐篓，在他们的押送下，继续往山里走去。

一个偌大的山洞，隐藏在一个山坳里。元烁抬头看看，放下了担子。"不要放下！都给老子滚进去！"听到呵斥，元烁只好挑起担子继续往里走。走进去一看，这个山洞里面更大，寒气逼人。中间生了个大火炭盆子，还有好多人睡在旁边。他们抬头看了看元烁一帮人，也不理睬，继续睡了起来。

那位中年人放下枪，坐在桌子上，示意元烁站过来。他问道："你是做什么的？"

元烁答："我们真的是逃难的。"

那人把桌子一拍："我是问你原来是做什么的！"

元烁一哆嗦："我原来是火车站的，是株洲火车站的。"

"火车站也被日本人占领了么？"

"我走的时候还没有，日本飞机在轰炸。"

那人站起来，倒了一碗水："哦，那你是逃跑了。"

元烁忙辩解道："不是的，是政府安排的遣散。人走了好把车站炸掉，免得日本人来了还用车站。"

"喔，你倒是蛮会辩解的，是汉奸吧？"

"真的不是汉奸，我就是铁路上的职员。"

那人喝了一大口水，继续问道："你在车站是做什么的？"

"我是代理站长。"

"喔，站长啊，还是个大官啊。你来得正好，我们这里正缺一个识文断字的，你就留下来，给我们做账房先生。"

元烁急了："我们还要逃难啊，要到桂林集合报到的！"

山洞里的人都笑了起来："你要逃到桂林啊！日本人打到桂林了你还要往哪里逃呢？"

"再把桂林的铁路炸了逃到重庆去？"

"哈哈！"

这个中年人说："好了，就这样了，要不就把你当汉奸杀了。来人！把女人和伢子们安置一下！"

元梅领着孩子们，到火盆的一角坐了下来。

初慧见洞里还有几个女人在逗着小孩玩耍，就示意元梅看。

元梅低声嘟噜着背过身去："土匪婆子！"

元烁做起了账房先生，给他们的枪支弹药、粮食、钱财、花名册等编起了账本。

只一天的时间，初慧和初许就跟那几个洞里的孩子混熟了，跟他们玩了起来，元梅拦都拦不住。

第二天一大早，就有人安排元梅做事了："你不要在这里当太太，光吃饭不做事。今天开始，我们的衣服都是你洗了。"

元梅刚要开口拒绝，元烁就拉了拉她的衣袖，替她答应着："好，好！"

元梅抱怨道："你么样这好说话！"

元烁说："这是土匪窝子啊，你想活命就不要耍脾气。"

元梅抱起一堆衣服，就到洞外溪流里去洗。

初慧带着弟弟妹妹玩，并用树枝在地上划着字，考初许。

一会儿，那几个洞里的孩子也围了过来。

一位穿得破衣烂衫的女人好奇地问："你识字？"

初慧骄傲地说："那当然，我上过小学呢！"

"那太好了！你就给他们做先生吧！"女人指着那几个正在玩泥巴的小孩子说道。

初慧犹豫了："那你得跟我伯伯说。"

元梅洗完衣服，在火盆旁边树枝搭起的架子上晾了起来。

有个女人又喊了起来："晾好了就快点过来帮我们做饭！"

午饭，就是在一大锅水里放了些菜叶子和米，煮成一锅饭糊糊。

那个中年人跟元烁说："先生家境不错嘛，女伢子也能读书。跟你说，就叫你的大女伢子给我们的伢子做先生，教他们识字。"

元烁说："她还是个伢子啊，哪里会做先生！"

中年人说："只是教他们认认字。要不，叫她跟我们出去'牵票子'？"

元烁一听，忙应承道："好吧，就叫她带着伢子们认字吧。"

元烁一家就这样在山里过起了"土匪"的生活。

几天后，元烁正在核对账目，有人喊了起来："司令回寨子啦！"

山洞里的人都站了起来。

一位穿着日本呢子大衣的人走了进来。油灯下，瞥见元烁，睁大眼睛辨认了起来："姬站长！老姬！是你啊！我说从哪里请来个账房先生！哎呀！"

元烁一惊：怎么这里还有人认得我！起身细看，是好像在哪里见过，但想不起来了。

这位"司令"见元烁记不起自己了，就一拱手："本人朱大奎，当年清党，是您把我和黄先生送到长沙的，您是我的救命恩人呐！来来，受兄弟一拜！"就要下跪。

元烁想起来了，忙把他扶起："哦，你是朱大奎！兄弟，你还该我一顿酒呢！"

朱大奎笑道："可不是！那年跟您的弟弟元祥在武昌警备司令部大门口相见，我说要请您，您没赏脸呢！"

元烁不好意思："哪里，哪里！"

朱大奎对旁边惊诧着的人说道："发么事呆？快，备酒席！这是我的救命恩人！"

旁边一帮人忙对元烁作揖："姬先生，对不住了，让您受委屈了！""姬先生多包涵！"

元烁也不理会这些人，只是对朱大奎说道："算了吧，这里哪有酒菜啊，还是以后我请你。"

朱大奎笑着一指洞口的几个大箱子："你小看我们山寨了。这次我带队下山，干了铁路一票。你看，日本罐头，东北大米。就是这日本清酒不怎么样。但我这洞里还存的有苞谷烧！"

元烁喊元梅和孩子们过来："来来，朱老弟，这是你嫂子，这是你的侄女、侄儿。"

朱大奎高兴极了："好啊，都来了，我得好好报恩啦。"

酒席上，大家轮番给元烁敬酒，并赔着不是。

元烁问道："大奎兄弟啊，不，不，朱司令啊，您怎么在这大山里占山为王了啊？"

朱大奎说："不是当年没跟队伍走么，湖南都给国军占了，只有这湘西大山里我才拉得起队伍。"

元烁问："那还是共产党的么？"

朱大奎摇摇手："算是，也不是。就是游击队，我朱大奎的队伍，现在我说了算。我也打鬼子。"

元烁说："现在不是国共合作、统一战线，救国打鬼子么，你不晓得啊？"

朱大奎说："嘘，山高皇帝远，他们找不到我，我也懒得理他们。我不相信国共能合作，他们杀了我们那么多共产党人，还谈什么合作。他们不是也还来剿我们么？我们占山为王，我们有队伍，有枪，谁都不怕！"

"对，有朱司令带着我们，我们谁都不怕！"大家拍着桌子叫喊着。

元烁问道:"我那位兄弟黄光在哪里?"

朱大奎说,黄先生到长沙不久,就因为叛徒出卖,被杀害了。

元烁心想,黄光命大,多次死而复生,这次不会又是假的消息吧,就笑着说:"上次也是说杀头了,结果几年后又见到他了。说不定哪天他又在山上出现呢!"

朱大奎说:"国民党把他的头割下来,挂在长沙城门上,我们都看到了。"

元烁心一沉,不说话了。

朱大奎说:"不提往事了。现在形势不好,国军走了,鬼子又来了。我这里也穷,也没有文化人,确实需要你这个账房先生来帮我。就委屈您了!来,韩副司令,兄弟们,我们敬姬先生!"

原来这位平时话语不多的中年人是这支队伍的副司令。

当晚,元烁喝得大醉。

第二天,朱大奎对元烁说,现在山寨的主要给养都靠铁路了,但偷袭列车,经常失手。就请元烁给大家指导一下怎样才能更好地偷袭列车。

于是,元烁在山寨办起了铁路常识讲座。

每次出发前,元烁都要就给他们设计偷袭方案。队伍多次成功劫车,山寨里的库存物资也逐渐丰厚起来,姬先生渐渐受到大家的推崇。

初慧在一块立起的木板上教孩子们认字,有模有样,俨然一位小先生。

朱大奎悄悄对元烁说:"你这丫头教书不错,我的丫头都能写好些个字了。"

朱大奎的女儿朱小妹,在初慧的引领下,大声地念着:"火车""铁轨"。

开春了,鬼子开始进山"清乡"。队伍无法出山,数月没有大的收获，山寨生计日益艰难。

经过慎重考虑，朱大奎决定送元烁一家出山。当朱大奎将决定要他们离开的意思告诉元烁，元烁竟产生了不愿离开的念头。元烁说："这都快一年了，也不晓得整个战局变化成么样了，我还真不晓得要到哪里去呢。"

大奎说："我记得你说过，要到桂林集合的，你就往桂林走吧。这段路鬼子还没有真正占领，只是不时来突袭一下，您小心点就是了。"说完，拿出两根金条："不好意思了，山上就剩这么多了，您先用着，其余的将来有机会再还您。"

元烁拿了一根，说："够了，带多了被人盯上，又说我是大户了。"

大奎笑笑："那就恭敬不如从命了。以后再谢！"

朱大奎安排了两名队员，护送元烁一家出山。

二十九、"虎口"夺食

走了不到一个时辰，到一条寂静的山谷，相送的一个队员突然停住了。另一位娃娃脸的队员刚要问，那个队员示意不要出声，俩人不约而同端起了手里的长枪。

大家都站立不动。

"砰！""砰！"两声枪响，

两位队员"啊！"了一声，仰身倒下，手里的枪也脱手飞了出去。

元烁喊了声："趴下，不要动！"自己也忙趴下，躲到筐子后面。

"趴在地上，手伸直，不准动！"

一声喊叫从树林里传来。随即，从树上、林里窜出七八个端着枪的日本兵。

几个孩子吓得一动不敢动,连声都不敢出。

日本兵上来,踢了几脚两个中枪的人,见人已经死了,就回过头来将元烁五花大绑,连同女人小孩一起押往县城。

元梅和孩子们单独关在一间屋子里。天黑了,几个孩子饿得肚子咕咕叫,初许、初湘饿得哭了起来。

元梅拍着门,叫喊着:"要饿死人了!我们要拿些吃的!快来人啊,开门啊!"

也没有人理会,元梅急得自己也快哭了。

元烁被押到县城里的日军指挥部,一个挂着指挥刀的日本军官走了进来,他旁边跟着的翻译居然是何胖子!元烁就像见到了救星般,大声喊道:"胖子,是我,是我,姬元烁啊!"

何胖子也认出元烁了,忙对日本军官说:"他是原来株洲火车站的站长,叫姬元烁,是我的上司。"

日本军官和何胖子小声咕噜了一阵,就坐在椅子上看着何胖子问话。

何胖子问元烁:"你不是撤离了么?怎么到山里去了?是不是跟土匪入伙了?"

元烁说:"嗨,别提了,我被土匪抓了,给他们打了半年多的苦工。这不,趁你们清乡剿匪,刚逃出来。快,给我松绑。"

何胖子站着没动,继续问道:"你真的没有入伙?"

"真的没有。你又不是不了解我,我是做土匪的料吗?"

何胖子想了想,说:"那倒真的不是。皇军问你,愿不愿意给皇军效力?"

元烁说:"你看我,拖家带口的,能给皇军么事力啊。对了,你怎么在皇军这里干活?"

何胖子说:"我是在护路队干活,现在是护路队的队长。现在铁路是皇军的天下了，你干脆也和我一起干吧。"

元烁说："我不行，要不就放了我，我回老家去吧。"

何胖子笑道："你的老家现在还不是皇军的天下。要不，我给皇军说说情，你还是回到铁路上去吧。"

何胖子跟日本军官交流了一会儿。

日本军官对元烁说："何桑担保你，赞扬你是铁路行家。行，那你就到临湘火车站报到吧，好好为皇军效力。"说完，他起身就走了。

何胖子忙给元烁松绑，说："你看，皇军很通情达理的，很重视人才的。你得领我的情哟！"

元烁说："那是，那是。你嫂子侄女侄儿一大家子还关着呢，快，把他们放了。"

何胖子答道："那是。走，接嫂子去！"

何胖子和元烁一起来到关元梅和孩子们的房间，何胖子示意看守开门。

"哟！嫂子，您受委屈了，走，今晚我请客给你们压惊！"

元梅见穿着日本军服的何胖子，竟不敢相认。元烁忙打着圆场："何站长现在是护路队的大队长了，是何长官了！"他把孩子们推到前面，唆使着："快，叫何叔叔！"

几个孩子不敢开口，只有大些的初慧低声叫了声："何叔叔。"

何胖子抱起初湘，带着大家往铁路边的小餐馆里走去。

元烁低声对元梅说："你藏起的那根金条呢，快给我。"

元梅不愿意："那是我们保命用的，不给！"

元烁急了："这不就是保命吗？快些！"

元梅极不情愿地从裤腰里把金条摸索出来，递给元烁："以前就看何胖子不是么事好东西，你看，这不是当汉奸了？"

元烁忙阻止到："少废话，惹不起的。"

元烁快步走近何胖子，把金条递给他："不好意思，土匪打劫，就剩这一根了，您就帮忙打点一下吧。"

何胖子手一掐，掂了一下，塞进兜里："自己兄弟，应该的。你还客气什么。"

第二天，何胖子送元烁一家搭乘一列日本军车的守车。守车上已经坐着一位戴眼镜的日本军官，何胖子介绍道："这位就是临湘车站的站长小野启久先生。他到我们这里办完公事，今天正好返回临湘。"说完，给小野鞠了个躬，递过去一个公文袋："小野站长，这位就是姬元烁，新上任的贵站副站长。"

小野站起来，给元烁鞠个躬："久闻姬站长大名，久仰久仰。以后肝胆相照，协力共事。"

元烁听着他不伦不类的汉语，用日语答道："谢谢，请多多关照。"

临湘火车站职员很少，元烁负责车站的日常运输业务，同时兼调度、值班员。但这一切，都是在日本站长小野启久的监督之下。所有计划，都得小野启久签批后才能执行。

临湘车站和岳州车站被日军占领后，主要是往南运送日本军队和军火，支援日本军队正在进行的长沙大战。

虽然有护路队和日本军队的全力保护，这段铁路线也很不安宁。粤汉铁路破坏队和各类抗日武装经常骚扰，他们破坏电话线、劫车、扒轨，所以运输经常中断，抢修工作频繁，经常有军列堵塞滞留在车站。

虽然运输工作艰难，但元烁凭着过硬的技术和应急处理能力，保证了在本站军车运输基本无事。元烁的工作慢慢得到小野站长的钦佩和信任。

一天，元烁突然发现朱大奎的女儿朱小妹到家里找初慧姐妹玩耍，顿时大吃一惊：这个朱大奎，这么快就从日军层层封锁的包围圈里突围出来，并把队伍带到了湘鄂山区。

日本人对车站里的几个小孩倒是没有什么戒心，有时初慧和朱小妹从站台上跑过，也没人阻止。倒是元烁只要看见了就大声斥责、驱赶。

元烁心里知道朱大奎让女儿来车站的意图，所以他常常故意报几个数字让朱小妹听到。于是总有混编在货车中的军火车在下一个区间被劫、被炸。

那几个数字排列的意思，是元烁在山上时他们就明白了的。

车站经常有被破坏或被炸坏的故障车辆维持到站，就地转运物资。装卸任务经常是突发的，有时需临时召集几十个装卸工。小野站长很担心有抗日分子借机混进车站，但苦于没有办法控制，于是小野向元烁请教有没有好的办法。

元烁想了想，说："铁路上不是有'蓝帽子''红帽子'的区分吗？就是说，在票车上服务的人员是戴的蓝色的帽子、负责装卸行李的人员是戴红颜色帽子的。现在我们车站已经没有票车靠停了，就把那些固定的搬运工做好登记，指定担保人，他们就都戴红帽子；那些临时召集的劳工，就戴蓝帽子。保路队和皇军，就重点监视'蓝帽子'。这样不就省事多了？而且不是紧急任务，我们尽量不用'蓝帽子'。您看可以吗？"

小野举起大拇指："好，就按你的办法，你就安排吧。"

元烁将车站上的搬运工进行重新登记，将名单交给保路队进行甄选后，搬运工们都戴着没有帽檐的红帽子。小野看着红帽子，觉得安心多了。

一天，被炸坏好几节车辆的一列军火维持运行驶入临湘火车站。小野亲自监督在车站将军火卸下来，再转运到另一股道的车皮里。

一位"红帽子"上货时没站稳，肩上的大箱"轰"地砸到了车下。小野和持枪押运的日本兵马上围了上来，就是一顿暴打。元烁眼看要打出人命了，赶上前去，大喝一声："你他妈的找死啊，还不快下去把货抬上来！"小野刚要阻止，元烁给他使了一个眼色，小野不知缘故，也示意日本兵住手。

那位"红帽子"在同事的帮助下，抬起了落到轨道上的货物。元烁说："还不快去搬货！"这时，才对小野说："他们从来就不知道搬的是什么货，我们不能节外生枝，传出去让破坏分子知道我们每天装卸的是什么。我们只求平安，平安呐！"小野恍然大悟："你的对！平安！"

下班后，这位"红帽子"的家属悄悄给姬家送了篮鸡蛋，并哭着给元梅跪下："今天亏得姬站长救命啊！"

因车站区域长期安全，小野站长得到军部的嘉奖。他破天荒地宴请了全站职工及家属。

元梅亲自下厨做了几个拿手菜，小野品尝后，直夸奖元梅做的菜好吃。

几杯酒下肚，小野拍着元烁的肩膀说，车站得到军部的表彰，元烁功不可没。说着，解下自己的一块金怀表给元烁系上，说道："你的，大大的功臣。金表，送你了。"

三十、齐癞痢

齐癞痢的机灵和聪慧，在机修车间得到了充分的展示。只要是满洲来的老师傅郭大耳朵处理过一次的活件，齐癞痢下次就能独自判断和处理。郭大耳朵也很喜欢这位徒弟，有些技艺对他也不隐瞒。

郭师傅外号郭大耳朵，是因为他有个绝技：他坐在房间里，听见相隔几十米的机车进机房时气缸的声音，就能判断出机车哪里有问题。为此，齐癞痢经常和郭大耳朵打赌，但每次都是齐癞痢输。输了，就得出午饭的餐票。

齐瘌痢虽逢赌必输，但仍乐此不疲，输得后来郭大耳朵都有些不好意思了。别的师傅说齐瘌痢傻，齐瘌痢却说：自己孤独一人无牵无挂，不像郭师傅拖家带口，输了只当是孝敬师傅的呢。这话传到郭大耳朵耳里，感动得郭大耳朵快要掉眼泪了。

总工程师兼副段长小林清志，对郭师傅的耳朵功夫也钦佩得不得了，多次提出想跟郭大耳朵拜师学艺，但郭大耳朵都没答应。

没过多久，齐瘌痢也掌握了这门绝活。

终于有一天，郭大耳朵打赌打输了。他这时才意识到，自己中了这小子的计了，后来者居上了。他长叹了一口气："老了啊，耳也背了。"

很快，齐瘌痢的名气在机务段传开了。

齐瘌痢突然几天没有来上班。同事们在想，这小子一定是跑了，学到了本事，跑到有高薪的地方去了。

小林副段长巡视到车间，见到郭大耳朵，问道："怎么没见到你那位高徒齐啊？"

郭大耳朵说："他已经好几些天没有来了。"

小林有些着急："他没有请假么？也没有跟你打招呼？"

郭大耳朵说："没有。前一天晚上还加班来着，第二天就没来了。这已经是第四天了。"

小林问："你们没有到他家里去找他么？"

郭大耳朵说："他是个孤儿，听说小时候就住在汽车修理厂，进段后就不知道住哪了。"

小林说："好，我去找他。"

看着心急火燎的小林清志，师傅们说："一个中国穷工人，至于让这个鬼子这样殷勤么，虚伪！""还不是想从齐瘌痢那里剽学到郭大耳朵的本事。"

只有郭大耳朵不言语。

小林还真是下了番功夫。他到派出所查找、找老街坊打听，终于查到齐瘌痢住在转车楼老房子旁边的一间旧伙房改成的小屋里。于是就借了辆军用三轮摩托，亲自到那间小屋去察看。

房门从里面反拴着，推不开。小林一想：不好！立即叫司机把门踹开。

弯腰进入黑暗的房间里，里面只有一张桌子、一张床，桌子上放着饭盒和碗筷，床上却空着，一张破旧的棉被一半在床上、一半耷拉到地面。

小林用手绢捂着鼻子，走到床前掀开被子，见齐瘌痢蛐蜷在地上的被子后面，已昏死过去。

小林用手试试他的鼻息，又摸了摸额头，弯腰抱起齐瘌痢就往外走："快，送医院！"

卢汉铁路刘家庙诊疗所，现在已经成了日军医院。

医生对小林说："这个人是患的疟疾，有传染性。你接触过病人，也需要住院检查。如果确认你没有被传染，你就可以走了。"

小林问："他有生命危险吗？"

医生说："如果再晚一天，就很难说了。不过，现在皇军药物稀缺，他必须用的西药针剂属于军部专控药，需要到陆军医院申请领取。否则，这个人还是无法救治。"

小林说："这个人是帝国需要的技术人才，我去办理药品的申请手续。拜托您开始对我进行检查吧，我好早些出去办理手续。"

"好的。"医生马上安排对小林和司机进行检查。

几个小时后，医生对小林和司机说："恭喜，你们都没有被感染，是安全的，可以不住院了。"

小林签字后，换上衣服就拉着司机往外跑："对不起，还得麻烦您了！拜托再跑一趟陆军医院。"

齐瘌痢醒了过来，望着雪白的房顶，雪白的床单被褥，仿佛置身于在天堂之中，不敢动身。

护士给他打针，他疼得牙一呲，但还是一动不敢动。

郭大耳朵拿着小林的批条，和两个工友一起来看望齐瘌痢。

齐瘌痢问道："师傅，这是哪里啊，我害怕。"

大家大笑："你小子有福气啊，这是日本人的医院。"

齐瘌痢一听，吓哭了："我要死了么？我要走，师傅带我走啊！"

郭大耳朵说："你个享不了福的王八犊子，我们就是来接你出去的。"

齐瘌痢说："那，快，快走！"

郭大耳朵说："慌个述啊，你小子算是活过来了，后面的日子还长着呢。"

齐瘌痢问道："我是死了被救活的么？"

郭大耳朵说："可不是。是小林太君救的你，你要感恩呐。"

"小日本救了我？"

"对，小日本救了你的命。"

齐瘌痢又回到车间上班了。

小林巡视到车间，郭师傅对小林的态度好了许多，竟主动向小林笑着打招呼。

小林问郭大耳朵："齐瘌痢身体恢复得怎么样了？"

郭大耳朵说："年轻人，火力旺，已经恢复得差不多了。"

小林说："你好好带好这个徒弟吧。我的眼光不会错的，这小子不是一般的聪明，将来一定是个技术高手。"

小林转到齐瘌痢身旁，看了看他干活的麻利身影，转身就走。

齐瘌痢看到小林，放下手里的大锤，瞅了一下见左右没人，跑到小林正面"噗"地跪下："谢谢救命之恩！"

小林眉头一皱，训斥到："快起来！我要的不是你的谢恩，要的是你快快学好技术，把工作做好！"

齐癞痢满脸通红，捡起帽子站了起来。

小林看着他的癞痢头，说："这头，治过吗？"

齐癞痢不好意思，戴上帽子："治过，治过，用过好多土法子，都没治好。从小就有，十几年了，治不好了。"

小林揭下他的帽子，仔细观察着癞痢头皮，突然喊道："郭师傅！你过来！"

郭大耳朵应声过来，问道："太君，您有何吩咐？"

小林兴奋地说："我要跟你打个赌。我，一个月把齐癞痢的癞痢头治好，你，把你的耳朵教给我。"

郭大耳朵指着自己的耳朵："这，给你？不！不跟你赌！"

小林大笑："哈哈，不是你的耳朵，是要你把耳朵听气缸声音的技术教给我！"

郭大耳朵指指癞痢头，再指指自己的耳朵，终于明白了："噢，这样啊，好的，我跟你赌。"

齐癞痢自己反而给弄糊涂了，摇着头："不治，不治！"

小林可不管他，命令道："下班，到科里找我！"径直走了。

郭大耳朵摇头。

下班了，齐癞痢忐忑不安地走进小林的办公室。

小林站在地上拨弄着黄油、破布条，见到齐癞痢，就喊："快，蹲下。"

小林带上手套，抓起铁桶里的黄油，疯狂地就往齐癞痢的头上抹。

齐癞痢闭着眼睛不敢看。

抹了厚厚的一层，然后又用破布条密实地给包捆上。端详一会儿，说："好了，不准打开，三天后找我。"

齐癞痢摸着大了一圈的脑袋，欲哭无泪："我这怎么睡觉啊！"

三天后,被满头不透气的黄油包折磨得坐立不安的齐癞痢,听到收工的汽笛声,就赶紧往小林哪里跑。

小林已经准备好了,正等着齐癞痢来。

齐癞痢一进门,就闻到一股呛鼻的地沟里的废机油的气味。

小林拆开齐癞痢头上的布条,按着他的黄油头,就压向装着废旧机油的铁盆里。

齐癞痢实在是熏得难以忍受,但抵不住小林那只用力压着自己后脑勺的手。在另一只手疯狂地揉搓下,他发出"嗯嗯"的呼救声。但他随即又紧闭上了嘴,因为只要一张嘴,那恶臭的废机油就会流向嘴里。

等他快窒息的时候,小林的"治疗"终于结束了。

小林喘着粗气,示意齐癞痢用地上的棉丝把头擦干。

接着,小林将一壶沥得半干的臭机油腻子,抹到齐癞痢头上,再将棉丝浸透,贴在头上,最后用破布条包捆好。

"三天,不准打开!"小林严厉地说。

工友们看到包着头干活的齐癞痢,都忍俊不禁。

郭大耳朵问道:"癞痢,治得怎么样了?"

齐癞痢"哇!"地哭出声来:"我不想治了啊!我生不如死啊!"

郭大耳朵严肃地说:"不行,我是和小林打了赌的,你必须由着他治!"

齐癞痢大声哭了起来。

就这样,黄油和废机油为一个"疗程",一共做了四个疗程,治得齐癞痢死去活来。

和齐癞痢住在一起的工友说,半夜里齐癞痢鬼哭狼嚎,一会儿儿"痒死了啊!",一会儿儿"疼死了啊!",一会儿儿又是"麻啊!"

当小林最后一次给齐癞痢用酒精清洗干净油污时,齐癞痢的头皮整个脱落了下来,露出了粉红色的新肉。小林最后的"疗程"是用黑芝麻香油敷头，在这个过程中，齐瘌痢感觉到头皮发痒，忍不住将手指伸进去摩擦，居然发现摸到一层软软的毛发！

当小林得意地领着齐瘌痢去见郭大耳朵的时候，郭大耳朵叹了口气："小林太君啊，我输了。没想到啊，我那琢磨了半辈子的经验和技术，却不敌你那胡乱瞎折腾的蛮搞！唉！这世道。"

小林正色地说道："郭师傅，我在满铁的时候就敬佩您的技术，我愿意用一个车间的人来换您的一对耳朵，您那是真技术。我呢，不是医生，但绝对也不是蛮搞。您知道吗，我在日本，是学化学的，用得好、用得对，什么都可以是药品，就像中医说的一草一木一水一石皆可入药。我也不是随便给齐瘌痢治病的，像黄油，必须用哈尔滨化工厂生产的，废机油，必须是放臭了的，是因为依据的是不同物质的化学成分。支那人有很多人很聪明，但都像您一样，凭经验和聪明，只知其然不知其所以然，只能算作技术。而我，是科学。所以，您输了。"

小林清志的这一番话，只听得齐瘌痢醍醐灌顶，大汗淋漓。

郭大耳朵敬佩地说："您说得极是，我们的很多技术人员，都没有上过几天学，都是师傅言传身教。但只要天下太平了，我们也会读书求学，学习西洋、东洋的科学。其实，您也知道了，我老了，挂着'郭大耳朵的'名号，其实都快耳聋眼花了。我可能兑现不了我们打赌的承诺，但有个人现在已经比我强，他完全可以代替我将我的技术全部传授给您。他就是——"

"齐瘌痢！"俩人异口同声，相视大笑。

小林说："这齐瘌痢的瘌痢已经治好了，不能徒有虚名啊。你原来有没有学名啊？"

齐瘌痢说："小时候有的，叫齐扬灵，只是从来没有人这样叫过我。"

郭大耳朵摇头："扬灵，齐扬灵，怎么像个女孩子的名字。"

小林说："好名字啊，扬灵，'横大江兮扬灵'，出自屈子的《九歌·湘君》。扬子江边，好名字！"

郭大耳朵说："好就好吧，反正比齐癞痢好。我给工友们说，以后谁也不准叫你齐癞痢了，要叫你齐扬灵。"

齐扬灵就这样被日本总工小林清志所折服了。他拜小林清志为师，学习日语和机械制图；小林清志又派齐扬灵到满铁技术培训班学习了半年，回来后，被提升为检修技师。

渐渐地，没有人还记得这个文质彬彬的技师齐扬灵，就是当年的小工齐癞痢。

三十一、"毛猴子"的战斗

刘松峰带领着其余分队赶到信阳，与吴青天汇合。这样，整个总队都汇集到了敌后。1939年1月17日，平汉铁路破坏总队在信阳当谷山与新四军鄂豫独立游击队第六大队八十余人会师。

会师后，刘松峰、吴青天带领平汉铁路破坏总队与新四军协同作战，消灭了信阳朱堂店严家洼扰民通敌的甘润民部。这次战斗，除击毙百余人外，还俘虏百余人，缴获机枪三挺，步枪一百二十余支，全部交新四军六大队收编和留用，为新四军鄂豫独立游击大队扩编队伍打下了基础。

吴青天带领破坏队，在柳林车站、四里桥和应山北的余家店，向日军出击，三战三捷，毙敌甚众。

同年八月底，平汉铁路破坏总队分赴敌后各铁路沿线，掀起了多点线、多地区破坏铁路的高潮。

为策安全，经延安同意后，刘松峰公开让第一大队所有官兵集体加入了国民党，并将吴青天等一批未公开身份的共产党员，送入国民政府所办的"西北游击干部训练班"参加集训，强化伪装。

1940年7月22日，八路军总司令部下达《战役预备命令》，规定以不少于22个团的兵力，大举破击正太铁路。要求平汉铁路破坏总队直接参战，对同蒲、平汉、津浦、北宁、德石等铁路以及华北一些主要公路线展开广泛的破击，以配合正太铁路的破击战。

吴青天带领破坏队第二大队开赴正太线。刘松峰将其余几个大队分开，在命令要求的铁路点线上展开了战斗。这次历时三个半月的大战，八路军指挥部动员了一百多个团，在华北地区两千多公里的战线上，对日本侵略者发动了大规模攻击，拔掉了敌人靠近根据地的碉堡、据点，炸毁了铁路、桥梁、公路，使日军的交通线瘫痪。这就是著名的百团大战。平汉铁路破坏总队受到国民政府和延安的同时嘉奖，其名气享誉国共两党。

几天后，《新华日报》以《同蒲路上的爆破队》为题报道："华北战场上全面的游击战争展开以后，日寇全凭控制交通线来维持少数城镇和据点，支撑它无法取胜的侵华战争。势不可挡的游击战的重要内容之一，就是破坏日军赖以运兵和解决后勤补给的交通线。最后，在平汉路、同蒲路沿线出现的这支新的队伍，不断在'皇军护路队'的封锁圈内爆炸铁路和列车，使'皇军'视若'神经系'的交通线时常中断，运输给养毫无办法。这支新的队伍，是一支最熟练的铁道技术施工队。他们中有的是司机、司炉、路工、煤工、路长、站员、修路、买票等铁路员工，以及铁路工子弟学校——扶轮中学的学生。这些人，过去都是吃铁路住铁路的。在保卫武汉的外围战中，他们配合抗日军队，在道清路上开始爆破活动，用炸药包做成的地雷，炸毁了价值二十余万元的敌寇兵车。半年来，华北战区的几条铁路线上，到处留下了他们的足迹。"

第十五集团军总司令何柱国，亲自拜会刘松峰，借调一个大队，配合破坏陇海路东段；苏鲁战区指挥官韩德勤，请借拨一个中队，配合破坏津浦线徐州以南段。

只要是抗日，刘松峰、吴青天领导的平汉铁路破坏总队都不遗余力地予以配合。

郭大耳朵的耳朵真的不灵光了，他的听力大减，几乎成了聋子。虽然齐扬灵对郭大耳朵依然执师父之礼，但郭大耳朵并不乐意接受。

一天，小林清志对郭大耳朵说："你现在不适应在车间干活了，你就退休吧。"

郭大耳朵说："您看，我在铁路干了一辈子了，离开铁路我什么都干不了。要不，就安排我捅捅灰？"

小林摇摇头："你还是回老家养老吧。"

郭大耳朵急了："太君，您就不要赶我走吧，满洲我也没有地方可以投靠了！"

小林决然地说："好了，就这样决定了！"

郭大耳朵看着小林的背影，气得老泪纵横。

齐扬灵看见了这一幕，他跑到小林跟前说情："太君，您看郭师傅是不是……"

小林打断他的话："铁路不养闲人，你不要再说了。鉴于郭大耳朵为满铁、为平汉铁路都做过贡献，我已经批准多给他发三个月的工资。"

"但是……"

小林发火了："你不要再说了！"

工友们一起送郭大耳朵走出宿舍。

齐扬灵掏出几块大洋，硬要塞给师傅。郭大耳朵坚持不要。工友们劝道："郭师傅，您就收下吧，到了满洲，就做本钱摆个小摊吧！"

郭大耳朵摇摇头："到满洲再说吧。齐瘌痢啊！要学好本事啊，不要像师傅这样，老了老了，没有了吃饭的本钱了啊！"

齐扬灵叫了辆黄包车，将行李包放在了车上，扶着郭大耳朵坐到了车上，给他鞠了一躬："没能给师傅养老，我愧对您啊！"

看着郭大耳朵在车上弓着的背影，大家都很难过。

"这郭师傅回满洲，只能讨饭了。"

"这狗日的小林，平时看着人模狗样的，原来也是个狼心狗肺的东西！"

"唉！这小鬼子就是鬼子，能有好人么？以后咱们也要防备着点！"

随着战争的进展，铁路和列车被炸弹炸坏的次数越来越频繁，修理工作量也越来越大。

在铁路线上，到处都流传着铁路破坏大队的故事，大家称他们来无影去无踪的"毛猴子"，连日本人也在暗暗称奇："这帮'毛猴子'太厉害，真成了齐天大圣，我们都奈何不得啊！"

机车维修配件也越来越欠缺，齐扬灵急得焦头烂额。

一天，老江岸的司机姜师傅悄悄对正在看车的齐扬灵说："齐技师，上次袭击我们的那个领头的'毛猴子'，你认得的。他还向我打听您了呢。"

齐扬灵好奇地问："是哪个啊？"

姜师傅压低声音说："就是那个吴青天。"

齐扬灵一惊："怎么会是他？"

姜师傅说："他还要我给您带句话，要我问您一句：我来炸，你来修，我们师徒俩比试一下，看谁更有本事？"

齐扬灵一锤子敲在车轮上："那还用比吗？他按一下电钮，我们要修一个月啊。不管是炸还是修，他都比我厉害。"

小林清志也变得焦躁起来。燃煤、油料供应已显紧张，机车维修配件也基本断了供应，故障机车积压在车库里，没有配件就是一堆废铁。

最近又发现，司机在运行途中偷偷将燃煤丢到铁路边做有标记的地段，退乘后就有人往司机家里送钱。宪兵队查实后，枪毙了一个司机，但仍然杜绝不了此类内盗事件的再次发生。特别严重的是，列车在途中遭到破坏大队的袭击，机车严重损坏，但司机却都安然无恙地回来了！这岂不是内外勾结？又不能将司机都换了，司炉在铁路沿线好找，司机可不是谁都能干的啊！

小林知道，像这样发展下去，机务段早晚得出大事，自己也逃避不了严厉的军法处置。

小林在车库里转悠着，突然发现几个吃饭的乘务人员，用馒头直接在铁桶里抹黄油吃。他大吃一惊，跑了过去。

看见小林跑了过来，这几个人慌忙拎起黄油桶，给机车的铁皮抹起了黄油。

小林用手指抹了一点黄油，放到嘴里尝了尝，笑了起来："哈哈，什么时候变成了真的黄油——牛油？看样子能源真的出了问题，连黄油都用了替代品。"

紧接着，小林狂叫起来："都听着，马上回收所有今天领用的黄油，混进砒霜后再发放！"

连着很长时间，所有接触黄油的人都战战兢兢，使用黄油时都不敢用手直接接触。

只有齐扬灵暗笑，将车间里没人敢用的半桶黄油，藏到自己的工具柜里。吃饭的时候，他偷偷用手指钩出一大坨，放到自己的饭盒里。

三十二、朱大奎就义

元烁养了一条土狗，全身黑毛，唤名"小黑"。与日本站长每日牵着的大狼狗比，小黑显得十分瘦小，但它精神、活泼，一点也不怵大狼狗。站台上，一大一小、一黄一黑，端坐立在站台上，成为滑稽的一景。

小野站长常常对元烁指着小黑取笑："小老鼠！"

元烁却不以为然。

一日，三骑人马疾驰上站台，一骑白马之人对元烁说："姬站长，有日本人追我，请帮忙。"一看是日本鬼子在追的人，而且是打过交道的熟人，元烁忙要他牵马上了站台旁一列正在待发列车的空车厢，急速跑回调度室开信号发车。

装有人马的车皮经过元烁身边，那人说："老姬，这次你又帮了我的大忙，我们会记得你的。这次是徐胡子过路，记着。后会有期！"

看着一晃而过的八字白胡，元烁一愣：这位老头似曾在哪里见过。

列车开出车站后，一队鬼子兵跑上站台，问道："看见几个骑马的人没？"

元烁往对面山上一指："上山了。"

鬼子往山上狂追而去。

一车厢的鬼子到站，集结后又换乘一辆汽车，开进山里去"剿匪"。

太阳西下时刻，鬼子收队回到车站。他们从汽车里扔下来一个血肉模糊、双臂紧绑的人，把他吊绑在站台的电线杆上。

元烁看清了：是朱大奎！

朱大奎已经呈半昏迷状态，脑袋低垂，黑红的血顺着裤脚一滴一滴落到站台上，不一会儿就凝成一片。

元烁怕自己被朱大奎认出来，会给自己引来麻烦，就躲避在值班室不敢上站台。

元梅给元烁送饭，边走边往站台这边看，元烁一把把她拉进值班室，不让她往那边看。

从窗口里看着奄奄一息的朱大奎，元烁矛盾很久，终于不忍，端起一碗热水，斗胆走上站台。朱大奎耷拉着眼皮，瞟了一眼元烁，喝了几口水，又闭上了眼睛。

小野站长看见这一切，走过来问元烁："你的认识？"

元烁摇摇头。

押送的日军头目疑惑地看看元烁，又看看朱大奎。

这时，朱大奎又睁开眼，瞥了下元烁，恶狠狠骂了句："狗汉奸！"

小野站长左右看看，对元烁举出大拇指："姬，你大大的善良！"

元烁回到值班室，见元梅直抹眼泪："我都看见了，义气！"

元烁也不知道她说的是自己还是大奎。

血红的晚霞映照中，朱大奎死去。

等鬼子兵撤队走了，元烁叫太太赶紧找人到车站给大奎收尸。

三十三、齐扬灵获救

小林把齐扬灵叫到办公室，说："齐君，像您这样优秀的人才，是我们帝国的宝藏。现在战局对我们不利，我们担心你会受到破坏分子的伤害，我们大日本帝国有义务保护像你这样的优秀人才。我接到指令，帝国要把你们这些忠实于帝国的人才集中起来，送到我们日本本土去。"

齐扬灵还没明白："什么？到日本去？"

"是的。到了帝国，你可以更好地发挥你的才能。"

齐扬灵摇头："我不去。我连江岸都没有离开过，哪都不想去。"

小林大声说道："我说的是指令！你要是不听指令，就活不到明天！"

齐扬灵傻眼了："太君，您就再帮我说说情？"

小林拍拍齐扬灵的肩膀："我们这也是为你好，是在保护你。"

不等齐扬灵再说，小林对门外喊道："来人，去帮齐君收拾行李！"

走进两个穿着便衣的日本人，面无表情地说："齐君，请！"

夜晚，没能和任何人打招呼告别的齐扬灵，被押送到火车上的卧铺车厢里。车厢门口站着背着长枪守卫的日本兵，车厢里面还有好几个铁路上的技术员，小林清志也在车厢里坐着。见齐扬灵进来了，小林清志笑着招呼道："齐君，来来！我们来打扑克！"

齐扬灵木然地过去坐下，说："我不会。"

小林清志说："不会不要紧，先看我们玩，看两把就会了。这些人你都认识的，都是和你一起到满洲培训班受过训的。我们还要一起在车上待几天呢！来，大家一起轻松一下吧。"

齐扬灵根本就没有心思看，见茶几上摆放着苹果，就啃了起来。

迷迷糊糊中，齐扬灵就靠坐在卧铺角落里睡着了。

"轰！"突然一声巨响，齐扬灵刚睁开眼，紧接着一阵颠簸，车厢跳了起来，他一下子摔倒在车厢里。

"啪！啪！啪！"几声清脆的枪响，滚倒在地的人也顾不得疼痛，挤在一起赶紧往角落里爬。

小林清志喊道："不要慌，车上有皇军保护我们！"

又一阵枪声，随后，一片寂静。漆黑的夜里，什么都看不见，大家也都不敢起身。

一阵杂乱而急促的脚步声传来，有人打着手电边喊边上来了："里面的人听着，把枪丢出来！举着手爬过来！我数三下，过后就要丢炸弹了！"

借着手电光，齐扬灵看到车厢角落里挤在一起的，除了自己一帮人，已经没有日本兵了，就喊道："我们是铁路上的！没有枪！"

"快出来！"

几个人赶紧往外爬。爬到车厢门口，被横在地上的日本兵尸体挡住了，他站了起来。"啪！"的一声枪响，"不准站起来！"吓得他又趴在了地上。

手电光在他们几个人身上来回照了几圈，终于发话："可以站起来了，到下面去站好！"

路基下，有人打着火把；火把下，已经站好了几十个人。

好些穿着便衣持枪的人，正在前后车厢里检查，不时传出零星的枪响。

队伍收拢后，一人喊道："我们是平汉铁路破坏大队，是专门杀鬼子的！请大家不要害怕，等我们甄别完了后，就护送你们离开！"

齐扬灵听着这声音很熟悉，喊道："你是吴队长吗？"

那人拿过火把，走近齐扬灵："你是哪个？"

"啊，你是吴师傅啊！我是齐扬灵，齐癞痢！"

齐扬灵的耳朵听得不错，这人就是吴青天！吴青天说道："啊，没想到是你啊！齐癞痢，你么样在车上？"

齐扬灵说："啊，别问了，一言难尽啊！好了，我被你解救了！"

吴青天喊道："来人！先检查这几个人！"

正在这时，人群中有个人拔腿就跑，到了沟边，一个鱼跃就翻到沟里去了。吴青天拔枪就追，"啪！啪！"两声枪响，就听见那人一声哀号，没了动静。

吴青天回来，刚要问，齐扬灵就说："不用看，那就是押送我们的日本工程师小林清志。"

"哦，怪不得他要跑呢，你晓得么，这个小林清志还是日本特高科的人。"

几个技术员直咋舌，"原来是这样啊！"

经过检查和审问，吴青天说："我们马上就要转移了，你们几个么样搞？还能回去吗？"

几个人说："我们要回去的。"

吴青天问："回去不会有事吧？"

齐扬灵说："没有事的，我们也是被你们劫车劫的嘛。再说了，这小林也死了，我们说撇得清楚的。"

吴青天说："那就好，我就不送你们了。你们都撤离后，这段铁路要破坏掉。你们快往前面走吧，后会有期！"

"后会有……哎，这是哪里啊？"

"刚出孝子店，前面就是武胜关。"

三十四、胜利了

铁路运输的重头，已经由前几年的运兵、运军火转为运送伤兵，运输安全事故减少了，但更忙碌些。

一日，满车鬼子兵停在站台稍作休息后上车离去。挺着大肚子的元梅没见到五岁小儿初湘，到车站寻找，连车站里的死角旮旯都找遍了，仍未找到。想到刚刚过去的鬼子兵车，她一下子瘫坐在站台上大哭起来："完了，七儿丢了。前几天就有人告诉我，矮子拐呀，没想到我最漂亮的七儿被矮子拐跑了！——我的儿啊！"

闻声而至的小野站长愤怒地扇了元梅两耳光，吼道："胡说八道！"

元烁六神无主，任凭太太在站台上哭叫着。

天黑了，元梅神经质似的蹦了起来，叫唤着："湘儿，湘儿！"沿兵车驶去的方向顺铁路走去。也不知道走了几个车站、走了多远，一直走到天亮，她终于在一个小站的站台上看到了一个呆若木鸡的小身影。

元梅猛扑过去，抱头痛哭。但小初湘似乎变傻了，毫无反应。

元梅推开他，猛地给他两记耳光，小初湘这才"哇"的一声哭了出来。

小站上的几个人围了过来，说以为是车上丢下个日本娃，没人要了。这孩子在这一动不动站了一夜，也没人敢过问。

几天后，车站来了一大队的鬼子兵，把站台都挤满了。中国职员全部被赶离车站，全站戒严，拉上电线、接上喇叭。

元烁从来没有见过鬼子在车站里搞这么大的动静，便与几个同事悄悄挤在坡下偷听。喇叭里发出叽里呱啦的日本话，像是在念悼词。

元烁突然蹦了起来："日本投降了！"其他人没有反应过来，痴呆地望着他。

一会儿，车站传来了一阵哭号声，这下大家相信了元烁的话。

"日本人投降了！""日本人真的是投降了！"大家互相低声传送着兴奋地往家里跑。

日本终于宣布投降了。

聆听完了日本天皇的投降诏书后，大队人马重新爬上列车，开走了。整个车站只留下站长小野启久和两个日本兵善后。

元烁带领同事趾高气扬地走进车站。见到日本兵，元烁上去就是两记耳光，吓得同事们返身欲逃。日本兵端枪欲刺，被站长小野启久阻止了。

小野启久向元烁鞠了一躬："对不起！"

元烁用日语说："从今天开始，你们见到中国人必须鞠躬。"

刚走两步，元烁又返身回来，将三人的帽子转过去，说："今天起，必须反戴你们的王八帽！"

两个日本兵将背包打好，走进原来护路队的那排房子里。

小野启久对元烁说："现在，你是车站的负责人了。车站要保证正常运转，因为贵国的接收部队将通过铁路过来。本来我留下来就是要完成这个最后的任务，但看样子不可能了。就拜托你了，拜托！"他深深地给元烁鞠躬，然后也走进了那间房子里。

除了运输设备，所有房间、工作室里大件都搬空了，一片狼藉。

没了日本人，家属们蜂拥而至，在车站里翻找着残留物件。有人找到一块手表，看看马上扔掉，直奔墙上的大挂钟而去。

元烁突然想起，一整天没有见到小黑了，他高声唤了几声，没有反应。

天黑了，车站职员请元烁喝酒，说买了一条被火车压死的狗，来吃狗肉庆贺解放。

元烁忙问："是不是我家的小黑？"

职员说："买的时候已经是剥好皮的了。"

元烁凑近酒桌闻了闻，说："这就是我的小黑！"调头便走。

在座的一愣："他凭什么说是小黑？不理他，我们吃！"

一人说："就算是，也该吃！那是条汉奸狗！"

旁边的人忙阻止道："别胡说！你找打啊！"

第二天，车站一日无车过。

第三天一早，终于盼来了一列两个车厢的国军。其中一名军官核对了元烁的姓名，说车站正式接收了，希望元烁维持正常运输，等待铁路局的任命。他们带走了车站留守的三个日本人，上车继续南行。

就在这一天，元梅生下一男婴，取名初胜，小名胜利。

车站又开始繁忙起来，过的都是专列，不是衣衫褴褛的国军就是拖儿带女的日本人。

挤满了像难民一样的日本人专列暂停在车站，看着嚎哭着喊饿的日本小孩和可怜的日本女人，车站家属们有些不忍。她们似乎很快忘记了日本统治时候自己所受的苦难和屈辱，开始同情起这些曾经深恶痛绝的日本人。有女人偷偷将剩饭连同碗一起扔进车窗，受到男人们的怒斥，又赶紧跑开。

元烁到车站后坡朱大奎的坟上烧纸，并供上一碗酒："兄弟，我请您了！"深深鞠了三个躬，将酒洒在坟前。

元烁得到调令，到湘潭火车站任站长，全家搬迁至湘潭火车站。

因战乱到处迁徙的湘潭县立初级中学迁回到县城，四女初慧入初级中学女生部、五子初许入初级中学男生部就读，六女初睿、七子初湘入私塾。

三十五、阖家团聚

战后，不少家庭已家破人亡，更多的家庭四分五裂、各求生计，正在到处打探、寻亲觅友。也有不少幸运的家庭在历经劫难后还能阖家团聚，姬家即是这少数幸运的家庭之一。

半年后，接到初昌的电报，元烁在饭桌上兴奋地对孩子们说："我们要回家了！你们的大姐来电报了！"

元梅忙问："大丫头现在在哪里？家里的人都还好么？"

元烁说："好，都好！"

几个孩子也不知高兴些什么，只是看到父亲少有的高兴，也兴奋地举起双臂呼喊着："呃！呃！团聚啦！"

元梅喝止住孩子们："喊么事喊，静一下，听伯伯说！"

元烁说道："大姐给你们添了个外甥女，她抱着孩子回武汉了。她联系到你们的姑姑，姑姑也在武汉。他们又联系到你们的大哥、小哥，他们现在也都在武汉，等着我们回家团聚！"

元梅说：“什么时候动身？我还要准备一下，伢们也还要跟学校请假的。”

"先莫考虑那些，"元烁对初慧说："你去给弟弟妹妹还有你自己去请假，就请一个月。"对元梅说："我跟调度联系一下，看有哪些到武汉的客车。就这几天，你，把要清的东西清一下，说走就要走的。"

元梅还有些不安："这拖家带口的，到武汉住在哪里啊！"

元烁说："大丫头说了，元灵已经安排好了，她在梅家山买了一栋房子，我们就先安顿在她那里。"

中原地区，没有什么大山，通常将一些丘陵称之为山，如楚望山、梅家山。梅家山只是一片土坡，属于楚望山的延续，武昌南面城门中和门就建在楚望山上。辛亥首义的湖北新军工程营营地，就在附近。当年的首义队伍，就是先攻克了中和门，然后凭借门楼的高度，架起大炮向督衙府轰击，被誉为"首义胜利的开端"，中和门也就被称为了"起义门"。

梅家山，原是武昌梅氏族人的私属农地，也是原湖北新军工程营军的军械库所在地。起义前，军械库实际上是交由梅氏族人在看管，但当时梅家的当家人，却是被比他大二十岁的孙中山称为"大哥"的洪门中人。

梅家山在抗战中曾被日军作为武昌守备部队的驻扎地。抗战胜利后，那些兵营房屋被政府接收，作为湖北省政府所属厅局从恩施复迁武汉的临时安置地。

元灵看中了不远处一片稀稀落落的低矮的樱花树林里一栋破败的小楼，就直接买了下来，并进行了重新修缮。

看起来效果还不错，元烁一大家子人住下也不不会太挤。元灵添置了些家具，又将一把紫砂壶、一个装满茉莉花茶的铁罐子放到桌子上，站在门口审视了一会儿，满意地点点头。

"到家啦，到家啦！"一阵孩子们的叫声传了上来，原来是初昌已将元烁一家人接到了家。

初珞、初江忙着带元梅放行李，给弟妹们分床铺；元灵领着元烁进到给二老安排的房间。

大家都忙碌着，只有元烁，耸着鼻子到处嗅着。

元灵笑："哥哥这狗鼻子发现么事了？"

"茉莉花茶！"

元灵说："大丫头给你准备的。"

元烁寻到桌子上，打开茶叶罐闻着："有七八年没有闻到这好的花茶香了！"

放下茶罐后，元烁又拿起紫砂壶摩挲着，眼睛发亮："这是个好物件！"

元灵说："你算是有眼光。这把壶是你大女婿从接收的敌伪资产里淘的。当时说可能是宫里的东西，后来请人鉴定，说是赝品，你大女婿就留下来了。他也说这是件好东西。"

元烁泡上茶，打开壶盖，眯眼嗅闻，赞赏到："观之色泽光润，嗅之醇郁芳馨。不看款式，不计真伪，壶，绝对是好壶！"

下午，元灵早早地租来了两辆小汽车，大家坐小汽车赶到江边码头，又改乘轮渡过长江，步行至以前的法国租界。

德明饭店位于当年汉口法租界的德托美领事街，后来改名为四明路，因纪念抗战胜利，刚刚又改为胜利街。当年清政府修建京汉铁路，将汉口大智门火车站作为这条铁路的终点，平汉铁路管理局南局就建在原来的四明路。精明的法国商人圣保罗预见这条纵穿长江以北大半个中国的铁路终点所蕴藏的商机，就在平汉铁路管理局南局的对面，修建了这座优美的饭店，起名为"到终点（TERMINUS）"，音译为"德明"。

武汉沦陷后，平汉铁路管理局南迁；现在抗战胜利，才又迁回到原址。看着这条熟悉的老街，元烁不由得激动地左顾右盼，丝毫不理会旁人的谈笑。

明德饭店是典型的法式建筑风格，黑色铁皮屋顶，浮雕花纹墙面，圆形的老虎窗使整个建筑立刻活跃生动起来。

一身戎装的初珞、初江兄弟，已经等候在饭店门口。

元烁和元梅看到已长大成人的两兄弟，激动得不知道说什么了，不停地拍着他们的高大宽阔的肩膀。

初昌抹着眼泪催促着弟弟们："真是的，还不快把伯伯、姆妈接进去！"

两兄弟簇拥着父母、元灵抱着初昌的女儿、初慧抱着弟弟初胜、初昌领着一群弟弟妹妹，走进拱券门廊，踏上台阶，推开圆形的旋转玻璃门，进入典雅辉煌的大厅。孩子们走在松软的地毯上，仿佛走在浮云上，生怕哪一步会陷下去，小的拉住大的、大的又扶着小的。

长廊的尽头，是堂皇华丽的餐厅。走进餐厅包厢，金光闪烁的水晶吊灯下，铺着白色台布的大圆桌上已摆好了酒菜。灯光照耀下的玻璃杯、银勺，反射出耀眼的光芒。

但这一切，都没有抢去两位老人对近十年来未见面的子女们的关注目光。

元烁看着酒席，说："我先说几句。我们虽然团聚了，但你们的奶奶不在了。她老人家走的时候，我没有尽到孝，你们也都没有尽到孝。你们给奶奶加个位置，摆上碗筷，也算是奶奶跟我们也团聚了。这第一杯酒，我们敬奶奶。"

初慧忙加了一副碗筷。大家都站起来，将手里的酒杯举起，向这副碗筷敬了敬，然后跟着元烁，将杯中酒洒到了地上。

场面有些肃穆。

元灵举杯说道："敬了奶奶，这第二杯酒，就举杯同饮。经历八年兵燹，劫后余生，今日在汉的姬家终于团圆。大哥，您再说两句，我们喝杯劫后余生、合家团圆酒！"

元烁坐下来，说："都回来了，好！是姬家之幸，也是国家之幸！不多说了，干！"

大家一饮而尽。

元烁倒上酒，站起来说道："这第三杯酒，我敬你们。战乱中，我没有能尽家长之责，你们靠自己闯过来了，我既感到欣慰又感到愧疚。这杯酒我先干。"元烁一饮而尽，虽然满桌的人对他的自责并不认同，也只好边抗议边无可奈何地干了杯中酒。

元灵提议道："下面，你们各位逐一向你们的父母汇报自己这几年的经历，并敬父母一杯。来，一位位来，从老大开始。"

初昌将抱着的孩子转给初慧，说道："我和鹤鸣带着初珞、初江到重庆，先是随蒋夫人做些支援抗战的事。初珞从学校参军走后，鹤鸣随地质调查所去大西北找石油，又后参加了玉门油矿的开发，我跟去在调查所做会计。直到胜利，鹤鸣又随政府资源委员会，负责东北的钢铁厂、煤矿的接收，所以这次鹤鸣没有空回来看望您。我现在就专职带孩子，等鹤鸣安定了我也会调到跟他一起的单位。"初昌举起酒杯："我今天就以茶代酒敬伯伯、姆妈，还有姑姑，伯伯、姆妈拖儿带女，颠沛流离，历尽苦难，八年杳无音讯，女儿不能在身边服侍，女儿不孝！女儿敬二老了、敬姑姑了！"她哽咽着，几乎喝不下。

元灵忙劝慰道："丫头，好啦，大家不是都好好的吗？大哥，大丫头和鹤鸣为抗战找石油，也是历经艰辛，不是报上写的吗，'一滴汽油一滴血，一个轮胎一条命'。大丫头劳苦功高，是抗战的功臣！大家说是不是？来，我们一起敬功臣一杯！"

元灵继续安排着："下面有请我们的抗日英雄姬初珞！"

初珞站了起来："伯伯、姆妈，儿子上前线，到了缅甸，儿子没给姬家丢人，亲自杀敌无数，凭战功升职到少校营长。死了很多兄弟，但伯伯、姆妈保佑，姬家祖先保佑，我回来了！"

元梅问道："你还好撒，没有受伤吧！"

"妈，还好，受过一次小伤，把屁股皮划破了，再就是得了一次疟疾。那疟疾很厉害，我们死了不少兄弟，但我命大，没事了！"

元烁说："嗯，好！你是抗日英雄。还有你，初江，你也是！"

初江站起来说道："伯伯，姆妈，我是中国远征军新三十八师政治部宣传队中尉。我是追着大哥到的缅甸，但就是没有追上。我没有杀过敌人，只是做宣传鼓动，并负责师部三青团的工作。"

初昌说道："我是说撒，江弟从小文质彬彬，写写画画、吹吹弹弹还可以，他么样就去当兵了。好，好，平安回来了就好。"

初江不好意思地说："还得感谢姐夫的那把口琴啊，就是我吹口琴时被长官选出来做宣传工作的。"

元烁说："两位代父从军的抗战英雄，来，我们共饮一杯庆功酒！"

元灵取笑元烁："你说的么事啊，代父从军的是花木兰，你么样把这两位铮铮男儿比喻成女人？罚酒，罚酒！"

大家哈哈大笑。

元烁也觉用典不当，但仍自圆其说道："我的意思是，我要年轻些，也要上场杀敌！我上不去了，我的儿子替我杀敌了！不行吗！"

元灵笑了："行！行！虎父无犬子、上阵父子兵，行吗？"

元烁说："诶！还是我们的女状元会用典故！好啊！我喝！"

元灵又提议："这样，两位英雄给伯伯、给姆妈敬个军礼！"

"敬礼！"初珞、初江一同给元烁、元梅敬了个标准的军礼。

元梅措手躲避，元烁却回了个标准的军礼，迟迟不肯放下。

元灵拉了他一下："快，先干杯！"

元梅问元灵："你也说说你的八年啊。"

元灵说:"我是杀敌无功、育人无誉啊!"

初昌忙问道:"姑姑,你们不是随湖北省教育厅到恩施组建'联合中学'去了吗,省党部、省政府都在恩施,大后方,不是正好安心搞教育么,以姑姑的德才,么样会'育人无誉'啊?"

元灵扬起眉头:"是大后方,也是湖北抗战的政治经济中心。这样的中心也是是非的中心,动口的比动手的多,口号满天飞,政见天天新。我干脆实行'三避'——避而不听、避而不见、避而不谈,也强制我的'女一师'这样做,闭门教学,希望在这样难得的环境下培养出教育人才。好啦,学生们受共产党的鼓动,翻墙出去集会游行,谴责我是大学阀,压制民主,居然要求政府撤换我。哈哈,笑话,太小看我了,陈诚能撤换我吗?敢撤换我吗?"

元烁提醒道:"穷不失志,富不癫狂啊!"

初昌没理会父亲,对姑姑点着头:"是啊,当时陪都重庆也一样,想踏实做点事真不容易。"

元灵说:"你晓得吗,战时恩施的联中,鄂西、鄂北二十几个分校,学生一律公费,膳食、学费、服装、书籍、抄本等等,都是由政府负担的。外面还在打仗啊,你和蒋夫人一起,还在到处募捐啊,政府在战争中间还花这么多钱,是要你们来开政治沙龙的么?我能不严厉阻止吗?我抱定的目的是,要培养合格的师范生,要她们在我领导的学校受到完整、健全的师范教育。"

元烁问初昌:"丫头,北边的铁路都恢复了么?"又问元灵:"你晓得武汉这边的铁路局都恢复了么?"

元灵说:"这些,你还是要问你的老连襟严肃。他也回武汉了。"提到严肃,元灵又想到一个人,说道:"你晓得日本占领武汉,充任武汉特别市政府市长的大汉奸是哪个吗?大跌眼镜啊,居然是张之洞的小公子张仁蠡!"

元烁也深感意外："张公家也会出汉奸？"

"可不是！这个张公子在武汉做了三年的伪市长后，又调任伪天津特别市市长，最后在天津以汉奸罪被逮捕了。而且听说他们张家好几个公子都做了汉奸呢。"元灵无不惋惜地说道。

初珞和初江先是小声争执着，但声音越来越大、最后竟毫无顾忌地吵了起来。

初江喊道："你这么出生入死，为的谁，打的谁？那么多兄弟尸体都留在了缅甸，你忘本了么？"

初珞对吼着："你是搞宣传鼓动把自己也搞傻了吧，什么事都搞得这么偏激、这么对立？日本人就没有死人么？"

"他们该死！我们的队伍就是去要他们的命的！要不我们跑到那么远的丛林里去是搞么事的！"

"你搞清楚，战争结束了，活下来的人都还要过生活的！"

"你是军人！是长官！别人可以，你不行！"

"我要你管么？我的长官都批准了。"

"这是姬家的事，你是姬家的长子！你不能做汉奸！"

"你说谁是汉奸？！"初珞站起来就要揍初江。

全桌人都惊呆了，也不知道他们为何吵起来。

初昌喝止道："你们搞么事！伯伯姆妈还坐在在这里啊。"

初珞放下了手臂，但拿起酒杯，猛地把酒泼在了初江脸上。

初江未敢还手，张张嘴，看着元烁。

元烁站起，端起酒，泼到初珞脸上："兄弟相见，八年浴血抗战的亲兄弟，八年才见面，见面就这样？滚，都滚！"

初珞红着眼睛，环眼看看各位，拿起军帽，离身而去。

元梅责怪着元烁："你这是搞么事哟，好不容易团聚了，再大的事也不能动手啊！你看，你看……"

元灵指责初江:"你也是,再大的事也不要在今天闹嘛。你们兄弟到底么样了?"

初江看着元烁,低声说道:"大哥他带了个日本女人回来了,还要结婚。"

"什么?!"在场的所有人都惊讶得出了声。

元灵说:"你们都不要急,到底么回事这一下子能搞得清楚?初江,你告诉我他住在哪里,我一会儿去问问他。"

初江说:"他就住在单洞门那边的黄埔旅社。"

元灵说:"好啦,初昌,你照顾家人走吧,再晚就过不了江了。"

元灵连夜赶到黄埔旅社找到初珞,先是数落起他:"有么事不能先跟姐姐、姑姑说?你们两个,从小到大,么时候谈得拢过。听说,你跟一个么事日本女人有么事瓜葛?"

初珞把头低低地垂在胸前:"是的,我这次本来是要跟你们说的,她是我的救命恩人。"

元灵问:"你是准备娶她?"

初珞抬起头:"是的,我先还准备把她托付给家里先住一段时间,后来看到一大家子人都还没有落定,就没有开口。本来还想多在武汉待几天,现在不行了,我已接到命令,明天就要归队,部队要调动。"

元灵问道:"那个日本女子呢,现在在哪里?"

初珞答:"她暂时在我们部队卫生队里帮忙。我本来可以托人让她到汉口陆军医院上班的,只是怕她的日本人身份被人欺负。"

元灵心平气和地说:"你给姑姑说说,你们之间到底发生些么事,讲来听听。"

初珞缓缓说了起来。

三十六、高明穗

新三十八军一个团奉命进入胡康河谷展开战线，结果被日军一个联队包围，战斗进入胶着状态。

缅甸最北方的"无人区"胡康河谷，缅语为"魔鬼居住的地方"，山高林密，河流纵横，雨水泛滥，瘴气弥漫。前年远征军败退时，误入此禁区，损失惨重，遗尸无数。

连长初珞带领一个连，重入胡康河谷，被阻挡在一条激流汹涌的小河边。

对岸的日军子弹、炮弹如雨般倾泻到这边阵地上，不少战士刚进入阵地就牺牲了。

初珞组织人员进行反击。我们这边火力齐发时，对方的人员全体隐蔽，不发一弹；等我们这边火力一停，对方又枪炮齐鸣。双方都在想方设法寻找攻过河去的空当，但又都被对方反攻回来。堡垒战变成了拉锯战，这种状态一直持续了一个多月，双方均有伤亡。

初珞告知战士们：我们没有炮火，而敌人不但有迫击炮，还部署有重炮，所以我们要想方设法过河去并占领敌人的堡垒，与敌人展开近战。

一个大雨滂沱、气激潆洄的凌晨，敌军的炮火有一下没一下地在我方阵地前后爆炸。初珞趁机组织了一次成功的偷袭，并占领了日军的河边战壕，缴获了两门迫击炮。

初珞决定趁热打铁，调转炮口就开始进攻。

日军发现丢失了迫击炮，立即组织了大规模的反攻。先是一阵密集的炮火倾泻到阵地上，炸得阵地里的士兵死伤过半。等初珞等人从土堆里爬出来，就遭遇一排横扫过来的机枪子弹。

初珞叫道:"都不要抬头!听着我的声音,跟着声音在土里爬。快,快!"

初珞自己飞快地往河边爬,边爬边喊着:"快!快!"

士兵们如穿山甲般在土里拱动着,就像一座座土堆在移动。

初珞很快爬到了河边,在一块石头后隐蔽,看看前面,战士们也都快到河边了,有的战士背上的土还没有掉完,居然没有一个人中途中弹。

突然,阵地侧面的丛林里跑出来几十个边跑边开枪的鬼子兵!初珞忙抬起身一梭子子弹扫了过去:"快!到达河边的立即开始反击!"

还有三位战士离河边还差十几米,开始反击的战士们朝他们喊着:"快!快!"

战士们的反击,有效地阻止了鬼子的前进。

等战士们都到了河边,初珞命令道:"全体下河!快到我们的阵地上组织阻击!"自己趴在石块后狙击掩护。

对岸留守的战士也开始了射击。

看战士们都过河进入到了自己的阵地,初珞翻身扑入河里。

可就在这一瞬间,一颗子弹打中了他,他掉入河里,被河水冲走了。

上百的日军出现在河对岸,机枪、迫击炮在对岸架了起来,重炮炮弹呼啸着在阵地上爆炸。

日军士兵叫嚣着开始渡河。国军战士们拼死射击着,但眼看着身边的战友一个个倒下去,眼前的日军却如蝗虫般涌上来,顿时崩溃了,剩下的人跳出战壕就往丛林里跑。

就在他们刚跳出战壕的那一刻,一阵密集的炮火,倾泻在日军的阵地上。是孙立人将军的主力增援部队到达了,炮兵部队在进行了一个小时的炮火急袭后,向日军发起了全线进攻。

炮火停息后,战士们跑出丛林,在满目疮痍的战场上,消灭着残余日军以及依旧抵抗的伤兵。就这样，一直搜索到河对岸，进入到已被炸得面目全非的日军指挥所所在地，也没有遇到强劲的抵抗力量。

突然听到一声女人的尖叫声。大家循声一看，只见在帐篷已经被烧成灰烬的日军战地抢救所里一张斜着的病床上，一位上身缠着纱布的日本军官，一只手抓着一位白衣女人、另一只手握着一把日本军刀，正在拼命地要刺杀挣扎着的女人。

战士们举枪就射向了这个行凶的日本军官。

这个刚逃离被刺杀险境的女人，蹲在地上，瑟瑟发抖。

一位小战士过去掀起她的头，问道："你是做什么的？"

"医，医生。"

"这个人呢？"

"大，大队长。"

小战士发现她的中国话不地道，又看看她的白大褂，问道："你是日本军医？"

她点点头。

小战士拉开枪栓对准她的脑袋。

旁边一位四川话的士兵推开他的枪，说道："你要干啥子嘛，我们那里还有那些子伤员，没得医生哟，好容易俘虏个医生，你个龟儿子还要格老子消灭掉，滚！"

说完，他对这个日本女俘虏说道："你是我们的俘虏了，你身上有没得武器？有就都交上来。"

女军医摇摇头。

"那好，你把这些子西药、这些子绷带，这些子、这些子，都带上，跟我们走。"

女军医顺从地在废墟里翻找、收捡起来，

四川老兵喊道："都不要在这里磨蹭，快些子到河边找姬连长！"

大伙押着日本女军医，跑到河边寻找起他们的连长。

河水汹涌，不时有日军尸体在水里翻滚着随波而下。大家顺着河流，边喊着姬连长边翻找着河岸和河里挂在石塄还没有被河水冲走的尸体。日本女人也忙碌着对每一具尸体都摸一下颈脉，但没有碰到一个还有气息的。

大家顺着河流已经走得有些远了，看守着日本女人的小战士不耐烦地用枪托顶着她，叫喊着："快些，别老磨蹭，这里没有你们的活人了。"日本女人哭出了声，动作快了些，但还是不愿放过每一个她够得着的尸体。

前面有人喊了起来："找到了，找到了！是姬连长！"小战士忙推着日本女人往前赶，赶到时只见大家已经把姬连长从河水里拖了出来。姬元烁身上的军装已经被河水冲走了，裸露的肌肤被河水泡得苍白。

四川老兵试了试元烁的鼻息，摇了摇头，小战士顿时哭了起来。四川老兵低着头，说道："姬连长是为了掩护我们……才牺牲的。我们要把他安葬好。"

日本女军医突然冲到元烁身边，压了压他的颈动脉，就开始捶打起元烁的胸膛。小战士一把把她推开，四川老兵踢了她一脚，骂道："你个日本婆娘，你养不家呢，老子们救了你，你格老子对老子的长官还不放过！"

日本女人全然不顾，奋力又扑了上去，并叫道："他没死，他活着！"大家都愣住了，不相信这个日本婆娘的话，但谁都没有阻拦她。

她就一直这么用拳头捶击着元烁的胸膛。

四川老兵见她折腾了这么许久，连长还是没什么动静，就摇摇头说："把她拉开，把连长埋了吧。"

小战士去拉日本女人，但她像疯了一样不肯停手，嘴里怪喊着，大家谁也听不懂。

四川老兵喊道:"慢点!先不要拉她!"

这时,几个人同时看到,连长胸前的一个肉窟窿里流出一股股红的血,在他苍白的身上,像一条血蚯蚓顺着身体往下盘蜒着。

日本女人用手摸了一下流出来的血,用舌尖舔了一下,叫道:"他活过来了!快,把药箱给我!"小战士忙把药箱递了过来,日本女人快速地对初珞进行着伤口处理。等她处理完了,大伙果然发现,姬连长的胸膛在轻微颤动着。

四川老兵脱下自己的上衣,盖在了姬连长身上。

小战士跑到日本女人跟前,跪下去就磕头:"活菩萨,活菩萨!"

一个战士一脚把他踢倒在地,骂道:"你个龟儿子给谁磕头啊,给日本婆娘下跪磕头?看老子不宰了你!"

小战士委屈地喊道:"她救活了连长!"

四川老兵说:"都莫胡闹了。来,我们来给医生鞠个躬。"

这时,炮火又响了起来。士兵们扔下初珞就往树林里跑。

等跑进树林,见女军医还在炮火中和初珞在一起。她瘦小的身躯背起高大的初珞,还没走两步,就趴倒在泥土里。但她爬起来,继续要背,还是背不动,干脆就趴在初珞的身上,任凭飞溅的泥土弹射在自己的身上。

士兵们感动了,四川老兵骂道:"狗日的,你们怕死,都不管连长了,还不如个日本婆娘!走,都跟老子下去,把连长抢回来!"

大家又冒着炮火,跑出去将初珞背回到树林里。

炮火终于停下来了。

初珞仍然昏迷不醒。女军医说:"请你们点一堆火,再烧些开水,我要给他做手术,取出弹头,止住血,不然他会死的!"

"做手术?就在这里?你做?"大家摇头,都不相信,也没有人动手。

女军医跪在地上，给大家磕头："求你们了！快救人！"

四川老兵这才说："好吧，就依你的。来，兄弟们，点篝火，烧水！你，去把能捡到的破军服都收拢起来，给连长铺个床！"

不一会儿，按女军医的要求，火、开水都准备好了。

女军医用热毛巾将初珞的身体擦拭干净，叫战士们将他的四肢按住，自己打开药箱，开始了手术。战士们按着初珞的手脚，转过头去，都不敢看手术过程。手术中，初珞的身体扭动着，手脚在战士们的手掌中战栗。

一个时辰过去了，女军医长叹一口气，瘫坐在地上："完了。"

"完了？"大汗淋漓的战士们这时才感觉到初珞的身体不扭动了，松开手，愤怒地盯着女军医："你把他弄死了？"

女军医抬头望着天："手术完了，他死不了了。"

四川老兵骂道："狗日的日本婆娘，说话都不利索，格老子的，吓死老子了。"

初珞昏睡了三天三夜，女军医就守护了三天三夜。半夜寒气上来，她就用自己的身体拥着初珞。

第四天上午，女军医兴奋地喊道："他醒过来了！"

士兵们都围了过来，看着姬初珞睁开了眼睛，高兴得直跺脚："哈哈，连长真的活过来了！"

女军医忙打了一饭盒盖的开水，将一块日本兵配发的压缩饼干在水里化开碾碎，喂给初珞喝。

初珞半张着嘴，无法吞咽，饼干糊糊顺着他的嘴角又流了出来。

女军医将饼干糊糊含到自己嘴里，直接对着初珞的嘴，喂了进去。

士兵们惊呆了。四川老兵撇撇嘴，骂道："个狗日的日本婆娘，真下得法，真不要脸！"

她这样喂了一天，到第二天，初珞终于可以自己吞咽了。

等初珞恢复了些元气，就开始拒绝这个日本女军医的照顾，不接受她的食物。

女军医急得哭了起来。

四川老兵说道："你走开吧。小兵蛋子，今天开始，由你来照顾连长吃东西！"

女军医给初珞换药，初珞也不愿意配合。女军医说："你是我在这个战场上救活的唯一一个人，我不会放弃的。"说完，她不管初珞的扭动，强行换药。初珞疼得额头冒出了汗。女军医说："不配合，吃苦头。我，医生，你，必须服从。"

初珞气得直咕噜："日本婆娘，死也不要你管！"

丛林里瘴气弥漫，毒蚊肆虐。几天后，小战士打起了摆子，发起高烧。

女军医给小战士检查后，说道："丛林疟疾！要隔离，传染的。长官，重伤，抵抗力没有，不要靠近。"

四川老兵问道："有法子治么？"

女军医说："有药。"给他打了一针，小战士昏睡了一天，退了烧。

没想到，一连几天，有好几个士兵也陆续被传染，发起了高烧。女军医毫无怨言，一个个进行着治疗。终于，这些个战士都脱离了危险。

几天后，初珞和女军医也发起了高烧。女军医无声地哭了起来。

四川老兵不耐烦地说："你哭啥子呦，我们都被你治好了，你还不能把连长和你自己治好？"

女军医低声说道："药，没有了。"

大家一愣："就这么巧？刚好把我们治好，药就完了？"

女军医哭着说："对不起，是我传给他的，我，我失职。"

四川老兵说道："哭顶啥子用？想想，还有啥子药管用？"

女军医说："丛林疟疾，只有金鸡纳霜（奎宁），其余没用。"

大家都沉默了。

突然，女军医起身就往河边方向走。

四川老兵喊道："喂！干啥子去？"

女军医说："找药。"

四川老兵对小战士说："你们三个人，跟过去，帮她去找。"

一帮人刚跑到河边，就有冷枪射过来。女军医趴在地上，继续爬行。

小战士说："莫不是这个日本婆娘要逃回去？"

另一个战士说："跟上去，发现不对就开枪打死她！"

女军医继续往河边爬行，碰到穿日本军装的尸体，就翻过来看他胸前的番号牌。

突然，她往河里爬了过去。小战士紧张地抬起枪杆，瞄准了她。

女军医在泡在水里的一具尸体上翻了起来。终于，她举起手里的一个小木盒子，回头给小战士看。小战士放下枪，喊道："趴下！我们过来了！"三个人爬到河边，拖起女军医就往回跑。

敌军的子弹又"嗖嗖"地飞了过来，但几个人已经跑进树林里了。

大家松了一口气。

女军医马上给初珞打针服药。

初珞呼吸平稳地昏睡过去了。女军医长舒了一口气，躺了下来。

四川老兵说："喂！你还不抓紧给自己治！"

女军医说："没啦，就一支。"

"要不，再去找找？"四川老兵突然觉得，应该救这个日本婆娘。

女军医说："我知道，我发的药，没有啦。"

大家都觉得，很对不起她，但谁都没有办法救她。

初珞退了烧，女军医却躺下了，并开始呓语着大家听不懂的日本话。

初珞可以起身了。听战友们陆陆续续说了这个日本女军医所做的一切，就默默不语地开始给她喂水、敷冷毛巾。

女军医突然清醒过来，对初珞说："我叫高仓明穗，家在东京。希望你能将我的照片供奉在日本东京或中国的寺庙里。"

"照片？"初珞不明白。

女军医用眼睛盯着药箱。

初珞忙把药箱里的物件都倒在地上翻找，终于在药箱的夹层里，找出了一张全家福照片。照片上，一对穿着和服的夫妻并坐着，前面站立着的是一对笑眯眯的小男孩和小女孩。

初珞把照片递给她看，她的脸上呈现出笑容，对初珞说道："拜托了。"

四川老兵说道："这是回光返照。她是个日本好人，连长，你就应了他吧。"

初珞用力对她点了点头。

她微笑着又昏睡过去。

夜间，团长带着人到了初珞的阵地。看到这些个健壮的士兵，惊异地问："你们连队没有因为得疟疾减员的吗？"

初珞答道："报告团长，我们都得过疟疾，但都被这个俘虏的日本女军医给治好了。"

团长说："有这等事？要知道，我们团因为疟疾，都减员快三分之一了。你们连队这真是个奇迹！"

初珞将整个事情的经过都给团长叙述了一遍。团长听后，激动地说："我要给她请功！"

初珞说："请团长想办法，先救活她吧！"

团长喊道："军医！有药吗？快，找药，抢救！"

在大家的努力下，高仓明穗终于得救了。

经军部批准，高仓明穗直接加入了中国军队，到团部做了军医。

十天后，接到上峰命令，初珞带领整个连队转移，穿过这片丛林，与大部队集结，撤回到中国境内。

高仓明穗随团卫生队返回到中国境内后，又随部辗转到成都。在成都，高仓明穗要求退伍，退伍后她又返回到南方。她滞留在云南、贵州一带，多方打探、寻觅，最终在湖南境内寻找到了初珞的部队、找到了初珞。高仓明穗对初珞说："你是我从死人堆里捡回来的，我就不会让你轻易地离开我。"

初珞流泪说，自己的命是高仓明穗救回来的，我不能抛弃她。她现在已改成中国名字，叫高明穗。

元灵点头赞许道："这还真是个有情有义的奇女子。你就不要理会旁人的说道，特别是你那顽固又胆小的父亲。"

初珞说："本来准备在武汉多待两天，现在接到命令，今夜就归队，部队要开拔到东北。我想把她托付给姑姑，希望姑姑多照应高明穗，等我回来接她。"

元灵答应道："我介绍她到一女师做校医吧。你就放心吧，她的医术应该没有问题，我们学校也是一个安静的处所，不会有太多的是非。只是你又要上战场，刀枪不长眼睛，你自己一定要保重。"

三十七、梅家山上

元烁已经办好了调回武昌通湘门车站的手续，又委托湘潭火车站的同事把湘潭家里的东西打包寄回武昌。

在梅家山元灵家里一住就是一个多月，元梅心里有些不安了，她跟元烁商量着："我们家里人口太多，吵吵闹闹的，只怕不好在元灵家长住。她是个文化人，又喜欢安静，长久了会烦我们的。再说了，老住在别人家也不是长久之计。"

元烁说:"通湘门车站已经给我们家腾出来一套宿舍,过几天收拾一下就可以搬去住了。"

元烁一家一搬走,元灵就将住在学校宿舍的明穗接到家里住。

高明穗极少开口说话,包括对元灵,除了恭恭敬敬的鞠躬问候,没有过多的言语交流。

虽然元灵自己也喜欢那些文静的女孩子,但像明穗这样静如止水,反倒引起了元灵的好奇。

明穗下班后,从学校走回梅家山,三十六分钟,她到家的时间,比钟表还准。下班后,她也从不外出,在家做着细致的家务活。

明穗的细致、繁缛程度,令一贯讲究生活品质的元灵都看得目瞪口呆:明穗洗米,将米倒进平簸箕里,用手均匀抹开,平铺在簸箕的三分之二面积,然后,认真地用她那纤细的两根手指头一粒、一粒地划挪到簸箕的三分之一处,遇到霉变的米粒或砂石,一定随时拈出来放到旁边的空碗里。明穗洗青菜,先将菜叶一叶叶掰开堆在笥箕里,然后取出一叶,双手浸入盆水里,手指必须抚摸到叶片双面的每一处,再放入另一盆清水里。等每叶都洗完了,再换一盆干净水,重复一遍以上程序。

元灵劝道:"明穗,你这像绣花啊,没必要这么细致啊。来,今天我来洗菜吧。"

明穗不愿意:"姑姑,您不用客气。绣花?好啊,绣花和洗菜都应该一样认真嘛。"

元灵只好作罢。

一次,元灵听见在门前"数米"的明穗发出优雅的读诗声:"晚霞草迷蒙,流水自无声。"

在楼上写文章的元灵,抬眼看见天边绚丽的晚霞,低头看到如古代仕女弹古琴般身影的明穗,一激灵,问道:"明穗,你朗诵的是哪一首唐诗？"

明穗笑道："姑姑，我念的不是唐诗，是俳句！"

元灵说道："来，你上来，我有事要讨教。"

明穗上得楼来，问："姑姑有么事请吩咐。"

元灵说："你刚才说念的就是日本的俳句？太好了，我正准备了解和研究俳句。听说俳句语句简单，但意境深远，刚才你念的一首，天人交融，果真意境深远，如梦如幻，触人心扉呢！来，你再念一遍，我来记下。"

明穗说："哦，原来姑姑是要记俳句呢。我小时候，父亲每天都叫我背诵呢，就像中国小孩从小背诵唐诗宋词启蒙一样，我是背诵俳句启蒙的，我能背诵很多呢！"

"好，让我先把这一首记下来——晚霞草迷蒙，流水自无声。就两句？"

"是的。但不是像姑姑说的语句简单哦！像中国诗词一样，俳句也有格律。俳句必须具备十七音、切字、季语三要素。"说到了俳句，明穗像是变了一个人，眼睛发亮，话也多了起来。

元灵见她对俳句这么在行，高兴地鼓励道："好，好！请继续说，一个要素一个要素地说。"

"嗯。十七音是发句的固有格式；切字是为了使发句的形态完整、词语和谐；季语也称为季题，是表现季节感的语言。传统俳句在一句中需要一个季语，以表示作品的时间、色彩、气氛等，从而起到形成整体情趣的作用，体现俳句的美学性。季语是欣赏传统俳句不可缺少的形式要素，比如刚才您记下的那首，季语是：晚霞。"

"这首俳句很著名吗？"

"是的。是江户时代与谢芜村写的。与谢芜村可是日本俳句一代宗匠。"

"啊。你再念一首他的。"

"萧瑟寒冬树，斧斫惊流香。季语是：寒冬树。"

"很好。确实是意境深远。你不是学医的吗？怎么对俳句这么有研究。"

"我读大学报考的是京都帝国大学的文科学部。但只读了一年，战争爆发了，我们文科学部的同学通通转到了医科学部，集训一年就加入军队了。"

元灵取下眼镜，同情地说："听初珞说你老家没什么亲人了？"

明穗低下头："是的，在我八岁的时候，母亲就病故了，哥哥在我读大学时，战死在中国战场。我被派到东南亚两个月，就接到老家的来信，告知父亲也病故了。战后，我打听过，叔叔一家人东京大轰炸中全部遇难。我在日本没有亲人了。"

元灵安慰道："初珞就是你的亲人，姑姑也是你的亲人。不要难过了。今天都怪姑姑。来，你再给我讲讲俳句，今天不要在家做饭了，我们俩今晚去下馆子！"

明穗思索一下，诵道："樟树枯枝上，鹭巢映落日。姑姑，您说，这首跟马致远《天净沙》的枯藤老树昏鸦是不是有异曲同工之妙？"

元灵吟诵着："樟树枯枝上，鹭巢映落日。枯藤老树昏鸦。果然！一样的句风清秀鲜明。"

一看自己选的俳句深得姑姑喜欢，明穗兴奋地说："我再给您来两首妖冶的。猫逃梅枝摇，春夜月朦胧。季语月朦胧，作者池西言水。"

元灵听后，纠正道："不是妖冶，是妖艳，是迷幻，是感性。"

明穗又诵道："蝴蝶飞越小河去，晚风因之吹原野。季语蝴蝶。作者加舍白雄。"

元灵喝彩道："好！因蝴蝶飞过才有晚风吹拂，意境微妙，意味无穷，富有诗意。"

明穗说："我再给您介绍一个在日本被称为俳圣的人，他在俳句中的地位相当于诗歌中的李白。"

元灵问道："他叫什么？"

明穗说："松尾芭蕉，日本俳圣。胡须吹西风，谁子叹暮秋？"

元灵复诵品味着："胡须吹西风，谁子叹暮秋？好！妙！胡须吹西风！"

印缅远征军中有很多战士是直接在学校招收的"学生兵"，所以也号称"学生军"。国民政府为了体恤他们对抗战做出的极大贡献和牺牲，特别发文：新一军、新三军等印缅远征军复员人员，凡当年中断学业的，经过初考，可保送至指定的学校，促其继续完成学业。

初江告诉父亲，自己已办理完复员手续，被保送到武汉大学经济系就读。

元烁以看元灵的藏书为由，上门向元灵打探几个兄弟、子女的详细情况。

元灵先是责怪了哥哥的不冷静，说道："虽然说女子在家里不当家，但作为家里的一分子，我还是要说。"

元烁说："你说吧。你还没有婚嫁，就还是姬家的小姐，有权当家说话的。"

元灵说："现在不比当年了，现在你儿女成群，又当外公了，人丁兴旺、诸事繁杂，你不能再像从前一样平时百事不问、临了做糊涂判官。嫂子不错，生活上安置得井井有条，但要是在思想上任由他们自作主张，你又不及时镇压住，只怕是姬家人将来拢不到一起啊！"

元烁说："你说么样会变成这样呢？是他们都大了，该分出去了的缘故吧。"

元灵摇头："不是。儿大如树木分权，分而不离，方枝叶茂盛。所以，在刚分的时候，就要做到你有所控制，他有所顾忌。否则分了，他就要么成枯枝落地成泥，要么如柳枝易地重生，都是就永远不会再回头的了，这就不是你想看到的结果了。"

元烁笑道："你这个教育家分析得真透彻，只是听得我都毛骨悚然了。"

元灵正色道："你不要打岔，等你几个小的儿子再大些，你就会晓得我说的不错。我看，现在家里最不好的就是有了这样的趋势：每个人都自认为是姬家的代表，都想让别人顺从自己的意志，而且都是打着'为了姬家的名誉'或为了'姬家的利益'。这几个孩子都太自负了，伤害了别人自己都不晓得。"

元烁点头："是的，我还没有死，就都充老大了，我要是死了，那还不打起来，最后落得个老死不相往来。"

元灵一拍打大腿："就是啊！那才是繁荣一时，转眼离散啊！所以，你要有狠气，不能让他们狂妄！"

元烁点点头："嗯。你再说说你晓得的情况，那天我们话还没有说完，就被搞得不欢而散。"

元灵说着上次没来得及跟元烁介绍的情况：

"老三元灼随国府还都南京，在国民党中央组织部秘书处任职，成为真正的'党僚'了。

张鹤鸣是政府的接收大员，正在东北接收敌伪钢铁厂、煤矿。他是个文化人，倒是清廉得很，好多接收大员都因为趁火打劫、大发国难财而最后身败名裂，张鹤鸣倒是多次审查都没有查出问题，反而把他查成了享誉各界的'清廉大员'。

严肃表面上已彻底闲居，家就在德明饭店附近。但他似乎还是心有不甘，南京、上海、广州到处联络，极少能在汉口找得到他。

严关已经脱离军界，进入政界，听说在哪个城市当市长。

亏得你讨来的那幅吴大帅的牌匾。日本军队开进老家，家家都闯、见好东西就抢，但见到那幅牌匾，硬是没有进家门。老家已无多少田地，小弟元灿安心耕种，很安稳。等学校安稳了，我准备接他那已经快成年的儿子到武汉，就到学校做个校工吧。

堂弟元祥，已是共产党的大官了，听说已经跟随林彪大军进入东北。

我还是老样子，只想把女一师按自己的设想管理好，多培养几个教育家。在恩施时，作为教育界人士，被陈诚主席钦点为湖北省第二届临时参议员，现在光复了，正在筹备第三届，要我回原籍竞选。你说，我离开老家这么些年都没有回去过，为了这个吃力不讨好的事，值得我回原籍去折腾吗？我早已无意参政了，现在武汉教育界急着要干的事太多了。"

紧接着，元灵又把初珞给自己讲的故事原原本本地复述了一遍。元烁半天默默无语。

元灵告知元烁："那天在德明饭店分手的当晚，初珞就上了奔赴东北战场的火车，至今没有音讯，生死未卜。"

元烁低着头，内心涌出深深的悔意。观察到元烁微妙的表情变化，元灵趁机问道："是否见见明穗？"

元烁一口回绝："不见。待以后方便的时候再说吧。"

三十八、暗流涌动

经过战争的蹂躏，江岸地区人口萧条，经济萎缩，已经全然没有了当年刘家庙的繁盛。

原来的上百家店铺，现在只剩下几家还在艰难维持；街道两旁破败的民房歪歪斜斜，三三两两贫困的老人，正懒散地歪在门口晒着太阳；

穿着破烂的孩子们挎着竹篮,成群结队地跑到铁路边捡煤渣。

走过既熟悉又陌生的街道,齐扬灵不由得感慨万分。

回到江岸继续工作的齐扬灵,没想到这么快就又和吴青天相遇了。

正在车间工作着的齐扬灵,见到正朝着自己走过来的吴青天,大吃一惊:"你不是在队伍上么?怎么,复员了?"

吴青天说:"是啊,鬼子赶跑了,不打仗了,我还得回来干老本行啊。"

齐扬灵说:"你是抗日英雄啊,胜利了该要封官的。你是回来跟我开玩笑的吧?"

吴青天愁眉苦脸地说:"不是开玩笑啊,仗打完了,'兔死走狗烹',我们几个铁路上出去的人都被队伍开除了,怕我们抢他们的功劳啊!这不,我们光着身子走回来了。"

齐扬灵激愤不已:"这政府也不说句公道话?狗日的,告他们去!我给你们作证!"

吴青天劝道:"算了吧,不惹事。我们本来就是吃铁路这碗饭的,当年炸铁路吃的是铁路的饭,现在回来修铁路也是要吃铁路的饭。也是恨自己没别的本事啊!"

齐扬灵说;"有么事可以帮您的您就只管吩咐,不管怎么说,您也算是救过我的命的。"

吴青天说:"我这一下子带回来上十个弟兄,都是跟我出生入死的,兄弟我得管他们啊。你跟段上说说,证明我们以前都是段上的人,都是干铁路的一把好手,帮我们做个介绍和担保。"

齐扬灵说:"这没问题,包在我身上!"

吴青天说:"只要还能进段,干么事都无所谓,有口饭吃就行了。还有一件事至关重要,就是从今以后,不管什么情况,你都不要说我曾经在破坏队干过,免得有人又追查我们,赶尽杀绝,置我们于死地。"

229

齐扬灵拍着胸脯说:"您放心,我以性命担保永远不提。"

抗战刚结束,国民政府交通部就对全国铁路实行"分区管理制",在衡阳成立粤汉区铁路管理局,管辖粤汉、广九、广三线及海南铁路。所有铁路线都忙着往东北运送国军士兵和军用物资,元烁也忙得总是加班。

繁忙之余,元烁还忘不了要到严肃那里去探望一下,也顺便给他捎去些元梅做的菜。

新的严宅坐落在汉口一元路,抗战胜利后改名为林森路。

严肃已无当年的英姿,短发里混杂些许白发,看上去比他的实际年龄老成。

聊家常之余,严肃也跟元烁点评些时政。

他说道,国共两党都有自己的很多同僚和学生,私下也常常来往。现在不少国民党里的人在政治上产生了疑惑和动摇。自己也反感蒋某人的薄情寡义,曾主张过倒蒋。但蒋太厉害,这些年软硬兼施的经营,一切都还在其掌控之中。胜利后,蒋即开始清理那些明里暗里反对过自己的人,正值壮年的自己也被蒋勒令退职,现在是无官一身轻了。

严肃感叹自己与共产党的割不断的情结,这也正是引起蒋对自己不放心的地方。

元烁难得听到有人谈政治,似懂非懂,但很钦佩严肃的洒脱。

一天,元梅对元烁抱怨:"初许昨天晚上没有回家睡觉,不晓得又跑到哪里野去了,都野得冇得名堂了!"

元烁说:"这还了得!等他回来我要打断他的腿!"

但他并没有把此事放在心上。儿子们都大了,等他们先去野,等野过分了再回头收拾他们。

没想到,过了好几天了,元梅告诉元烁,初许依然没有回家。

这下元烁有些慌张了。眼看又要打仗了,这小子不会跟哪个队伍跑了吧？是国军还是共军呢？

就在元烁胡思乱想时，接到严肃的口信，要元烁赶紧到家里来一趟。他不知道又发生了什么大事，放下手里的工作就赶到汉口严宅。

元烁刚坐下，严肃就从沙发上蹦了起来："你不省心，你的儿子也不给我省心！你说你每天都在干些么事？连自己的儿子都看不住！"

元烁一脸茫然："你在发么事脾气啊，是发我家老五的脾气？"

严肃反问道："你家的老五？你家的老五呢？他在哪里？"

元烁说："这小子一直很乖的，也不晓得他这些时野到哪里去了，我也是在找他啊！"

严肃说："等你去找？怕是要等你去捞尸吧！"

元烁忙赔笑："您家就莫生气了，我这就回去好好找。"一想，不对劲，"莫不是他真的闯了么事大祸？"

严肃手往沙发扶手上一拍，说："就是闯了大祸了！闯了要牵连你我的大祸！"

"啊！这是，这是……"元烁吓得张着嘴站了起来，不知所措。

看元烁已经被吓得这样，严肃沉默了一会儿，说道："算了，跟你说一点作用都没有。我已经把你的老五捞回来了。你晓得从哪里捞回来的吗？

元烁紧张地问："哪里啊？"

严肃小声说道："我的老部下在西安抓了一批要投奔到延安去的学生。"

元烁一惊："啊？有老五？不得了了，他还干得出这样的事？那不要坐牢？"

严肃叹口气："算这小子还机灵，审问的时候，说了我是他姨父。审问他的人恰好是我的一个老部下，就打电话来找我核实，我就让他们想办法把他捞了出来，直接送到我这里来了。"

元烁气急败坏:"他人呢?看我不打断他的腿!"

"好啦,你不要马后炮了,赶紧把人领回去,好好看管。你一打一闹,还生怕别人不晓得啊!"

元烁倒是真不知道怎样处置初许了,在那里抓耳挠腮想办法。

严肃说:"记住,这事情就不要再追究了,不要搞得满城风雨。"他往楼上喊道:"初许!下来,跟你伯伯回家去,好好反省!"

初许蔫蔫地从楼上下来,拎着一包衣服,站到元烁身边。

严肃脸色阴沉地说了声:"回去吧,记得把我的衣服还给我!"

父子俩离开后,严肃自言自语道:"还他妈投共,延安围得像铁桶一般了还想投共!你进得去吗?"

抗战胜利后,拟重启连接平汉线和粤汉线的长江大桥工程,成立了由国民政府内政部营建司、平汉铁路管理局、汉口市政府以及美国市政专家组成的长江大桥建设筹委会。经过现场考察测量,决定依旧按照茅以升在抗战前的选址方案,建在龟山莲花湖、蛇山黄鹤楼之间,在武昌总站接轨粤汉线。为了配合长江铁路桥的建设,正需要加强武昌总站的管理力量。

此时,元烁已任武昌总站副站长。

家里几个孩子都大了,铁路宿舍房哪里还住得下,他正在武昌到处找托人合适的住房。严肃知道后,打电话给元烁:"在蛇山上有一套公馆,房间多,非常适合你家住。是我的老同学徐旨乾中将的公馆,他也算是我们的老乡。他才上任湖北省军管区副司令,军务繁忙,宅院空闲,正托我帮他找到合适的房客。你就把它租下来吧。"

元烁欣然把这个公馆租了下来。这也是他这辈子住的最宽敞的家了。

内战急速爆发,长江大桥建设项目流产,筹委会解散。

还没和平几年,又要发生战争,元烁身心俱疲。他最担心的是还在军队里的初珞,叨唠着这怎么打走了日本人,中国人自己又打了起来。

元梅很烦，一听他唠叨，就出门打麻将。

元烁在家里骂元梅无情、无知。

武汉大学学生反内战、反饥饿运动暗流涌动。

复员军人学生和进步学生形成水火不容的两派，见面就怒目对视。

初江兼任学校三青团总干事。他按上级的指示，要求复员军人不得参与学生运动，并且要积极配合政府，稳定学校局势。

一天，进步学生与三青团骨干在走廊里故意相撞，从散落在地上的纸张里拾得一份三青团的文件："二十日，动乱分子将在203室开会，参加人……"

进步学生的情绪被激怒了："有特务监视我们，并向当局告密！打！"两帮人顿时追打起来。

事态越搞越大，学生聚集到广场，高呼口号，要求开除反动学生。

学校待不下去了，初江躲回了家里。

不断有同学到家里来找初江，汇报学校情况、传达三青团的指示，并商量着如何返校的对策。

元梅偷听，并告诉元烁，说初江参加了帮会。

元烁问是什么帮会，听说是三青团后，笑了笑，叫元梅放心，说这个三青团不是什么帮会，是政府的合法组织。

一个月后，临近毕业，学潮表面上平静下来。大家这时才因忙于毕业而不再相互针芒相对。

武汉通货膨胀、货币贬值，经济一片萧条，初江大学毕业即失业。他每天躲在家里，元梅抱怨着这又多了个吃闲饭的，又不出去找工作。

初江说："现在北方在打仗，货币贬值，物价上涨，到处都在裁人，你叫我到哪里去找工作！"

元梅说："你不是三青团的吗？你去找他们啊，就到三青团去上班啊，叫他们管饭啊。"

初江听得心烦，说："你就是跟我过不去。"

元梅怒气爆发："么样这样说！我把你们从小养大，还对不起你吗？你有没有良心？！"

初江跑进小房间，关上房门，不再理会元梅。

元梅委屈地坐在厨房掉泪。

初江常把自己关在小房间，每日谱曲、唱歌。

一天，初江偷偷溜到父母房间，在元梅放生活费用的抽屉拿了钱，又跑到汉口旧货商店买了个旧留声机。

只见他兴冲冲抬回一只咖啡色的木质大方盒，打开后，支起一台手摇留声机。

别小看这二手货，它音质优美共鸣强，造型也典雅大方。淘到个宝贝，初江心里乐开了花。于是他召集些失业的同学，借来唱片，在家里折腾起来。

元梅先是高兴地偷听，后来发现自己的钱不见了，又不敢去问初江，就和元烁大闹。见元烁不理不管，她一赌气，就趁初江出门不在家，赶紧叫来一个沿街收购旧货的，把留声机给卖了。

初江回家见留声机不在了，就质问在家里的元梅："姆妈，我的留声机呢？"

元梅没好气地回答："卖了。"

"你凭么事卖我的东西！"初江大怒，眼都红了。

"凭么事？你心里没有数？白吃白喝，不做事，还偷家里的钱，我不该找回来啊！"

自知理亏的初江，开始耍横了："你给我找回来！我用的是伯伯的钱，你管得到么！"

"我么样管不到？这家里就是我管钱，我管你们的吃喝！你要是不服管就滚！"元梅也吼叫起来。

初江气急了，出言不逊："你不就是个下人吗，有什么资格管我！"

一听此言，元梅气得大脑一片空白吗，极度伤心地哭了起来："你个白眼狼，老娘我把你从尺把大养到成人，你竟说出这种话？你还是人吗？呜……"

元烁进门，听见他们吵架，一言不发地从碗柜里拿出个铁盒，倒出兰花豆，坐在小桌前竟自喝起闷酒。

元梅跑进里屋，也不吃饭了，独自哭泣。

一直喝到天黑，元烁对初江说："你到南京找你二叔去吧。"

三十九、胡宜芳

元灼唯一的儿子初兴，几年前被送到美国读书。老婆也不落屋，每天和一帮官太太除了逛街就是找美食。南京城里，不管是藏在那个旮旯角里的美食，只要是她听说了，就一定要寻觅到嘴里。

年近五旬的秘书处专员元灼，刚开始还抱怨总是吃了上顿没下顿的，后来干脆吃机关食堂。

中央党部食堂在南京号称"模范食堂"，比一般大户人家家里的厨房还讲究，其饭菜的口味，按黄河流域、长江流域、珠江流域三个大区划分，可按个人口味和喜好随意选择。久而久之，元灼反而喜欢上了不回家吃饭。

只是，精神上寂寥的他，竟和党部一位年轻的女秘书胡宜芳搞到了一起。很快，此事在党部传得沸沸扬扬。元灼一不做二不休，准备干脆休了原配，迎娶胡秘书。

元灼的原配是一位国民党元老的女儿，元灼能够到这样的高位，很大程度上也得益于攀上了这个高枝。

她知道了元灼的绯闻后，气急败坏，跑到秘书处，拉起胡秘书就厮打起来。

秘书处的人见状，谁也不敢拉扯，并有些故意看热闹的嫌疑。

秘书长听见吵闹，进来一看，见是姬夫人，都知道她是不好惹的人物，哪还敢上前啊，转身就要躲避。还没等他走开，被姬夫人发现，丢开被拉扯得衣衫不整、狼狈不堪的胡秘书，跑过去拉起秘书长又扯起来，边打还边骂道："你们这些党国的败类，男盗女娼的东西！"

秘书长顾不得颜面，直求饶："大姐，大姐，不关我的事啊！您先放开，这事我一定好好处理，一定给您个交代。"

当晚，秘书长找元灼谈话，严正警告他："这事已经闹得党部一团糟，中央党部是什么地方？你这是严重影响党国形象，再这样下去，党将不党、国将不国了。现在我们在战场上频频失利，东北、华东、华北惨败，眼看共军就要全面图谋华中。在这党国的危急时刻，我们后方一些党政官员竟革命信念丧失，不但不为领袖分忧、不为前方将士尽责，还尽干些道德沦丧、伤风败俗、败坏党纪的事！'伦常乖舛，立见消亡；德不配位，必有灾殃'。蒋总统最注重党员的德行，一直强调要'孝、悌、忠、信、礼、义、廉、耻'，'八德'你哪一德做到了？哪一点还像我党的党员？像你这样的腐败分子，杀不足惜！"

元灼吓得不敢出声，任凭秘书长数落。

秘书长心一横："你收拾收拾，准备上法庭吧。"

元灼哀求道："看在我为党国无私奉献这些年的份上，求你就饶过我这一次吧！我已经很后悔了，是我荒唐了，给我改过自新的机会吧！"

见元灼真的害怕了，秘书长又怀柔起来："我也知道，这种事在南京的大员里是不少，但人家摆得平啊，你老婆是什么人啊？你不晓得？她那本事，到她那些干爹干妈那里一闹，说不见定就到委员长耳朵里去了。不是我说你，不知轻重！"

元烁不断点着头："您教育得对。我知错了。"

秘书长最后说道："好，我就给你一次改错的机会。你自己去摆平，我不想再听到你老婆来教训我了！"

元灼衡量得失，彻底退缩了。回到家里，给老婆下了跪，并保证要将那个勾引自己的妖精赶走。

初江到南京丁家桥中央党部，找到二叔元灼。元灼见到一表人才的初江，很是高兴，说："国家正需要你这样的人才，你以后就跟政府好好出力吧！"

经元灼举荐，初江暂时留在南京中央党部秘书处做秘书工作。他私下交代初江，在党部先干一段时间，等到有好的空缺，将为他活动到更好的位置。

秘书长在警告了胡宜芳后，将元灼的保证书给她看了。有苦说不出的胡宜芳感到异常苦闷和委屈。

胡宜芳与别的同事基本上没有什么交往，这个刚来的同事初江，经常来跟自己搭讪。熟了后，初江倒成了胡宜芳在秘书处唯一一个可以说话的人。

下班点过了，胡宜芳待在办公室迟迟没有走。反正，自己也无处可去。

初江吃完饭，回到办公室拿东西，见胡宜芳还在坐在桌子前，呆呆地看着正在垂落的夕阳，随口问道："胡秘书，吃了没？"

胡宜芳只是嘴角动了一下："吃什么呀。"

初江说："你这是怎么了，发什么呆啊。走，到我宿舍去，我请你喝美国咖啡，还有音乐！你看，这是什么？"初江把刚从抽屉里拿出来的美国唱片，递到胡宜芳眼前。

胡宜芳只是瞟了一眼，说道："这是 Lale Anderson 唱的《莉莉·玛莲》，是一个小女孩对上战场的情人的思恋。在二战战场上，盟国和德国的士兵都在听。它的唱片发行量达到近两百万张。美国第五军的战士唱着它挺进佛罗伦萨。"

初江惊呆了："你对音乐了解得这么多？"

胡宜芳淡淡一笑。

初江说："不过，这张唱片你一定没有听过。这是我的一个同学专门从美国寄回来的，是美国的 Columbia 唱片公司刚发明的十二英寸密纹唱片，音质要细腻得多。"

胡宜芳说："我听过那个德国歌手 Lale Anderson 的歌，不太喜欢她的声音。当年爱听，是因为感受到她那种孤独与渴望深深渗透到我的内心。"

初江说："是的！当时我在远征军里，听美国顾问的收音机里播放这首歌，我一点也听不懂她唱的是什么，但在远离家乡的战场上传来这么一位女歌手温柔的歌声，深深地打动了我，令我至今难以忘怀！不过，你不要失望，这张密纹唱片，是美国明星重新翻唱的，歌声要优美得多啊。"

胡宜芳有些动心了，但还是说："今天我心情不好，不想听音乐。要不，你陪我到下面走走？"

"好啊！"初江有些受宠若惊，连忙答应了。

中央党部院内花木成荫，亭台楼阁的倒影在池塘的水波里荡漾。和初江在这幽静的林荫小道里边散步，胡宜芳就像躲进了宋词里的南唐金陵、秦淮画舫。听初江说着当年美国顾问因为不懂中国话而发生的一些趣事，她忍不住大笑起来，郁闷的心情舒展了许多。

胡宜芳心有不甘。观察许久，终于找到一个没有旁人注意的机会，溜进元灼的办公室，对他质问道："你到底是什么意思？你信誓旦旦地说过要给我一个名分的，都不算数了吗？"

元灼无可奈何地说："你都知道了，我不能这样做了啊，我也是没有办法啊！你是知道我对你的情谊的，是上天不愿意撮合我们啊！"

胡宜芳说："你就说句痛快话吧，你决定怎么做。"

元灼还是犹豫了一下，眼圈红红地说了句："宜芳，我们下一辈子再做夫妻吧。"

胡宜芳直视着元灼，一字一顿地说："没有想到你是一个绝情寡义，胆小懦弱的小人。是我看错了人！"

说完，摔门而去。

初江并不知道胡宜芳和二叔之间所发生的这些事，他只是觉得胡宜芳是个音乐素养极高的美女，对她很有好感，很愿意和她在一起聊天。

一天，都快到了中午，胡宜芳还没有来上班。

听着同事们因为找不到胡宜芳而影响到工作的抱怨声，初江也有些着急，说道："她又没有请假，该不会是生病了吧？要不，我们到她宿舍里去看看？"

同事白了一眼初江："要去你去！我们害怕染狐骚呢。"

初江不大听得懂，笑笑坐了下来。他也不好当着大家的面就表现出自己对胡宜芳的热心。

终于到了午饭时间，初江装模作样缓步出门后，立即跑向院角边的宿舍楼。

只见胡宜芳的宿舍门紧闭，敲门也无人应答，但门上的窗户纸上，映出黄亮的灯光。

听见初江的敲门声和喊叫，左右邻居也都开门观看。初江说："请你们帮忙，借我个凳子。"

初江拿起走廊墙角砸煤块的铁锤，上到凳子上，小心翼翼地在窗户玻璃上砸了个角，撕开白纸，往里一看，大叫起来："她，她，死了！"

初江腿都软了，哆嗦着喊："来人呐！出事了！"

走道里的人都围了过来，但都不知道该怎么办。

初江稳了稳神，捡起铁锤砸起门来。在铁锤和身体的撞击下，门"嘭"的一声撞开了。

胡宜芳躺在床上，雪白的脸上两眼圆瞪，半张着的嘴角流出的黄色的液体，已将床上污染得一片狼藉，并顺着床沿滴挂着。

门口观望的人吓得"啊"的一声避开了。

初江一步跨进去，抱起胡宜芳就往医院跑。

胡宜芳是服用了超量的安眠药，生命迹象已经极其微弱。

守在办公室的元灼也吓得半死。他知道，如果胡宜芳就这样死了，不但以后自己要背负一辈子的愧疚，而且会在党部造成极大的舆论震荡，只怕是自己很难度过这一关了。

思考了一下，他给医院院长打了个电话，"这个正在抢救的胡宜芳，是革命先烈、抗日英雄的遗孤，无论如何必须把这个人救活！"

初江在抢救室外的长椅上守候了两天两夜，终于听到了医生对自己说："好了，病人已脱离生命危险。"

听到此话，初江倒在椅子上就睡着了。

温暖的阳光透过病房的窗户，撒到胡宜芳的病床上。初江捧了一束鲜花走了进来，笑眯眯地对胡宜芳说："今天阳光灿烂，祝你早日康复。"

胡宜芳没有答理他。

初江又拎出一个铁盒子："这是美国奶粉，我马上给你冲上。医生说了，今天你可以吃流食了。"

胡宜芳说道："谁叫你多事啊！你为什么要把我送到医院啊。"

初江说："宜芳，我们是好朋友吧？我不管你遇到什么过不去的坎，都会帮助你跨过去的。你看，今天的阳光多好，我就是想要你和我一起看今天的阳光、明天的阳光，感受到生活还是美好的。过去的事就让它过去吧，忘了它，我也保证不会问你的过去的。"说完，就拎起开水瓶打水去了。

秘书处的几个人捧着花进来了："胡秘书，对不起了，我们对你关心不够，请你原谅。""恢复得还好吧？好好保重！""你看，这几天你没上班，我们处里工作都一团糟了呢！哪里离得开你这个才女啊。"

胡宜芳只是礼貌性地给她们点了个头。

初江打完开水进来，忙跟同事们问好。

同事们一见初江，说道："原来姬秘书在这里啊！好啦好啦，我们也要回去了。""胡秘书，你要好好养病啊，我们盼望着你早日返回岗位！"

初江送她们到病房门口，一位秘书问初江："姬秘书，是你叔叔姬专员委托你来守护胡秘书的吗？那就辛苦你了，有事请通知我们。"

初江说："我叔叔没有跟我说啊。不过没关系，我就是来照顾胡秘书的。"

送走了同事们，初江刚回到病床边，胡宜芳就问道："初江，姬专员是你的叔叔？"

初江说："是啊，姬元灼是我的二叔。我父亲排行老大，他排行老三，中间我还有个姑姑。"

胡宜芳无力地说："初江，你走吧，不要再来了。"

初江笑道："又心情不好了？你就冲我发泄吧，我不在乎的。"

胡宜芳急了："我叫你滚啊！"

初江递给她一杯冲好的牛奶，被她一把打翻在地。

初江只管收拾着残局。

胡宜芳呻吟着："你滚啊，滚啊！"闭上眼睛，没有任何表情。

初江收拾完了，蹑手蹑脚走出病房，对值班的护士说："我觉得她的情绪很不好，晚上就麻烦您多关照，我明天再来看护。"

第二天，初江将一台电唱机搬到病房。

他见胡宜芳故意闭着眼睛不理睬自己，就打开了电唱机。《莉莉·玛莲》的优美歌曲在病房里流淌起来，音乐声中，一动不动的胡宜芳的眼角流出来眼泪，不一会儿，泪流满面的她强忍着哭泣，全身抽搐着。

初江默默地将一条拧干了的热毛巾盖在了她紧闭着的、泪如泉涌的双眼上。

机关食堂里，元灼端着饭菜坐到了正在吃饭的初江旁边。

元灼问道："老三，听说你这几天都在医院？"

初江回答："是啊，在照顾胡秘书。她今天已经好得差不多了。"

元灼说："是吗。三啊，我跟你说啊，你以后离她远一些。有些事你不晓得的，也不能晓得的。"

初江说："我晓得的，叔叔，这中央党部有些事情是要保密的，不能多问。不过，那个胡秘书性格好古怪哟，本来，长的又好看，又懂得音乐，工作也蛮优秀，么样总搞得像个冰块一样冷！叔叔，您家说，这个人到底有么故事？"

元灼长叹了口气："这个女孩子的命蛮苦的哟，抗战中，他的父母都随国军参加鄂西战役，结果在宜昌双双捐躯。那年她初中还没有毕业，在恩施的联合中学住读，后来战区司令长官陈诚在恩施找到她，听说父母双亡，她哭得死去活来。听说家里没有了其他亲人，成了孤儿，陈长官就把她送到了重庆，交给了蒋夫人。蒋夫人收留了她，并安排到中央训练团党政训练班学习。中央回南京后，她就一直在中央党部任职。"

初江说道："原来她的家世这样光荣啊。不过，对个人来说，她还是很可怜的。"

元灼放下碗筷，严肃地对初江说："我再跟你讲一次，你一定要远离她，不要闹出一点点瓜葛，否则我立刻送你回武汉！记住了？"

元灼给夫人说了一番如果胡宜芳再次轻生，将危及自己的前途、家庭的幸福的道理。其实，听说胡宜芳差一点死了，元灼的夫人也吓得要死，她信迷信，生怕是因为自己的鲁莽导致胡宜芳的自杀，那样的话，冤孽缠身，自己将永远不得解脱。在元灼的劝说下，元灼的夫人订了酒席，以夫妻俩的名义宴请刚出院的胡宜芳，给她道歉，希望她从此打消轻生的念头。

胡宜芳准时赴约，只是坐在席上没有动筷子。

元灼夫人赔着笑脸道歉，并说了些电影台词里面才有的人生领悟性的激励语言。

元灼等太太喋喋不休完了，再也找不到词了，就说道："因为误会，我太太伤害了你，这里面也有我的不是。胡秘书，我再次真诚地给你道歉，请你原谅我们。我真心地希望你坚强起来，好好生活下去。"

胡宜芳见元灼说到最后几句，眼睛真的有些红了，就鄙夷地斜视了他一眼。

一阵尴尬的冷场后，胡宜芳站起来，举起红酒杯。元灼夫妇立刻跟着站起来，举起了酒杯。

胡宜芳平静地说："我已经死过一回了，确切地说是两回。请你们放心吧，以后我的生活跟你们不会有一点关联，我也会好好活下去，不会再干傻事了。"说完一饮而尽，转身就走。

剩下元灼夫妇站在那里，面面相觑。

元灼夫人说道："妈的，什么东西，架子倒是蛮大的。"

元灼劝道："哎呀！算了吧，能够这样说，已经是很好的结果了。"

回家后，元灼夫人追问元灼："那个狐狸精刚才说她死过两回，还有一回是什么？"元灼不答理她。

听说胡宜芳上班了，秘书长破天荒地请胡宜芳喝咖啡。

到了咖啡厅，胡宜芳发现初江也在，欲退走。可秘书长已经看到她了，喊道："小胡啊，你到了？来、来，坐。"胡宜芳只好走了过去。

秘书长说："小胡啊，听说在你住院期间，都是小姬在照顾你啊？"

见胡宜芳不作声，初江忙说："啊，那是应该的，我们在一个办公室嘛，她又是我的长官，当然要照应的。"

秘书长问道："小姬啊，你觉得小胡这个人怎样啊？"

初江答道："很好啊！"

秘书长继续说道："那好啊，那你们可不可以继续、深入地交往下去啊？"

"不可以！"胡宜芳斩钉截铁地说道。

秘书长不悦了，说道："现在烽烟四起，党国飘摇欲坠，你们必须以党国大业为重。小胡啊，你还要胡闹下去么？我看小姬这个人不错，配得上你。我曾是你父母的长官，也算是你的父母，我就当这个家了。小姬，我去和你叔叔说，就准备婚事吧。"

不等目瞪口呆的这俩人答话，秘书长起身拂袖而去。

元灼把初江叫到家里，好好地骂了一顿："你啊！就是不听我的话！你，你……"

初江不解："宜芳不错啊，我蛮喜欢的。这是你的长官做的媒啊，你这是——"

元灼急得说不出话来："就是你！搞成这样，搞到秘书长那里去了，我还能么样啊！"

初江说："我投奔你了，你就可以替我伯伯做主。你要是实在不愿意，我就给推了呗。"

元灼直跺脚："还推得了么！"他在心里咒骂着秘书长忘八蛋、真他妈的不是个东西！

初江离开后，元灼太太讥笑道："你们姬家人都是什么东西，都被那个狐狸精迷住了！连辈分都不顾了！"

元灼气得大叫:"你给我滚!"

元灼太太挎上包,一扭腰:"我还不愿意管你们家里的破事呢!"出门逛街去了。

在秘书长的策划下,中央党校出面组织了一场简洁的婚礼,元灼作为男方家长、秘书长充当女方家长,并请来了胡宜芳父母的最高长官陈诚专程赶来证婚。

新婚之夜,初江对胡宜芳说:"不管你以前遇到过什么事,也不管将来我们还会遇到什么事,我都会陪在你身边好好保护你。"

胡宜芳流下了眼泪。

她从衣柜里取出一个琴盒,递给初江。初江打开一看,是一把精美异常的二胡,且年代久远。

胡宜芳说:"这是我父亲留给我的唯一遗物。戎马一生的父亲一直带着它。父亲牺牲后,是你叔叔元灼千辛万苦从战场上寻回,从此就再也没有离开过我身边。现在,我就把它交给你保管了。"

初江调了调琴弦,拉了起来。

悠长的曲子中,胡宜芳平静地看着初江,仿佛看到看父亲正在硝烟弥漫的战场上看着自己。

两个月后,初江接到福建省政府财政厅的任命。在国民政府风雨飘摇的时刻,初江携新婚的妻子,远赴福建就任福建省政府财政厅的副科长。

四十、黎明之前

武汉通货膨胀,一大家子的生活仅凭元烁的工资已经难以为继,元梅每天带领一帮孩子到洪山郊外捡菜叶、挖野菜度日。

元烁只是喝酒，每晚必备一碟兰花豆，没有就发脾气。

元梅把元烁安顿好了后，就开始召集孩子们吃饭。

她把煮好了的一大锅饭菜糊糊，倒进一个大铁盆里，拿锅铲敲着铁盆："老四、老五、老六、老七、老八，吃饭啦——！"

五个孩子从各个角落蜂拥而至，在桌子上拿起碗，到铁盆里捞满糊糊就吃起来。

元烁每晚督促孩子们临帖，他觉得这才是传承家风的大事，极度认真，稍有不对拿起痒痒挠就打手。

挨打最多的初湘，趁元烁上班去了，他找出痒痒挠用力折断成两截，扔进了茅坑里。

当晚，元烁监督孩子们临帖时，到处都找不痒痒挠，只好拿出一根擀面杖放在桌面上。初湘一看擀面杖，想象着这擀面杖打在手背上的感觉，不禁哆嗦了一下。

元梅找了几天的痒痒挠都没有找到，心疼得不得了："我的痒痒挠跑到哪里去了？那还是我在株洲买的呢，用了这些年了，么样就找不到了呢？"

这几个小的也不省心。

初胜对初湘说："听说龙华寺里有鬼呢，你敢不敢晚上进去？"

初湘不屑地说："我才不怕鬼呢！"

初胜说："那好，你要是夜里敢进去，我明天就把早饭给你吃。"

初湘说："那好，你晚上跟我一起去，你在外面等我，你看我进去。"

天黑了，这俩人走到龙华寺院墙外面。从一段倒塌的院墙缺口望进去，龙华寺里阴森森的，传来风的呼啸声。"你就在这里等我。"初湘说完，爬上砖瓦堆，跃身而入。

他在大殿里转悠了一圈，只有几个泥塑佛像一动不动，哪里有什么鬼怪。初湘笑了，就准备往外走。突然，传来一声咳嗽声，他吓了一跳，忙躲到佛龛后面。一会儿，见没有动静了，他摸了出来，寻找着咳嗽声传来的地方。

哦，原来是大殿旁边一排破房子里有人。初湘弓着腰，慢慢走近了亮着灯的窗口，只见一个老和尚坐在床边，在油灯下数着白天香客进奉的香油钱。初湘看呆了，有一大把零钱呢！老和尚将零钱放进床下的一只棉鞋里，把鞋摆好，吹灭了油灯，就钻进了被窝里。

等老和尚发出了轻轻的鼾声，初湘蹑手蹑脚地推开窗户，跳了进去，在地上爬着摸到了那只棉鞋，掏出了里面的钱。刚要往回走，只听"咳——咳"老和尚又发出了激烈的咳嗽声。初湘吓得赶紧趴在地上，一动不敢动。他仰起头，突然发现，老和尚咳得坐了起来，并好像在辨认着这地下到底是个什么东西。两双眼睛就要对视了，初湘的精神就要崩溃了，"腾"地一下，他扑向了窗户。没想到老和尚顺手拿起一个茶壶就砸在了窗扇上。"哗"的一声，茶水溅了初湘一脸。初湘转身又跑向大门，没等老和尚下得床来，他已经拉开门栓，跑了出去。到了院墙外面，后面传来了"抓小偷啊！"的呼声，初湘拉起初胜就跑。

跑到家里，初胜问道："你看到鬼了？"

初湘说："我在大殿里转了一圈，没有碰到鬼。"一把掏出口袋里的零钱："你看，我在老和尚屋里偷的！"

初胜高兴地说："那你要分我一些！"

初湘说："我们把钱存起来，到时候买好吃的。不过，你输了，明天你的早饭要给我吃。"

初胜不愿意了："你又没有到庙里面去，就是到了老和尚屋里，不算数。"

初湘说："我明明进去了的。要不明天晚上我再去一次，我给你找个凭证。"

第二天晚上，初湘又潜到龙华寺里进去了。这次，他出来的时候手里拿着一截佛像的手指头。这下，初胜信服了。

他向小伙伴们炫耀着："我哥哥不怕鬼，他敢夜里到庙里去捉鬼！"

小伙伴们不相信："吹牛吧！"

初胜辩解道："是真的！你看，这是昨天夜里我哥哥到庙里掰的佛像的手指甲！"

"我看！""我看！"小伙伴们这下信了："啊，你哥哥真的好大的胆子啊！"

到了晚上，这事情就传到了元梅耳朵里。

元梅一审初胜，初胜就把这两天夜里初湘的所作所为都招了。

元梅将初湘从床上揪了起来，压在床沿，拿起擀面杖对着屁股就是一阵暴打："看你还敢偷东西！看你还敢亵渎神灵！"

听见初湘的叫唤，元烁在客厅里喊道："明天晚上起，吃了饭后哪个都不准出去，都给老子在家里写字！"

元梅找到庙里的老和尚，将初湘偷出来的钱还给他，并不停地道歉。信天主教的她，还破例在菩萨面前烧了几炷香、磕了几个头，祈祷着菩萨能宽恕自己的儿子。

初慧考上了武汉大学。

元梅很是骄傲，对元烁说："你看，我也能培养出大学生！"

元烁没有理会她。

武汉各校的学生上街游行，拉着"反饥饿反迫害！""我们要自由要民主！"的横幅。

想到元灵所说的话，元烁直摇摇头："世风日下啊！"

正在车站当班的元烁，听说武汉大学军警对学生开了枪，大为惊骇，放下手头的事，赶到武汉大学，在大操场上聚集的人群中找到初慧，硬是把她拉回家来。

初慧抗不过父亲，回到家里还在不停地跟母亲哭诉、埋怨，说父亲在同学面前给自己丢人了。

元烁也不多说，只是一句："你再参与政治老子就打断你的腿！"

一日天刚黑，一名陌生人上蛇山找到元烁。他开门见山地说，自己是共产党，是元祥委托来的。武汉就要解放了，国民党要炸掉铁路，希望姬站长能保护好铁路，将铁路完好地交到人民的手中。

元烁应诺着。

出门时，见院门口有哨兵警卫，来人不放心地说："你得送我出去。"元烁什么话也不说，挽起他的臂膀，和他一同走了出去。

送走共产党，元烁一夜未眠。

大肚子的元梅抱怨道："你这翻来滚去的折腾了一夜，还要不要人睡觉。"

元烁冒了一句："你说，怎么说完蛋就完蛋了？"

元梅挺着大肚子，家里也没有请保姆，她干脆不让初睿上学，在家里照看弟弟们。

做饭、洗碗、带孩子的家务事都压在了初睿身上，初睿感到委屈，向父亲哭诉："凭么事就不准我上学，还要我每天做事。"

元烁只是喝酒，一言不发。他心里明白，这一大家子的生计都是靠元梅在支撑着，自己最好不要插手。

严关到北平约见张鹤鸣，告知他：天津已失守，北平也将不保。自己已经被任命为汉口市市长，希望张鹤鸣跟自己回到汉口。

张鹤鸣说："北平如果不保，汉口也指日可待。"

严关说："或许可能实现划江而治。"

张鹤鸣摇头："蒋先生和毛先生都是宁可玉碎不愿瓦全的好胜之人，谁都不会妥协的。更何况中国历史走到了这一步，一条长江怎么可能割裂得了中国、割裂得了血脉同胞？"

严关说:"正是如此,希望先生能到汉口帮助我。"

张鹤鸣拒绝了:"我帮不了你,正如我跟傅先生说我帮不了他一样。我一介书生,是不会介入政党之争的。"

刚送走严关,就见一辆轿车开到门口。一位军官下车来,给张鹤鸣夫妇敬礼:"张先生、姬先生好!这是蒋夫人送给您们离开北平的机票。请签收。"

初昌签收,并说:"请务必转告夫人,初昌夫妇叩谢夫人,祝夫人一切平安!"

一进门,两个女儿就拥了过来。

初昌问女儿:"你们今天乖吗?"

大女儿抗抗说:"我乖,妹妹不乖,妹妹今天都哭了好几回了。"

初昌拍拍女儿肩背:"哦,杨妈今天回家去了,你就好好领着妹妹玩啊。"

抗抗问:"那杨妈还回来吗?她走的时候可是把她的东西都带走了呢。"

初昌说:"等太平了她就回来。"

小女儿平平问道:"什么叫太平了?"

初昌不想被女儿们纠缠着,对抗抗说:"你带妹妹去玩吧,大人有事要谈。"

保姆杨妈听说北平要打仗了,不论初昌怎么挽留都不行,执意要马上辞职,要赶回到郊外的家里。初昌无奈只好放杨妈走了。兵临城下、人心惶惶,一时到哪里找得到保姆啊,初昌也只好将两个女儿丢在家里。

张鹤鸣对初昌说:"你看,我们真的要准备到台湾去么?蒋夫人这是念的师生情谊啊!"

初昌说:"这也是不给我们留一点商量妥协的余地啊!"

张鹤鸣："不过现在这一张机票千金难求呢，这一送就是两张，夫人的情谊我们不能忘啊！"

初昌说："我上有老父母，下有幼小的弟妹，还有这两个小丫头，你说，我们能割舍哪一头？"

张鹤鸣说："好在你跟夫人只是师生之谊，并没有上升到政党同僚。我们都是从事科学的，不管那个政党那个政权，都需要我们来建设国家的。我们留下来也没有什么可担心的，只怕真如他们所说的，还会极欢迎我们呢！"

初昌点头："是啊！我们没有任何理由离开。"

张鹤鸣突然说："对了，谢瑛呢？她可不一样，她在重庆可是在蒋夫人的委员会任职，报纸上、通报上都公布了的，她脱不了干系。他们现在也没有孩子，干脆把机票送给谢瑛、一鸣吧。"

初昌似梦初醒，忙应承到："好，我下午就去一趟。"

接到机票，刘一鸣、谢瑛夫妇俩感恩涕零。

谢瑛说："我们正急得不得了呢，一鸣的领导大多数都走了，即使没有搞到去台湾的机票，也设法到香港、重庆去了。就我们这样，哪里还搞的得到机票，只能坐以待毙了。"

一鸣说："你们是真的不走了么？真的留在北平么？"

初昌说："是的，我的家里情况不一样，上上下下十几口子，我不能连面都不见就走了吧？不像你们，两个人都无牵无挂。再说了，只有两张机票，我那两个女儿怕也带不走呢。"

谢瑛为难地说："那是，那是。现在到台湾的机票是千金难求啊，我们实在是没有什么可以补偿你了。"

初昌笑了笑："这机票本来就没有花钱，你要感谢就感谢蒋夫人吧。"

刘一鸣两口子连连感激："感谢初昌，感谢蒋夫人。"

初昌看着谢瑛家里的陈设，说道："你们这也是太清贫了，这还跟住部队宿舍一样。好在我给你们准备了些盘缠。"

初昌拿出一个皮包："这些是我的一些首饰，到台湾就变卖了，权当安家费吧。"

收了机票，还要收钱财，刘一鸣夫妇实在是不能这样做了，说什么都不肯收。

初昌发火了："给你们是我们当你们是家人。你们这一去，还不知道此生我们还能不能再见面！这些都是我自己的东西，你们不要，我就都捐了！"

话都说到这一步了，谢瑛看实在是无法拒绝，接过皮包，就要下跪。

刘一鸣忙拉住谢瑛，对初昌拱拳作揖："请转告鹤鸣兄，大恩不言谢，我们后会有期！"

第二天一早，元烁过江来找严肃，等到中午才见到匆匆赶回家的严肃。

元烁赶紧把昨晚之事告诉严肃，并问道："这是真的吗？"

严肃低声告诉元烁："是真的，我也知道他们去找你的事。严关现在是汉口市市长，我们俩与中共也有联系，准备和平接受解放。白崇禧计划撤退，已得到消息，他们计划撤退后炸掉所有铁路、车站和桥梁，可能炸弹都安置好了。你放心，警备司令部和铁路局也有中共的人，到时候你按他们的要求做就是了。"

元烁不解地问："那我怎么晓得接到的命令到底是哪一方的？"

严肃笑道："你这个代理总站长看哪条命令是保你吃饭的家业的你就听谁的。当年在湖南对付日本人，你不是蛮会随机应变的吗？"

回到家里，见元梅抹着眼泪："六丫头不见了！"

这丫头不比小子，世道这么乱，怕是凶多吉少。元烁真着急了，睁着眼等了一夜，也没见初睿回家。一大早，他就赶往车站，希望着女儿会在车站自己上班的地方等着自己。

一到车站，元烁见人就问："见到我的丫头没有？"

有同事说："你姑娘昨天是来过了，没找见你就走了。"

元烁焦急地在车站里乱转，见到年纪相仿的姑娘就追上去看看。

突然，他发现道砟旁有一个小包袱，打开一看，正是初睿的换洗衣服，还有几毛钱。

元烁呆住了，自言自语道："这姑娘怕是没了。"

一整天，元烁心神不定，拿着包袱早早下班回到家里。跟元梅一说，元梅立刻顿足号哭起来："这是被人贩子拐跑了啊！"

元烁睁着双眼躺在床上，到半夜，说了句："明天到报社登寻人启事。"

四十一、铁路保卫战

在江边，已听得见江岸谌家矶方向的炮声了。

国民党武汉警备司令部宣布武汉三镇进入战时状态，实行军事管制。粤汉铁路全线实行军运，停售客票。白崇禧所属部队正在利用铁路线加紧南撤。

接到武汉警备司令部副司令兼平汉铁路局局长邬浩的命令，要求立即将已经调到武昌总站准备南撤的两台火车头调回汉口。元烁不敢怠慢，执行了这个命令。

火车头刚刚到汉口，汉口戴家山的二道桥、三道桥就被守备部队炸毁，汉口外围的铁路线陷于瘫痪。

天刚黑，又有两台机车开进了车站，在货场线待备。

元烁一看，打定了主意：将这两台机车调到徐家棚。他跟调度说，紧急情况，长官现场指挥要求立即将机车发往徐家棚，赶紧开通线路。

在夜幕的掩护下，这两台机车飞快地往北开走了。

现在，车站里只有一列待发的军列，再也没有一台机车在这里待备。自己做到了言而有信，元烁满意地长吁了一口气。

严肃一大早就陪着夫人莲芳到了汉口花旗银行，将存在银行保险柜里的金条、美元全部取了出来。

汽车路过江边码头，严肃从汽车里看到两辆军车正在江边卸油桶。几个警备部队的士兵将油桶都滚到水边，打开桶盖就往江里倒油。

严肃大吃一惊，忙叫人把那个领头的军官喊过来，问道："你们这是在做什么？"

军官一见严肃，赶紧敬礼："报告长官，我们是在执行命令，将这二十五桶汽油全部倒进江里！"

严肃训斥道："简直是胡闹！快叫他们停止！"

"对不起长官，我们这是在执行命令，如果要停止，必须得到武汉守备司令部的命令！"

严肃说："你们先停下来，我马上联系武汉守备司令部，命令马上就会到！"

军官向江边喊道："你们先停下来，等新的命令！"

严肃看了看手表，问军官："你们部队下一步的计划是什么？"

军官说："撤退到武昌。"

严肃说："我现在联系守备司令部恐怕要耽误些时间。干脆，我出钱，把这些汽油买下来，你看如何？"

军官犹豫了一下，说道："违背军令，是要上军事法庭的，这恐怕不行。"

严肃笑："你们就要撤退了，还不晓得紧接着又要撤到哪里。你和你的弟兄们还是实惠些好，有些钱也好对自己和家人有些安排。"

严肃对莲芳说:"快些,给我拿两根金条。"

莲芳赶紧递给严肃两根金条。严肃递给军官:"这个世道,只有这个管用。你看,你们的长官早就撤离了,你就回复命令说你完成了任务,难道还会有人再过江来核实?要是有人追究,你就报我的名字,我叫严肃!"

军官收下金条,又敬了个军礼:"谢谢严长官!"

军官喊道:"全体集合,收队!"

严肃接过莲芳手里的包,说:"把这些东西给我,你先回家吧。我要安排人把这些汽油拉走。等武汉接收了,这些汽油可是要派上大用场!"

在汉口市政府严关的市长办公室里,严肃、严关和一些穿便装的、穿警服的人在密谋着。严肃从包里拿出十根金条放到桌面上,其他一些人也纷纷拿出金银、美元。

吴青天找到已经是江岸机务段总工程师的齐扬灵,告诉他:"国民党溃败前,计划将机车都调到粤汉线,随国民党军往南逃窜。你要想办法把机车留下,不能让他们开出江岸。你还要做好准备,防止他们狗急跳墙将机车和车间炸掉。我们也有些准备。"他递给齐扬灵一个文件包,说:"这里是些金条、大洋和美元,都是武汉工商界进步人士筹集来的。分给你们一些,你在现场要见机行事,能花些钱打发的就花钱打发。你在这里负责,我到机车厂去。一定要把铁路设备完好地保护下来交给解放军。"

齐扬灵带领着工人们,将几台机车移到靠院墙边的一个很少使用的杂草丛生的轨道上。一拨工人在往机车上抹着黄油,一拨工人又在不远处挖了个大坑,将排水管里的污水引来,和起了黑色的泥巴浆。等黄油抹好了,大家一起将黑泥巴浆子糊到机车上,有人还在泥巴里种上了几丛杂草。

大家走到在不远处,看着自己的杰作,笑着对齐扬灵说:"齐总,怎么样？这就是让当废铁卖都没有人要的！"

正在这时，有人喊道："齐总！快到调度室来，有长官来了！"

见几个持枪荷弹的士兵护着一名军官站在门口焦急地等着。见齐扬灵跑过来，军官赶紧问道："您就是齐总工程师？我们是华中军政长官公署的，需要紧急调用你们段里现有的所有机车头过江。这是华中军政长官公署的公函，这是平汉铁路局的调度命令，请您协助！"

齐扬灵故作惊讶地说："长官啊，您是不是来晚了？一大早，我们的机车都调到长江码头，过江去了啊！"

军官先是一愣，紧接着骂道："放屁！老子刚从对面码头过来，你是想糊弄老子？你是不是已经通共了啊！来人！把他给我绑起来！开不出火车，就把他给我枪毙了！"

旁边站着的士兵，把齐扬灵绑了起来。

齐扬灵叫道："老总！冤枉啊！您看，机务段就这么巴掌大的地方，我还能把火车头藏起来啊？要不，我带着您把这里都走一遍，要是您看到有，就直接枪毙我！"

军官说道："把他押上，走！"

沿着铁轨，一帮人把整个机务段搜索了个遍，除了堆起的配件和废铁，果然没有看见火车头。

军官骂道："妈的，你这里就没有一台完整的？"

这时，齐扬灵说："有，我在带你到备用线上看看。"

军官眼睛一亮："快！"

走到备用线，齐扬灵指着那几台糊好了泥巴的机车，说："这里倒是有些完整的车头。"

军官上来就给齐扬灵一耳光："妈的，你是折腾我们？这些废铁疙瘩你给老子开起？忘八蛋们，共军还没有进城，就混乱成这样了，情报没一个靠谱的。走！我们回去复命。"

看着他们的摩托车离开，齐扬灵松口气擦了一把汗："吓死我了！"

晚上，守在值班室的齐扬灵又接到电话：守备司令部稽查处的一个分队将到机务段执行公务，准备接待并配合。

齐扬灵又冒汗了：完了，完了！这就是到了老吴交代的"狗急跳墙"的时候了，他们这是要来搞爆炸了。他赶紧说："快，你们把护段队的人都召集起来，找几个能说会道的跟着我。"

一辆汽车拉着一队国军的工兵营爆破队，开进了机务段。没想到他们倒是挺和气的，带队的队长主动给齐扬灵一帮人递上香烟："来来，烟酒不分家，吃一根吧。"又对车上的人说道："你们下来几个人，先把炸药搬下来。"问齐扬灵："齐总，您看，这些炸药卸到哪里啊？"

一听是炸药，齐扬灵吓得赶紧对同伴说："快，把香烟赶紧都灭了！这都是炸药！"

几个同伴灭掉香烟，互相使了个眼色，有人就要离开去报信。

齐扬灵见这位队长还在看着自己，等着回话，就笑着说："老总，等他们慢慢卸，您和我到值班室琢磨一下，看我们到底怎么配合，行吗？"

队长回答得很干脆："我们的目标是水塔！"

齐扬灵慌了。这火车头可以隐藏，这水塔高高在上目标明显，可是没法藏得了啊！

他对自己的同伴说："你们不要乱动啊，陪着老总们先休息，等我们商议一下这水塔该么样炸。"

一进值班室，齐扬灵就把装着几十块银元的布袋递了过去。队长掂了掂分量，放在了桌上。齐扬灵见状，又递过一根金条："那些是给您的弟兄们的，这是孝敬您的。"

队长把金条放进自己的口袋里，拎着银元袋，说道："您是敞亮人，我也不为难您，但您得配合我，让我好交差。"

齐扬灵说："要不您就炸火车头？上头不是训导过我们吗，不能留下一辆火车头？"

队长疑惑地问："你们这里还有火车头啊？"

齐扬灵说："没有能开的，但有报废的啊。您就说是发现了还可以修复的火车头，不也是大功一件么？"

队长犹豫了一下，说："这炸是一定要炸的。我这八箱炸药，都是要听响的。"

齐扬灵一作揖："我一定好好配合！"

出门后，队长把银元袋往驾驶室一扔，命令道："去几个人，带上炸药，跟着师傅们走。照相的也去，别忘了留证据！"

齐扬灵对同伴安排道："你们几个，带他们去做爆破。就是停放在整备线东尽头的那副报废车架。记住了？"

齐扬灵令人搬来桌椅、沏上两杯好茶，和队长在汽车旁品起茶来。

不一会儿，"轰隆"一声惊天动的巨响，将齐扬灵手里的茶水都震荡了出来。

队长得意地问齐扬灵："这声音，如何？"

齐扬灵伸出大拇指："响亮！好药力！"

队长说："这种炸药，要是爆破点选得好，一箱就可以破坏十几米的铁路线。"

齐扬灵问道："您炸过铁路？"

队长说："炸过。抗战的时候，我在粤汉线破坏大队干过。"

齐扬灵赞叹道："噢，原来您是抗日英雄。"

队长摇摇手："莫提了！好汉不提当年勇。"

正说着，几个人回来了。

"怎么样？"队长问道。

"很好。那个机车，居然水箱是完整的，爆炸效果相当好呢！"

"是好，狗日的回音那么响，老子还以为你真的炸了一辆火车头呢！照片没有问题吧？"

"没有问题！"

"上车，准备撤。"

"车上还有八箱炸药呢！"

队长想起来了："哦，齐总，还要麻烦您，叫你的兄弟帮忙，把车上的炸药都搬下来。本来我们还要到机车厂去的，看这个架势，还是不要白跑一趟吧。你想办法，我们要听响，要听个大响，要让武昌都听得到！"

齐扬灵大声应道："好啊，这任务就交给我了，保证让武昌都听得到！"

队长带领着这帮人开车离开了。车刚开到黄浦路，后面就传来了一声震耳欲聋的巨响。坐在驾驶室的队长满意地眯上了眼睛，打起盹儿来。

但还是有些地方在当晚被炸毁。汉口集家嘴码头被炸毁，武昌下新河趸船被炸沉。大江两岸火光冲天，各处真真假假的各类爆炸声混搅在一起，成了一个大炸场，就像是除夕之夜、转钟之时般热闹。是夜，三镇市民整夜无眠。

江岸刘家庙的夜晚，白崇禧的部队静悄悄地开进街道，在屋檐下靠着墙，睡了起来。

天蒙蒙亮，有人家早起开门准备生火做饭，一见门外墙下躺的全是兵，吓得赶紧又关上门。见有人家起来了，一年少士兵小心翼翼地去敲门。门又开了一条缝，这个年少的士兵举着一个军用水杯，对门后的老太太说："给点吃的吧，我都饿了一天一夜了。我用这个杯子换吃的。"

老太太打开门，递给他一碗昨天的冷饭。小士兵把冷饭倒进饭盒，回头又忙把水杯递了进去："这个就给您了。"

待天大亮，居民们再打开大门，街上已空无一人。

除汉口城防部队外，长江北岸的国民党大部队已全部撤至武昌。

刘家庙的刘老爷全家，也随着在白崇禧部队做长官的儿子南撤了。只有在扶轮小学教书的小女儿刘雅韵，因为当晚被困在学校，没能随全家一起走。因为没有找到女儿，刘老爷给她留了封信：好好守着家业，等我们全家回来。

解放军在汉口北面集结，国民党军队已从汉口全部撤走，警察也不管了，汉口进入"真空时段"。

已经完全控制了汉口的共产党地下组织和各级城工部，纷纷派出代表，与武汉市民临时救济委员会、市商会以及学生联合会代表，共同赶往汉口北面的戴家山联络解放军。

吴青天也忙着组织人员做着迎接解放的工作。他安排着等明天上午九点钟，必须准时开出一列轨道车，直接开往谌家矶车站，迎接解放军进城。

齐扬灵说："我可不可以一起去？"

吴青天笑着说："你修火车可以，开火车可没有资格。"

齐扬灵刚要辩解，吴青天说："你不要急，有你的任务，而且非常重要。你不是能开汽车么，你负责开一辆汽车，今天会议结束就动身，将我们的联络代表送到戴家山，与解放军先遣兵部队联络，并把解放军的联络员接进城。"

齐扬灵高兴地说："太好了！这历史留名的好事非我莫属。"

吴青天笑着拍着他的肩膀："你是汉口最先解放的人。"

表面宁静的汉口街道，实则激流涌动，人们在私下相互转告着：解放军到了戴家山，解放军到了堤角，解放军到了丹水池，解放军到了刘家庙！解放军就要进城了！

1949年5月16日早上，解放军先遣部队一个营悄悄进入汉口，迅速控制了电厂、水厂等各大重要设施。

走上街头的市民们惊喜地发现,满街到处都张贴着欢迎解放军进城的标语,报童们叫卖着《新湖北日报》社的"武汉解放"号外。

下午,中国人民解放军第四野战军第四十军一一八师在师长邓岳的率领下,正式从江岸刘家庙开进汉口市区。

汉口各界人士犹如潮涌般聚集到道路两旁迎接解放军进城。

武昌总站,一列载满国军士兵的军列正准备往南发车。

一位军官跑向调度室,向持枪守在调度室的军官喊道:"十万火急,把车站里储备的车头都调出来!"

元烁说道:"已经没有机车了。"

军官看看手里的文件,拔出枪来:"不是还有两台吗?"

元烁说:"昨天夜里警备司令部调了一台到汉口,还有一台不知道到哪里去了,想询问调度,调度室电话又没有人接。"

军官怒骂道:"妈的,党国就毁在我们自己人手里!快撤,最后一列马上就要发车了!"

一夜之间,武昌的国军也没了。

不一会儿,粤汉线余家湾方向远远传来了一阵阵爆炸声。这是国民党军队沿粤汉线撤离武昌后,为了阻止解放军沿铁路追击,将沿途铁路桥一一炸毁的爆炸声。

调度长抹了一把汗:"站长,幸亏他们没有时间给徐家棚打电话,不然你就是烈士了。"

元烁忙问:"放炸药的地方都晓得吗?"调度长伸出八字指型,比画着说:"他们早就进来了,只怕都换成棉花包包了。"

当夜,武汉三镇万家灯火,一派安宁。

不知是谁,深夜中在黄鹤楼上竖起了一面红旗,在江风中猎猎飘扬。

次日,解放军开始渡江到武昌。武昌街头出现了维持秩序的解放军。

傍晚，解放军大部队沿武冶公路进入武昌市区，武昌人民倾城出动，在阅马场载歌载舞欢迎解放军入城。

各校师生成为欢迎队伍的主力，初慧和同学们在队伍中唱着解放区的歌曲："同胞们，大家要看清，卖国贼蒋介石假装求和平，他的军队眼看要垮台，他还想坐小朝廷，他想保存反动军，他想喘口气，再来杀人民。嘿嘿，全国老百姓大家要看清，只有打垮蒋介石才能有和平……"

素有九省通衢之称的大武汉，就这样兵不血刃地迎来了解放，完成了历史上一个巨大的时代更迭。

四十二、天亮了

挺着大肚子的元梅却没有理会外面的热闹，她还在牌桌上鏖战。

这一把牌极好，才摸了两张牌就听了，还是一个满贯大胡。等上家把她要胡的那张牌一打出，她兴奋地大叫了一声："满贯！"随即，"哎哟"一声，不动了。

元梅在牌桌上分娩了。

姬家又添了个男丁。因为出生在武昌解放的日子，元烁给他起名为初解；又因为是元梅的一声"满贯"将他喊出来的，元梅给他起了个小名叫"满贯"。

解放军进了武汉，立即成立了武汉市军管会交通部铁道处，对汉口的平汉铁路管理局和武昌的粤汉铁路管理局进行了接管。

武昌总站军管会主任邱先阳，主持了全站职工大会，元烁等三人披红戴花、端坐在主席台上。

主席台上放了一沓报纸。邱先阳拿了一张，说："这是武汉市解放后的第一张共产党的报纸——《江汉日报》，头版就是我们车站光荣的姬段长的照片，标题是——《姬元烁保卫大武汉有功！》这是我们车站的光荣！是我们铁路的光荣！"他喝口水，润了润嗓子，继续说道："下面，我宣布军管会的命令：南下的英雄营长李峰同志，就地转业到武昌总站担任站长，姬元烁同志担任副站长。"

元烁觉得很荣耀，回到家里嘴角还挂着微笑。

初慧兴奋跑进家门："姆妈，爸爸！我见到初睿了，她是解放军！"

元烁和元梅没有反应过来，追问道："你再说一遍，说清楚些！"

初慧咽了一口口水，说道："我和同学们在街上欢迎进城的解放军，在队伍里看到了初睿。她扎着红绸子，在队伍里扭着秧歌呢！"

元烁问："她是哪个部队？番号是多少？"

初慧摇头。

元梅急了："哎呀，你说你，也不问清楚。我要找她去。"

初慧说："你们急么事啊，我已经跟她说好了，等她到驻地安顿下来，就会请假回家的！"

元梅听她这么一说，马上提着篮子上街买菜去了。

初睿一身军装，昂首阔步地回到家中。元梅拉着她的手，笑得合不拢嘴。

元烁对初慧说："四丫头，你快到学校去，给弟弟们告假，跟他们的老师说，我们家的解放军回来了！"

元梅想起来什么，对初睿说："对了，排骨藕汤都煨好了，你先喝碗汤！"

元梅从厨房里把汤碗端到桌上，又把筷子递到初睿的手中。

初睿挑起一块藕就递到嘴里。元梅喊道："你慢一点，烫嘴！"

初睿笑道："嗯嗯！还是姆妈煨的汤好，藕好粉啊！"

初湘、初胜回到家里，见到初睿，也都兴奋地围过去问了起来。

只有初许，看了一眼妹妹，又看了一眼父亲，躲到墙角看起了书。他心里充满了嫉妒和遗憾，想到若是当年自己投奔延安成功，那今天荣耀和骄傲的就该是自己了。

元烁见几个孩子都回了，喊道："好了，都不要吵了，先上桌，让六丫头慢慢说。"

席间，初睿讲述了自己这一年的经历。

去年，初睿下定决心要离家参军，准备找父亲安排上火车。但当时火车站里很乱，找父亲也没有找到，就扒上了一列票车。车上挤满了南下的人，挤车时包袱也掉了。票车停停开开、断断续续，走了快一天，自己也饿得肚子咕咕叫。刚过咸宁车站，火车又停了。初睿看见了山坡上的红旗，就跳下火车往山坡上爬去。翻过山坡，在一片平地上，见到了一队解放军小战士在那里学跳舞。初睿就死磨硬缠，要求他们留下自己。天黑了，她也没处去，解放军的一位首长就同意先收留下来。第二天，初睿也加入他们学跳舞的行列，宣传队的队长发现这个小姑娘不管什么舞，竟然一学就会，比那些老队员强多了。队长就带着初睿跟首长请求，希望能收下她并进宣传队。于是，初睿就正式成为解放军的文艺宣传员。进武昌城后，部队将重新整编，她将随宣传队转入湖北省军区。

元梅边听边抹眼泪，骂道："要是遇到人贩子么办？要是遇到土匪么办？你个小孽种，要是敢再跑，就不要认这个家了！"

初慧笑道："姆妈，您家说的么事话啊，她现在是解放军了，还能往那里跑啊？"

元梅"扑哧"笑了，起身说："我也管不了了。我去给你们端汤去。"

见元梅离开桌子，元烁小声问初睿："你是不是恨家里人才往外跑的？"

初睿也小声答道:"恨,倒不是。我们家里只喜欢哥哥弟弟,就让我做活。反正我笨,读书写字都不如他们,干脆就参军。部队好,男女平等,对女的还更好些。"

听了此话,元烁端杯喝酒,不再言语。

初睿想到一件事,说道:"伯伯,我们在进城前的行军中,路过汉川,正好在那里休整夜宿,我们宣传队被安置在一个大宅里,那家好像也姓姬呢。"

元烁问道:"那个大宅是么样的?你给说一下。"

初睿说:"有个大院子,里面的堂屋前有两根好粗、好粗的大柱子,我和战友试了一下,要两个人牵着手才勉强能抱得住呢!"

元烁眼睛一亮,催促道:"还有呢?快说。"

初睿继续说道:"堂屋好大,我们打地铺就睡了十几个人。后面好像有三、四间厢房,不过我没有进去看,这家的人都躲在里头睡呢,都是首长进去跟他们谈话的。对了,院子里有厨房,有茅房。我们人多,茅房不够用,说是厢房后面还有一个茅房呢!"

"大门口呢,大门口。"元烁急不可耐地问道。

"大门外有谷场,还有两棵大槐树。墙角有几棵桂花树,都开花了,好香的。院子里还有一个大石磨子……"

"大门上有牌匾吗?"元烁忍不住了。

"没有。但是我听首长说,原来是有的,这家人家在我们进来前给收起来了。首长说,他去看了那块牌匾,说那还是个名人题词,有历史价值呢!"

元烁激动得站了起来:"丫头,那就是我们家啊!是我们的老屋,也是你的家啊!"

初睿很意外:"这么巧啊,我在自己家老屋里住了一晚上,自己还不晓得!"

元烁兴奋地说:"是啊,是啊!你是抗战后我们这一房第一个回老屋的人。是老天爷显灵啊,要你替代我们家回老屋去住一夜。只是可惜你不晓得,你要是晓得,就在老屋里焚一炷香,敬敬先人该多好啊!"

初睿笑着提醒道:"我们是解放军啊!"

元烁尴尬地说:"那是,那是。"

在解放军的领导下,成立了平汉铁路抢修工程委员会,组织抢修被国军炸毁的铁路、桥梁,支援解放大军南下。

8月1日,郑州至汉口正式恢复通车。首趟列车,载着中南军政首长直接开进汉口车站。武汉各界也在车站站台上组织了隆重的欢迎和庆祝活动。严肃和元烁也都接到通知,早早来到了汉口火车站。

严肃和军政要员们站在第一排,他俨然也列属政府官员了。见到后面的元烁,严肃对他招招手,低声说:"晚上,到我家小聚。"

严宅所在的林森路,现在又改回一元路的路名了。这是新中国成立后俩人的第一次相聚,也是难得的可以不忌讳、不设防的相聚。

严肃告诉元烁,自己现任中南行政委员会参事室参事、民革省委副主任;严关任武汉市人民政府参事室主任,民革武汉市委主任。兄弟俩又开始了在新政府的共事。

严肃叹道:"我是费尽了心思,说动了我的弟弟留了下来,但没有想到,自己的儿子却跑去了台湾。你莲芳姐为这事一直在埋怨我。唉!现在老大一家跑了,姑娘嫁到上海去了,家里就剩下一个聋哑儿子,平常连一个说话的人都没有,也难为你莲芳姐了。"

严肃的小儿子出生,就遭遇到日本飞机对重庆的大轰炸,一颗炸弹正在他出生的医院爆炸,婴儿房里唯一救活的孩子就是严肃的这个儿子。这个不幸的孩子从此就成了聋哑儿,而且反应比别的孩子迟钝。这也成了严肃夫妇最大的心病。

元烁问道:"元灼应该也在台湾吧?这是不是也要归罪你。"

严肃说:"他是到了台湾。不过他的事倒真是不能怪罪我,师傅领进门,修行在个人呐。我跟他早就没有联系了,他也不会认我这个师傅的。"

听到楼上的咳嗽声,元烁问道:"莲香姐身体还是那样?"

严肃说:"是的啊,该请的医生,不管中西医的,都请了;该用的药也都用了,这不,才从香港寄回来的进口药。但就是没见好,也没有确诊到底是什么病。"

元烁说:"我上去看看她吧!"

严肃陪着元烁上楼进入莲芳的房间,女佣正在给躺在床上的莲芳喂药。

"是元烁来了?我都听到你的声音了。"莲芳喝完药,背靠高了些。

元烁笑道:"姐啊,你这是说话声音越来越小了,耳朵却是越来越灵啦!"

莲芳笑了笑,又咳了起来。

元烁见莲芳已经消瘦得不成人形了,不禁鼻子一酸。

严肃说:"老弟啊,你一来就把你姐逗笑了,她可是几个月都没有给我笑脸呐!"

莲芳说道:"你家里都还好吗?前些时收到了大姑娘的信,那几个大小子么样不给我来信啊?"

元烁说:"您家就放心吧,他们都好得很呐!您家好好养病,现在又不打仗了,您家可以到每个侄女侄儿家都去住段时间,到处玩玩。"

莲芳说:"你就莫宽慰我了,我这样的身子骨,还去得了北京城啊?"

元烁说:"不是宽慰你啊,现在条件好,么事药都买得到,么事名医都请得来,您家就早些把病养好,还有的是福享呢!"

莲芳点点头:"嗯,嗯,好好养。"

四十三、刘家小姐刘雅韵

1906年，随着京汉铁路全线通车，以刘家庙为中心的江岸地区聚集了三千多户铁路人家，成为京汉铁路南段最大的铁路员工住宅地区。为了给铁路子弟提供读书的地方，当时负责管理铁路的法国人在刘家庙车站附近临街的地面修建了一栋法式二层小洋楼及校舍，开办了专供铁路员司子弟读书学习的"江岸扶轮小学"。

1946年抗战胜利后，国民党江岸区党部在江岸机务段大门向北、过马路几百米远处选址盖了一栋两层楼作为区党部机关，因此，这一片地方被称为"党部区"。因为扶轮小学对铁路员司子弟入学实行的是免费制度，不收纳非铁路子弟，区党部就在机关楼旁边盖了几间茅草屋，专门收纳刘家庙地区的非铁路子弟入学，被称为"党部小学"。

这样，江岸区就出现了两个小学。当然，地方小学的茅草屋，远比不上扶轮小学的豪华。扶轮小学红色的砖院墙，红色的砖瓦楼，教室里全部是木质地板，还设有琴房做独立的音乐教室；院子里建有大操场，提供给学生出操；教学楼对面，又加盖了一栋教师办公楼。江岸扶轮小学后改属交通部直辖，其教舍条件和师资力量在全国铁路二十多所"扶轮小学"里都是屈指可数的。

刘家庙刘家的小姐刘雅韵，就是通过考试进入进了扶轮小学当老师的。

新中国成立后，扶轮小学和全国的铁路学校一样，统一改名为"江岸铁路职工子弟小学"；"党部小学"先是更名为"武汉市第四十二小学"，后又改为"新村小学"。

刘老师依然在铁路小学里教书。

为了提高劳动阶层的觉悟，新成立的人民政府将刘家庙地区的人力车夫、搬运工等组织起来，在四十二小学里办起了识字扫盲夜校。刘老师白天在铁路小学教书，晚上就到扫盲班里做起了义务老师，每天忙得不亦乐乎。她觉得，这才是教育的真正目的，自己做的是真正有意义的事情。

在吴青天的安排下，齐扬灵每晚也到扫盲班里代课。

一天，吴青天对齐扬灵神秘地说："我这里有样好东西，你肯定会喜欢。抽空到我家里来一趟。"

被吴青天的"好东西"所吸引，齐扬灵忙完后，连夜赶往吴青天家。

吴青天指着墙角说："就是这东西。"

齐扬灵见是一堆废铁，大失所望："师傅，您家又在戏弄我。你晓得机务段里废铜烂铁都堆成山了，我还会稀罕您家这点破烂？"

吴青天对他挤眉弄眼："你好好看看再说！"

吴青天的装神弄鬼重新勾起了齐扬灵的好奇心，他翻弄起这堆废铁。不看则已，定睛一看，齐扬灵也兴奋起来："啊！是荷兰'羚羊'自行车三脚架！好东西！您这是从哪里淘来的？"

吴青天笑了："你不是说是废铁吗？"

齐扬灵不好意思了，说："我说嘛，师傅不能总是哄我啊。以前那个死了的日本段长小林，就有一辆荷兰'羚羊'自行车，他小气得摸都不让我摸一下啊。"

吴青天说："这是我从废品收购站里淘来的。可惜啊，只有这个三脚架是完整的，你看，这个把手也是'羚羊'原装的，就是被铁锤砸弯了。这个轮圈也不错啊，是老英'汉堡'的，就是也变形得不像样了。"

"没关系，您家当年不是空手都拼凑了一辆汽车么？就这些，在您家的手里，还不轻轻松松就可以搞出一辆新'羚羊'！"齐扬灵有些羡慕了。

吴青天说："你少恭维我了，我现在忙得像狗獾子，还哪里有时间去搞这些事。我看你每天几个地方跑，就算是支持你的革命工作了，就送给你了！"

"好啊，您家这个师傅没有白当……"

没等他说完，吴青天说："不是白送哟，我可是花了钱的，你得送我几瓶好酒。"

齐扬灵马上应诺道："那是，那是。我就是拿着钱也买不来这些好东西啊！"

吴青天戏弄地说："就不晓得你是不是真正出师了，莫浪费了我这些好东西。"

齐扬灵说："您家放心，我连火车头都能搞好，还搞不好一辆自行车？"说完，就找了个麻布袋装了起来。

吴青天说道："你这么慌着做么事？又没有人抢你的。放下，先陪师傅喝茶聊天。"

齐扬灵只好极不情愿地放下手里的"宝贝"，陪师傅坐了下来。

齐扬灵好奇地问吴青天："师傅，那个刘大小姐真怪，她怎么不像个有钱人家的小姐啊，她为穷人做事好积极哟。"

吴青天说："你不晓得啊，她在扶轮小学的时候，我们汉口党支部的同志就在那里活动，这个刘老师刘雅韵就是我们的外围积极分子。按说他们全家离开刘家庙的那两天，她应该晓得的，但她借故留在了学校。我猜想啊，她是故意要留下来的，但她又不想给自己留下个不孝的罪名，才这样做的。"

齐扬灵说："你这都是猜测吧。"

吴青天笑了一声："你要晓得我是做么事的，这一点都看不出来？你看啊，她得到全家都跑了的确切消息后，是长长舒了一口气。那神态，既是为她家人的安全逃脱欣慰，更多的是为自己得到解脱后的开心。还有，在她家人逃跑之前，她就打报告，申请要铁路宿舍。现在，刘家的所有财产、房产都被政府没收了，她提前就搬到铁路家属区去了，好像他家里的那些事跟她没有一点点关系，每天就是高高兴兴地上课，高高兴兴地给师傅们扫盲。我说啊，刘老师是彻底地背叛了她的阶级，全心全意地为穷人服务了。"

齐扬灵感叹道："只要是跟你们接触过的人，都会被你们改变的。"

吴青天说："那不一定。我有个老朋友，我们都影响他了一辈子，他都没有改变。好啦，不说闲话了。现在支援抗美援朝的运动在全国都轰轰烈烈地开展起来了，我们在夜校也要进行宣传鼓动。回头我们开个会，布置一下。"

这个齐扬灵不愧为机修专家，就凭着吴青天送给他的这些零配件，他又在废品站、自行车行里淘了些配件，短短一个月，硬是搞出来一辆高配置的自行车。不光是把自行车组装得天衣无缝，那些进口配件，如博士摩电前灯、米勒尾灯、罗格斯铃铛、双管前叉、同步前后闸等一样不少。他骑着这辆超豪华的自行车在街上一遛，引来不少羡慕的眼光。

可是，他还没来得及向吴青天炫耀，就听说吴青天被公安局的人带走了。

公安局的民警分别找了和吴青天共过事的人了解情况。找到齐扬灵，问道："你知道他在解放前的一些情况吗？"

齐扬灵说："晓得一些的。他好像原来在徐家棚，后来在江岸机务段。他开过火车，做过捅灰工，扳过道。对了，他还拉过人力车。"

民警说："你说的这些很重要，我们也知道了。你知道他给国民党做事的事情吗？"

齐扬灵说："没有啊，他是跟国民党对着干的呢！解放的时候，就是他安排我们把要炸铁路的国民党糊弄走的。"

民警提示到："你听说过他参加国民党的事没有？还跟国民党一起炸铁路？"

齐扬灵想到了"平汉铁路破坏大队"的事。但他记得当年对吴青天的承诺：以性命担保不提这一段事，就摇摇头回答道："那倒真的没有听说过。"

齐扬灵回到夜校，刘雅韵赶忙问道："这是么回事啊？老吴不是地下党么？怎么说是国民党啊？"

齐扬灵说："我也搞糊涂了。不过，他应该没事。莫不是共产党又要派他去做么事特别的工作？"

刘雅韵说："莫瞎猜了。他是个好人，不会有事的。"

齐扬灵看见桌子上的饭盒，问道："你又没来得及吃晚饭？"

刘雅韵一笑："今天下班有些晚，等饭做好了，夜校这边又要到时间了。干脆等夜校下课了再吃吧。"

齐扬灵说："你先吃吧。今天我先上课，你吃好了再来上下节课。"

刘雅韵不好意思地说："好吧，那就麻烦你了。"

齐扬灵想了想，说道："我们机务段的食堂不错的，还有小食堂二十四小时给乘务员炒菜，要不明天晚餐给你带一份？"

刘雅韵红着脸说："不要，不要。还是我自己做方便。"

第二天下午，刘雅韵下班刚要走，门卫校工陈师傅给她送来一个用一条新毛巾包得严严实实的饭盒："刘老师，这是机务段的齐工带给你的。"并意味深长地看了她一眼。

刘雅韵接过饭盒，道谢着："谢谢陈师傅！"

晚上到夜校，刘雅韵将洗好的饭盒还用那条毛巾包好，还给齐扬灵，并小声说："你不要到学校给我送饭了，影响不好的。"

齐扬灵说："好吧。要不我带到夜校来，你下班就直接到夜校来吃饭。我反正单身一个，下班也有得么事，现在有自行车好方便的。到夜校还我还可以安静地看会书。"

刘雅韵慌忙说："不行，不行！"

齐扬灵说:"就这么定啦!你一个人,开个么事伙,跟我一样,吃食堂算了。"

果然,到了晚饭时间,齐扬灵带了两份饭菜放在了夜校的办公桌上。

刘雅韵姗姗来迟,两只空手藏在身后摩挲着。

齐扬灵招呼道:"快,开饭啦。"

刘雅韵极不自然地坐下,和齐扬灵吃了起来。

"食堂口味,吃得习惯吗?"齐扬灵问道。

"蛮好的,比我自己做的好吃多了。"

"那干脆以后就不要自己开伙了,就吃我们食堂,我来带。"

"那不行,不是长久之计。今天和昨天的饭票一共多少钱,我给你。"

"你买不到我们的饭票啊,我们那是好便宜的,是不赚钱的啊。这样吧,一月一结,我给你记着账。"

就这样,孤男寡女从搭伙吃饭开始,逐渐产生了生活上相互的依赖、工作上的相互支持,以及对对方人品、学识的相互钦佩。就这样,两个人从同事关系慢慢变成了恋人关系。

邱主任要求铁路留用职员全部写自传。晚上,元灼带上老花镜,用毛笔认真地写着。想到旧时代中国铁路所经历的艰难和灾难,对新时代充满了向往。他一时沉思,一时激动,直至天亮。

四十四、山雨欲来

新中国成立后的第一个春节,武汉人民欢天喜地,家人都团聚了的姬家也人人笑逐颜开。一大早,元梅就串门作揖拜年:"给您家拜年啦,祝您家越活越仙健啦！"

初昌来信，告知张鹤鸣在北京参加筹建北京石油学院。"初许也应该高中毕业了吧，应该响应国家号召，参加祖国的石油开发。北京正在举办石油技术培训班，只要初许有此志向，具体事项，你姐夫会妥善安排。"

元烁将信递给初许看，初许表示很想去。

元梅不希望自己生的大儿子远离身边，说："这儿子大了，一个个都离开家。就不能叫老五就留在武汉给我们养老？"

元烁说："得让儿子们有出息。再说了，这大的带小的，多好的事！你就不要作声了。"

不日，初许动身前往北京，经姐夫介绍，进入石油部举办的石油技术培训班学习。

不久，元烁被调往咸宁火车站任站长。到任不到三个月，又调往羊楼洞站任站长。

元梅带着初胜和初解，搬出蛇山上的住宅，随着元烁连续搬迁，颇有些怨言。但元烁很高兴，觉得这是组织上对自己的信任。

接到初珞来信，告知自己已在青岛报名参加了解放军的海军部队，请父母放心。

元烁冷笑道："堂堂国民党的少校，看样子也只能顶得上一个共产党的士兵。"也不知道他褒贬的到底是谁。

初慧大学毕业，响应伟大领袖"一定要把黄河治好"的号召，与同学们意气风发地奔赴河南西部三门峡。

初湘高中毕业，考取了西北航空学校。即将成为空军飞行员的初湘踌躇满志，异常兴奋。家里即将出现一个"上天"的空军，父母也都颇为自豪和高兴。

一下子，孩子们都走了，身边变得冷清起来，冷清得元梅有些不适应。

元烁正在家里休息，车站里派来人叫，说是武汉有人来，要找元烁，请他立即到车站。

元烁一进站长办公室，几个民警就将他铐了起来。

元烁愣住了："你们这是搞么事名堂？"

民警拿出一张逮捕证："姬元烁，我们是武汉市公安局的，你被正式逮捕了。有问题跟我们到武汉再说。"

元烁说："你们是不是搞错了？我是姬元烁啊！"

民警说："你老实点，好好配合。"又对吓傻了的车站人员说："麻烦你们到他家里去拿几件换洗衣服，快去快回。"

元梅听说元烁被抓了，哭着跑了上来："你们凭么事要抓他啊！"

民警告诫道："你老实点，我们这是执行公务，带他到武汉去接受调查。你不要胡闹，否则对他不利。"

元烁说："你在家里带好小伢，我没有事的，他们肯定是搞错了。"

就这样，几个民警将元烁带走了。

元梅只是在哭泣。几个车站的同事劝道："嫂子，您哭有什么用，赶紧找武汉的领导问一下嘛。"

元梅这才回过神来，抓起电话就打到武昌火车站站长办公室。站长没有接电话，是一位车站的工作人员接的，说道："你是姬元烁的家属？我们也不知道具体情况，是公安局办的案件，我们只是配合调查。等调查完了就清楚了。"一听此言，元梅又哭了起来。

一个月后，车站又通知元梅："事情搞严重了，你赶紧清一下东西，赶回武汉。"

元梅赶回武汉，跑到公安局一问，得知：根据调查，姬元烁是国民党余孽、反动会道门头子，漏网的反动工贼。事实清楚，证据确凿，准备判决死刑。元梅当时就吓瘫了。

狱中的元烁百般辩解，但好多问题自己也说不清楚，交代材料漏洞百出。特别是很多问题，都是白纸黑字自己在自传中写的。

当得知自己的结局将会是枪毙时，元烁吓得脸色苍白，语无伦次。突然，他向审讯人员喊道："我参加过二七大罢工，救过黄光！抗日战争中我在湖南救过徐胡子！"

审讯员也不回答他，只是认真记录下他的话，将其关押不再提审。

无可奈何的元梅只好携两个幼子投靠元灵。

现在元灵和高明穗还享受着武昌梅家山一栋两层的小楼。元灵腾出了一楼的一间房，元梅安顿好初胜和初解后，就和元灵分别开始四处找人打探。

就任武昌火车站党委书记的邱向阳对元梅说："你们要相信党相信政府。不过老姬的问题不是我们能解决的，具体情况我们也不是很清楚。公安局又来车站重新调查过了，好像是要重新定罪。您先回家等着吧。"

严肃在办公室对找来的元灵直摇头："我也收到了公安局对老姬问题的调查问询。说不清楚，说不清楚。要说也有得么事大问题。他对革命是有功的，有些问题我会如实解释、回复的。你还好吧？"

元灵说："我还好，还是一心搞我的学校。不过前段时间有些在政府做干部的我的老学生在联名告我，我也看到了些转给学校的文件，好像是说我是大学阀，镇压学生运动。特别是我还曾经是国民党的省参政员，有反革命嫌疑。不过，学校党委对我很信任，只是要我写了个自传材料，后来也没有问询过我。"

严肃笑："我这里也有你的材料，是共产党党内转来的。你跟陈诚关系不错啊！"

元灵慌了："莫开玩笑，我和他只是在省参政会上寒暄过几句，论不上关系的！"

严肃提醒道:"你记得不,就是在参政会上,有特务要到会上抓人,你找陈诚把人保了?"

元灵忙说:"没有的事啊!——倒是有这么个事,在恩施开省参政会的时候,陈诚正在我们讨论组探望,有个我的学生过来跟我说,她的一个同事得罪一个流氓,流氓追到会场来了,要我帮忙。正好我们在讨论妇女地位问题,就顺势和陈诚说了,陈诚马上喊警卫把流氓赶走,并派车把我的学生和她的同伴送回去了。"

严肃说:"是啊,你知道那个女学生是谁吗?她就是中央城工部副部长兼中共武汉市工委书记李琳啊,也就是现在的省委副书记李石琳。"

元灵一拍脑门:"天啊,知道她是这么个大人物,我还敢跟陈诚说啊!"

严肃点点头:"所以啊,你是共产党的有功之臣啊。"

元灵又坦诚地辩解道:"不过,我当年确实不主张学生游行示威。那有什么用,要好好学习嘛。如果想从政,我也支持,我们学校不也出过共产党的大官吗。"

严肃慌忙阻止道:"打住。看样子你以后还要加强政治学习,不然真要成为老古董了。"

又等待了一个月,元烁竟然被释放了。给他的结论是:历史关系复杂,曾参加过反动会道门,建议铁路给予开除公职。

元烁回家后,明显苍老了许多。

被铁路开除公职后,元烁也不出门,在家里喝起了闷酒。

他让元梅拿出积蓄,也不顾元灵的反对,固执地在梅家山一个荒芜的角落租了个破板子房,重新安了个家。

元烁更是少言寡语了,除了不断让初胜给初昌去信,托她打探初璐、初江的下落,对别的事一概不理不问。

元梅抱怨着:"你也不出去找找铁路局,就这样闷在家里,么时候是个头啊！这没有了薪水，我么样养活这两个小的啊！"

元烁一听，就骂道："都去跳江！'穷不失志，富不癫狂'，莫指望我会去求哪个！"将酒杯摔到地上。吓得元梅再也不敢抱怨了。

初昌回信也没有提及两个弟弟的消息，元烁更是郁闷。

元灵带信，要元烁晚上无论如何来一趟。

元烁一到元灵的家，元灵就递给他一纸信："初珞来信了，是从东北发来的。"元烁急不可耐地打开看。

初珞在信上说，他的部队刚进入东北就被共产党打散，他被苏联红军俘虏，坐了半年牢。后来他逃跑出来，在青岛躲了半年。在青岛解放的时候，他隐瞒了国民党军官的身份，混进了解放军的海军队伍。不久即被清查出来，遭押到东北的一个农场接受改造。由于没有什么严重罪行，就被安置在农场劳动改造，倒还安稳。只是挂念明穗，希望能早日团聚。

元烁长叹了一口气，将信还给元灵。

元灵说："高明穗知道了初珞的下落以后，非要到东北去找初珞。这不，她把行李都清好了，就要走。"

元烁说："么样去？车票呢？"

元灵说："我已经叫人帮忙买好了今晚的火车票。我想啊，现在乱七八糟的，我也不晓得自己的结局会么样，你这一出事，也怕查到我家里来，到时候怕是谁也保护不了她啊。远走也好，起码患难夫妻还有个伴。"

元烁提起桌上的毛笔，在一张信笺纸上写道："哪厢红尘无春意，何处黄土不埋人。"对元灵说："去，把那个丫头喊来。"

高明穗一见元烁，就跪了下去，喊了一声："爸爸。"

元烁把她扶了起来，将一直不离身的金怀表交给明穗，说道："拜托你把这张字带给初珞。唉！不晓得我们还能不能再见面。"

明穗又跪下去叩拜元烁、元灵。

元烁叫初胜到福建去寻找初江。初胜回来后说："小哥已经被抓去劳改，不许探望。他家的人也不知道在哪里、怎么样。"

元梅数落道："你看这个家哟，怎么就没有几个好人了？"

元烁也想不明白，怎么一夜之间家里四分五裂。他想搞清楚，就下定决心去找严肃，只有严肃才是自己身边最懂得政治的人。

但元烁在严肃上班的大楼外等了大半天，就是不见人。

他跟传达室的人说："我是严主任的远房弟弟。我等他等了半天了也没见他进出，您能不能帮忙通报一下？"

传达室的人倒是客气，说道："哦，我是看您在这里守了半天了。找严主任啊，那您就进来坐吧，喝杯茶。现在啊，严主任的公务繁忙得很，我们都很少见到他进出了。我帮你联系一下。"

接通电话，他把电话递给元烁："严主任的电话。"

严肃在电话里说："哎呀，是元烁啊，我今天忙得很，确实没有空见你啊！下午我还有个会，恐怕就是要到半夜了。你就别等了，有空我去找你。"说完，就挂了电话。

元烁拿着电话直发愣。

传达室的人说："您就别怪他了。这几天大楼里的人都很忙，好像是又有什么大的运动要来了。他们身在高位，也是身不由己啊，还没有我们守大门的享福呢。您就先回去吧。"

一回到家里，元烁不发一言，就到碗柜里找他的兰花豆和酒瓶子。

初湘在准备上天试航时，接到复员的通知。他莫名其妙，问道："怎么这个时候要我复员？我是哪里不合格吗？"

政治部的王科长交给他一个密封的档案袋，告诉他："你的家里出问题了。安排你复员是对你好。因为你一直表现优秀，就按身体不合格复员，不然，你会背上政治包袱的。相信党，相信部队，到地方上好好干。这是你的档案，原则上档案是不能由个人带的，为了到地方上报到方便，同时我们也非常信任你，就由你自己带到地方单位上去吧。"

临走时，王科长又强调一句："注意你的档案！"

到武汉后，初湘按报到的单位地址，递交了档案。谁知单位看了档案后，又封上交给初湘："我们单位没有岗位了，再到其他单位看看吧。这是新的报到公函。"

按新的报到公函到单位报到，结果也是这样，又给开了新的报到公函。一连走了几个单位都这样。推到最后，人家干脆连个人档案也不归还给他了。

没有想到，复员军人找工作也这样难，初湘很是愤怒。

干脆，他也不到下一个单位去了，就在家里待了起来。

初湘呆坐在破旧的小木屋前，看着夕阳渐渐被残血般的晚霞所吞噬。母亲喊叫着孩子们吃饭的声音传来，他也不理会。

说是吃饭，其实是煮了一大锅红薯杆子糊糊。一会儿，已经端着碗在吃的初胜走到门外，说："老七哥，快去吃饭，一会儿就没了的。"初湘仍一动不动。

初解出门来，见状，对初胜说："老七哥不吃，我们再去添一碗。"

哥俩跑进去添饭，被元梅斥责着驱赶："还要添啊，吃饱了去死？不晓得还有人没吃吗？"

初解还嘴到："我没有吃饱嘛。老七哥又不吃！"

俩人走出门外，初胜对推着他的母亲说："你就晓得苛我们小的，七哥是在空军吃油了嘴，他不吃的你都不给我们吃！"元梅听此言，抡起手就要打。

不料，一直静坐着的初湘如狡兔般窜起，奔着树下的铁锹就去。

初解眼快，喊了声："快跑！"就跳下了身边的水塘。初胜晚一步，被初湘抢起的铁锹擦着衣服而过，差一点被铁锹劈到。

这两兄弟一个猛子扎到对岸，心惊胆战地说："七哥疯了！"

元梅也吓呆了，半天才哆嗦着说："老七，你这是要做么事！要杀你的亲弟弟么？"

初湘扔下手里的铁锹，看也不看母亲，径直往坡下快步走去。

初湘觉得委屈，觉得屈辱，更觉无颜面对家人。就在这黄昏的野外盲目地走着，不知不觉就走到了元灵姑姑家附近。他想了一下，就朝姑姑家走去。

听了初湘的诉说，元灵心里很明了。她说："你这一定是受你父亲问题的牵连了。你是受过部队历练的人呀，不应该心理承受能力还这样虚弱，做出这样失态的事。"

初湘脸一红，低下了头。

元灵和颜悦色地规劝到："即使你受到了极不公正的待遇，很委屈，也不能自怜，更不能奢望得到别人的同情和怜悯。如果你一旦脆弱到需要安慰，那对自己不但没有帮助，反而会使自己的处境更加难堪。你回来后所面临的困境，是你从来都没有遭遇过的，后面有可能会遇到更艰难的事。人生就是这样，会有很多意想不到的灾难和痛苦，这就要你自己去坦然面对、努力改善。记住，永远不要试图去期待和寻找那些无效的同情与安慰，更不要去奢求所有人的理解。所以，无论你将来面临什么更艰难的处境，首先要学会的是如何去自我奋斗、自我改善。世界上从来就不存在感同身受这回事，哪里还会有什么理解，哪怕是你最亲近的人。今天你对你的弟弟们的举动，就是你在面临社会和生活的困境时的心理失态。相信你一定会坚强面对这个真实且残酷的社会和生活，一定会成为像你父亲一样的男子汉。"

初湘检讨道："今天的事确实是我失态了。我这样无所事事待在家里，实在是难受啊！"

元灵理解地说道："也是啊，你这么个大人，闲在家里也是不行。

你也莫瞎折腾了，你就先到我们学校代物理课吧。你是高中的高才生，又学习过航空专业，教初中物理应该没有问题。你先安身吧，后面的事情等你父亲的问题解决了再做打算。"

没想到，姑姑给了自己个意外的惊喜，初湘赶紧给姑姑鞠了个躬。

元灵说："不用跟姑姑客气，成不成还要看听课测试结果。这是教材，你先回去熟悉一下，备备课，我再给你写个教案提纲。"

通过测试，初湘正式到元灵的学校当起了物理代课老师，算是暂时安顿下来。

此时，新中国的铁路迎来了大建设时期，不仅修复了当年腐败的国民党政府遗留下来的烂尾铁路和桥梁，并在国民经济尚且艰难的状况下相继完成了成渝（成都至重庆）、天兰（天水至兰州）铁路的铺轨通车任务，接着又动工新建兰新（兰州至新疆阿拉山口市）、宝成（宝鸡至成都）、丰沙（北京丰台区至河北怀来县沙城镇）等铁路新线。

1958年，武汉长江大桥建成，北京至广州铁路全线贯通，全国铁路营业里程增加到26708公里，实现了当年张之洞、孙中山、詹天佑等铁路先驱梦寐以求的理想。

看着报纸上不断报道的新铁路线开通的新闻，元烁也不禁兴奋起来，完全忘记了自己的委屈。

初睿回家，对父亲的态度大变，不再答理他。她私下与母亲哭诉着："我怎么摊上这么个反动家庭！"原来，她在部队和一名团级军官谈恋爱，被组织调查后，组织要求那位军官与她断绝来往。

初许与新婚妻子回汉探亲，听说了父亲的情况，全力帮父亲上访。

这次的上访正值镇反"甄别"时期，经过反复调查，证实元烁所谓"国民党党员"为铁路职员的集体入党，并未查到他本人的签名。但元烁确实参加过反动帮会，特别严重的是还曾经有过在国民党军警报务处的就职经历，加之他还有个国民党反动党阀的弟弟。如此复杂的历史，有些根本无法查清。鉴于没有查实本人有什么确凿罪行，而且确实保护过共产党的高级领导，因此被重新定性为："历史关系复杂"，不予继续录用，按铁路工人退休办理。

按政策，退休工人可以安排一名子弟在本单位顶职。没有正式工作的初湘，按政策顶父亲的职，到江岸铁路车辆段工作。

初睿领着军官徐明堂上门求亲，家里增了些喜气，但仍然掩盖不了家人的抑郁和不安。徐明堂象征性地拜见了初睿的父母，俩人没有在家里吃饭就道别了。

徐明堂与初睿在归途中说："只要我们相爱，家庭不是障碍。况且老父已定性，没有什么原则问题，组织上会同意的。"听了徐明堂一席话，初睿很是感动。

反右运动开始了，严肃和严关两兄弟被划为武汉市的"大右派"，还是"极右分子"，随即被开除公职。

看到批判严氏兄弟的报纸，元烁说道："完了，不晓得元灵这一次躲不躲得过去。"他喊元梅："你到元灵那里去一趟，给她送点菜去。"

元梅烧了份红烧肉就往元灵家里去了。

元灵也在家里看那份批判严氏兄弟的报纸，见到元梅，说道："是哥哥叫你来的吧？回去告诉他，这次我被划为'中右分子'，是不戴帽子的右派，不参加批判。"

元梅说："我不晓得么事是右派，他也没有要我问你。"

元灵说："你回去跟他说，叫他安分些，不要瞎说，特别是不要再跟那些老人们来往了，有人问起，就说都不认得。唉！么事是右派，就是我们这些旧社会过来的文化人叫右派。"

元梅说："你也不要瞎说了，就好好教你的书呗。"

元灵说："我是不怕哟，一个孤老婆子，也该退休了。"

一个破衣烂衫的汉子怀抱着幼儿突然出现在元烁家门口。只见他唯唯诺诺地喊着："姆妈，我回来了。"

元梅吓了一大跳，先以为是讨饭的，刚要去驱赶，只听他又喊了声："姆妈！"仔细一看，竟然是初江！她脱口而出："你么样回来了？"

初江说："姆妈，对不起您家了！我回来了。伯伯呢，他老人家还好吗？"

元梅说："哎哟，你还在啊，我还以为……快，快进来！老头子！你快来啊，初江回来了！"

元烁定睛一看，忙招呼道："进来，进来！"

元梅接过孩子，问道："这是孙子？哎呀，这小的伢，怕是饿坏了吧！"

初江说："孩子已经三岁了，有些吃的就行了。快，喊爷爷、奶奶！"

孩子见生，看着爷爷、奶奶，就是喊不出声。

元梅说着："有，有，刚煮好的稀饭，我去打。"就往厨房里跑。

这时，初胜、初解背着书包跑进家里，喊着："姆妈，姆妈，快来看！"边喊边将两个书包里的麦穗倒在脸盆里。

元梅把米汤碗递给初江，高兴地看着脸盆里的麦穗："啊！这么多啊！"

突然，元梅发现初解脸红肿了，忙拉过怀里来："这是么样搞的？"

初胜说："我们今天扒火车到了大花岭，一直走到乡里了，那里生产队的麦田还没有收割。老九剪麦穗时，被队干部看到了，一直追老九，后来逮到他了，他们打他。"

初解自豪地说："他们不晓得我跑的时候早就把书包藏到草坑里了，他们冇找到。"

元梅哭了："我的儿造业啊！"

两兄弟发现了初江，警惕地看着他。

元梅说："这是你们的小哥。快，叫小哥。"

"小哥！"

走到门外，初解对初胜说："怎么小哥像个讨饭的啊！"

初江小声对老父说道，自己在反右运动里第一批就被划定为右派。妻子被定为漏网的国民党特务，抓进监狱，不久就接到妻子的死亡通知。他先是在江里的拉粪船上劳动，后来被判正式劳改。中年得子，这幼子又很快失去了母亲，如果在劳改农场，怕是不好养大。他希望这个唯一的骨肉能活下去，就把能收留这个幼子的希望寄托在孩子的爷爷奶奶身上。

元梅抱着小孙子流眼泪："冇得娘的伢啊，好可怜、好造业啊！"她为难地对初江说道："你不晓得啊，现在到处饥荒，你伯伯又丢了饭碗，每月就领那么一点的退休金，一大家子的人，我是顾了上顿顾不了下顿啊！你刚才看到了，现在全家都靠两个小弟弟到处找吃的。我们实在是冇得法子再养活一个小伢了啊！"

元烁怒斥道："你啰唆个么事！还不快去弄饭？！"

元梅闭了嘴，起身走了。

初江也无话可说，尴尬地陪着老父亲干坐着。

不一会儿，元梅端出了一大盆子稀饭，初江和孩子一起很快就喝完了。孩子吃得太饱了，连连打着饱嗝。

在家待了两个小时，初江背起小儿，给元烁鞠了个躬，出门而去。

元烁也不挽留，仍呆坐无语。

元梅见状，跑进厨房将饭菜装入一个铁路饭盒，在街上追上了父子俩，将饭盒塞入初江的包里。

元烁发现地上有个用旧床单包裹着的物件，打开一看，见是一把二胡。他把二胡重新包好，悄悄地塞到床底下。

元梅返回家，对元烁说："不是我对他们有区别啊，我们是真的冇得办法了啊！你看，今天晚上我们只有煮这些麦粒糊糊了。"边说边又抹起了眼泪。

满脸煤灰的初江抱着儿子，从货物列车上爬下来，坐在铁路护坡边的树荫下，用毛巾蘸水擦拭着儿子的小脸："这是第三天了，再换一次车，明天我们就到家啦！"

家在哪里？小克强迷糊了，不知道爸爸每次说的家到底是指哪里。

初江教克强说着："爷爷常说的，'穷不失志，富不癫狂'。来，跟爸爸说：'穷不失志，富不癫狂'……"

夕阳下，车辆正在被重新分解编组，小克强饶有兴趣地看着。

初江又回到闽江上放排。他用绳子将三岁小儿克强缚在木排上，这样可以防止孩子落入水中。小克强在冷风中瑟瑟发抖，任凭水浪击打到他瘦弱的小身子上。

严关死了，但报纸上还在继续刊登批判他的文章。

初慧来信说自己身体得了大病，残废了，儿子钱钢、女儿钱河一个上小学、一个还在上幼儿园，实在是没法照顾，希望老母亲能暂时收养孩子一段时间。

元梅一听就急了。但想到初江的儿子自己都拒绝带养了，这一下来两个小孩子，只怕是元烁真的会有想法了。于是，她跟元烁商量着："老头子，你看，这四丫头家里都是文化人，又是做干部的，条件不会差，怕是饿不着。胜利和满贯也都大了，可以自己生火做饭了，要不我就过去跟四丫头带几天孩子，这家里也少个人吃饭。"

元烁说："也好，你去也好看着她。我看她那脾气，恐怕还不只是病了那么简单。"

"知女莫若父"，果然被元烁说中了。初慧因其性格耿直，又自恃参加过学生运动，高傲得很，口无遮拦，平时得罪过很多人。在反右运动的节骨眼上，她又反对上面通过了的三门峡建水库的方案，并多次写信上访，理所当然地被单位划为右派，但还只是不戴帽的右派，停止工作，下放到农村劳动。她在三门峡附近的农场参加改旱田为水田的劳动，长时间冷水的浸泡，得了严重的关节炎，两腿已经跛了。农场又不批准她离开，她没法到大医院医治，现在只好是靠丈夫两边跑照顾着她的生活。两个孩子钢钢和河河就在单位吃食堂，饥一顿饱一顿倒是小事，但家里没个大人照顾，也确实是个大问题。

初慧的丈夫钱文照是初慧的大学同学，也算是书香门第，父亲是北大的教授，曾为北京的和平解放做出过贡献。

同在一个水利局的工程师钱文照，自从娶了初慧后，文质彬彬的他就开始受委屈了。特别是钱文照提升为研究院的副院长后，自恃清高的初慧心理就更不平衡了。她一切的不服气、不顺心就直接发泄到了丈夫钱文照的头上。

在老父亲的棍棒教育下，初慧的书写不错，写得一手漂亮的柳体字。钱文照的学术水平很高，但书写略逊初慧一筹，好几次给部委写的报告，他都是请初慧帮忙誊写。初慧在家里调侃也就罢了，多次当着同事的面挖苦钱文照，搞得文照很尴尬。好在文照涵养好，也只是笑笑罢了。同事们很敬重文照，不但没有低看他，反而低看了初慧。

文照知道初慧反对党委的水库建设方案，但这仅限于学术讨论的范畴。老实说，文照觉得初慧的意见虽然有创意，理论上也立得住，但也不是没有缺陷。他原想与初慧沟通一下，但初慧觉得在科学上是不能搞妥协的，反而直接给部委写了反映信件，连钱文照也一起给告了。部委很重视，要求重新论证。论证会上，初慧很是偏激，丝毫不让步。

文照本想让她有原则地做些妥协，不料倔强的初慧变本加厉，在单位"舌战群儒"，在家里又闹起了分居。

党委根据初慧老挂在嘴边的"学生运动代表""铁路功臣之后"，就认真给她搞了个外调。这下"彻底"了：原来她是反动家庭之后，并且有外调材料说她是"学生运动的逃兵"！这样，"右派"的帽子就理所当然地给她戴上了。

初慧不服，给武汉大学、武昌火车站写信、发电报，要求证明自己。结果不但得不到任何正面的回复，研究院反而是收到了更多不利于初慧的材料。这样一闹，本来是中右分子，现在又升级为极右分子。

文照也被降职为研究员，他这时仍不离不弃，低声下气忍受着初慧对自己的无端发泄，坚持每天照顾着家人的日常生活。

岳母赶来带孩子，文照终于解脱了些。他开始研究医书，为初慧寻找偏方治病。

在元梅的悉心照料和文照的医治下，一个月后，初慧的腿病大有好转，居然可以拖着跛腿行动了。

四十五、元祥回乡

在北京的元祥将军，因被列入彭德怀"军事俱乐部"成员而被打倒，携老伴遣返到老家务农。老两口就在姬家湾租了间房子住下，每天在院子里种些花草，时常也参加公社里的劳动。在姬家湾老人们的眼里，不管元祥是不是还在位，都还是把他当作是北京来的大官，满怀敬畏。

但年轻人可不管那些。在汉川县党委的直接指示下，公社里的民兵大队带领着激进的社员，将元祥以及几个湾子里的地主、坏分子抓了起来，开始批斗、游村。

元祥倒是很配合，该检讨的时候检讨，该低头的时候低头。好在湾子里的老人们都盯着自己家里的后生们，他们倒是不好对元祥过分为难。

元祥和批斗过自己的人倒是毫不计较，见面仍旧打着招呼。闲暇之余，他开始了有计划的调查工作，白天到地里观察记录农作物的生长状态，晚上撰写调查报告。

公社李书记在湾子里宣读省里"移风易俗，开展平坟还耕运动"的文件时，引起了轩然大波。

"这是要挖我们的祖坟啊！不行！""看谁敢！谁动一下子老子就跟谁拼命！"

李书记发怒了："我看你们是要反了！这是党中央的精神，你们要反党吗？"

"我们不管是谁的精神！""这肯定是有人背着中央做的决定！""是啊，毛主席、党中央不可能要挖我们贫下中农的祖坟！""是不是你李大书记好大喜功想升官发财呀？"

李书记说："你们瞎咋呼么事？我家的祖坟不也埋在这片坟田里？"

"你要挖就挖你自己家的坟，我们不响应！"

李书记说："你们同不同意都得平！县里要求我们一个月内基本完成。"

在大家的轰吵声中，李书记带着一帮干部们愤然离去。

一天清晨，一辆大解放卡车开进姬家湾，刚在公路上停稳，就从卡车上跳下来几十位县里来的基干民兵。他们以标准的军事战术行动起来：十位端着步枪拉开距离守卫在四周，其余的抡着锄头、迅速地跑进一片坟田、抡起锄头就刨起来。

有上学的小孩子看到了，转身就往湾子里跑，边跑边喊到："有人刨坟了！有人刨坟了！"

湾子里的男女老少都涌了出来，跑到坟田边，见果真有人在刨坟，有些坟头已经被挖开，露出了腐朽的黑色棺木。有认出是自家坟头被刨了的立刻发出了哭号："啊——！我的先人啊！您家死了都不得安生啊！我们不孝啊！我有得脸再活着啊！我也跟你们去啊！"便往横在地上的石碑撞去。旁人赶紧拉着，边拉边也喊道："我们跟他们拼了！"

老乡们手里持着各种农具就冲了过来，持枪护卫的民兵紧张地用枪对着他们，喊道："你们不准过来！谁过来谁就是反革命，我们就要开枪镇压了！"

迟疑着的老乡见里边刨坟的民兵根本没有受外围哄闹的影响，仍然快速地挥锄刨着，眼看这片坟头就要都被毁了，又按捺不住愤怒了，其中几个年轻的号叫着挥舞着铁锹就冲了上去。

"砰！"一位民兵向天放了一枪。

刺耳的枪声，顿时镇住了在场的所有人，现场一片寂静。

"谁开的枪？你们反了天了！"这时，怒气冲冲的姬元祥从人群后面跑了过来，指着端着步枪的基干民兵："你们这是要干什么？你们居然枪口对着人民群众？还敢开枪？我数三下，你们要是不缴械，后果你们自负！一……"

"老首长——！"随着一声叫喊，一位穿着没有领章帽徽的军装的人从停着的大解放卡车方向跑了过来，到姬元祥面前，敬了个军礼："老首长！我叫苏志豪，南下时就在您的部队里，现在是县'大跃进领导办公室'主任。本来早该来向您请示，但任务紧急，只好……"

"你不要说了，我现在也不是什么首长。叫你的人收枪，滚蛋！"

"老首长，您消消气，听我解释。"

"你不用解释，中央的文件我现在还是看得到的。但工作，不是像你这样做的。水可载舟，亦可覆舟，我不相信就你们这些人枪，就搞得过这里的百姓！"

"那是，那是。您看——"

"苏主任！你快说句话呀！"李书记不知什么时候已经被老乡们五花大绑，摁在田头。

元祥站到土堆上，大声说道："乡亲们，今天这事实在是不能怪李书记，你们放了他吧。我给你们宣传一下中央文件精神。我们解放了，自己当家作主了，土地是我们自己的。农业集体化后，政府开始鼓励以火葬代替土葬，就连我们的毛主席、周总理都签下了死后火葬的文书，死后不占人民的土地。现在，毛主席领导我们开展"大跃进"运动，全国人民都在团结奋斗，到处都在放'高产卫星'。我们这里呢？我们不敢说真的放几个'高产卫星'，但最起码要提高我们的产量吧？不然，我们汈汊湖这革命老区、老根据地真的要丢死个人。这些时啊，我也做了些调查，文件上指示的要求'提倡密植'，我看呐，有些扯淡，不是说文件扯淡，是说对我们这里的实际情况，帮助不大。为么事？因为我们这里的农民，一个比一个精咧，该密植的，早就密得插不进一根筷子了，再盲目密植，怕是瞎搞了。你们为么事有这么高的本事咧？是被逼出来的，我们的耕地是越来越少、越来越金贵啊！几百年来，我们遇到丰年，人口增添，遇到灾年，人口锐减，但是，我们的坟头，是只增不减呀！你们自己看，龙头山满了，玛瑙垸满了，河旁汊边、各家的田头、菜园子里，也是坟头密布，甚至有的家里的屋后都是坟头！毛主席也是农民出身，他老人家能不晓得我们农村的现状吗？党中央、毛主席要求我们发动'平坟运动'，就是要让我们活人生活得更好，不能让死人再跟我们活人抢地。将所有坟墓平掉，深埋，扩大耕地面积，也为大规模的机耕作业做准备。中央的口号是：'实行土地大平整，保证农业再高产'，你们说，我们拥护不拥护？"

"拥护。"人群里发出了稀疏的应和声。

李书记也走上了土堆，站到了元祥身边鼓着掌："老首长说得好！这次运动，就是'平坟开荒，向鬼要粮'，'人换思想地换装'，这是全国的大形势。老首长比我对中央精神吃得透，我心服口服！"

元祥说："你也不要恭维我，我现在不是首长，只是姬家湾的社员。

今天这个事，是政府有些人工作粗暴，没有依靠我们人民群众来推动运动。不先做好、做通思想工作，急功近利、操之过急，是要酿成灾祸的！那个什么主任……"

"苏主任。"李书记提示到。

"苏主任，你先将刨开的土还原回去，搞完后，带着你的人都撤了。李书记，你招拢你的干部，把社员们安抚好，都送回家。"

苏主任焦急地对元祥耳语道："老首长，就这样完了？我们是印发了日进度表的呀，都是一把手亲自挂帅……"

元祥说："你放心，既然我出头了，就会负责任到底。李书记，下午，把祖坟在这里的小队、大队和公社里的党员干部，都召集到这里开现场会。你提前发个通知，违背中央文件精神的干部，就地免职。"

元祥跟李书记、苏主任耳语了一会儿，李书记说："好，就这么干！"苏主任对元祥哈着腰："老首长就是高明！"

下午，在李书记的政治要求下，全公社的党员干部三十几号人早早都聚集在晌午闹过事的坟田边，并在李书记造的花名册上签了字。

见元祥到了后，李书记宣布到："今天，我们在这里召开一个现场党课，到场的有党员十二名、预备党员五名、积极分子八名，其余的几名也都是写了入党申请书、正在组织考验之中。首先，请我们所有到场的正式党员，到党旗下宣誓，重温入党时的誓言。经上级党委同意，其余的积极分子和已经要求入党的同志，今天特批光荣地和正式党员一起，在党旗前体验入党宣誓仪式。"

那几位还没有正式入党的年轻人，兴奋得满脸通红。

李书记领着大家宣读了入党誓词。

仪式完后，李书记和大家围坐在田埂旁，重新学习起"移风易俗，开展平坟还耕运动"的红头文件。在讨论的时候，几个年轻人说道："我们不要光是讨论，要以实际行动响应党的号召。""是啊，这正是党组织考验我们的时候！"

李书记满意地点点头："看样子这次的党课非常成功，你们的觉悟得到了很大的提高。但是，旧社会所带来的封建迷信，不是一朝一夕就能解决的，需要我们长久地做好家属和普通群众的工作。"

元祥引导道："我们共产党员都是无神论者，但也不是不尊重传统和习俗。只是民俗里对坟墓的重视不可避免地沾染上迷信色彩。建国后，中央领导们就决定简化丧葬仪式、大力推行火葬，一来破除迷信，反对封建；二来节约丧葬成本；三来能增加更多耕地；四来可以防止瘟疫暴发。"

有老党员发言说："封建统治阶级相信，祖坟的安好与否、风水如何，关系着后人的祸福。国民党反动派还专门把毛主席的祖坟给刨了，但毛主席不还是领导我们打下了天下？"

"是啊，在乡下，只有那些心中有深仇大恨、一心想置对方于死地的死对头，才会去掘人家的坟墓。扒坟头是最缺德的行为，也是封建陋习根深蒂固的反映，我们共产党员岂能信那个？"

"要是挖祖坟真的管用，我们就不用去革命了，直接把蒋介石反动派的祖坟挖了，革命不就胜利了？"

"解放这些年了，还要'毁田造坟'，这种'吃祖宗饭，断子孙路'的做法，实在是荣辱不分，羞耻不辨，毫无阶级觉悟。"

李书记站起来，激情地说："同志们，谢谢你们，是你们教育了我这个老党员。为什么社员们不理解我们？是因为我们自己还有私心，没有实际行动，没有起到先进模范作用。今天，我就带个头，从我们家的坟头开始！"

说着，他大步走向了一个正在修复培土的坟头，捡起地上的铁锹，推开培土的妇女，喊了声："你走开！我要革命了！"就挖了起来。

妇女惊恐地抱住李书记的腿："他二爷，你这是要干么事啊！"

李书记大义凛然地说："我是共产党的公社书记，我必须听党的话，你起开！"

被踢开的妇女，坐在地上呜呜地哭了起来。

李书记怒斥到："你哭个毬啊，你只是嫁到我们李家的媳妇，这里埋的可是我的亲爷爷！起来帮忙，挖深些，埋深些，入土为安，不留坟头一样祭奠！"

这个李家孙媳妇见他二爷都这么说，也就爬起来搭起了帮手。

有了李书记这个榜样，这些早就摩拳擦掌的干部们，纷纷找到自己家的坟头，干了起来。

早有人跑回家告诉了这些干部的家属。但家属们跑到坟田，在丈夫、兄弟或父亲的叱喝下，都不敢作声。只有几个平时就泼辣的女人，坐在地里哭号起来。

元祥见姬家的坟头也有几个人在刨土，就过去搭起帮手来。

人间的亲戚连着亲戚，地下的亲戚也连着亲戚。只要都牵连在一起，攀亲带故就是解决问题的最好手段。不到一个月，除了几个绝户和举家迁徙到外地的人家的坟头，姬家湾共平坟八百多个，增加了近三分之一的耕地。

一个月后，湖北省"移风易俗，开展平坟还耕运动"先进试点现场表彰会在姬家湾召开，苏主任和李书记专程到元祥家邀请他列席会议，无奈元祥死活不愿露面，只好作罢。李书记在会上做了神采飞扬的先进经验报告。

其实，除了那几个没有主的坟头是公社组织集体深埋以外，还有些并不是主人家主动处理的。有几家坚决不愿处理的落后户，是在开现场表彰会的前两天，由从县里来的基干民兵执行的。这些民兵在一夜之间将剩余的坟头全部捣毁、深埋、填平。被别人扒了坟头填了坟的这几家，对李书记和元祥恨得咬牙切齿。

现场表彰会结束后的不久，一户人家的媳妇一大早找上门来，找元祥讨要棺材里的陪葬品："姬老头，我家爷爷下葬时我是亲眼见得的，那棺材里是放了不少金银物件做陪葬的。这一夜之间，坟不见了，哪个刨的？里面的东西呢？你得给个说法啊！"

元祥老伴端着茶水，说："您坐下喝茶，慢慢说。这起坟，是公社里和县里的领导组织的，跟我们家老姬没有关系啊！"

来人说："怎么没有关系啊？人家李书记都招了，说都是你们家姬老头给出的馊主意！不找你们找谁啊！"

元祥听闻，从内屋走出来说："这主意是我出的，我是为了我们姬家湾的子孙后代啊！"

"什么子孙后代？你的子孙后代哪个在姬家湾啊？你不要祖宗、数典忘祖也就算了，为么事要我们都不忠不孝？不行！反正我们已经背了这个恶名声了，就非得要那地里的实惠了！你赔我地里的东西！"说着，夺过元祥夫人手里的茶杯就摔在地上。

见到有人到元祥家里闹，姬家湾所有人家都按捺不住了。不管平坟是自愿也好、被动也罢，事后内心总是有些不安与内疚的。不敢向政府发泄，也不好与家人纠结，那口闷气深深窝在心底，压得人莫名地憋屈。现在好了，终于找到债主了，原来我们都是被这个发配的老头给要了！我们正好找了一个名正言顺的发泄口，必须为自己拉个背负良心债的垫背。于是，大家不约而同地到元祥家参与起来，好像如果哪家不去谴责、哭诉几句，就是心里有鬼，是真心、自愿地挖自己祖宗的坟。

元祥的宅院被里里外外的人围得严严实实，如被批斗般的元祥百口莫辩，元祥老伴只是坐在椅子上哭泣。

一拨人离开，又一拨人围过来。每换一拨人，元祥家里的家具和物件就少几样。

这场全体无意识的闹剧，发展成为一种仪式。大家在元祥门外搭起了灵台，支上了帷幔，点起来香烛，人们在门外跪拜着、跟祖先道着歉，咒骂着姬家的不肖子孙姬元祥。然后到屋里戳着元祥的脑门，表达几句"还我孝心"的语言。大家要把这所有的罪恶，都聚集到姬元祥身上；再从他的身上，找回自己脆弱的家族信心。

公社李书记知道了元祥家里的状况，吓得不轻：一来是因为自己禁不住家人的盘问，不得已出卖了元祥；二来元祥可是北京下来的高级干部啊，虽然是被贬谪的，但他享受的文件级别还是极高的啊！他不能出事，特别是不能在自己的地面上出事，不然自己的仕途也就到头了。得想办法救他！但不能自己去救，否则自己又会成为元祥的垫背。想到这里，他灵机一动，打通了县里苏主任的电话。

傍晚，一辆军用摩托车呼啸着，飞驰到元祥家门前。车上跳下来两位全副武装的解放军战士，其中一位拿起电喇叭喊起话来："各位社员同志们，我们是中央军委派来执行特别任务的，请你们配合，马上离开此地，马上离开此地！"另一位高举着冲锋枪，就往里面冲。

大家不知道发生了什么事，都一哄而散，躲到了屋后偷看着。

紧跟着，又一辆军用吉普车开了过来，车上下来一位穿着四个口袋军装的军官和两个武装民兵，其中一位民兵装束的人，正是上次来过的县里的苏主任。

两位战士已经将元祥和老夫人扶向吉普车。军官一个敬礼："报告首长，省军区参谋韩慧奉命接您到省军区去休息！"

元祥无力地说："屋里还有我的文件、资料。"

军官回答："报告首长，我们会留下地方上的同志收拾你的物品！"

苏主任和民兵留下来善后，摩托车呼啸着开路，吉普车随后，直奔武汉市而去。

四十六、兄弟重逢

天还没有暗，元烁洗完澡，换上白府绸衣裤，摆上兰花豆。刚端起酒盅，门外后伸出个大脑袋："老爷，赏口酒喝？"

元烁一惊："哪个？莫开玩笑！"

元祥大模大样地走了进来，随手拉了把椅子，坐在了元烁对面。

元烁问道："您家是——？"

元祥戏谑道："姬站长倒是讲究的很啊，这做派，跟当年的蔡老爷一样。"

听得此言，元烁定睛一看，惊喜地站了起来："啊，你是元祥老弟？"

元祥夺过元烁的筷子，拈了颗兰花豆，吃了起来："嗯，这兰花豆地道。"

元烁叫道："哈，真的是你啊！"

元祥说："么样啊，以为我死了？"

元烁笑道："我晓得你死不了。你不是成了共产党的大将军么？你么样摸到我这里来了？你总是神出鬼没的。那年，是二七年清党的时候吧，你找我的时候吓我个半死。这几十年过去了，都是老人了，你还来吓我！"

元祥说："我是来感谢你的呀，那次要不是你把我送走，我也不会活到今天，更莫谈么事将军了。"

元梅听到来客人了，一看，没认出来。元祥说："这就是嫂子吧？我都听说了，嫂子是个能干人呐！"

元烁对元梅忙说道："快些拿碗筷。这就是元祥弟弟，就是那个将军元祥！"

元梅恍然大悟："噢，您家就是元祥啊！老家里的人总是提起您家，您家了不得啊！"

元祥摆摆手："冇得么事了不得，现在赋闲在家，白丁一个。"

元烁忙问道："么样呀，你也被打倒了？"

元祥说："这事就莫提了。庐山会议晓得不？我是那一拨被搞下去的。"

元烁叹一口气："唉，我也搞不懂了，这国民党的，共产党的，不在党的，现在都没得几个好人了。"

元祥说："不谈这些了。我前些时在老家住了些日子。你不晓得啊，我这次是被姬家湾的亲戚们撵出来的。"

元烁不信："不会吧，你可是革命功臣，是老家的骄傲呢！"

元祥说："一言难尽，你晓得现在中央要求平坟还田么？就是为这事。"

元烁给元祥倒上酒，说："先喝一杯。我听说了，还正想找人去老家看看是么样搞起的呢，先喝酒，慢慢地说来。"

边喝酒，元祥边说起姬家湾平坟的过程。

听说姬家湾的几个坟田都平了，元烁抢起酒杯摔到地上，站起来指着元祥的鼻子，骂道："你个姬家的不肖子孙！你猪狗不如！我问你，我要是回去祭奠先人，到哪里去祭奠？"

元祥一愣，说道："你也算是有文化的人，你么样也这样说？"

元烁吼道："就你这个共产党讲文化？祭祖不是文化？我再问你，蔡仪的儿子蔡宜之是辛亥首义烈士，他的墓碑，还有牌坊，是不是也都平了？这些人的墓，就不是历史？不是文化？"

元梅听见元烁吵闹起来，忙出来劝道："你看你们，几十年没见面的兄弟，么样一见面就吵架了？"

元祥对元梅说："我们没有吵架，我们是在讨论问题，观念上不一样。您家进去吧，没得事的。"

元烁坐了下来，对元梅说："你再炒几个菜，今天我要和这个共产党的大官好好理论理论。"

元祥自己喝了一杯酒，将他在老家对乡亲们说的道理又说了一遍，又将他被亲戚们围攻的事说了。

听罢元祥的叙述，元烁心态逐渐平伏，不再作声，将酒倒进元梅新拿出的酒杯里，喝了一杯，长叹一口气："唉，已经这样了，还能说么事？我祖避黄巾乱，从江西流至汉川，开疆辟土定居下来。又何曾真正安稳过？现的确数十代祖茔占地已近耕地一半，你说的有些道理，后辈生存是大事啊！"

这前头一摔杯，后头一换杯，元烁前后判若俩人，元祥都有些糊涂了。他端起酒杯恭维道："到底见过大世面，见解高。我敬您一杯。"

兄弟俩一干而尽。元祥说："下次我陪你回老家，就在田边摆上祭台，姬家的先人都在地下，我们既祭奠了先祖，也敬了养活我们的土地。"

元烁长叹："谁又能长久保佑我族啊！姬家湾，姬家河，姬家台，只是个地名矣！我是不会回老家去的了！"

元祥说："还要劳烦您家给老家去封信，安抚一下老家的亲戚们。"

元烁答应了。

这时，门外出现一个军人探头张望的脑袋。

元烁不满地问元祥："你在外面安排了护卫？是怕我害你？"

元祥苦笑："省军区的领导把我安置在军区招待所住着，我是专门打报告出来探望你这个堂哥的，不然我哪里找得到这里来。这不，我没有自由啊，走到哪里都有人保护。"

元烁想起了当年探望严肃时门外有护卫的事，不由得笑了起来。

元祥见元烁傻笑，莫名其妙地望着他。

四十七、搬了新居走了故人

初睿和徐明堂在部队结婚了。

第一个女儿生下后,坐完月子准备上班的初睿在徐明堂的安排下,转业到市轻工业局报到。其中的缘由,至亲们心知肚明。

初睿一到地方上报到,单位就特别给她分配了一间局机关宿舍的住房。

初睿借口女儿依依要上军区托儿所、同时自己确实不愿离开部队生活环境,就跟徐明堂商量着:"我们还是住在军区大院吧,我也好照顾你和孩子。你说,你要是穿着军装每天挤公共汽车上班,谁见着也别扭啊。"

徐明堂想了想,说:"那就辛苦你每天要挤公共汽车了。那单位上分的房子——可以不退的话,就先给你父母住吧。"

初睿本来就是想把单位住房让给还住在板子房的父母住,一听徐明堂主动提出来了,感激地望着徐明堂。

元烁一家搬到了新居,虽然房子只有一间,但终于有了一个像样的家。一贯讲究的元梅,将新家整理得干干净净、井井有条。

随着武汉长江大桥和更多的铁路新线的建成通车,新的铁路网络已经形成,武汉市成为中国铁路重要的枢纽地区。

为了与武汉铁路枢纽配套,1963年,在位于武昌区莲溪寺晒湖路建成了一个占地近八万平方米的新车辆段——武昌车辆段,担负起路过武汉的近十条铁路线客车运用检修任务。

初湘也从江岸车辆段调到这个武汉当时最大的铁路单位——武昌车辆段,他感到无比自豪,相信自己一定会大展宏图。

住在军区大院的初睿,偶尔回父母家看望一下,顺便给弟弟们送来些旧军装。

一场秋雨过后，艳阳高照，却没了先前的燥热。

元梅趁着天气好，做了些家乡菜，坐轮渡过江赶到严家，也想顺便告诉他自己搬了新居。

黄昏时刻，元梅一回到家，就哇哇大哭起来。

元烁吓得忙问："么样了？出么事了？"

元梅说："莲芳姐死了！"

元烁惊讶地"啊"了一声："么时候的事？"

"都半年了，我们都不晓得啊——！"元梅拉着哭腔。

元烁吼了一声："莫嚎了！好好说一下情况。"

元梅抹了一把眼泪，说："我到严家，家里只有哑巴和佣人在。佣人说，莲芳姐半年前就死了，按老严的嘱咐，就通知了上海的姑娘，别的哪个亲戚都没有通知。他们自己屋里人就把丧事办了。我问她埋到哪里了，她说，火化后就埋到扁担山了。"

元烁沉默了一会儿，问道："老严怎么样？"

元梅说："快到中午饭的时候，他回来的，人怏怏的。我吼他了，问他为么事不让我们见姐姐最后一面，他说怕给我们招惹是非，再说了，连芳姐病怏怏的在床上窝了十年了，早走早解脱。这个人，真是不晓事理，不通人情！后来，他又站着只给我鞠躬，说对不起，他已经跟莲芳姐说了，代表你、代表我，还代表大丫头和侄儿们给她磕头了。我见他也蛮可怜的，就没有再多说。"

见元烁一直不吱声，她小声问道："你还没有吃吧？我去热饭。"

元烁说："不吃了，不饿。"

初胜高中毕业，元梅便央求初睿把初胜送进部队。

在徐明堂的关照下，初胜参军了。

在送初胜走的时候，初湘反复叮嘱着："以后填写简历时，写得越简单越好,家庭关系不要超过三个人,社会关系一定要写没有。到部队不要跟任何人谈家事。"

不久,接到初胜的来信,他跟随部队到了越南,上了抗美援越的战场。

元梅听说后,直后悔:"我的命怎么这么苦啊,几个儿子当兵,几个都被送到战场上。"

元烁倒是说得轻巧:"当兵不打仗,那还算么事兵!"

四十八、"运动"来了

轰轰烈烈的"文化大革命"开始席卷全国。

闽江岸边一队举着红旗、带着红卫兵袖标、喊着革命口号的串联学生队伍,发现江中初江的竹排,叫喊着令其靠岸。

初江置若罔闻。

红卫兵队伍中开始有人骂着往竹排上投石块,有好几块砸到竹排上,险些砸中系在排头的小克强。竹排晃悠起来,小克强吓得哭了起来。

初江慌忙用竹篙左右调整着竹排。看着竹排在激流中左右晃动,岸边上的老乡指手画脚,捂嘴惊叫。

一位干部模样的人边跑边往衣袖上箍着红卫兵袖标,喊道:"各位红卫兵小将!同志们!我代表贫下中农欢迎你们!"

小将们拉住他:"你是什么人?"

"我是农场的革委会主任、红卫兵司令龚红卫!请各位领导到我们农场指导我们农场的'文化大革命',顺便补给一下。"

小将们并不领情："我们要急着过江与主力部队会合。快，叫那个竹排靠过来，送我们过江。"

"这种竹排是专门运竹子的，是不好上人的，不稳当啊。"

"放狗屁！那上面不是有人吗？再说了，我们干革命天不怕地不怕，我们要不怕牺牲、排除万难去争取胜利！再不靠岸，老子把你也扔下去！"

这位龚主任只好对初江吼道："四十一号，快靠岸！"

初江刚把竹排稳住，听见命令，立即将竹篙定在激流中转向。

小将们对龚主任刚才的称呼诧异道："这个人是什么成分？"

龚主任赔着笑脸："我们农场主要是对这些黑五类进行劳动改造。这四十一号就是黑五类，是个历史反革命。"

"他妈的，怪不得他抗拒我们革命小将的命令。老子们今天要好好教育他一下。"

竹排刚一靠岸，三位男红卫兵就跳上竹排，对初江拳打脚踢。挨打的初江在小小的竹排上躲闪不得，蹲在原地、护住前胸，任凭打击。打人者在竹排上左滑右晃，根本施展不开，反倒引得岸上的小将们一阵嬉笑。

五岁的小克强边解开绑在腰上的绳子，边像一只小狼似的嚎叫道："别打我爸爸！"，

一位小将放开初江，走向克强，突的一脚，将克强踢入冰凉的江中。

听见克强的尖叫，初江猛地站了起来，就要扑向水里救人。另两位小将死死拉住他："你个老不死的，想救活这个小反革命，好对人民反攻倒算？死了这条心吧！"

初江挣扎、哭号着："我是反革命！小孩子不是啊！他没有罪啊！要死也该是我死啊！"

岸上一片寂静，所有的人，不论是什么身份，都眼睛盯着江面，半

张着嘴不敢出声，也不知道该不该出声。

龚主任发出洪亮的声音："把他捆起来！不能让他畏罪自杀！"

几个人将初江五花大绑在竹排上，跳上岸后解开缆绳："扫兴，耽误这么多时间。走，我们跟龚主任到农场补给完了再过江！"

竹排顺流而下，传来初江一阵阵的哭号声。

一位农妇悄悄地抹着眼泪。

初湘在武昌车辆段做车工。毕竟他在航校受过系统的机械知识学习，这车工活件不在他的话下。不久，他结婚生子，单位又给他分了一套职工宿舍，位置就在江岸区的二七新村，一个铁路住宿区。

他倒是对"文化大革命"不怎么感兴趣。车辆段出现了多个名号响亮的造反派组织，这些组织各自为政，既向当权者夺权，又互相争权夺利。他看不起这些高傲自大、颐指气使的自称最革命的造反派。

江岸车辆段在武汉市的北郊，武昌车辆段在武汉市的南郊，两段正好跨越了整个武汉市。两地往返要乘坐铁路通勤车，也就是专门提供给铁路职工上下班的内部交通列车，解放前叫"放工车"。该列车就在京广线武汉市区段行驶，几乎每公里就有一个停站，从江岸到武昌车辆段，要行驶一个半小时。通勤车上，成了武汉铁路各单位职工相互交际联络的重要场所。初湘每天坐通勤车上下班，认识了很多铁路单位的职工。

铁路单位进驻了军代表。单位里到处是鲜红的横幅、花哨的标语、内容惊悚的大字报。这些丝毫没有引起初湘的兴趣，他唯一的爱好，就是和一帮年轻人飙篮球。他精湛的球技，引得附近那些无所事事的学生们都跑来观看他的表演。

星期天，初湘就带着老婆玉芬和两岁的儿子克武，坐通勤车到洪山，观看武汉市最热闹的游行场景。完后，就到司门口看望一下老人，再赶傍晚的通勤车回到江岸。

武汉三镇的大规模游行，一般喜欢安排在星期天。武昌洪山是省政府、省军区、铁路局等各机关所在地,有着当时武汉市最宽敞的马路和广场,所以要看省、市级的游行,一般都是星期天到洪山。

克武骑在父亲初湘的肩上,在洪山山坡上新奇地观看。

一列方阵,全部是化了妆的芭蕾造型白毛女,白眉毛、白发齐腰、白衣飘飘、长腿立脚;紧跟着一列方阵,全部是化了妆的京剧造型李铁梅,粉脸、红衣,手举信号灯;再后面是京剧造型李玉和,红脸、蓝衣,手提信号灯……各类样板戏英雄人物,一个角色一个方阵,一个个方阵纵横齐整,摆着各种造型、跳着整齐划一的舞蹈、走两步退一步,煞是好看。

太阳偏西,初湘催促着回到父母家。玉芬跟婆婆絮叨着家常,元烁背着克武在院子里遛圈,初湘跑到二楼去看刘二狗养的鸽子去了。

刘二狗是老九初解的同班同学,学名叫刘文构,家里排行老二,大家就都叫他二狗了。从小就喜欢养信鸽,居然还养出些名堂来,在武汉市信鸽协会组织的大赛中,他的鸽子得过几次金奖。

但也常有住户到居委会反映:二狗的鸽子笼附近臭味难闻,而且鸽子到处拉屎。有一次几个邻居正端着碗在院子里站着边吃边聊天,鸽粪居然从空中正好落到碗里!街道居委会主任胡大脚胡太婆,多次要求二狗不要再养鸽子了,二狗就是不听,还对胡大脚出言不逊。正赶上"文革""破四旧",早就憋着一口怨气的胡大脚趁刘二狗不在家,领着民兵小分队的人就突袭了二狗的鸽子笼。等二狗回来见满笼子的死鸽子,再看看贴在墙上的警告信,大哭一场。有两只侥幸不在笼子里的鸽子飞了回来,二狗大喜,决心重振他的鸽群。他用死鸽子煮了一大盆鸽子汤,自己滴口不沾、全部分给了邻居家。然后,在整理一新的鸽子笼旁,放了一把刀口磨得铮亮耀眼的敞口大砍刀,刀脊上用红油漆写着:人不犯我,我不犯人。看着这满是杀气的鸽子笼,倒是无人再敢对二狗养鸽子的事说三道四,二狗呢,也常守着这里,很少长时间外出。正读初三的二狗，这一学期学校基本上没有去上课，就等着初中毕业。

二狗的父亲是市轻工业局的领导，"夺权"一开始，他便"靠边站"，成为被批斗的对象。二狗对他父亲的境遇倒是不怎么关心，仍然一门心思养他的鸽子。

等二狗眉飞色舞地将他心肝宝贝向初湘炫耀一遍，一个小时就过去了。初湘下楼回到家里，玉芬说："你这一会儿又跑到哪里去了，伯伯也不在家。刚才明堂哥回来了，说了几句话，水都没有喝就又走了。"

初湘"噢"了一声，问元梅："他来有么事？"

元梅说："他要我告诉家里人，明天都莫要上街，特别是司门口和中南路，都不要去。"

初湘问："他冇说有么事情？"

元梅说："我也问了，他说要我莫问那多，横竖是要我管好家里人，特别是老头子和那个每天无所事事的满贯。"

初湘鼻子一哼："搞得神神秘秘的，生怕我们不晓得他是当官的。我是每天要上班的呢，懒得听。"

元梅放下手里的活，催促道："你们快走吧，放工车快到了。这个老东西又不晓得晃到哪里去了，我到院子口叫一下。"

星期二的下午，初湘提前下班先赶到了父母家。一进门，就掏出一张报纸递给元烁，并嚷嚷着："伯伯，您家看，这徐明堂把我们家的人当成么事人了？难道我们都是反革命？您家看报纸！"

元烁架上老花镜，读着标题："伟大领袖毛主席视察武汉。"

初湘说："毛主席视察武汉，我们都冇得资格欢迎吗？就他徐明堂有资格？还特别交代姆妈要看着您家，他是个么东西！"

元烁放下报纸，把眼镜往桌子上一扔："行了，行了！赶你的放工车回你自己家去！"

初湘见父亲闭起眼睛、闪着腿不再说话，也就不敢再多说，挎起包走了。

在初解的鼓动下，刘二狗也跟着初解到学校去看热闹。在红卫兵大队部闲聊时，二狗提出用信鸽通讯技术为红卫兵服务，同学们听二狗如说评书般讲着革命战争时期游击队和红军如何用信鸽传递情报的故事，都觉得很新奇、很振奋，一致要求二狗自愿申请加入红卫兵，并提出要征用他的鸽子。当然，鸽子还是由二狗饲养，需要用的时候也由二狗操作。

在学校和郊外放飞几次都成功后，二狗如愿以偿，和初解一样戴上了红卫兵袖标。

经不住同学们的央求，二狗领着二十几个红卫兵同学到家里来看自己养的鸽子。

当戴着红卫兵袖标的二狗正兴奋地向同学们展示他的鸽子的时候，被这一大群突然蜂拥而至聚集在家门口的红卫兵吓傻了的住户，早就慌张地向居委会报告了。胡大脚带着民兵小分队赶了过来，故作亲近地喊道："红卫兵小将们，你们好啊！我们代表街道革委会欢迎革命小将！你们今天这是？"

有人答道："我们是到革命战友家来看我们的鸽子。"

胡大脚问道："革命战友？你们是说刘二狗？"

学生们笑着应和到："是呀！""对，是刘二狗！""大名是刘文构啊！"

胡大脚眉头一皱，问道："你们谁是领导啊，请到我们街道革委会来一下，我们要请红卫兵革命小将到我们这里做指示。"

兴犹未尽的二狗钻了出来，不耐烦地喊着："你这个大脚婆，又没事找事，我们不去！"

胡大脚讥讽地看了一眼二狗，说："没有说请你，我们请的是红卫兵的领导。"

立即有几个人出来说:"我们就是红卫兵的大队领导。走,我们去向街道的革命群众学习致敬。你们就在这里等我们吧。"

说完,跟着热情的胡大脚就往街道革委会走去了。

等这几位红卫兵大队领导返回来时,二狗正应同学们的要求,准备送几只小鸽子给他们带回去养呢。可他们一过来,就阻止道:"放下,不准要。"

二狗刚要解释,他们手一摆:"全体红卫兵小将们,立即撤回。"并对二狗说:"刘文构就不用跟我们去了。"

二狗急忙问道:"为什么啊?"

没有人回答他,大家按着队长的指令离开了。

第二天,二狗接到通知到学校参加红卫兵誓师大会。这是他第一次正式参加红卫兵大会,郑重地穿上父亲的旧军装,戴上红卫兵袖标,往学校跑去。

大会开始后,二狗突然听到台上有人点着自己的名字:"刘文构,上台来!"

二狗懵懵懂懂地走向高高的台子,刚站稳,两个红卫兵就过来扯下二狗的红卫兵袖标。二狗本能地想护卫红袖标,但听到大喇叭发出的震耳欲聋的声音:"刘文构是走资派的孝子贤孙,他是混进红卫兵队伍的阶级异己分子,还妄图通过资产阶级的腐朽方式腐蚀革命队伍……现在,我们把他清除出红卫兵队伍!"

二狗流着眼泪,走下台来。那群找他要鸽子的人推搡着他:"你个狗崽子,居然混进革命队伍!""差一点上了你这个阶级敌人的当!""用资产阶级的鸽子腐蚀拉拢我,幸亏我没有上你的钩!""你是名副其实的二狗子!资产阶级的二狗子!"

二狗被同学们从后面推搡到前面,又从前面推搡到后面。他忍着哭声,趁被推到圈外的机会,转身就往学校外跑。有人迅速捡起地上的石块，就向他扔过去。有一块石头砸到了他的小腿，他一个趔趄，没有倒下，继续逃去。

初解目睹了这残忍的场面，不由得捂了捂左臂上的红袖标。

初解回家，走到街口就扯下红卫兵袖标，塞到裤袋里。他怕街坊邻居看到他也是红卫兵，也会像对待二狗一样，让自己在大庭广众之下被撸掉红袖标。如果受那样的屈辱，自己宁愿去死。

从此，初解变得残忍。在红卫兵"破四旧"时，别人下不去手的事情，初解毫不含糊，该砸就砸，该打就打。特别是剪女人的长辫子，别人见到熟人都不好意思下手，但初解是荤素不计，生熟不分，绝不放过。被剪了辫子、蓬头散发的大姑娘，哭着骂他是"屠夫"。于是，初解又得了一个绰号——"屠夫"。

转眼到了秋季，迟迟没有上高中的通知和安排。已经初中毕业了的学生们无所事事，只好又抱成团，加入到了"大串联"的行列。

因为初解对铁路比较熟悉，一帮同学就选他做队长，拉起队伍扒上奔赴各个革命圣地的"大串联"的免费列车。

大半年过去了，去"大串联"的初解回家了。长长的军大衣已成了酱黑色，黑瘦的脸、长长的头发，嘴边长出了毛茸茸的胡子。春天的暖阳照在初解的身上，他的脸上已渗出了汗珠。

他的声音倒是很洪亮："姆妈，我回来了！"

元烁老两口闻声到门口一看，忙喊道："站住，不要进来！"

初解茫然地站在门口的阳光下面。

元烁用拐杖指指初解："你把身上的衣服给我都脱干净，莫把虱子、臭虫带进屋子里来！"

初解开始一层层脱下身上的肮脏不堪的衣服，只脱得剩下短裤。白花花的身上和黢黑的手脸成了强烈的对比。

已经有院子里的小孩子过来围观，指着快脱光了的初解嘻嘻笑着。

元烁又用拐杖指指初解的短裤。

小孩子们笑着喊道:"脱,脱!"

初解抡起手臂,做出要打人的样子,吓得小孩们一哄而散。

元梅递过一张旧床单,初解裹在身上,在元烁的监督之下脱光了衣服,转身跑进屋里。

元梅喊道:"先到屋里洗澡!水都放好了!"她用一根木棍将初解脱下的衣物扒到院墙后面,一把火全给烧了。

一连几天,元梅还不放心地在初解睡觉的床铺上寻觅、观察着,看看有没有漏网的虱子、臭虫。

不到十天,体力刚刚恢复的初解,又开始寻思要到哪里去折腾了。

初解找楼上的二狗,想跟他说说"大串联"的见闻,但二狗很冷漠地说:"我不想晓得,我也没得么事同学。"

初解说:"起码我没有害你啊,我们还是好朋友呢!"

二狗不领情:"我就要到黑龙江支边去了。我不会记得我还有朋友的。"

初解无趣地离开了。

看着存放煤球的鸽子笼,他明白,自己这一批人的青春和哥哥姐姐们是不一样的。我们只有"战友",没有同学和朋友,而要想把"战友"维系下去,就必须硬着心肠横下去。

见他又在和同学们联络,在家里翻腾着找衣服,元梅开始发脾气了:"你要再出去野,就不要回家!"

初解说:"现在我也有得么事做,不出去,待在家里当傻子啊!再说了,你是不晓得,现在全国到处都是大串联的人,坐车不要钱,吃住不要钱,好玩得很呢!"

元烁冷笑:"这是瞎闹嘛!这样的事是能长久得了的?"

初解顶撞道:"你懂得个么事啊!少管我的闲事!"

元烁摇摇头，眯起眼睛，晃起了腿，不再理会他。

元梅跑到初睿家里，跟她说着初解的情况："他不得了了啊，都说不得他了，一说三呛。你说，这学校又不开课，又不招兵，这么样办啊！"

初睿说："是的啊，我也是担心满贯，再混下去就怕他变坏啊！这样吧，我记着这事，催着明堂想办法。您家就放心回去吧！"

果然，不出一个月，初睿通知初解到部队兵工厂上班。

看着初解高大魁梧的身躯，工厂领导很满意，安排他到锻造车间做锻工。初解看着车间里的各种冷兵器毛坯，对这份工作很是期待。

1967年11月，"武汉地区红卫兵第三司令部"（简称"三司"）、"毛泽东思想工人总部"（简称"工总"）、"工人造反司令部"（简称"工造"）、"武汉地区职工联合会"等组织相继成立。随之，更多小的群众派别组织纷纷出现，"批判资产阶级反动路线""踢开党委闹革命""停工、停产闹革命"的浪潮席卷全市，各级党政组织陷于瘫痪和半瘫痪状态，干部受冲击，生产遭破坏，社会秩序混乱。

满手油腻的初湘在车间干活，车床飞速转着。

突然停电了，车床的轰隆声骤然停止，车间里一片寂静。

一伙戴着"红卫造反团"红袖标的年轻人大踏步走了进来，直奔一个猥琐且不知所措的老师傅，上去就一耳光，架起来就要走。

初湘赶过去，吼道："搞么名堂呀！放开！"。

一年轻人叫道："熊聋子是地主，我们要押出去批判！"

初湘说："熊师傅是我的师傅，正宗的工人阶级。你是什么人，敢到车间随便抓人？"

见初湘出了头，工人们也都围了上来。这帮年轻的造反派，看到这些五大三粗的师傅们不友善的眼光，不由自主地松开了架着熊师傅的手。

领头的也感觉到了形势的不利，客气地对初湘说："姬师傅，我们的行动是得到段革委会的批准的，您家就支持一下吧！"

初湘说："我不管哪个批准的，今天到车间抓人，就是不行！"

"对，不行！""不行！"师傅们都应和起来。

初湘笑着说："你看，要不我们打一架，你们赢了就支持你们？要不愿意，就不要招惹我们。"

这领头的气得张口结舌："你，你！"

初湘说："你么事你？我们井水不犯河水。"说完，拉起熊师傅就走。

领头的气急败坏："你！你这个逍遥派已经堕落为保皇派了，离反动派不远了！"

初湘一听，转过身来："放你妈的屁，老子红得发紫！"说完，抡起扳手就要打。

造反派们怵了："姬疯子，你等着！"转身就撤。

熊师傅感激地望着初湘。

在大形势下，车辆段的生产检修车间也处于半生产状态，车间里的工人们越来越悠闲。

下午停工，初湘和单位里的一些篮球爱好者在球场上比赛。

车辆段的军代表何益方在球场外对初湘做着手势："停一下，停一下！"

初湘回头看了他一眼，此时篮球正好传到他的手里，他便自顾运着球组织起进攻。于是，整个球场人员跑动起来，再没有人理会军代表了。

何益方耐下性子，干脆也看起了球。

几个漂亮的传球，篮球又回到返身跳到投篮线外的初湘手中，只见他一记漂亮跃起跳投，单手空刷进球。

何益方也暗暗为这个漂亮的进球叫好。他以为这下是要结束了，就向场中走去。

没想到初湘跑到场中、举手指点着队员的跑位，又组织起了防守。场内又跑动起来，差点将进入场内的何益方撞倒。

何益方气急败坏，招呼跟他来的一帮造反派上场，自己也随之走向初湘。

比赛被迫停了下来。球员们见有人捣乱，用身体冲撞着这些带着红袖标的人。

何益方在场上喊道："我是车辆段军代表何益方！请大家暂停，我们有革命工作要马上进行！"

球员们无奈地退到场边喝水、休息起来。

初湘知道是冲着自己来的，就走向何益方："您是找我的吧？有么事就快说，我们还要比赛呢！"。

何益方说："是来找你的。你今天上午干了些什么事？知不知道你这是在阻挠造反派的革命行动！"

初湘说："我怎么看不出来他们是革命行动呢？"

何益方说："姬师傅，你也是工人阶级，不但要支持革命造反派的革命行动，还要积极投入到文化大革命中啊！这次我是代表革委会来找你，希望你表个态，同时也希望你能跟革命造反派团结起来！"

初湘鄙夷地瞟了一圈站在周边的造反派："团结他们？他们是工作积极？是技术好？还是球打得好？"

周围的球员们一阵大笑。

何益方感觉到了初湘的敌意，明白了这次根本就不该到公开场合来找他谈。他愤怒地质问道："你'对文化大革命'是什么态度？"

初湘反击道："就这帮人，上班不干活，到车间拉电闸破坏革命生产，还随便欺负工人师傅，你还帮他们说话，请问你这个军代表是什么意思？你对'文化大革命'是什么态度？"

何益方恼羞成怒:"今天你包庇地主分子,还动手打革命造反派,现在又恶毒攻击革命造反派!这是反革命事件!你是现行反革命!"

初湘盯着何益方看了一秒钟,一字一顿说道:"你放你妈的屁!老子反革命,老子当兵扛枪的时候,你他妈的还在穿开裆裤呢!"

围观的人群一声哄笑。

造反派们见初湘连军代表都敢骂,而且是当众羞辱,这还了得!纷纷解下皮带,准备随时听从军代表的指令抓人。

听到初湘骂自己的话,何益方心里不禁一乐:终于让自己抓到他的尾巴了。何益方可不比那些愣头青,在找初湘之前,他已问过好几位段领导了,知道初湘只不过是一个顶职入铁路的铁路子弟,还"当兵扛枪"?于是,何益方大度地对跃跃欲试的造反派们摆摆手,指着初湘说:"这可是你说的!工人师傅们,大家可都听见了,他姬初湘竟敢冒充革命退伍军人,这是什么性质我就不多说了。请大家做个见证,我们马上立案!"

说完,何益方带着人踌躇满志地走了。

现场一片寂静,大家都担心这次初湘一定是罪责难逃了。

初湘倒是满不在乎地招呼大家:"别站着了,快,继续比赛!"

球赛又开始了。

第二天下午,初湘依然带着车间一帮人走向篮球场。一帮人嬉笑着边传球边走着。迎面走过来军代表何益方,大家立刻安静下来,看看初湘,断定是何益方找初湘复仇来了。

没想到,何益方友好地跟大家微笑着招了招手,与队伍擦肩而过。

同事们不解,问道:"姬师傅,他怎么不找你的麻烦了?事情就这样过去了?"

初湘笑着解释:"我并没有吹牛,我本来就当过兵。他肯定是查了我的档案,再不好意思提这事了。"

同事们惊奇加敬佩地说道:"原来你真的当过兵啊,怪不得球打得这么好。"

有好事者问道:"姬师傅,你是当得么事兵种啊?跟我们讲讲嘛!""你当过兵,么样还要顶职上班呢?"

初湘阻止道:"你们都莫问了,反正老子没有吹牛。"

何益方并没有善罢甘休。他通过初湘的档案,察觉到初湘的父亲肯定是有问题。于是,他授意造反派到初湘的父亲家去抄一次家。

造反派到元烁家抄家,并没有抄出什么有价值的东西,但通过街道革委会知道了初湘的父亲是个有历史问题的人。

初湘知道后愤怒不已,对元梅说:"以后有人到家里来,你就赶快给我单位打电话,看我么样收拾他们!"

元梅哀求道:"你就不要在单位得罪人了!我们两个老人再经不起折腾了,就算是我们求你了好吗?"

初湘说:"姆妈,您家就放心,我再不会让你们担惊受怕了。"

回到单位,初湘约了几个同事,也组成了一个造反队,就叫"毛泽东思想造反团",并自封为司令。听说姬初湘成立了个造反队,那些个和他在一起打篮球的球员、外车间的一些还没有参加别的造反团的人,也都加入了进来。初湘领导的"毛泽东思想造反团"队伍渐渐扩大了,拥有了几十人。

何益方组织"造反派"批斗段党委书记、一个曾经是新四军团指导员的干瘦的老头徐鹏飞。有材料证明,他曾经做过张国焘的警卫员,叛过党,而且与小说里杀害江姐的国民党刽子手同名同姓,是反革命无疑。

得到要批斗徐鹏飞的消息,初湘也行动起来。他只是觉得徐书记这个这老头还不错,自己刚上班时他找自己谈过话,很坦诚、很实在,也很关照自己。不管怎样,老子就是要和何益方对着干!

初湘带着自己的人马，戴上印有"毛泽东思想造反团"的红袖标，赶到批斗会现场，将徐鹏飞抢了下来。

批斗大会的组织者没有料到会冒出这么一个新的造反组织，而且是突然发难，顿时手足无措，现场一片混乱。

等何益方反应过来是姬初湘在捣乱，喊道："把大门关上，谁也不准出去！""革命造反团"那一帮人马上行动起来，将会场的大门关上了。参加批斗会的工人们叫唤起来："我们要出去！""关我们搞么事，放我们出去！"

两班人马火药味十足地对峙起来。"革命造反团"里有人带着枪，拉开枪栓就对着初湘一帮人。

何益方这时才猛然清醒过来：如果在这里发生枪战，那后果可不是自己承担得了的啊！他慌忙叫喊道："不要开枪！"

他用手指着初湘说："你这是反革命行为，如果不立即终止你们的行动，扩大了事态，被革命造反派专政了是罪有应得！"

初湘反手夺下了指着自己脑袋的步枪，枪口指着何益方："你们要是不放人，他就先死！"

双方持枪对峙着，谁也不敢先造次。见双方都动了武器，会场里喊叫着的人都不敢吱声了，静观着事态的发展。

僵持了一会儿，何益方提议双方派代表谈判，初湘并不理会他。

有人打开了大门，现场的工人们乘机一哄而散，聚集在门口和窗口观看着。

一个小时过去了，双方都没有动作。

这时，有人跑进来喊道："姬疯子！你不要以为我们革命造反派是好威胁的！我们全国的造反派都是团结起来联合作战的。你看，'武汉毛泽东思想战斗队'的战友们派大部队来了！看你今天往哪里跑！"

何益方见增援的人来了，笑道："姬初湘，你投降吧！"

没料到初湘突然上前一步，将枪口顶到了何益方的脖子上："老子今天就和你同归于尽！"

在这千钧一发的时刻，赶来增援的"武汉毛泽东思想战斗队"队伍里走出来一位高个子，他高喊了声："住手！"

有人说道："这就是他们的司令！""这就是屠夫司令！"

初湘抬头一看，来人竟是初解！一愣，放下了顶着何益方的枪口。见枪口离开了自己，何益方喊道："快，下他的枪！他是反革命！"

没想到初解反手给了何益方一耳光："放你妈的屁！他要是反革命，那老子是什么？！"

何益方懵了。

初解对带来的人喊道："都跟老子撤！"随后跟"革命造反团"的头头握着手："我看这是误会了，这位姬司令的队伍跟我们也是一个战壕里的战友。你们也撤吧。"

何益方莫名其妙："他几时成立的造反团我们不知道啊！"

初解恶狠狠盯着何益方说："我们都是来自五湖四海，都是为了一个目标。你要是不愿意听我的，那好，把枪还给他，你们打吧，我看着。"

何益方只好说："好，就听你的。我们走！"

初湘不依不饶地对何益方的背影喊道："老子现在也是革命造反派，老子也是司令！老子明天就批斗你！"

四十九、白爷

火塘边，初江双手举杯一饮而尽："感谢白爷的救命之恩！鄙人现在贱如蝼蚁，无以为报，只能让小儿给再生父母磕头谢恩了。"

"哐哐哐",克强三个响头磕得实在。

留着山羊胡须、满面红光的白爷哈哈大笑:"不够,不够!我要收了他!"

初江不解地问:"白爷此话怎讲?"

"我现在与孙女相依为命,孙女翠闽与你家小强年龄相仿,都到了启蒙年龄。你看,现在学校都闭课了,还不知道要闭到什么时候。再说,我看现在农场学校连个像样的先生都没有。"他靠近初江,压低声音:"现在的课本,我也压根看不上!"

初江和白爷相视干了一杯。

"所以啊,我准备自己给孙女启蒙。没有伴读的不行啊,这不,小强就来了,哈哈!"

初江说:"我也正在为此发愁呢。就我这境地,农场也不会同意小强上学;就是同意了,他一上岸,谁能带他啊。我每月只有几块钱,就是全都给您,也不够孩子的生活、读书的啊!"

白爷哈哈一笑:"这您就不用操心了,我不会饿着孩子,只是由着我来折腾他,您也别心疼。"

初江感激得不知说什么好:"大恩不言谢。来,干!"

白爷对初江说:"有好的河鲜就带来,我们下酒。等你问题解决了,就把儿子接走。"

这位白爷,出生于杭州的中医世家,在教会医院学的西医。做过东北军的军医,后来又成为八路军的军医,与共产党的高级领导有很深的交往。

全国解放,按说白爷可谓功成名就、衣锦还乡了。但他一打听,在杭州即将解放时,他的大哥带着所有家人、所有家当,奔赴到了台湾。紧跟着,赴朝参战在志愿军任营长的儿子,投降被俘、流落到台湾。老妻一气之下大病不起,在"白神医"的调理之下,熬了三年,撒手而去。

短短数年，革命几十年的白爷竟成了孤家寡人！

于是，白爷申请转业，被安排到闽江边的山区劳改农场做副场长。政治运动中，他的家庭关系不断被提起。虽然因他的革命资历以及老首长的庇护，让他每每过关，但他心里很明白，自己是走在悬崖的边缘，随时可能掉下去并会万劫不复。于是，他主动申请降级，在农场医院做了一名普通的医生。高超的医术，反而令他声名鹊起，闻名前来求医的人蜂拥而至。

白翠闽正是那时白爷在医院收养的一个一出生就被遗弃的孤儿，这个孤儿成了他后半辈子的生活和精神支柱。

去年开始，农场里也分成了几个革命派别，也都想借用白爷的革命资历来标榜自己。白爷不堪其扰，打了个离休报告，也不管批了没批，搬出农场，在闽江边的山坡上住了下来。

白天，白爷边在家里坐诊，边教习克强和翠闽学习国文和书法。见克强骨骼强健，忍不住又教他了些拳脚。

初江休假，不好再回武汉探父母。好像听继母说过她原来是下江人，根据仅有的一点线索，开始了在江浙闽一带打探、走访，为继母寻亲。

不久，学校复课，克强和翠闽进入农场小学。由于两个孩子经过白爷的严格、传统的启蒙，学校的课程对他们来说显得太浅显简单，所以两个孩子成绩总是名列前茅。

五十、"屠夫"初解

徐明堂正在办公室里写材料，门被推开了。徐明堂心里不悦，抬头刚要斥责，见是初解闯了进来，忙站起来："啊，是初解啊，你怎么来了？快，坐，坐。我给你倒水。"

初解站着说："别倒水了，我不喝。我是来找你要东西的。"

徐明堂问："你想要什么，只管说。"

初解在办公室里巡睃着，徐明堂紧张起来，合上了文件夹。

"我要一套军装。"初解开口了。

"好，好，我这里正好有一套旧军装。"徐明堂忙打开柜门，拿出一沓军装："就是你这么大的个子，怕是穿不得噢！"

初解说："不怕，我会跟别人换。"就塞进了书包里。

紧接着，他又伸手去拿挂在衣架上的军装。徐明堂忙伸手去拦："这不行，就这一件，我还要上班穿呢！"

初解皱着眉头，说："不就一件军装吗，你再领一件不就行了？"

"初解，你听我说，我办公室就这一件，你拿了我就连门都出不去了。要不这样，我回家再找找，叫你姐给你送去，行么？"

初解躲开徐明堂拦着的手臂，又取下衣架上的武装带，随手就扎到自己腰上。然后毫不客气地说了声："我走了。"

徐明堂对这位小舅子"司令"恨得牙痒痒，但又不得不忍气吞声。

劳改农场的管教松散了些。为了能更详细地了解继母的情况，初江申请回家探亲。

元梅听说初江在为自己寻亲，又勾起了儿时的心酸。她抹着泪说："我只记得我们家那里有山有水，但长不出粮食。好像家里还有几个哥哥姐姐，还有弟弟妹妹。我是饿得受不了了，就跟着隔壁邻居家里那个我喊红姐的人，坐竹筏子，再换小木船到了南京、镇江附近，就被胡县长收留了。我那么小，哪里记得几多哟！"

初江说："你说的这些我都晓得的。您家还想得起么事？有点印象的、哪怕不准也不怕，只管说。"

元梅想了想，说："对了，好像红姐说过，我们老家里的人都是小眯眯眼睛，就是我是个大眼睛，都说我不像老家里的人。哦，有个么事'蛇眼睛村'，好像是说我们那里人的眼睛都长着像蛇一样的小眼睛。我也不晓得记得准不准。"

初江赶紧掏出小本本记上。

元梅见自己说的有价值，就继续说道："我小时候好像总是啃苞谷。那里苞谷也不掰米，就用水煮一下。还有，记得红姐说，她看到过大海，还到过'天堂'。那她是瞎说，哪里有么事'天堂'。她的菜做得才好吃呢，就是总是甜的。后来她病死了，真的去了'天堂'。"说着，元梅的眼泪又流了下来。

元烁说："好了，紧说个么事。你也是的，自己都照应不了自己，还寻个么事亲。就这样过，蛮好。"说完，又嘟噜一句："早晓得该多问胡县长几句的。"

元梅起身道："好了，不说了，说来说去就是这些。我给您们做饭去了。"

天将黑，初江和父亲坐在小方桌上对饮起来。俩人自顾自喝着，语言极少，想起来就端起酒杯示意一下对方。不一会儿，元梅打回来的两斤白酒就见了底。

初江晃了晃酒瓶，对元烁说："伯伯，我的二胡呢？"

元烁头也不回，用筷子往背后的床下一指。随后坐到了藤椅上，握起了元梅递过来的茶壶。

初江爬到床底，把包着二胡的包裹抱了出来，小心翼翼地打开，取出二胡调了调音，坐在元烁的对面："伯伯，酒喝完了，听曲！"支起二胡，拉了起来。

悲怆瘆人的曲调在昏弱的灯光下弥漫开来，如泣如诉，只拉得初江自己泪流满面。

元烁半昂着头，闭着眼睛，手握紫砂茶壶置于腿上，静如石佛。

院子里天昏地暗，一盏如鬼火般忽明忽暗的路灯，在这冷风里颤动着爆了。整个院子人不吵猫不叫，小孩子吓得直往妈妈怀里钻。这哪里是琴声，分明是断肠曲、勾魂调啊！撕心裂肺、震撼人心，只听得有人想哭、有人想叫，但又欲哭无泪、欲叫无声；有人恐惧、有人心颤，但却惊恐无状、心悸莫名。邻居惊恐了，胡大脚摸到门卫房，哆嗦着给初睿家里打电话。

听说家里出了这么大的事，竟然惊动了整个家属院，吃惊不小的初睿和徐明堂赶紧往父母家里赶。

进得家门，满屋的酒气扑面而来，屋子中央的小方桌上一片狼藉，一把二胡平放在地板上。老父亲脸上两行清泪，仰坐不动；小哥坐在老父亲前面呜呜哭泣。这完全是一幅鬼哭狼嚎图！气急败坏的初睿二话不说，走上前去一把将堆满残羹剩菜、碗碟杯瓶的桌子掀翻，紧接着扬起地上的二胡砸向地面。

徐明堂背着手站在门口，怒视不语。

初江大叫一声扑向二胡，跪在地上又哭了起来。

初睿大声训斥着："你回来搞么事？要死要活的，是要伯伯死？然后我们都跟着去死？你滚！以后不要回来！"

初江包好二胡琴残肢，背着包裹，摇晃着给老父鞠了个躬，迈着沉重的醉步转身离去。

元梅看着初睿，又看看门外，不敢作声。

不知元烁是醉了还是睡着了，依旧是坐如石佛，未动半分。

一辆大卡车停在路边,"屠夫"初解叫喊着:"快!上二十个人!只上二十个啊!"

卡车开动了,一位刚跑过来的人跳起来,双手扒上挡板,就要翻上来。

初解说:"人够了,你下去。"

这人说:"姬司令,就加上我一个吧,我家在汉口,我就不再坐车回了。"

初解冷冷地说:"下去。"

这人央求道:"姬司令,我们是一个车间的,就让我……"

初解拿起旁边人的步枪,抡起枪托就向他的手砸去。"啊——!"的一声,这人掉了下去。

到了汉口一元路,初解让车停下,说:"就这一家,你们去,我在车上等。我就不进去了。"

他指的就是严肃家,严宅。

严肃家已不知被抄过多少遍了,他的藏书、资料以及有些年头的物件,早就被各个组织洗劫一空,甚至连木地板都被撬开检查过,现在真可谓是家徒四壁,毫无再抄的价值。

但这帮小将们依然有模有样地再来一遍,希望能找到漏网的东西。很失望,他们并没有收获。于是,他们把严家的哑巴儿子关到厕所里、把照顾严肃的女佣拉倒门外,然后把被游斗打伤躺在床上的严肃揪了起来,令他靠墙角站着,接受批判。

严肃已经是"死老虎"。高层次的审查,其实从刚解放就开始了,他早就搜肠刮肚地将自己所知道的有价值的事情写成了回忆录和文史资料,再也没有什么值得隐瞒的了。一般的批斗,不管哪级组织、哪个派别,提的问题都一样,无数次的重复使他连答词都能够背下来。所以语言上的被批判很轻松也很顺当,最难过的倒是体罚,毕竟他已是古稀之年了。

小将问道:"老实交代,你和蒋介石什么关系!"

对这幼稚问题,严肃忍不住厌烦:"我是认识蒋介石,但我也认识周恩来。"

"你!……你老实回答问题,不要耍滑头!"

小将们还真的无法判断这老头的话到底有没有问题。

行动结束后,带队的人递给初解一张照片:"屠夫,找到一张照片,好像是你的啊。"

"怎么可能。我看看!"初解慌忙看照片。

这人指着照片说:"你看,这不是我们小学同学时一起照的么?记不记得,我们照了合影后,你又单独照了一张?"

初解接过照片,说:"是啊,这是我啊。巧了,是不是你们哪个拿了我的照片,到这里掉出来了?算了,还给我吧。"

等分手了,初解从裤兜里拿出照片认真看起来,见照片背面写着:九侄初解。严兄惠存。一九五八年。初解一看就认出这是父亲的字。

他有些生气,父亲怎么能把自己的照片随便送人,还送给这个不是一般的坏人。想到这里,他就转道家里而去。

见到父亲,初解把照片往桌上一拍:"哎!你么样把我的照片送给那个反革命分子了?"

元烁把照片正反一看,说:"你到严家去了?"

"是我抄家抄出来的!"

一听说初解到严家抄家了,元烁气得只用拐杖杵着地板,发出"笃笃"的响声。

元梅叫唤起来:"你这个不肖子孙,竟敢跑到长辈家里抄家,你这是犯上!"说着夺过元烁的拐杖,劈头盖脸地向初解身上打去,"叫你犯上,叫你犯上!"

身强力壮的初解倒是不躲避，任凭母亲打。一会儿，元梅就没有力气了，丢下拐杖，哭了起来："百行孝为先，我们姬家的孝举是上了族谱的。么样出了你这样的叛逆哟！丢死人了啊！"

初解不耐烦地说道："哎呀！么样的亲戚啊？有几亲啊？"

元梅骂道："逆子！你还要狡辩！你要是再犯上，就不要认我们了！"

"好！我不犯上！"初解嘟噜着走了。

元梅对元烁说："也不晓得严老头被他们折腾得么样了。过几天我要去看看他，去给他道个歉。"

好容易盼到个好晴天，元梅一大早提着一罐连夜熬好的鸡汤，坐接送铁路职工上下班的通勤车到汉口站，再步行到严肃家。

哪知，到了一元路严宅，只见大门紧闭，楼上窗口伸出来的竹竿上晾晒着女人、小孩的衣物。元梅好奇：这是搬进了新人家啊。她拍打着大门，没人理会。退了几步，对着楼上开着的窗口喊道："老严！老严！严爹爹！"

窗口里出现一个胖女人，不耐烦地叫道："喊么事喊！拍门不理你也就算了，又大喊大叫起来！这里没有姓严的！"说完，离开了窗口。

被人无端训斥，元梅又急又气，不知如何是好。

这时，对门一位老太太同情地跟元梅招招手，示意她过去。

元梅走过小马路，老太太说道："你是严家的亲戚，我见到过的。严家的房子被没收了，严老头和哑巴儿子搬走了，就在铁路边，你到那里去找吧！"

按着老太太手指的方向，元梅走到铁路边。

这条铁路线，就是京广线铁路干线。铁轨穿越汉口闹市区，线路两边集聚着平房，火车简直是紧擦着屋檐驶过，整个房子都会在火车的轰隆声中跳动。这里，曾经是市区残疾人的主要制造区，经常有人在这里被火车轧死轧伤。即使是这样，依然还有居无定所的人在这里见缝插针地搭建油毛毡棚子定居，以至这里很难再找得到立锥之地。

元梅沿着三阳路往大智路方向，走在阴暗的铁路中间。不停地喊着："老严，老严！"听到火车汽笛"呜呜"的怒吼声，她就慌忙跑下铁路，脸紧贴着墙壁，紧拉着被火车通过的风拉扯着的衣襟。火车过后，掸掸头上、身上的煤灰，又喊起来。

终于，她听到有人跟着她的声言，一句不拉地应着："哎！""哎！"……

元梅开始寻找着这应声的来处："老严？""哎！""老严？""哎！"

在一个油毛毡钉的棚子外，坐着歪着头正在打盹的哑巴；棚子里面，传出来严肃衰弱的"哎"声。

元梅低头钻进棚子里，一柱阳光从棚顶的空档处直射进来，一张大床上，严肃裹在被子里伸着头往门口看着。

见是元梅，严肃说："啊，是元梅啊，你么样找来了？"

元梅放下鸡汤罐子，心酸地说："您家么样住到这里来了啊！造业啊！这么样能住人啊！"

严肃倒笑了起来："没得见识。你看，这里面还不小啊，我也有得么事东西要摆设，这里住得安神得很。"

元梅问道："您家病了？要紧不？"

严肃说："老了，骨头都酥了。上次挨斗的时候，不小心摔了一跤，腰闪了，好些天动不了。"

元梅跟他说道，我们搬家了，在司门口。本来上次见面就要说的，没有说成。并问道："需不需要到武昌帮您家找个房子住？再破旧，也比这个油毛毡棚子强啊！这是晴天，要是刮风下雨、下雪挂凌，么样住得人。"

严肃摇手说："我这是暂时过渡。单位上说了，房子正在调剂，不久就要搬家的。"

元梅提到初解的事，骂着自己的儿子，说到伤心处，还扇了自己两记耳光。

严肃劝解道："我不晓得是你家的初解来了，我倒是蛮想看看他呢。现在整个社会都是这样了，怪不得伢们。你看，我都是行将入土的人了，说是最后终于革命了，其实自己都不晓得自己到底是革命的还是反革命的，这些伢们又么样搞得清楚咧！"

元梅说："管它么事革命不革命的，我不懂，我就晓得不准欺负老人，欺负老人是要遭雷劈的。"

她把鸡汤倒到碗里，递给严肃一碗；又倒了一碗，喊哑巴进来跟他比画着："这一碗你吃，剩下的明天热了后给老人吃！"哑巴点着头。

严肃"吧唧吧唧"地吃了起来，赞叹道："你煨的汤就是好喝！"

元梅说："您家好好养着，下个礼拜我再来看您家。"

五十一、二七新村旧事

一架军用直升机在江岸最大的铁路家属区二七新村的上空超低空飞行着，巨大的风刮得树梢乱颤、树叶横飞，震耳欲聋的引擎声，引得恐惧的职工和家属们都跑到屋外抬头观看。飞机上天女撒花般飞扬下来花花绿绿的传单，一些家属和孩子们追着抢拾。

对于家属来说，有了这些纸，可以管一家人好长时间的上厕所用纸；对于孩子们来说，叠纸飞机、叠纸撇撇，用处更多了。

一位十四五岁的毛头小伙抢得最起劲。只见他赤着双脚、灵活迅速地来回奔跑，上蹦下跳、左抓右抢，已经抱了一大摞传单。

突然，他刚踏上地面的右脚猛地又缩了回来，他坐到了地上。只见他的脚底硬生生插入了一个破碎的玻璃瓶底！他龇牙咧嘴地掰着脚观察着，一咬牙，把瓶底拔出。殷红的血立刻涌了出来。他顺手从地上抓了一把土就敷了上去，又抽出几张传单盖压着。血一会儿就沁透了泥土，他又加了一把土，换了一叠传单纸，用手紧捂着。

看着别的孩子跟着飞机跑者，他的心里又痒痒起来，左看看、右看看，想找根绳子把纸捆在脚上，但一无所获。

"哥哥，你么样了？"一个小姑娘看见他，跑过来问道。

"被玻璃扎了。快，给我找根绳子。"

妹妹取下辫子上的皮筋，递给哥哥。

哥哥把脚上的纸固定住，对妹妹说："你不要告诉大人，啊？"

妹妹点点头。

刘雅韵下班回家，见儿子已将煤炉生好，水壶也坐上了，很是满意。当儿子告诉她，今天捡了好多传单而且都是新纸，就笑着回应："今天没有惹祸啊？不错，还给家里做了不少事。记得要看课本啊！"

"晓得了。"儿子文强转身就踮着脚跛出去了。

在学校上了一天课的刘雅韵，一回家就必须立即开始做一家人的饭菜，根本没有精力去理会孩子们。

吃完晚饭在厨房洗碗的齐扬灵，发现窗外儿子走路怎么瘸了，还本能地用手扶着墙、扶着树，就喊道："文强，你回来。"

文强听到父亲喊自己，吓得一激灵，就要往远处走。

齐扬灵气不打一处来，丢下手里的碗筷，奔出门来。

文强见父亲要发火了，就快快地跛了过来。

齐扬灵指指文强的脚，问道："这是么回事？又惹了么事祸？"

文强诺诺地说："没有惹祸，是被玻璃扎了。"

齐扬灵不信，举起了手臂就要动手："不是惹祸才怪，好端端的会被玻璃扎了?"

文强紧张地缩紧了脖子。

"爸爸,哥哥是真的被玻璃瓶子扎的,我看到了,他是在捡飞机传单的时候光脚踩到了破瓶子上。"女儿文静证明道。

齐扬灵叫女儿搬出小凳子让文强坐下,脱下他的鞋子查看起来。

只见这只伤脚,已经整个变得乌黑,肿得变了形,脚底的泥土、纸屑被血液凝固成一层黑色的硬块。

齐扬灵心疼了。对屋里喊道:"雅韵!快帮忙打一盆温热水来!"又叫文静把家里的药箱拿出来。

刘雅韵端出水,看到文强的伤脚,心里一紧,问道:"这么厉害,怕是要上医院处理吧?"

齐扬灵没理会她,细心地用温水润化着污块、清洗着伤口。他用难得的温柔口吻问儿子:"疼吗?再忍一下子,我要把伤口里的土都搞干净。"

文强摇摇头,紧接着又疼得咬牙切齿起来。

齐扬灵将云南白药敷到伤口上,打上绷带,又严厉起来:"这几天不要沾水。看你以后还敢不敢赤脚到处跑!"又对文静说:"你把哥哥看好,他要再不听话,看我么样打他!去,把你们今天捡的传单拿来给我看。"

文静从那一大沓传单里选出几张不重复的,送给了坐在门口树下的父亲。

这次传单上的标题内容写的是:"中央文革小组王力、谢富治等先后在华工、湖大、水院接见'造反派',公开表态支持'三钢''三新'","'百万雄师'是保守组织,武汉军区支左大方向错误,广大革命群众要'大揪军区一小撮'","中央文革小组王力发布'四点指示'"等。

齐扬灵苦笑着摇了摇头,扔下这些废纸,推出他的宝贝自行车,开始每天雷打不动的擦拭、调整、上油。

"老齐啊,你们家文静又欺负我们家张汉,你可要管啊!"一声大叫,吓了齐扬灵一跳。放下手里的棉纱,见是邻居张师傅家的媳妇在跟自己告状。

"张汉,你过来啊,给你齐伯伯看。你看,这脖子上都挖出血了。还被踢了一脚,这腿都磕紫了!张汉,你怕么事,快过来啊!"

无论他妈妈如何喊,张汉就是不敢过来。他是怕文静知道了他来家里告状,又会饶不了自己。

齐扬灵忙赔不是:"你看,我们家的文静就是让人不省心,我一定要好好教训她!你家张汉要紧么?要不要上点药?"

张汉妈妈说:"那倒不需要了。只是叫你们家文静不要再欺负我们家张汉了,我们家张汉从小就身体不好……"

齐扬灵喊道:"雅韵呀,你快把家里的水果糖拿来,快些!"

正在家里批改作业的刘雅韵,手里抓着一把水果糖走了出来:"哟,是张汉妈妈啊,这是——"

齐扬灵说:"是文静又欺负张汉了!这丫头野得不得了了,把人家的脖子都挖出血了,腿也打青了!看我这次不打断这丫头的腿!"

刘雅韵听说了,也忙赔着笑脸:"张汉妈妈,您家看,这是个么事事啊!我们没有教育好子女,我给您家赔罪!"说着,将糖果塞到张汉妈妈的衣口袋里,又给她鞠躬。

张汉妈妈倒不好意思起来:"刘老师,你不要这样,也就是小孩子扯皮打架,我也是来说说,没得那么严重的!"说着,就要把糖果掏出来。

刘雅韵按住她的手:"就是,就是。您家看,把这些糖给张汉尝尝,他不也就有面子了,也不生气了么?您家就拿着吧,不值钱的!"

张汉妈妈走了。刘雅韵看着偷笑的齐扬灵,埋怨道:"这丫头都是你惯的！"

齐扬灵对聪明伶俐的女儿很是偏爱，边擦车边说："一个大男孩，被女生追打，还好意思来家里告状。好了，这事要说一下文静，以后就不要欺负弱者了。"

看到玩耍后回家的文静，齐扬灵问道："你今天打张汉了？"

没想到文静回答得干净利索："打了。"

刘雅韵来气了："哎！你打人家了还理直气壮？"

齐扬灵问："为么事啊？"

文静说："他站在教室里的桌子上，举着拳头喊：打到齐扬灵！我就去打他，他跑，我就追，他摔倒了，我就骑上去打了他。"

刘雅韵跟齐扬灵面面相觑：张汉这是在模仿齐扬灵在机务段挨斗的情形啊！

齐扬灵生气了："他妈还敢来家告状！好意思来告状！打得好！"

刘雅韵说："你说么事呢！不能这样教孩子啊。文静，以后再有人说你爸爸、妈妈么事，你都不要理他，回家跟我们说，我们去找他的家长。"

文静鼻子一哼，不屑地说："我才不告状呢！"

齐扬灵一听，掩不住高兴，说："以后不要打人，要以理服人，动动脑筋，要不战而屈人之兵……"

回头一看，文静早已经跑不见了。

晚上，齐扬灵怎么都睡不着。他对刘雅韵说："你看，我们的事还是影响到孩子们了。我看了今天的传单，翻来覆去翻烧饼，整来整去谁都逃不脱。干脆，我还是支援三线去吧，新的单位认得的人少麻烦也少些，而且有么事也传不到这里来。"

刘雅韵坐起来，说："焦枝线建设正在武汉调人，要不我们全家一起迁过去？"

齐扬灵摇头："那不行，那样的话，就等于移民了，子孙后代都回不来了。我这一辈子就是不想离开江岸，你要带着全家给我坚守住，那样我退休了还能回家。"

齐扬灵在运动中被诬陷为"日本特务"，被免掉了总工程师的职务，接受批判。后来又被安排到机务段教育室任乘务老师，也就是给新职工上上基础技术课。但往往课堂就变成了现场批斗会，于是齐扬灵上课也不讲什么技术知识了，跟他们侃起"革命故事"来，倒是很受小将们欢迎。

齐扬灵给段领导打了报告，主动要求到"三线"（"三线建设"是中共中央和毛泽东主席于20世纪60年代中期做出的一项重大战略决策，它是在当时国际局势日趋紧张的情况下，为加强战备，逐步改变我国生产力布局的一次由东向西转移的战略大调整，建设的重点在西南、西北）去锻炼改造自己的世界观，但迟迟没有回音。

段领导知道，在关键的时刻，只有齐扬灵的技术能顶得上去。新进技术室的那几个造反派，每次在批斗大会上上纲上线、声色俱厉、毫不留情地批判齐扬灵，好几次还故意折腾不准他回家，直接把他押到江岸火车站到武昌方向的铁路通勤车车上，等交通车开到玉带门火车站，再把他推下去，让他再坐武昌返回江岸方向的通勤车回家。但后来听说，那几个"红色工程师"和齐扬灵一坐到通勤车上，态度和立场就完全变了，客气地给齐扬灵递烟泡茶，同时在茶几上摊开图纸或文字材料。齐扬灵每次也是问都不问，戴上眼镜、拿起笔，就开始点点划划修改起来。车进玉带门站，也是一句话也不多说，放下手头的纸笔、拿起自己的包，起身就走。这齐扬灵是个宝啊，没有他在技术上的暗中支撑，还不知道那些造反派会捅多大的娄子呢！不能轻易放他离开。

一天，接到"工总"通知的初湘赶到省委十三号楼开会。

会议结束后，朱红霞对初湘说："老姬，一会儿你到我办公室来一下，我有东西给你。"

初湘见还有人在和朱红霞交谈，就在省委大院里溜达了一大圈，才到十五号楼"工总"办公楼找到朱红霞。

朱红霞从抽屉里拿出一个档案袋，递给初湘："这是我们的人在抢文件资料时顺便搞到的。你看看吧，处理一下，我答应过，这些档案是要归还他们的。"

初湘见是写着自己名字的档案袋，封口已经撕开。

朱红霞说："你就坐在这里看吧，我还有个碰头会。你搞完了就放到我抽屉里，我就不陪你了。"

朱红霞走后，初湘坐下，一张张抽出来细看。才看到第二张，初湘目瞪口呆。

这是一张部队给地方单位的公函，在正式公文下，居然用手写体写着：该同志出身反动家庭，本人思想意识有问题，建议接收单位慎重考虑为盼。还加盖有部队政治部公章。

初湘脑子有些乱，端起桌上的茶缸猛喝了一口水，努力使自己平静下来。

终于，他厘清了些思路，明白了政治部的王科长大胆将档案袋交给自己、并反复告诫自己"注意你的档案"的意思。是自己愚昧啊，档案在自己手里这么长时间，都没有想到过要打开看看并处理掉不利于自己的东西，自己居然还拿着这样的档案亲手向各个接收单位投递！

初湘的手颤抖着，将余下的资料浏览了一遍，发现只有两张对自己不利的材料，一张是武汉市公安局给部队的公函，上面说了父亲被审查的结论，一张就是这个给复员接收单位的函。他将这两张公函抽出来、塞入自己的衣袋里，再将档案袋整理好，放入朱红霞指定的抽屉里，离开了。

回到家里，他还是平静不下来，想到自己不公正的遭遇，他有了一种想报复的冲动。他将这两张公函塞进煤炉子里，一条长长的火焰跳动起来，很快化为一缕青烟。

"烧么事啊？搞得灰到处飘！"玉芬进厨房埋怨着。

初湘将今天看档案的事说了一遍，但没有提及部队的公函。

玉芬担心地说："老朱这是么意思呢？是要掐住你的要害？还是提醒你你也不是根正苗红？总不会就是要给你做好事吧？"

初湘一直沉湎在愤怒当中，还没有恢复现实的理性，经玉芬这么一提醒，马上回过神来。是啊，在造反派高层，是很重视成分的，甚至对个人的道德品质要求也极为苛刻。曾有一位赫赫有名的造反团队司令，被传言说与女"勤务员"有暧昧关系，朱红霞听说后，根本不查实就立即提议将俩人的职位给免了。因为他们知道，一旦有不纯洁的人被对手抓住了把柄，将严重影响自己的"革命事业"。

明智的初湘，由"怒不可遏"迅速转向为"消极应付"，从风口浪尖逐步退下来。这个选择，使他避免了可能发生在自己头上的牢狱之灾。

初解却没有这么幸运。无知无畏的初解，认定了只有自己彻底革命才能改变命运，根本没有想到这种革命还会有什么问题。这个"姬屠夫"就真如"屠夫"一样，英勇而无情地投入到真枪真刀的武斗之中。

所有的获取，都得付出代价；不管什么形式的权力争斗，在必要的时候都会牺牲几个亲密盟友，只是要找到让自己心理平衡的理由。当然，对手也必须恰到好处地正在旋涡当中。

初解就正好具备了这几个条件。

在中央文革小组的协调之下，各派别开始对话、联合，并清理造反派中的"坏头头"，同时对有血案的"凶手"进行刑事追究，以平息各派别的"民愤"。初解每次参加"武斗"，都身先士卒、冲锋陷阵，作为"司令"级别，很容易成为"负有血债"的"少数几个头头"。经过外调，终于发现他是混入革命造反派的阶级异己分子：因为查出他的父亲是有问题的。于是，初解被断定犯有命案而被抓捕。

老迈的严肃经历过太多的政治风云，他坦荡豁达地接受着一次次批判。

女儿不在身边，身边的这个哑巴儿子又无法与他沟通，他感到了无尽的孤独。他越来越怀念逝去的老伴，以至于患上了严重的失眠症。

虽然一宿一宿地瞪着眼睛睡不成觉，但一到天亮，严肃就出去沿着铁路徘徊。甚至他还有些盼望有人来喊他去接受批判，至少那样他还可以跟批判他的人说上几句话。

元梅来看望他时，见他已经瘦得变了模样，忙劝他到医院去检查一下。严肃摇摇头："七十三，八十四，阎王不请自己去。我已经过了七十三的坎，该么样就听阎王爷的了。"

元梅说："您家也是经过大风大浪的人，不会也想不开吧？"

严肃大笑："是啊，我是经过大风大浪，吃过苦也享过福，值得啦！"

元梅说："那就好，那就好。过几天我叫我家那个死不开窍的家伙来陪您家说说话。"

严肃摇摇手："不必了，他几脚都踢不出个屁来。那个家伙比我享福，被你伺候得舒舒服服，比我强。"

元梅问道："你那公子呢，么样没见到？"

严肃说："他出去溜达去了。元梅啊，我不在了不晓得他么样过哟！"

元梅说："您家就放心，还有我们家呢，不会亏待他的。"

严肃喃喃地应到："那就好，那就好。"

元梅回家后越想越不放心，就把今天见到严肃的情况跟元烁说了。元烁说："你这几天就去勤些，不行就把他送到医院去。"

元梅抱怨道："你呢，你不是人啊？你就不晓得去看看人家？"

元烁看看元梅，不再搭话。

几天后，元梅再去看望严肃，严肃已经被送到医院。

等元梅赶到医院，躺在病床上的严肃已经说不出话了。医生告诉元梅，病人送来得太晚了，怕是过不了今天。。

元梅陪着严家的哑巴儿子一直守到深夜。

严肃终于没有熬过这夜，悄然长逝。

汉丹铁路新线成立的一个车辆修配厂，车辆段革委会正想就此机会将讨厌的初湘排挤出去，这也正好符合调离派系头头的文件精神。没想到和初湘一见面，准备好了的大道理还未出口，初湘竟满口答应了。

玉芬下班回家见初湘正满怀欣喜地打包着行李，问道："你这是做么事？"

初湘说："我被调到汉丹线修配厂了。"

玉芬吓了一大跳："么样了？是被发配了？"

初湘笑道："不是，是调到修配厂做副主任，升了呢！"

玉芬说："有好远啊？好长时间回家一次？"

初湘说："不太远，坐火车也就三个小时。不过车不多，单位要求一个礼拜回一趟家，礼拜六晚上回，礼拜天晚上走。"

玉芬不愿意了："孩子这小，我一个人么样做得过来。你不能跟领导说一下，不去？"

初湘说："你么样不晓得事理啊！上次不是跟你说了么，朱红霞给我看档案的事？你晓得是祸还是福，我这是要躲事呢，等太平了再调回来。"

玉芬嘟噜着帮起忙来。

初湘就此离开了武汉市，从此便与武汉的同事以及造反派人物逐渐终止了联系。

五十二、老宅没了

三房元灿的老伴几年前就病故，大儿子初勋在武昌幼师学校做校工，偶尔回来住住；小儿子成亲后在家务农。偌大的姬家宅院显得有些空荡，闲着的房屋因为懒于打扫已破烂不堪。

公社革委会一直想找一个大些的场地重建公社办公大院，看中了姬家老屋院落这块宅地，就和元灿商量起将房屋变卖之事。元灿一听，头摇得像拨浪鼓："不行，不行！这个宅子不是我一个人的，是我们姬家的祖屋，我只是看屋子的，说话不算数，要跟我们姬家大房说。"

干部不愿意了："你们家大房不是在铁路上么？他有公家房子住，未必还要在我们农村里霸占宅地？"

元灿忙说："听说大房在铁路上没有分房子的！"

干部不相信："是吗？在铁路上端了一辈子铁饭碗，会没有房子？你哄哪个啊！"

元灿的小儿子初劲的媳妇赶紧过来说："是啊，是啊！么样会没得房子住咧，有，有！我公爹不晓得，我晓得的，有铁路公房的。"边说，边将元灿拉开。

干部说："莫不是你们想要政府将这大的宅院改成我们汉川的收租院，组织大家来参观？"

初劲媳妇拉着干部的袖子："领导啊！您家这是说的哪里话，我们家又不是地主。您家不晓得啊，原来我们是大房、二房、三房，还有本家亲戚，好几家人都住在一起呢，家大口阔嘛，家里吃穷了，就都外出奔命去了。我造业啊，嫁了这么个穷家！看着一座大院子，都是空壳子啊！我们还正想处置一下呢。"

干部摆脱了初劲媳妇的拉扯，远远地说："你们家里好好商量一下，政府是不会让你们吃亏的！"

元灿只是埋怨儿媳妇："你么样能那样说啊，这老屋是我们几房兄弟共有的，还是大房说了算的，你么样能私自做主。"

初劲媳妇叉起腰，眉毛竖了起来："你个老不死的晓得个么事？我是在帮这个家！你又不想想，还'我们几房兄弟共有'，你还敢在干部跟前提你的兄弟？怕他们不记得你的哥哥一个是被铁路开除的、一个还是国民党？你是要找死啊！你死了不要紧，反正你都活够了，不要牵连我们啊！"

见这个凶悍的儿媳妇又发起了飙，元灿低下了头诺诺道："你大伯都改正了呢。"

初劲媳妇斥责道："你懂个屁！么样叫'改正了'？就是赶回家了么。好啦，不想跟你废话了。"

初劲收工回家，听媳妇叨唠着今天公社干部来提出要买老屋的事，也担心怕做不了主。

初劲媳妇不满，指着初劲的鼻子："你们家这几个都是窝囊废！你奶奶死的时候，你们姬家有哪个回来送终了？还不是就只有你爸爸这个老实坨子一个人包圆了，你们家是给大房、二房打长工的呀？他们回来过么？现在就该是我们家的屋子了！"

初劲想想，说道："是啊，大伯这些年都没有回来了，以后也不见得就会回来；二伯不见了，连是死是活都不晓得，更是回不来了。再说了，别人都到城里吃公粮去了，就我们守在这破屋里，做苦力。'天高皇帝远'，反正他们也管不到这远，就这样了。"

初劲媳妇两手一拍："这就对了！你想想，我们能住上新房子，还能得一笔钱，这是件天大的好事啊！"

初劲摇着头："那不行！住新房子可以，卖老屋的钱是不能独贪的。"

初劲媳妇一戳初劲的脑袋："你这脑壳是河里的玛楞骨（湖北方言，

即鹅卵石）——不开窍啊！你想想，这大的老宅院，留着倒真的像个收租院咧，那还不是个祸害！还有，要不是亲戚们都在打掩护，你大伯、二伯经得起追查么？这老屋不还是敌产、浮财？要是没收充公也不过分的！"

初劲不愿意听了："放屁！老子家这老屋是哪个年头盖得？有一百多年了！是哪个的'敌产'？你狗日的死婆娘只管瞎喷！"

初劲媳妇忙赔笑："也是，也是啊。我还不是怕又重新划成分。管它那么多呢，就说如果不卖，就要重新划成分，要没收老屋。这卖屋的钱，不就归我们家得了？"

初劲说："我说了，卖老屋的钱是不敢独贪的，多少要留些给大房。"

初劲媳妇说："你看，三房就你们兄弟两个，这笔钱还抵得上用场。不像大房，那么些儿子，分都不够分的，只怕他们家的弟兄们还得打架啊！"

初劲说："还要跟哥哥商量，不然嫂子闹起来我们不会有好日子过的。"

提到初勋的老婆，初劲媳妇心虚起来："那是，我们明天就给哥哥嫂子去信，叫他们回来主事。但要先说好啊，要把我们都安置好了，剩余的钱才可得平分！要不然就要他们把老头子接到城里去养老。"

初劲想了半天，说："还是要想办法通报给大伯，不然以后不好来往的。"

初劲媳妇说："这样，先叫公社给大伯去一份通知，然后你再给大伯写封信，就说公社要没收老屋，也给了些补贴，但盖新房子都花费掉了。你看么样？还有，你要跟老头子交代好，这事就由你们两兄弟做主，叫他不要多事！"

在初勋、初劲两兄弟与公社的商议下，老屋宅院连地基带建材全部以六百元的价格卖给了公社，公社在附近另划一处宅基地，并给姬家还建一座三大间的砖瓦房。

一座历经近两百年风雨的姬家大院，就这样湮灭在历史的长河中了。

初胜从部队回家探亲，一回家就不落屋，在武汉市到处寻访战友的家。

元梅数落着初胜，初胜说："不是我一个人回家，是好几个武汉市的战友一起回家探亲的。我们约好了，只要是武汉市的战友，我们都要到家里去报个平安。还有好些战友都回不来了，我们是一定要到他们家去的。"

"么样就回不来了？"元梅问到。

初胜说："都牺牲在越南了。"

"啊？"元梅心里一惊。

初胜说："好了，您家就别问了。不要担心我，我不在最前方呢。我是卫生员，在医院里，所以认得的老乡多，死的、伤的都多。"

元梅不敢再多问他了。一个把死亡说得如此平淡的人，不知道还会说些什么让自己不忍心听的事呢。

一天，元烁见初胜没有出门，就说："有空到老家去看看你三叔。"

初胜应承着："好。正好我有一个战友想到汉川去探亲，我约他一起去吧。"

初胜从老家回来，一进屋就说："伯伯，小叔他们把老屋卖了！已经都拆光了！"

元烁听后，如雷击般浑身僵直不动了。

初胜继续说道："不管我问么事小叔都不回答，只是'伤脑筋呐'、'伤脑筋呐'地摇着头，像个傻子一样。那个初劲两口子都躲着我，话都没有搭上一句！"

元烁愤怒，仰头大叫一句："老宅没了，我怎么归宗！败家子！"

初胜怕把父亲气坏了，忙扶着他坐到椅子上。

初胜说道："有亲戚们说，就是初勋、初劲两兄弟搞的事，说是卖了不少钱呢！我还要去找他们！"

元烁吼了句："穷不失志！哪个都不准去找三房里的人讨钱！"想了想，又说道："回去找找，看那块老匾还在不在。"

初胜和战友身着便装，连夜又悄悄潜回老家。只见姬家老屋已全部拆光，废墟角落，横放着两根一人环抱粗的楠木柱子，砖瓦、梁檩叠放整齐，哪里还找得到什么"老匾"。

俩人在黑夜里转着转着，就到了小叔元灿的新砖瓦房的后窗。听见一阵咳嗽声，初胜一听，这正是小叔的声音。推开窗户，确认就是小叔坐在床上咳嗽，于是，他从书包里掏出一颗早就准备好了的手榴弹，一掌拍开窗户，拉开手榴弹的弦线就扔了进去。

元灿停止了咳嗽，"啊——！"地叫了起来。

初劲循声进来一看，只见冒着烟的手榴弹在地上滚动着，也大叫一声"有人丢炸弹啊——！"也不顾老父了，转身就往外跑。

不知什么原因，这颗手榴弹并未爆炸。

邻居们听到叫唤声，都跑来看究竟，一见地上的手榴弹，惊叫着："快，抓住那个凶手！"就都往屋后追去。

初胜吓得和战友连滚带爬，狼狈地连夜逃回武昌。

几天后，初胜提前结束探亲假，返回了部队。

元灿吓得一病不起。

一天他拖着病身去放牛。晚上，牛回来了，但他的人却没有回来。慌乱的初劲打着电筒沿路找去，最后，在水塘边找到了头朝下栽倒在水里的元灿。拖上来一看，元灿早已溺亡。

五十三、元灵之死

元灵终于没有逃过这一劫。她被定为"封建余孽""反动学阀",开除公职,限令即刻交出住房,住进孤老院。

这个孤老院,住的都是些无家可归、无人赡养的"牛鬼蛇神",元灵还算是特别优待,被安排进一间独立的小屋。她倒是很坦然地住下来,虽然每顿的伙食很差,但还吃得饱;虽然住得很局促,但没有人来打扰;虽然不能再写写画画、读书念诗,但可以跟一些和自己同龄的人交谈,也算是自得其乐。

在这里过了才一个月,元灵发现自己吞咽有些困难,但她以为是对这里的粗茶淡饭还没适应的缘故。紧接着就更不对了:她居然小便失控、遗尿在床了。这是一向好洁净的她所不能容忍的!她赶紧托人给元梅带信,叫她赶紧来一趟,并开始绝食。

元梅一听,马上煮了碗稀饭,赶到孤老院。元灵已经饿得有气无力了。元梅要喂她喝稀饭,她却咬紧牙关就是不肯吃。元梅只好赶紧带她到医院。

检查完了后,医生悄悄对元梅说,病人已经是癌症晚期了,该吃什么就吃什么吧。

元梅没敢告诉元灵,只是说:"医生说了,就是要静养。你看,你是要住院呢,还是要回到孤老院。不要担心,我来照顾你。"

元灵说:"还是回到孤老院吧,那里总有人,也方便些。"

元梅把元灵送回孤老院,回家后跟元烁边说边大哭起来。

于是,元梅每天将家里的饭菜做好后,就带上一碗稀饭赶到孤老院,喂元灵吃了后,就将元梅换下的衣服洗了晾起。

元灵身体日益虚弱,渐渐地起床都困难。这一日,她却突然对元梅说："我想到学校去一趟。"

元梅大吃一惊："你哪里还出得了门？就不要瞎折腾了！"

元灵笑了："不看看我的学校，我死了都闭不了眼睛。你就放心吧，去帮我喊个板车，我躺着去。"

元梅知这个老姑子的脾气，也从来没有拗得过她的，就依她，叫了个拉板车的，用棉被把元灵裹得严严实实地，拉着往她供职过的老女子中学。

原来的女子中学现在已经是幼儿师范了。到了学校门口，守大门的师傅出来一问，大叫起来："我的老姑姑啊！你么样病成这样了啊！"

元梅定睛一看，原来这门卫师傅是三房元灿的儿子初勋。想到老家宅子的事，元梅没答理他。

初勋边哭边扶着板车，在学校里各处走，跟姑姑元灵指点着学校各处。元灵看着她熟悉的学校，眼里闪烁着兴奋的亮光。

有老师听说他们的老校长回来了，都围了过来，其中有好些还是元灵带过的学生。有人将带着体温的围巾围在了元灵的脖子上，元灵硬是要元梅托着自己的肩膀半坐起来。她已经无力说话，只好不停地给大家作揖。

回到孤老院，元灵躺在床上，张着嘴急促地喘着气。元梅知道今天元灵是太累了，有些后悔依了她。

这时，五六位中年妇女进得屋来，一下子把这小屋挤得水泄不通。"老师，我们来看您啦！"原来，是元灵的学生们寻到这里来了。她们不仅带来了当时并不好买到的水果，还带来了一盆她们的老师喜爱的菊花。

元灵笑了，用手势示意她们坐下。可这里哪有地方可坐，有两位只好坐到了床边。

元灵突然用手指着自己的耳朵，大家没明白什么意思，问道："老师是想听我们说什么吗？"元灵有些急了，用手在半空中划了一圈，又指了指自己的耳朵。

有位学生说道："老师是想听我们唱歌吧。"

元灵放下手指，嘴角露出了一丝笑容。

"那我们就唱老师教我们的《送别》吧！"

"长亭外，古道边，芳草碧连天，晚风拂柳笛声残，夕阳山外山。天之涯，海之角，知交半零落，一壶浊酒尽余欢，今宵别梦寒。长亭外，古道边，芳草碧连天，问君此去几时来，来时莫徘徊……"

此时，元灵已经闭上了双眼，但脸上还带着微笑。

元烁和元梅一起，亲手将元灵的骨灰葬到了梅家山一个荒芜的山坡上。

朔朔寒风，吹得枯枝噼啪作响。

元烁坐在石头上，手杵着锹柄，木然地看着元梅在堆好的坟前供上点心、水果，又摆上一碗排骨藕汤，横上一双筷子，不停地说着："您家造业啊，临了都没得吃点好的，我和你哥哥给你送你喜欢吃的来了，你就好好享用吧，到那边也就解脱了，也不孤单了，找到你的小弟，也见得到你的爸爸妈妈了。"接着，又燃起了香烛，烧起来纸钱："晓得你不信教、也不信菩萨，就给你送些钱吧。你这一辈子看不起钱财，但到了那边，不晓得是不是还做教书先生，你就多接一点钱吧，自己多用一些，用不了的再接济你的学生吧……。"她回头对元烁喊道："哎！你也过来给她烧点纸、说几句话啊！"

元烁身体不动，吼了声："有么事话好说的！"

一阵风夹着枯草吹来，他闭上了眼睛，握着锹柄的手不禁哆嗦起来。

几天后，元烁再次徘徊到这里，惊异地发现，元灵的坟茔上堆满了菊花花瓣，五彩缤纷，暗香四溢。

五十四、李玉芬惹事

初湘的妻子李玉芬，就是刘家庙头道街土生土长的人，她的父亲是车行里的人力车夫。老实巴交的老李单身到四十多岁走了桃花运，娶了个貌美如花的小媳妇，令整条街的男人们羡慕不已。这个漂亮媳妇，是随着安庆的一个黄梅剧团迁徙到汉口的，在兵荒马乱中，剧团解散了，大家各奔东西，有的给人做保姆，有的返回老家，好几个女子就地就找个好人家嫁了。经人说媒，拉车的老李就娶了这个唱戏的媳妇。

新中国成立后，穷苦人翻了身，像老李这样自食其力的劳动者，正是新政府所尊重的人，经过"扫盲"，原来大字不识的老李也能看得懂满街的标语了。不过，他没有享受几天新社会的福，不久就因旧病复发撒手而去，留下了老伴和闺女玉芬母女相依为命。

直到遇见初湘，这家人才又过上了正常的生活。玉芬的老妈刚把两个外孙拉扯到快读书的年纪，就撒手而去。在工厂上班的玉芬，突然感觉到拉扯孩子的力不从心。正在这艰难的关头，丈夫又调到外地，只有星期天才能回家一天，家里没了顶梁柱，玉芬好不恼火。她把这个火，发泄到了初湘的父母那里，觉得都是因为他们没有阻止初湘。

玉芬到姬家哭诉，怨老人不该同意初湘调到外地，现在两子无人照应。"要不就把孩子丢到这里，我不管了。"听得此言，元梅只好给儿媳妇赔着不是，但就是不答应带孩子。元烁一言不发，转身就出去了。

无趣的玉芬停止了哭泣，又溜达到居委会主任胡大脚老太太处诉苦。

阶级觉悟一贯就高的胡大脚，一直就盼望着能从内部攻克姬家这个反动家庭的堡垒。早就了解到姬家七儿媳妇玉芬是根正苗红的穷苦人家出生，今天玉芬自己找上门来，可是千载难逢的好机会，于是忙让座沏茶，热情地和玉芬唠起了家常。

听了玉芬的诉说，特别是听说姬家拒绝给玉芬家帮助，胡大脚气愤地说："太不像话了！哪有这样做长辈的，还不是欺穷。我来给你做主！"

玉芬一听，感动得痛哭流涕："您家到底是干部，就是通情达理。"

胡大脚就势说道："玉芬啊，只有我们穷苦人家的人才是真正的一家人。别看你嫁到了姬家，但你们根本成不了一家人，你们的阶级性早就注定了你们不是一条船上的人。姬家老头就是个有问题的人，这姬家整个就是个乌七八糟。你是工人阶级，注意要划清界限，姬家有什么情况要及时跟居委会反映。"

玉芬忙点头称是。

胡大脚嘱咐道："你要看得起我这个老太婆，以后就常来我家，我们娘俩多聊天。"

等玉芬前脚走，胡大脚后脚就到姬家对元梅说："听说你欺负了玉芬？多好的媳妇啊，怎么你们家就都容不得了？告诉你，你不要对工人阶级总是横眉竖眼百般挑剔！再这样，我们居委会就要出面干涉了，要对你们好好教育！"

元梅听得目瞪口呆，又不敢解释。

胡大脚说完，昂首挺胸走了。

元梅越想越气，独自抹起了眼泪。

刚听完元梅的哭诉，紧接着就收到北京的来信。信是初昌之女张抗抗、张平平两姊妹写的，说她们已参加了"文化大革命"，要坚决与反动家庭划清界限，与反动学术权威、国民党残渣余孽鹤鸣、初昌，与历史反革命、铁路大工贼姬元烁划清界限。

元烁表情平静地看完信，一言不语，随手将信撕得粉碎，扔到痰盂里。

就着一碟兰花豆，元烁又开始喝闷酒。

几杯酒下肚，元烁满脸通红、晃晃悠悠地站在家门口大叫："老子不是工人阶级么？老子当年是工人领袖！老子也是当过官的！……狗眼看人低，欺负老子是要招报应的！"

胡大脚远远敌视着，转身又去给初睿打电话。

初睿赶回来，怒斥父亲："你个大酒鬼！一天到晚胡说八道！"并将他推搡进家里。

初睿埋怨着母亲："你也不好好看着他，就不怕他搞得我们家破人亡？"

元梅委屈地说："我管得了他么？"

初睿哭了："你们知不知道，徐明堂已经受到家里牵连了！你们还在这里闹得天翻地覆！"

元烁坐在椅子上，昂着倔强的头，喘着粗气。

初湘听说了玉芬向胡大脚告恶状的事，扬手就打了玉芬一耳光。玉芬大声哭闹起来。初湘气愤地说："你还嫌别人欺负我们家不够啊？你还去联合外人欺负我老娘？你晓得这胡大脚是个么事角色？她一贯戳事挑非，院子里被她搞得鸡犬不宁，好几家妻离子散都是她搅和的！你要再跟她搞到一起，我们就离婚！"

见初湘说到这个地步，玉芬也害怕了，哭着低声说道："你不会好好说话。我也是顺便跟她聊了下家常，哪里晓得会是这样。"

初湘说："以后不要惹她！尽招惹是非。"

玉芬点点头。

五十五、克强的苦难

初江经常被突然押走接受巡回批斗。

农场革委会专门做了个大木牌子，上面用黑色的油漆写着"反革命分子姬初江"几个大字，其中"姬初江"三个字故意写得歪歪斜斜，并用红漆打了个大叉叉。他们要求初江回家后必须将牌子供放在家里的显眼处，并告知将派人检查的。一旦接到要组织批判会的通知，初江必须自己挂上牌子到革委会报到。于是，狭小的家里，蚊帐正面多了个挂得端端正正的牌子。

临时批斗的次数多了，初江慢慢掌握了通过分析报纸上的新闻报道来预测农场可能要组织批斗的行动规律，而且基本准确。每次在判断即将被押走批斗的前一天，他就开始炒米、炒面粉，至少给克强准备三天的干粮。这种准备干粮的做法，还是初江在国民党部队里的时候学会的。这种行军干粮，既简单又有实效：抓一把塞进嘴里，再抿一口水，几口就能吃饱；如果再就点咸菜，那就堪成美味了。初江家里倒是不缺咸菜，咸菜缸里的咸菜，是家里四季常备的基本菜肴。

但这一次初江失算了。

这一次是参加全省的巡回批斗，地点之多、行程之长、时间之久是从没有过的。虽然这次初江特意多做了点干粮，一个星期后，克强还是断粮了。克强又吃了两天的咸菜，不凑巧的是，两天后咸菜缸也见底了，他只好忍着饥饿去学校。

到第四堂课的时候，教室旁边的蒸饭箱飘来的浓郁的饭香，坐在后门口的克强捂着胃，流着口水，贪婪地吸着那从蒸饭箱里飘过来的带着饭香的蒸汽。他终于忍不住了，低下头，从后门留出了教室，直奔蒸饭箱而去。

烧锅炉的老头打开箱门、刚离开，在墙角紧盯着的克强就溜了过来，他一只手兜着衣服前襟、另一只手跳跃着拔下一个滚烫的饭盒，转身就往院墙角的榨树林里跑去。

这是克强一个星期以来吃的第一顿白米饭，虽然没有咸菜就饭，依然吃得如山珍海味般，一盒白米饭狼吞虎咽几口就干掉了。他用两根小树枝充当的筷子，在空了的铝制饭盒角落里找出最后一粒米饭，用手指抹到嘴里，感觉还没有吃饱，遗憾地把饭盒扔到了地上。

初冬的阳光，透过稀疏的树枝洒进榨树林，克强爬上一个向阳的大树杈，躺在树杈上，尽情地享受起了这难得的暖阳。

上课的第一道敲钟声响起来，克强揉揉惺忪的眼睛，跳下树来，就准备往教室跑。刚迈开步子，就看见了树下的饭盒，他又返回来，捡起饭盒，扯了一片蔻树叶，跑到水管处，将饭盒洗干净，趁着没人，飞快地将饭盒放回到空着的蒸饭箱里。

下午放学，克强开始在附近的坡沟里转悠。这里倒是不缺天然食物，各种野果子也还寻得到，运气好的话，还会找到村民没来得及收的番葛、红薯。转悠到天黑，克强的肚子已经被这些杂食填饱了。

第二天中午，克强忍不住诱惑，又趁机窜到蒸饭箱，只见那只饭盒又静静地躺在老地方！他犹豫了一下，还是取走了这个饭盒。吃完后，也依旧洗干净又放回去。

克强好奇的是，又连续两天，尽管自己偷吃了这个不知道是谁的午饭，只还了个空饭盒，但第二天这个饭盒依旧是一盒满满的新米饭，而且还是放在老地方！

一连几天，克强都盯着这一个饭盒干上了，好像是爱恋上了这个饭盒，以至于他分不清了自己到底是为了饱肚子还是为了跟这个饭盒发生一次亲密接触。他也留心过，想看这盒饭到底是谁来放的，但始终没有看到。

持续了一个星期后,克强气馁了。这天中午强忍住没有往蒸饭箱那边看一眼,终于克制住了那份邪恶的愿望,他长吁了一口气。

坚持了两天,第三天的上午,最后一节语文课迟迟没有结束,那缕可恶的饭香味再次飘过来。克强咽了口吐沫,怕自己又克制不住,准备提前开溜。正当他低头弯腰时,被正在讲课的戴老师发现了,她用那种温柔但果断的语气说道:"姬克强,站起来。"克强无可奈何地站了起来,戴老师不再理会他,继续讲着课。

克强很怪,他敢跟任何老师作对,甚至敢和体育老师干架,但对于这位年轻的女老师,却心存敬畏,从不招惹。

"下课了。姬克强同学留下。"戴老师宣布到。

又要留校,不就是准备提前溜号被发现了么?不是没溜得了嘛,有多大个事?无所谓,反正我们家也找不到家长。克强倒是一副死猪不怕开水烫的神态。

戴老师说:"你先在这里等我一会儿,我去去就来。"

克强只好在教室里坐等着。

一会儿,戴老师拎着一个布提袋进来了,往课桌上一放,发出"嘭"的一声钝击声,她又将布袋抽出,克强顿时吓得脸色煞白:这是两个一模一样的饭盒,就是被自己一连偷了一个星期的那个熟悉的饭盒!他喏喏地说道:"我,我……"

戴老师笑了:"我什么我,先吃饭!"说完,又拿出了一个装着菜的碗和两双筷子。

克强不知所措:"我,我不饿。"

"你少来这一套!老师还不知道你饿不饿?快吃,吃完了罚你洗碗。"

熟悉的白米饭,还有下饭菜,但和老师一起吃却万分不自在,如同嚼蜡。他不敢抬头,只管往嘴里塞饭。戴老师不断地说着:"慢点,慢点,没人抢你的。吃菜!"边说边给他夹菜。

吃完了，克强红着脸说："戴老师，对不起啊。"

戴老师笑着说："我早就发现是你了，你饭盒洗得倒蛮干净的啊！"

克强不好意思地说："那是用蔻树叶子洗的。蔻树叶子上面有小毛毛，去油腻，洗碗好得很。不过现在已经快掉光了。我们家里在有蔻树叶的季节都是用它来洗碗洗锅的。"

戴老师惊奇地说："哦，还有能洗碗的树叶啊！你给我摘几片来。"

克强说："包在我身上了。"

戴老师问道："你父亲这次出去，是不是很长时间都没有回来啊？"

克强忧郁地低下了头，不作声了。

戴老师话锋一转，责怪到："你这个克强，你害死我了，本来你每天拿我一盒饭，我又加了一个饭盒，每天蒸两盒饭，你又突然不拿了，害我吃了一天的剩饭！"

克强说："我保证以后不会再拿了。"

戴老师说："我没有要你保证不拿，我要你保证拿。不拿的时候提前说一声，免得我又吃剩饭。记住，一样的饭盒，这个上面有个十字记号，看到没有？这里面的米饭要多一些，才够你吃的，你要拿这个。吃完了还是给我洗干净放回去。记得了？"

克强不相信地瞪大了眼睛，看着戴老师。

戴老师边收拾边说："你去吧。记住啊，选有记号的那盒。"

傍晚，翠闽在山林里找到了克强，问道："这几天怎么没见你爸爸去看爷爷，我爷爷在问呢。"

克强告诉翠闽："这次父亲被带走已经十天了，不知道为什么这么长时间还不回。我问了农场的人，他们说不知道。"

翠闽从书包里拿出两个蒸红薯，递给克强。俩人坐在石阶上，克强边吃边说着戴老师每天多蒸一盒米饭给自己吃的事，感叹地说："这个戴老师怎么就那么好呢？"

翠闻也感动地说："她真是个好人，好人一定会得到好报的。你不要再让戴老师管饭了，你爸回来前就到我们家吃吧。"

克强嘴上答应着，心里想的却是哪家的饭都不吃。

克强认真地听着戴老师的课。一下课，他作坦诚状地说："戴老师，我爸爸回来了，我要回家吃饭了。"

克强正在野地里吃着瓜果，翠闻找来了。她递过两个馒头，克强狼吞虎咽吃了起来。

"哼，我爷爷就料到你不会到我家里去吃饭的。算了，我给你带吃的了，你看，我爷爷蒸了一大锅馒头呢，这一大书包都是给你的。"克强也不客气，接过书包就背上了。

虽然有了一书包馒头，暂时的饥饱解决了，但真的不知道父亲能什么时候回家，克强这次倒是提前做出了节省的计划，不到迫不得已不动用馒头。他依旧在山林里、村庄旁巡睃着，寻觅着食物。

这天，克强发现一户人家正鬼鬼祟祟地在村外一个山窝里捣鼓着什么，不一会儿又悄悄地搭着空麻袋回村里。克强寻思着莫不是有村里人在山里藏什么宝贝？等他们一走，他就在那里找开了。最后，他终于发现了秘密：这是一个天然地窖，原来是一个口小肚子大的山洞，洞口就在山路不远处一块巨大的山石背后。经过这家人的改造，加了一个带锁的木门，又砌了些石块，木门上抹上了泥巴，要不认真寻找，还真发现不了。

克强大喜，见四周无人，砸开铁锁、拉开小门，钻了进去。借着洞口进来的余光，发现里面堆满了一筐筐的红薯和一袋袋的苞谷米！

克强脱下裤子，将裤脚系住，往里面塞满了红薯，扔到洞外，再将门关好、坏锁挂好复原。然后把"裤袋"架到脖子上，跑回家去了。

到家后，克强累得躺在床上直喘粗气。想到这意外的收获，他不禁笑出了声。他想到，一定要趁那家人还来不及发现地窖被人动过之前，再捞一次。想到这，他立即起身将红薯倒出来，在墙角码好，抖了抖裤子里的土，重新穿上。随后翻出一个装粮食的布口袋，绑到腰上，又在灶台上摸了盒火柴，消失在夜色中。

克强又摸到了那个地窖处，转过大石包，背靠着石壁，警惕地左右观察了一下。四周漆黑黑的，山风吹得树叶沙沙作响，并没有发现有人的气息。他蹲下来，划了根火柴，仔细观察门上的锁。果然，铁锁还是自己挂上去的样子，用手一拉就掉了下来。他打开门，钻了进去。

所谓"贼不走回头路"，凡是惯偷是不会光顾一个主两次的。这个主要是出于对安全的考虑，宁可不出手也不能失手么。初次偷盗的克强就犯了偷盗的大忌。也是他划的那根火柴，给埋伏在黑暗中准备抓贼的村民发出了信号，告诉他们：我，偷粮食的贼，又来了。

克强将装满苞谷米的袋子推出门洞，自己随后钻出来，还未站定，就听得耳边一丝凉风，他头一乍，来不及细想，一下平趴到地上，侧眼就见一根木棒紧贴着脑袋呼啸而过。紧接着，他一个鲤鱼打挺，又躲过砸向地面的几根棍棒，起身就跑。

"狗日的，看你今天哪里逃！"那几个人边骂边追着，同时还捡起地上的石块砸向奔跑着的克强，其中好几块都砸中了克强。只见克强几个趔趄，差一点跌倒，他就这样连滚带爬向前逃着。

突然，一个身影从克强身后飞过来，在空中的双脚连续几脚踢在了克强的背上。克强往前一跄，手掌往地下一撑，居然一个横劈腿翻身扫了过去。"啊！"的一声惨叫，那人猝不及防，居然被克强一脚踢到了下巴！克强也一惊，起身看了一眼，只见这个捂着下巴的光头也正在恶狠狠地盯着自己，吓得克强连忙转身又飞跑起来。

这个光头姓青，就是这个村的村民，他从小练武，小有名气后也曾拜访本地名家，武艺渐精。后来就有一帮闲散混混投其名下，说是拜师，其实也就是成了个小团伙，平日里好逸恶劳，混吃混喝，小偷小摸，村里人都畏其三分，不愿招惹。但谁家若有个摆不平的事，也请他们出面出力，他们也都能搞定。慢慢地城里的团伙帮派也与他们拉上了关系，他们也常常参与城里的团伙群殴，名气大了起来。因为这位老大从小就是剃着光头练武，又姓青，就称呼他为"青皮"。后来江湖上基本不知道他到底姓甚名谁，只知叫"青皮"。"青皮"也就成了他的大号，如派出所的案件记录上用的也是"青皮"。

人民公社化以后，村里已经没有了自留地，大家的日子都过得紧巴巴的。于是，各家各户都偷偷摸摸地在山里开荒种点杂粮，以度饥荒。上面也常常"割资本主义尾巴"，进山查找、捣毁自留地，但常常是很快又死灰复燃，只是自留地更加隐蔽而已。正因为如此，自留地里的收成，大家也都不敢集中往村里带，就地在山上找个隐蔽之处藏起来。

可没想到，这个好几家共用的秘密地窖居然被人盗了！几户人家一商议，马上就找到了沾亲带故的青皮。青皮到现场一看，笑了："今晚，他还会来的。你们就和我一起抓贼吧。"

果然不出青皮所料，这个大胆的小毛贼又来了。但青皮没有料到的是，这个小蟊贼居然会拳脚，还居然偷袭了自己，还逃脱了！青皮脸面有些挂不住，他对亲戚们说："放心，在我的地盘上没有抓不住的人，更没有追不回来的东西。"回想起自己挨的那一下，青皮摸着下巴，恶狠狠说："为了这一脚，老子也要抓到这个小崽子！"

克强一出校门，就发觉有两个陌生人向自己围了过来，他调头就回跑，跑到学校院墙内的榕树林，回头见那几个人已追进学校，他马上攀上院墙，飞跃下去。还未落地，"啪"，脸颊一辣，狠狠地挨了一下，跌倒在地。

青皮低头对克强狞笑着："哼，哼！要你见识一下么事是真正的飞腿！"

克强爬起来刚站稳，青皮又是一脚把他踢倒。克强倔强的又站起，又被踢倒。被踢倒，站起，再被踢倒，再站起，反复进行了上十次。青皮都有些诧异了：这小子是欠打啊！他停止动作，盯着克强。他发现这小子捏紧了拳头，一条腿微微晃动了一下，又不动了。

青皮笑了，说："街扒（闽语，小瘪三）！见识一下你的三脚猫？"

克强也不客气，飞起一脚。青皮身体一侧，躲过去了，但心里一惊：这一招一式，不就是自己刚才用的么？这小子还真有天分！于是问道："你练过武？"

克强回馈一个蔑视的斜眼。

青皮说："只是三十六扛箱拣了笔墨纸砚——你没投到好师傅啊（闽歇后语，表示运气欠佳，拣来拣去拣个最差的。），尽是些无处死的假把式。"

克强被激怒了，说："就你这种下脚货，给我师父提鞋都不够格呢！"

青皮说："那不见得吧，你说，是哪个吧。"

克强犹豫了一下，说："他不是我师父，是我爷爷。"

"你爷爷？"青皮倒有些意外了，"是哪个？"

"白医生。"

"白医生，白爷？"

"就是。"

青皮掩饰着内心的惊喜，故作鄙夷地说："原来是那个老软主（闽语，意思是怕死鬼）啊，怪不得，教得你做小拨马（闽语，小偷）。你做拨马他晓得吧？"

克强骂道："你少张死款（闽语，虚张声势）！有本事你跟我爷爷比试比试！"

青皮摆摆手："你想想，你爷爷打赢过哪个？我找他比试他都吓跑了呢！"

克强想了想，白爷还正是没跟人打过架，有不认识的人上门来还真是躲着不见。

见克强无语了,青皮说:"要想学真的功夫,就跟我学。我看你倒是个练武的好材料,我愿意收你这个徒弟,把你那些花架子都点拨成一招制敌的狠招。"

克强摇摇头:"不,白爷说了,只能强身健体,不能逞强斗狠。我不想跟你学。"

青皮说:"好,不逞强斗狠,只做又偷又抢的强盗。我倒要去问问那个白爷都教人些么事!"

听说他要告诉白爷,克强怕了:"我还你东西!"

"还了也是贼!"青皮不依不饶,说完转身就走。

克强站在那里,急得快哭出来了。见青皮就要走远了,忙喊道:"喂!等等我!"

青皮喜不自禁。

在拜访武林中人时,得知白爷才是他们都敬仰的高手,他一直都想跟白爷学两招。但多次登门拜见都吃了闭门羹,后来好不容易得到了白爷的接待,白爷又坚持说自己根本不会什么功夫。总之,这个老头就是软硬不吃,毫不流露。青皮无可奈何,但心里总是不甘。这下机会来了,早就听说有个小孩从小就跟白爷练功,算得上是唯一得白爷真传的人。既然得不到白爷的亲自指点,现在能够从这个孩子身上得到,也是天不负我啊!

克强答应做青皮的徒弟,并问道:"那我的番薯和苞谷是不是可以不还了?"

青皮脸一板:"那不行!你要是今天晚上不送回去,老子的面子就栽了!少一颗苞谷米你就死定了!"

克强哭丧着脸说:"我没吃的了。"

青皮说:"到我这里练功,还怕没有吃的?真是个'下八洞'(闽语,下等人）！"

克强无可奈何地带着青皮的两个兄弟推着自行车，将偷来的粮食送还给青皮。

克强开始了每晚的练习。青皮先让克强演示自己在白爷那里学来的招式，青皮胡乱点评一番。克强走后，青皮对那一招一式反复研习，躺在床上体会、琢磨，一大早又进行复习操练，体会颇深、长进迅速。不久，他就把克强所学掌握了个大概。

毕竟是自己在剽学别人的武艺，而克强不知就里，反而对自己的胡说八道深信不疑，青皮觉得对克强有些歉疚，于是也毫不保留地教授他了些真东西。

本来就有功底的克强学起这些实战之术，倒是毫不费力，很快就成为青皮手下最能打的人了。

没多久，青皮就因为以前在铁路上盗扒军用物资的事被查了出来，又被抓了进去。"树倒猢狲散"，这一帮乌合之众也就散了。

克强又没了混吃的地方了，于是想到了白爷。他磨磨蹭蹭走到了白爷家，但见大门紧锁。他向前后树林里呼喊了几声："白爷，白爷！小闽，小闽！"没人回答，他奇怪了，出远门了小闽应该告诉自己的啊！他又有些后悔，这段时间光想着练武了，一定是小闽在学校找不到自己，才没法通知。正在独自懊恼时，一位阿婆走过来说："这不是克强吗？你来找你白爷啊？你不晓得啊，你白爷被公安局抓走了，都两天了。小闽也只好追着去了，说是要照顾她爷爷。这不，她把门钥匙给我了，交代要给你。唉！可怜的一家人啊！"

克强如五雷轰顶，呆呆地接过钥匙。打开门锁，见桌上放着小闽的书包，用手摸了摸，知道是几个大馒头，于是背上书包，六神无主地往山下走去。

克强一连三天没有去上学，浑浑噩噩地躺在床上胡思乱想，想到不知所踪的父亲，抓走了的白爷，离家的小闽，他不知道为什么自己身边的人总是不得安宁，一个个远离自己，难道自己天生就是这样的苦命么？想着想着就睡着了，醒过来就啃馒头、喝凉水。后来馒头也吃完了，他就干脆躺着不吃不喝。在梦里，他见到了自己的妈妈。虽然自己对妈妈的面相已浑然不记得，但梦中妈妈的相貌却是如此清晰、如此亲切、如此真实，看到她就不由自主扑到她怀里哭了。她紧紧地抱着自己，用她的脸颊轻轻蹭着自己的泪脸，好温柔、好温暖，不由得自己竟号啕大哭起来。

一阵敲门声将克强从梦中惊醒。他揉揉泪眼，就听见有人喊着："姬克强，下午学校开大会，老师要我通知你，必须要参加的啊！"

"知道了！"克强应了一声，起床拖着无力的腿，往学校走去。

由农场革委会和市公安局共同组织的"农场文化大革命胜利成果大会"在农场学校召开。学校的学生队伍整齐地站在操场的前面，农场的人站在学生后面。

在一阵口号声中，一列挂着牌子的人押被上台来。克强发现父亲和白爷也在其中，他的脸一下涨红了，不由自主地就往前面走去。队伍前面立着的一排公安战士发现有人破坏秩序，用手指着克强，吹响了口哨，一下把大家的注意力引到了克强身上。

站在学生队伍后面的戴老师赶紧追上去，拉着克强往队伍后面走。她紧紧地搂着克强，生怕他又挣脱，嘴里不停地说着："不要怕，不要怕。"

克强只觉得自己快喘不过气来了，憋得只想撒尿。他对老师说："我要尿尿。"

戴老师对守卫在操场周边的民兵证明着："我们班的学生，要上厕所。"她领着克强往操场外走去，并站在那里盯着克强进了厕所。

克强撒着尿，眼泪不由自主就涌了出来。

这时，传来一阵高呼："社会主义就是最好的世道！""无产阶级文化大革命万岁！""无产阶级专政万岁！"

克强从上衣口袋里掏出一截铅笔，在墙上写着："这个世道好个屁""打倒社会主义"。写完后他长啸了一声，觉得自己的心情好多了。

当晚，父亲依然没有回家。克强知道了，父亲一定是还要到别的地方挨斗。于是吃了几个煮熟的野板栗，早早地睡了。

第二天一到学校，克强就发现学校里的气氛不对。他刚想调头出去，就见校园里站着好几个警察，吆喝着学生们都往各自教室里走，不得乱串。他也只好跟着同学往教室里走。

不一会儿，走进来几位警察，先按老师递过来的花名册点完名，然后要求学生们拿出一张纸，听写："社会主义就是最好的世道""打倒反革命分子""腐朽的资本主义是个狗屁主义"。然后，将写好的纸放在桌角，几个警察开始逐个对着照片检查核对。

毫无悬念，核对了克强的笔迹后，问了句："厕所里的反标是你写的？"克强老实地点点头："是。""铐起来！"警察怒吼一声，克强被铐着带走了。

五十六、克强"劳教"

克强最后被宣布强行劳教一年。

不就是挖土烧砖么？每顿虽然没什么油水，但总是有得吃的嘛！克强根本就没有对被强劳产生愤慨，反而干得十分起劲，只是好些天没有洗澡，身上黏糊糊的很是难受。

终于，到了可以洗澡的日子了。

劳改场规定，每月的逢十号、二十号、三十号浴池开放，所有劳改人员都可以泡一次澡。但泡澡的先后顺序是有讲究的。一大早，大池的水冲好了，先是管教人员享用。两个小时后，由劳教人员享用，但这个工作不由管教人员亲自操劳，而是交给指定的劳教协管人员来全权安排并负责实施。如果发生问题，这些协管人员在劳教队里的地位将不保。但这明显是赋予这些个特殊的被劳教人员的一种特权。如果没有这些特权，谁还愿意当老大来协助管教人员进行管理？没有了这些人的协助管理，这些什么坏事都能干出来的人渣，还不把这里闹得天翻地覆？于是，在澡堂子里，又是另一种社会秩序了：老大一人先泡澡，带着两个小兄弟伺候。这伺候包括搓澡、泡茶、点烟等；门口由各个分队的大哥把守，一是保障一丝不挂的老大的安全，二是等大哥享用完了出来后一招手、自己就可以进去了。大哥们享用完了后，再按之前开会就安排好的顺序，各分队先后进行。

可今天，被克强这个不懂规矩的愣头青搅乱了。

克强听见管教人员从澡堂子里出来时也不知对谁说了句："可以了，你们开始吧。"他就兴冲冲地往里闯了。门口的大哥们一下子愣住了，等反应过来去拉他时，却被这小子几下给甩开了，有位大哥还差点被推倒。

那位细皮白脸的老大胡老闷也没有反应过来，想到是不是还真有人来打擂挑战自己的地位？想到这，他沉下了脸，两条细眉挑成了个八字。几位大哥看到了这张恐怖的脸，哆嗦了一下，立刻蜂拥而入，准备将这个不知天高地厚的小子灭了。

克强已经脱光了，跳到水池里坐了下来。只见四五个刚才在门口阻止自己的人，脱了长裤和上衣，还穿着短裤就下到池子里来。克强正诧异，那几个人就围了上来，揪着自己就开打。克强本来就是这么个特点，要他先出手攻击别人他倒不知道该如何下手；但有人攻击自己，倒是可以见招拆招，精妙反击。加上自己脱得精光，在水里滑得像条泥鳅，那几个人还穿着短裤，一落水就腿脚不利落了。只见水花四溅，稀里哗啦中那几个人都被克强从水池里扔了出来。

随后进来的胡老闷看得目瞪口呆。他慢腾腾地脱光了衣服，用手下递来的毛巾围住下体，下了水池，向这个胆敢在这里放肆的狂徒走了过去。

克强并没有把这个白净瘦小的人放在眼里。但这个人不紧不慢地就走近了自己，突然一脚就飞向自己。克强一侧身、起脚反踢，就在这一瞬间，那只飞向自己的变成了腾空的双脚、交替着踢向自己的胸前。克强腿一躬，双肘护住前胸，躲开打击，就势往前一个翻滚落入水中，在滚到那人胯间的时候，双腿弹起，直对着胯间击去。

胡老闷愣了一下，瞬间就往后一仰，两腿缠住了克强的腰身，又一个勾身坐起，双拳就打向已动弹不得的克强的头上。克强呛了一口水，翻身想缠住对手的双臂，但来不及了，只感觉这人比猿猴还快，已站立起来并双手擒住自己的双臂、一下把自己悠了起来，紧跟着屁股上又挨了一脚，自己已被飞到了水池外，"嘭"的一下摔到墙上又反弹落地。克强有些不相信，这么瘦小一个人，居然把自己这么个大个子给扔了出来？他抹了抹眼上的水，强忍着屁股的疼痛，坐了起来，就见那人已经安然地坐在池里泡澡，一个人还坐在池边为他揉着后脖子。

克强想站起来，刚一动身，背上却挨上了一脚。回头一看，身后还站着两个凶神恶煞的汉子，只好又坐在了地上。

胡老闷终于开口了："你认得青皮？"

克强说："你问的是青皮？他是我的师傅。"

"你那几下，可是很丢青皮的脸呐。"

"你也认得青皮？"

"青皮是我的小师弟。"

"哦，那你也是我的师傅了。"克强想，怪不得我出的奇招到他那不管用呢。

胡老闷笑了："呵呵，我可不敢做你的师傅，你见到我第一天就要跟我打擂台。"

克强不好意思地说："不是的，我还以为要比打架，谁打赢了谁先洗呢。"

胡老闷想了想："嗯，还真是的呢，我打赢了，就先洗了啊。你输了，就该在地上坐着。你为么事进来的啊？"

克强答："我跟师傅练功，每天都跟他一起混饭。上个月师傅进去了，我没地方混饭了，后来在学校无聊，写了反标，被查出来，就进来了。"

"嚯嚯，了不得啊！我们也就是小打小闹，你可是现行反革命，跟刘少奇一样，那是大罪啊！"

站在墙边的几个人也忍不住大笑起来。

胡老闷说道："你进来泡吧。今天打架我是第一名，我先洗。你是第二名，我同意你今天可以和我一起洗。"

后面的大汉忙把克强扶了起来："你小子还不起来谢谢老大？"

"谢谢老大！"

胡老闷招了招手："进来吧，跟我泡着说说话。"

克强和老大并列泡着。胡老闷小声对克强说道："记住，你以后不准提我和青皮。你知道么，青皮是为我顶包进的大狱。今晚开饭的时候你要记得等着我。"

开晚饭时，克强按照老大的吩咐，早早就在饭堂里站着等。

不一会儿，老大胡老闷在一帮人的簇拥下来到饭堂。他大摇大摆地坐在一张空桌上，手下给他摆上了饭菜。这时，他看了看站在不远处的克强，招了招手："过来！"

克强忙走了过来，站在老大旁边。

胡老闷说："去，打饭。过来坐这里，一起吃。"

克强打好饭菜，大大咧咧地坐在老大旁边，吃了起来。

胡老闷吃完了，看着克强吃。等克强吃完，他一句话不说，放筷子，起身就走了。

克强这才抬头四顾，只见满饭堂的人都在看着自己。他赶紧站起来，准备送碗筷，只见旁边立刻有人将碗筷收了过去。他一愣，就往外走。跟平常不一样，平时横冲直撞的人都在躲闪，大家自觉地给他让开了一条通道。

从第二天早餐开始，克强发现，只有自己端起了饭碗，旁边这些人才敢开始吃起。

到工地，一帮人站在那里，等克强先选好工具，其他人才纷纷拿上工具。克强也不管这些，抢起镐头就干起活来，一口气干了个筋骨舒展、大汗淋漓。他刚停下喘口气，旁边就有人给他递上毛巾，又有人赶紧去端水。克强虽有些不适应，也知道这是胡老闷给予自己的"福利"，有人伺候总是好的，他也没有拒绝。

这些变化，管教干部都看在眼里。一个地方有一个地方的管理之道，这里的管理之道就是：第二天，管教干部召集克强所在的小队开会，宣布："今天开始，姬克强没有劳动指标，他担当这个小队的队长，负责你们七个人的生产安排和人员管理。"从此，克强在砖瓦场过上了"舒坦"的"干部"生活。

这个劳教场，一共有三个中队，其中一中队、二中队是男犯，三中队是女犯。劳教场除了烧制砖瓦，还种植番薯、棉花等农作物。男犯和女犯平时较少相互接触，但在进行大规模农活突击时，如抢收棉花、收番薯、收芝麻等，会在管教人员的严密监控下男女联合作战。

所谓"百密一疏"，色胆包天的事还真的在今天抢收棉花的时候发生了。

一中队的男犯毛毛和三中队的一个女犯，本来就是同学，因传抄黄色手抄本《少女之心》被劳教。在劳教场里，几次的碰面，双方眉来眼去，也就表明了各自的情谊，于是，他们又开始了递小条子传情书。这一切，居然都成功地瞒过了管教。

在酷热的太阳下，在棉花地里干活的人都热得全身汗透，衣服紧紧地贴在身上。男犯们看见对面地里的穿梭着的女犯人那玲珑剔透的身躯，不禁心旌荡漾，便有意往这边靠拢，想多看几眼。在管教人员不时地严厉训斥下，又不得不走开。

毛毛正好在靠近女犯干活的田埂边，就听见那边传来句："毛毛！"抬眼一看，只见自己的心上人掀起草帽，露出那张小脸对着自己一笑。毛毛心里一颤，前后看了一下，指了指棉花地后面的那片甘蔗地。没想到这位女犯比自己还灵巧，没等自己的手指收回来，她已经趴下、滚进曲沟，哧溜钻进了甘蔗地。毛毛也立刻模仿着她的动作，飞速地钻进了甘蔗地。

俩人在甘蔗地里一下抱在了一起，急切地扒光了对方的衣服，如干柴烈火般狂吻着对方的身体，在喘息声中，开始了交合。

等他们穿好自己的衣服，又偷偷摸摸地爬回自己的队伍的时候，毛毛发现一个猥琐的身影正扒开田埂边的蒿草看着自己。毛毛吓了一跳，但也顾不得许多了，赶紧钻到棉花地里摘起棉花来。

这个偷窥者是二中队的金亮，一个真正的小偷。

在满足了偷窥之欲后，金亮不想放过这个难得的机会：举报毛毛。这样就可以得到奖励，也就可以早日离开这个鬼地方。

毛毛也料到了那双邪恶的眼睛背后的心思。在这样的环境里，随时都有人会为了自己的一点利益而置别人于死地。他恐慌了，直接找到了中队长翔哥，如实告知了今天所发生的事。

翔哥一听，上来就是一顿乱揍："你狗日的，这次要害死老子了！"

毛毛哭丧着:"翔哥,翔哥!是我一时鬼迷心窍,是我不对!但是,你要想办法啊!不然就真的来不及了!"

翔哥说:"丢你妈,干那事的时候怎么不怕!看样子现在也只有老大能想办法了!"

毛毛有些怕:"那,老大不会搞我的人吧?"他听说老大惩罚不守规矩的人比管教干部还狠。

翔哥一脚踢过来:"搞死你也活该!到老大那里你自己说话!"

一见到老大胡老闷,毛毛"通"的一下就跪了下去。等翔哥将事情一五一十地说完,胡老闷竟咧嘴笑了:"呵呵,这小子有能耐啊!"他让毛毛站起来说话,并问道:"那个要告密的小子叫么名字?哪个队里的?"

毛毛哆哆嗦嗦地说:"叫,叫金亮,是,是二中队的。"

"哦,是跟小强子一个中队的。"

翔哥忙说:"是,就是小强子队的。"

胡老闷沉默了一会儿,说:"这事我管不了,你们找小强子吧。"

毛毛还想说什么,翔哥拉了一下他的衣袖,使了个眼色。于是俩人给胡老闷鞠了个躬,蹑手蹑脚走了出去。

这两位又找到克强,先说是老大胡老闷要他们来找克强解决的,再把事情缘由说了一遍。克强说:"好说,我来解决,保证让金亮说话不管用,让管教说金亮的检举就是放屁!"

金亮刚从管教办公室检举完,在回来的路上正美滋滋地幻想着即将到手的表彰、嘉奖。突然,七八个自己小队里的人围了上来,不由分说就劈头盖脸打了起来。他刚要叫喊,一团杂草就塞进了嘴里。等他把草吐干净,这帮人都跑散了。他摸着头上的几个大包,又抹了一把鼻涕,一看手上:哪里是什么鼻涕,是一手的鼻血!他"哇"得一声哭了,一走一瘸地又返回再次告状去了。

这会克强可没有闲着，回到住的地方，几个人脱下自己的裤子，往上面撒尿。克强又翻出金亮的裤子撒了一泡尿，然后塞到金亮的床下。

听了金亮的哭诉，管教大怒："这还了得！这是典型的打击报复！金亮，你要相信政府，那些打人的人我们一个都不会放过的！"

把克强押来，等管教大发雷霆地训斥完了，克强才小心翼翼地说："这件打架斗殴的事件我知道，我有不可推卸的责任。但这件事的根源，还是因为金亮自己引起的。"

管教一拍桌子："你胡说！这是明显的打击报复！金亮刚检举揭发了一件恶性案件，就被群体殴打，你还有没有是非观？"

克强张大了嘴："啊！金亮揭发恶性案件？不可能吧！管教啊，你不会不晓得吧，金亮神经有问题的啊！你不信随便找我们小队的人审一下，他每天折腾得大家都睡不好呢！比方今天这件事吧，"克强咽了口唾沫，继续说道："金亮的脑子有问题，每天半夜尿床，白天也是经常尿到自己的裤子里。这个倒是他自己的事情，但是他每次尿了裤子后，就往别人身上、腿上撒尿尿，搞得大家都追着他打，我也管不住。"

管教瞪大了眼睛，不相信克强说的。管教说："你说的不算，走，我们一起到你们宿舍去检查。要不是这样，你们都要严处！"

管教组织了一帮人，带着克强和金亮一起到他们的宿舍。一进门，就闻到一股尿骚味。见到检查人员，犯人们都开始报告："报告管教，是金亮往我的身上尿尿我才打他的。"说完就把床下的脏裤子拿了出来。看着地上堆放的三四条脏裤子，管教们捏着鼻子，怒不可遏地盯着金亮。

金亮百口莫辩，只是不停地说："我没尿裤子，我没尿裤子！"

这时，已有人跑到金亮的床下，把金亮的那条尿裤子掏了出来。

管教问金亮："这是你的裤子吗？"

金亮说："这是我的。我没有尿裤子！"

管教早就闻到了那股尿骚味，训斥道："没有尿裤子？那你这裤子是么回事？他，还有他，他们都是自己尿的裤子？"

金亮被委屈得哇地哭了出来。克强忙安慰道："好了，好了，别哭啦，他们打你是不对的。你有病要向管教报告啊，怎么能往别人身上尿呢？"

金亮这时气急败坏，眼里发出邪光，对克强说："老子不会放过你的！还有你们！"

克强叫道："报告管教！你们快出去！他又要尿裤子了！"

管教们忙跑了出去。一见没了管教，克强将早就准备好了的一杯水泼到了金亮的腿上，然后就是一记耳光，打完了就往外面跑。金亮追了出来，站在门外的管教们一见跑着的金亮湿漉漉的裤腿，都躲开了。

这时，克强站住，回身又是一耳光，把金亮打愣了，也站着不动了。

克强对管教们说："对不起，我又打人了，我请求处罚。"

管教说："姬克强，你把他照顾好就行了。我们走！"

管教们走了一阵，才轰然笑出声来。有老管教说，自己管了一辈子的犯人，这样的变态行为还是头一次见到。有人担心地说，他这真是有问题啊，不知是生理上的问题还是精神上的，要好好检查一下，不然发生了事故我们是有责任的。

不久，劳教场就将金亮送到医院检查，也没有查出什么病症，就将他转到了另外一个小队。至于他检举揭发的事情，也就再没有人提起。

老闷听说后，笑得乐不可支。他信服了克强的智商，劳教人员再发生什么需要内部摆平的事，他都交给克强去处理。克强也乐得其趣，经常打着老大的旗号在工地上闲逛。

五十七、"二七"的奇人

齐扬灵随着支援三线建设的江岸机务段职工，开拔到鄂西北的襄阳地区以北的一片荒芜地带。国家的重点建设项目焦枝铁路线（河南省焦作至湖北省枝城）经过这里，相关站、段配置正紧锣密鼓地建设着。

齐扬灵和一起调来的老同事们住在刚搭建好的芦苇大棚里。不久，从襄阳本地、荆门地区、钟祥地区等招工的好几百个农村子弟、从各个铁路技校和干校分配来的近百名知识青年，都陆续聚集到这个地名叫"米庄"的地方。大家自己动手在荒地里搭建大棚，一切人员按部队的军事化要求进行编制和管理。接下来的工作就是先加入到未来桐树店机务段的基础建筑劳动中。

这时，齐扬灵的工作就显得尤其重要：筹备机务教育组，准备教案，要在极短的时间内将这些招工而来的农家子弟培训成合格的铁路工人。

在鄂西北与豫西南的毗邻之处米庄这个古驿站所在的地方，本来充满文人情怀，据说是宋代大书法家米芾的后代栖居之地，但在清末，驿道的作用消失以后，这里土匪啸聚，人烟稀少。现在因焦枝铁路的经过，随着车、机、工、电、辆等铁路单位的逐步建立，米庄成为一个重要的地方——襄樊北铁路枢纽区。齐扬灵在米庄桐树店机务段的教育室干得有声有色，也得到了干部和职工的一致好评和尊敬。

儿子文强已经响应号召下放农村接贫下中农的再教育去了，这时的刘雅韵刘老师已经申请调到离家很近的江岸铁二小，独自带着女儿文静生活在二七新村。正好这几年江岸铁二小扩编至初中，文静就到这里读初中，午饭娘俩就在学校一起凑合了。

远在襄樊北的齐扬灵在焦枝线全线通车后，也有了时间每个月回家一两次。每次回家，都可以给家里改善一次生活。

据齐扬灵说，米庄的村民不吃青蛙，也不吃小鱼，也从不打猎，所以那里的鱼虾、青蛙、野兔特别多。休息时间，这些城市来的铁路工人就各自活动了：有的人到渠沟里、小河边打鱼、打王八、叉青蛙，一晚上竟可以收获一麻袋；有的带上猎枪打野兔，一夜也能收获六、七只。除了大家一起饱餐一顿外，大部分都是加工后准备带回给远方的家人的。除了乌龟王八命长，可以养着活的带回家，其余的都是晒干后再送回家。

刘老师可是长见识了：吃过干鱼、干肉，还真没吃过干青蛙呢！经过丈夫的水发、红烧，硬是吃得女儿直呼过瘾。细心的刘老师总是会存放一些，留给文强回家时带些到知青点。齐扬灵呢，每次回家都是另备一份，自己亲自送到现在已经是邻居的师傅吴青天家里。

吴青天每次都会留齐扬灵喝两杯。他将干青蛙大火清蒸后蘸着酱油，得意地叫齐扬灵品尝自己的厨艺。齐扬灵在恭维他几句后，说道："是啊，你是大道至简，那还不是因为我的材料好！"

吴青天说："是好。那么好的地方，有肉吃，你还死乞白赖地像条癞皮狗，坐十几个小时的火车赶回到这里。要不把家迁到襄樊去算了！"

齐扬灵笑了："我是'宁要城里一张床，不想城外一栋房'啊！我这一辈子，死都要死在这江岸的铁路边。"

曾任武昌车辆段党委书记的徐鹏飞被打倒后，也搬到了江岸的铁路宿舍区二七新村居住。

徐鹏飞的大儿子徐汉生在高中时成绩优异，并且体育成绩很优越，曾经在武汉市中学生运动会上得过一百米短跑、三级跳远的双第一。受父亲的牵连，他高中毕业后即辍学。桀骜不驯的徐汉生不服气，找来了大学教材，闭门不出，扬言非要自学成为科学家不可。

老二、老三都被下放到农村"接受贫下中农的再教育"去了。徐鹏飞担心老大不但留不住，而且会以"抗拒上下乡"的罪名再惹出什么事来，就拉下老脸去求还在铁路领导岗位上的老战友，以儿子有残疾为由，办理了留城手续，并被安排到铁二小当体育老师。

徐汉生倒真是有"残疾"：他是高度的近视眼。如果不是因为这个缺陷，在读高中的时候就差一点被武汉体育学院特招走了。

江岸铁二小全称为"江岸铁路子弟第二小学"。

武汉刚解放时，为了加快铁路建设，从外地调来大批的铁路工人到江岸。其中，从徐州铁路工厂调来两千多名徐州职工家属，在原来的京汉铁路江岸机厂基础上扩建成江岸机车车辆厂；从河南各铁路单位调来职工和家属，扩建了江岸机务段、江岸车辆段等铁路单位。在刘家庙以北的江岸机车车辆厂后院墙下，突然之间万家集居，于是组织大家继续填埋当年因修平汉铁路分割大赛湖所遗留下来的、从丹水池到机车车辆厂之间的大水塘，盖上了一大片下半截是砖、上半截是竹篾片糊上泥巴的平房，建成了武汉最大的铁路家属区。靠公路一侧的因徐州迁来的人集中居住，叫徐州新村；靠铁路和机车车辆厂的老京汉线迁来的人多，叫二七新村；靠丹水池一侧的叫凉墩新村。原来扶轮学校改成的江岸铁路子弟小学，远远不能安置这突然冒出的几千个孩子的就读问题，就在毗邻江岸机车车辆厂后墙下，新建了一所铁路小学：江岸铁路子弟第二小学。

在新中国成立后的历次运动中，有大批的"右派""牛鬼蛇神"，或等待甄别的"有问题"的大学教授、知名文化人以及被打倒的大领导的秘书等，陆续被安置在这所名不见经传的小学校教书。

"文革"开始，学校进驻了"工宣队"，一批稍识字句、政治过硬的工人家属也进驻到学校，站在了讲台上。

铁路工人大多文化程度偏低，所以学生和家长更容易被发动起来"教育闹革命"。一时，学校的主要工作就是"革命造反"，打架斗殴不断，那些本来就有"污点"的老师，战战兢兢，每天等待着学生家长领着学生来扯皮、批斗。

徐汉生在老师中属于"孤立派",一则他觉得自己是革命家庭出身,不屑与牛鬼蛇神为伍,二则也看不起文化程度低下的"家属老师"。而这两者,也本能地看不惯徐汉生的孤傲做派。他将培养体育生为乐,每天住在学校,操练起学校田径队。

每当戴着深度近视眼镜的徐汉生走过操场,总有学生恶意地叫喊:"徐瞎子!"

他气冲冲回头寻找骂自己的人:"哪一个!是哪一个!"

学生们都闭口不语。等徐汉生恶狠狠地在寂静的人群中巡视一圈,又无奈地离开后,后面发出一阵哄笑。

一次,一个学生在徐汉生背后叫道:"徐瞎子!吃狗屎!"坏就坏在他多加了一句,当他的嘴型刚刚转到"狗"字时,敏捷回头的徐汉生一把抓住了他,揪住他的衣领就往工宣队办公室走。这位学生挣扎着喊道:"我就是骂你了,怎么样?放开!小心我把我爸爸叫来揍死你!"

工宣队老师听见叫喊,赶忙过来阻止:"徐汉生!你这是干什么?快放开!"

徐汉生不放手:"你没有听见?他还要叫他爸爸来打我!"

工宣队老师劝道:"算了,一个孩子,至于吗?你是老师,总是在学校打架,影响不好。"

徐汉生松开手,指着工宣队老师的鼻子:"你!你么样是非不分?是我打架么?都是他们找人来打我!"

他对这个开始耍赖哭泣的学生吼道:"去,你去把你爸爸喊来!告诉你,我不怕打架,我还有两个弟弟,都是能打的,看我们哪个打得赢!"

工宣队老师动怒了:"徐汉生!你这是要干什么!要翻天吗?"

徐汉生推推眼镜,站在原地说不出话来,眼睁睁看着工宣队老师搂着学生的肩膀走开。

一直对所有人都很和善的刘老师，被学生揭发说，有一次带领学生参观瞻仰二七工人俱乐部，她居然站在门口不进去，还说这里原来是她家下人住的地方。

这问题就严重了。工宣队把这个问题反映到革委会，革委会又汇报到公安局。几天后，刘老师被停课检查。

学校又组织了一次批斗会，除了刘老师，徐汉生也被押上台，并列为"反攻倒算新迹象"。押他们上台的红小兵，是经过挑选的四个雄赳赳的五年级男生。

批斗会完了后，这四个出了风头兴冲冲地回家的学生，有两个一进家门，就被等在家里的爸爸一顿暴打："一日为师，终身为父，你们不得了了，敢批斗自己的老师！老子打死你个不肖子孙！"

他们忍着屁股上的疼痛，找到另两位同学说起挨打的事。一个同学说："我姆妈也骂我了，说刘老师是给我外公启蒙识字的老师，也是我妈妈的老师，是个大好人。要是再听说我们敢欺负刘老师，就不准我回家了。"

几个人面面相觑，虽然还没有搞懂为什么，但都说以后不敢再出风头了。

大赛湖在京汉线筑路之前，是汉口北面的一个毗邻长江的浩瀚的天然湖泊。修筑铁路时，将原来的汉口城墙拆除，沿城墙墙基修了一条马路，叫后城马路，民国叫中山路。为了提供京汉铁路线的筑路物资，沿着铁路线同时修了一条土路进城，遇到大赛湖的阻挡，就硬是在大赛湖中间填出了一条道，大赛湖一分为二，土路西北边成了主湖区，土路的东南边留下了几个巨大的水塘。一条土路，直到沿着铁路向西蜿蜒而去，直到硚口。20世纪20年代末，随着汉口城区向北的扩张，中山公园、协和医院计划开始修建，在中山公园、协和医院大门前、江汉路至中山公园路之间，修建了与中山路平行的一条碎石马路，命名为"中正路"。中正路与向江岸方向过来的土路连接，于是，这条路成为长江下游沿江进出汉口的唯一一条通汽车的马路。新中国成立后，经过彻底的重新修筑和延伸，这条公路成为汉口城区唯一一条贯穿东西的公路——解放大道。

经过多年持续的填埋，大赛湖靠近铁路的残留部分，成了百亩大水塘，也是个垃圾倾倒场。没有了专门的填埋，二十年来仅靠着垃圾的倾倒，水塘面积一尺尺地缩小。每当形成一块陆地，就会又出现一排平房，二七新村就会又搬来几户铁路人家。

秋日阴冷的夜晚，风吹过水塘，竟然发出"哗，哗"的水浪声。靠近着水塘边没有路灯的巷子里漆黑一团，行人只能靠从各家窗子里映射出来的灯光，摸索着行走。

徐汉生正走在回家的路上，突然眼前黑影一晃，有人一把把他的眼睛撸掉了。

没了眼镜，徐汉生基本就是个瞎子。他赶紧趴在地上，双手在地上划摸着。

一顿棍棒劈头盖脸地就下来了。

"哪个？是哪个？有板眼报个名来！"他不顾棍棒，依然想找到眼镜。但依然是只有"啪啪"的棍棒声。

"哪个狗日的在这里行凶，找死！"随着怒吼声，一位壮汉跑近，一只手抓住一根木棒，另一只手变成掌，"啪！"就击向另一个家伙的脸上，这个家伙竟然被击得向后飞了出去。几乎在同时，被抓住木棒的家伙"啊！"的一声惨叫，手臂耷拉下来，木棒飞了出去。

"快跑！"两个家伙撒腿就跑进巷子里没了踪影。

被解救的徐汉生，第一件事还是在地上摸索着找眼镜。

这救人的"壮汉"，就是徐汉生的邻居吴青天老头。

年近古稀的吴青天，动起手来的那个敏捷，绝不输给年轻人。他划亮一根火柴，捡起眼镜，递给徐汉生。借着火光，吴青天这才认出原来是邻居近视眼老师。

戴上眼镜，徐汉生又活了，叫道："他们往哪里跑的？"就要去追。一阵头疼，他又抱着头痛苦地蹲了下去。

吴青天扶起徐汉生，边走边说道："管他们跑到哪里去了，我是追不动了的。唉，你这是得罪人了。现在这街上游手好闲的混混成堆，你要过细些啊。"

吴青天把他带进自己的家，拿出自家备用的药箱，给徐汉生处理伤口。

"没得大碍了，就是些红伤，消消毒就好了。"

徐汉生好奇地问："吴爹爹，您家有功夫？"

吴青天笑："就是年轻的时候学了些实用的拳脚，哪里算么事功夫啊，你爸爸也会的。"

"你认得我爸爸？"

"认得的，他是老红军啊，哪个能不晓得啊！"

"今天的事谢谢您家了！请您家不要跟我爸爸说啊！"

回家后，徐鹏飞看见儿子头有伤，问道："又打架了？"

徐汉生说："不是。今天示范跳马，失误了。"

"你就是不让人省心。要不就回家里来住吧，不要总是住在学校，你不担心我，我还要担心你！"徐鹏飞抱怨着。

徐汉生知道，母亲去世得早，父亲老了，身边没有一个人陪，所以寂寞得一见面就成了啰唆婆了。就让他说吧，都怪自己不孝，每天在学校折腾，也没有时间好好陪父亲说说话。

等父亲啰唆得差不多了，拿起了《参考消息》，徐汉生才问道："爸，那个住在前一排的吴老头，您认得吧？"

"认得啊，这个人有些本事啊。"徐鹏飞的话匣子又被徐汉生打开了。

"您跟我讲一下他吧。对了，我刚才碰到他了，跟他客气了一下，他说他认得你，说你是老红军呢！"

徐鹏飞激动地放下报纸："真的？他说我是老红军？"

徐鹏飞参加红军的时候才十岁，是个典型的红小鬼。他特别喜欢别人称自己是老红军。可自从被打倒后，因为给张国焘做过几天警卫员，就把他的红军经历当成历史污点了。好些年没有人说自己是老红军了，今天听说吴青天说自己是老红军，他感动得快要流下眼泪了。

"是啊，他还说铁路上的老人都知道的。"

"是这样说的吗？你看，公道自在人心呐！那个吴老头，吴青天，很不简单的，当年我在新四军，就指挥过他打鬼子！"

徐汉生已经习惯了，父亲在说到自己的光荣革命史时，总是自己往自己怀里作揖——不遗余力地抬举自己的。但总体的事件，倒是记得不错的。

在处理平汉铁路破坏队的时候，徐鹏飞也知道些情况，心里也为他们抱过委屈。后来吴青天出狱后一直申诉，有一个阶段就是徐鹏飞负责处理。自己被打倒后，为了向组织申辩，他开始收集和整理有关资料，其中很多都跟吴青天有关联。所以，说到吴青天，徐鹏飞还真的有话说。

这一说，就是大半夜。

最后，徐鹏飞感叹道："这个吴青天，他是革命的功臣啊，怎么会落得这么个下场。听说他很倔，还在找材料申诉。"

徐汉生对吴青天产生了强烈的好奇。

第二天晚上，他买了一袋水果糖、一袋京果，专程登门拜访吴青天。

徐汉生先把他父亲所说的历史复述了一下，并说了对吴青天的评价语。吴青天倒是没有激动，冷静地不断纠正着徐汉生表述中的错误。

难得有年轻人对这段历史感兴趣，吴青天就把自己收集整理的材料搬出来，给徐汉生讲解。徐汉生不断地在摘录着，准备回去跟父亲的资料核对。

此后，徐汉生经常晚上到吴青天那里和他交谈，讨论资料。星期天，就骑着自行车到废品站旧书堆里翻找资料。

随着吴青天资料的丰厚，那段历史也更加清晰起来。吴青天感到欣慰：就算是自己这一辈子无法辩诬，也会有后来人为我们昭雪。他更加坚定了胜利的信念。

五十八、老伙计道别

自从严肃去世后，元烁也没有了可倾诉之人。想来想去，他想到了一位故人。他拄着拐杖，艰难地辗转公交汽车，到江岸二七新村铁路家属区探望吴青天。

吴青天握着元烁的手悲喜交加："您家这老家伙怎么找到这里来了？我没有想到啊，这一晃就是几十年啊！"

元烁狡黠地杵杵手里的拐杖："您家躲得了我吗？我要是国民党，早就把您家挖出来了。告诉你吧，我找元祥打听过了，说你就躲在这个铁路旮旯角里。几年前，我到这里找我家的老七写申诉材料的时候，就已经把你这里摸得一清二楚！"

早些年，吴青天老伴就亡故了，儿子受吴青天的牵连，下放到黄陂老家务农。吴青天死也不走，非要为自己的革命经历讨个清白，就坚持住在这个铁路家属区。一间竹篱笆平房，一住就是二十多年。后来添了孙子，在乡下没有学上，儿子就把孙子寄养到吴青天这里，一来也可到铁路子弟小学读书，二来老人有个伴，多少添些天伦之乐。儿子儿媳也常回来看看，为老人孩子添置些生活物品。

吴青天给元烁泡了壶茶，破天荒地翻出肉票，交代孙子到菜场割半斤肥肉、到铁路供销合作社买半斤兰花豆、打半斤白酒。

就着肥肉炖白菜帮子和兰花豆，俩老头乐不可支地喝起了小酒。

吴青天问："看样子您家过得不错？儿多就是好啊！"

元烁挺起胸膛："那当然！我还能有么事？早就退休了，养老呢！"

吴青天叹了口气："我不行啊，没蹲上国民党的大牢，倒是在共产党的大牢里蹲了几年。"

元烁不明白："您家这老革命，也蹲了大牢？我不信，你是犯了么事错误吧！"

吴青天说："您家不明白，我也不明白呢。我还在申诉。"

元烁说："这些年了，还没有结论？"

"可不是！您看，我这些年光是材料，就收集了这多。"吴青天从柜子里抱出一大摞材料，有旧报纸、信件、手写的材料。

吴青天戴上老花镜，边翻边说给元烁听。

"您家看，这是抗战时候的报纸。这是我的嘉奖令，延安的。这是政府给我发的奖金条子，复员时候的证明，我都找到了呢。还有，这些，这些……"

元烁戴上老花镜，认真看了一会儿，就把东西一扔，摘下老花镜："你这有屁用，光找些给你自己脸上贴金的东西。政府肯定是有你不好的东西，比你这些多得多吧？"

吴青天急了："二七罢工的时候，我做的么事那你都是晓得的吧？还有，黄光，项英的事，还有……还有你不晓得的我抗日的事……"

"莫急，莫急，我又不是来给您家搞甄别的。先喝酒，慢慢闲扯。"

边喝酒，吴青天边历叙述起他的革命经历。

二七年大革命失败后，吴青天在武汉三镇沿街拉黄包车，寻找党组织。后找到八路军办事处，联系上元祥，到刘松峰带领的"平汉铁路破坏队"任副大队长，开展敌后抗日的战斗。抗战胜利之后，按党的指示，复员回到江岸机务段继续进行党领导下的铁路工人运动，冒着牺牲的危险为铁路迎接解放做了大量的工作。没想到新中国成立后被打成国民党，被判了八年刑。他不服，认为是不了解内幕的外行领导的误会，不断地申诉，但不断地被驳回。以后的每次运动，他都被当成活靶子。

元烁问道："那个'平汉铁路破坏队'到底是国民党的还是共产党的？当年我在临湘，听说'粤汉铁路破坏队'确实是国民党的啊，是那个湖南的薛岳搞的啊。"

吴青天说："就是这个问题说不清楚啊。我们'平汉铁路破坏队'这支队伍确实是接受共产党长江中央局命令组建的，后来也是接受共产党领导的。当时共产党给养不足，我党有'借船出海'组建抗日队伍之意。刘松峰出面组织，他告诉过我，是在八路军驻汉办事处开会接受的命令，当时周恩来任长江中央局副书记，项英是委员，周恩来、董必武和项英都参加了会的。刘松峰当时挂名是平汉铁路工会主任委员和国民党平汉铁路特别党部特派员。根据董必武指示，刘松峰找严肃和元灼，向蒋介石提出成立平汉铁路工人抗日组织的要求。但蒋介石只给刘松峰'军事委员会特种工作团第二团长'的空头委任状。董必武则表态：'先把队伍拉起来，我们支持！'于是，刘松峰开始筹备'平汉铁路破坏队'。后来共产党给养供不上，刘松峰多次向国民党政府要给养，这也是当时周恩来的授意。"

元烁说："这些领导都还在嘛，刘松峰也可以找他们证实嘛。"

吴青天摇头："解放后，历史和我们开了大玩笑，只承认我们是国民党，不承认我们是共产党。我们其实是'白皮红心'的啊，这里到哪里去说！这支队伍的大队长以上干部，除了我是蹲了八年大狱，好歹是活着，其余的全部被屈死，包括大队长刘松峰、小队长陈汉志。刘松峰屈死后，他的老婆含恨自杀，子女被送人。不光是我，破坏队活着的每个队员，无一幸免，判刑的判刑，下放的下放，而且连子女都不放过。特别是这几年，他们的孩子都大了，不准上学，不准参军，不准招工，都是被'专政'的狗崽子，他们不是做零工就是回乡务农，永无出头之日啊！"

吴青天激动地站了起来："我怎么给我带出去的人，还有他们的后代交代啊！"

元烁无语，不知道该如何安慰他。

吴青天坐了下来，低声说道："抗日战争胜利的那年，我们也是遵照党的指示，队伍全部解散并复员回铁路，在铁路工人中继续为党工作。曾经浴血奋战的战士又成了开动火车头的司机。我在江岸机务段当上了一名扳道员，实际上是党的武汉铁路支部成员。"

元烁说："怪不得抗战的时候我没有见过一辆完好的机车头。你们当年确实很厉害啊，我们都叫你们'打不着的毛猴子'。"

吴青天骄傲地说："那是不假，只要是党需要，我们没有完不成的任务。您家看，这是我的战斗回忆。"

吴青天如数家珍地又翻开他的记录本："你看，信阳的战斗，百团大战，津浦线，北宁线（原为京奉铁路，即北平至当时的辽宁省会）、石德线（石家庄至德州）……"

元烁问："国军呢？当时不是联合抗日么？会不会是你们也帮国民党打仗了？"

吴青天犹豫了一下，翻出一页："也有。这里也记着：'一九四四年一月廿一日午夜，黄河新铁路大桥战斗，吴青天带队，将长达两公里、梁柱多达一百一十九根的黄河新铁路大桥炸断，摧毁梁柱五十余根'。"

"这是帮国民党干的？"

吴青天说："怎么能说是帮国民党干的？我们也是得到党组织批准后才行动的，也是打鬼子啊！"

元烁说:"你就说说这个。"

吴青天说:"这次行动,是我带队,在国民党军统别动队三百多人的掩护下,是由中美合作所技术人员对我们的爆破人员进行专业的桥梁爆破技术培训后,才进行的。大桥被毁后,平汉铁路交通中断,日军被迫调集大军监护、抢修,两个多月后才勉强重新通车,日军自东北调集的军队车辆,才得以再度进出黄河南岸,与集结在开封的日军会合,于四月十八日发起攻势。也就是说,这次行动,使日军南进的军事行动被迫迟滞了三月之久。这是抗战后期,平汉铁路破坏总队'明'——国民党,与'暗'——共产党合作的一个典范。说到底,还是我们共产党的功绩。"

元烁说:"搞不好就是因为这个,才是你说不清楚的原因。"

吴青天说:"这么样会说不清楚,只是我没有办法查到那些文件。我们都是先接受党的指示才行动的。你看,这是我当年抄的报纸:'抗战期间,平汉铁路破坏总队共炸毁机车车辆一千六百九十余辆、铁路钢桥一百一十多座,钢轨一百六十多公里,毙伤日军一万三千余人。'怎么样,这不是共产党抗日的战绩?"

元烁笑道:"你这又是抄的国民党的报纸吧?"

吴青天说:"那不是我们没有统计吗。"

元烁说:"好了,不说这些了,留给孙子辈的去研究吧。你也算是江岸机务段的老人了,说说江岸机务段的来龙去脉。"

吴青天又炫耀起来:"你这个老家伙,一辈子在粤汉线,不晓得老江岸的事吧?我来告诉你。修京汉铁路线时,原来的机车房建在滠口,1906年从滠口迁来江岸,叫江岸机车房;1928年改名为机务第三总段第七分段;1945年抗战胜利后,跟信阳机车房合并,改名为汉信机务段。那个时候江岸没了名分,一些个江岸的老人不服气啊,一直在跟交通部申诉,要求改成江岸机务段,但没人理会;1949年5月份武汉解放后，顺应老江岸人的要求，才又改名为江岸机务段。"

元烁不屑地说："你就吹牛吧。江岸有么事好的？几十年了，除了多了些破房子，人多了些，我看还是跟几十年前的刘家庙没有好到哪里去。你看，你住的这一片铁路房子，还没有那些日本人留下来的兵营好呢！原来那些热闹的街道也都不在了，这里除了铁路供应站，连个像样的商店都没有！"

吴青天不服气了："你莫看这里是穷地方，但这里藏龙卧虎呢！那些刘家庙的老铁路，那些能人，都住在这里呢！"

元烁说："好了，你就不要自我吹嘘了。你倒是说说，为么事江岸就萧条了呢？原来这里是多么辉煌的地方啊！整个二七大罢工，也就是三个中心：郑州，江岸，长辛店。现在呢，只有郑州了。"

吴青天叹了口气，说道："这个问题我也想过。当年的刘家庙是多么牛啊！么样就没有发展起来呢？其实解放后，江岸是有一个发展的机会的。刚解放时，江岸从徐州铁路工厂调来两千多人，支援扩建江岸机车车辆厂；又招了上千人，充实江岸机务段、新建了江岸车辆段、列车段等好几个段，又盖了新的铁路学校。我原来也是信心百倍，料想江岸振兴的时代终于来了。但后来的发展并不如我愿，等我八年后放出来、再回到江岸，这里除了人多了，房子多了，别的几乎没有多少变化。我想，是不是因为武汉铁路局从来就没有安稳过，今天成立，明天又撤销，一会儿是郑州铁路局，一会儿又是武汉铁路局，再过几天又是郑州铁路局。这样反复搞，谁还会顾及江岸这个小地方啊！这不，现在就在建设什么'新江岸'，等把铁路都迁到'新江岸'去了，老江岸就更没有人管了。"

元烁摇头："你这个理由牵强了些。我看啊，这个缘由我们是说不清楚了。"他话题一转，指着吴青天说："你看，这江岸机车房到江岸机务段，这一改，又是几十年过去了，对我们来说，就是一辈子啊。还有什么放不下的呢？"

吴青天说："我什么都放得下，就是放不下我是共产党、和我一起出生入死的人也是共产党这件事啊。如果当年在徐家棚你听了黄光的招呼，进了那个门槛，你也会跟我一样的。"

说到此处，吴青天诡谲地一笑，小声问道："你后来听你那个连襟的话，参加北伐军的那一段，你说清楚了吗？"

元烁笑而不语。

吴青天继续说道："我的历史比你简单多了，组织上却总是搞不清楚。其实我就只有一个愿望，就是要落实我是共产党！我一直申请解决这个问题，只到'文革'，才联系上元祥。但元祥刚为我写了证明，他又被打倒了，那证明成了一张废纸，再没有人理会我了。"

元烁说："当年死了那么多人，你能活着，就知足吧。"

吴青天说："当年我们都不怕死，那是因为我们坚定地跟着共产党走，党指向哪里我们就打到哪里，要我们破坏铁路，我们冒死去炸铁路，后来要我们建设铁路，我们二话不说又去修铁路。只是不甘心，我们胜利了，得了天下，还要死人。不光我们这些老共产党人憋屈，我们的子孙后代也跟着抬不起头来，跟着我们受牵连。那些还在高位的老首长们，怎么也不说句话啊！"

元烁沉默半天，说道："我们抱怨领导很容易，他们被打倒了后肯定也跟我们一样的在抱怨他的领导。人都是这样，在位的时候固执地坚信自己都是对的，是革命的。其实做点好事很难，只凭良心做好事比凭地位做好事更难。也好，让他们也都体会一下委屈的滋味。等以后事情都清楚了，他们会晓得么事叫真正的做好事、么样的人才是真的好人。"

吴青天指着元烁说："你是在说自己吧！好像说我们都是嘎巴子、是苕货，就你是明事理的？看吧，以后事情清楚了，党会说我们才是革命者，你只是一个外围的同情者。"

元烁摇头："等我们死了，只会有人说你吴青天是个好人，我姬元烁也是个好人。"

吴青天大笑："哈哈！亏你也是被党影响了快一辈子的人，还以好人、坏人来论人？我问你，元祥是好人还是坏人？"元烁说："他是好人。"

"你的弟弟元灼是好人还是坏人？"

元烁摸着光头："嗯，他应该是坏人。"

"那严肃呢？"

"嗯，嗯，有好有坏。"

"你刚才说，你是好人？"

"我当然是好人。"

"有人说你吃喝嫖赌，还有人说你是工贼，是汉奸，这还算是好人？"

元烁涨红了脸："那是放屁！"

吴青天指着他说："你看你，说别人可以，就是不愿意别人说你。吃喝嫖赌是你自己说的吧？好人还吃喝嫖赌？"

元烁说："我们那个时候的风气，别人不晓得，你也不晓得？"他拍拍胸脯，"我这辈子没有杀过人！在那个时代，像我这样的人，没有杀过人，有几个做得到的？你说，那能是坏人？"

吴青天不乐意了："你那是没有杀过坏人。杀坏人，杀日本鬼子，杀国民党反动派，那是英雄！我就是英雄！你没有杀过坏人，救过人性命，也救过好些个坏人的性命！坏人再去杀好人，你，就是坏人！"

元烁说："这世上哪能只有好人和坏人？好人和坏人也就只有那么几个人，其余的全都是像我一样的，是有那么一丁点坏的好人。不能随便杀坏人，没有那么多坏人。"

吴青天说："对啦，不能随便判断好人、坏人，要以对革命的功过大小来论。所以你这一辈子呀，算是个好人。但是，你就是不能和我一样成为共产党。你就是差那么一点、关键的那一点！"

元烁不乐意了："不管是不是共产党，都要多做好事，凭良心做人。"

这时，初湘八岁的小儿子克汉来找他的同学、吴青天的孙子吴胖子玩，见到爷爷，忙喊道："爷爷！你怎么到这里来了？"

元烁看了他一眼，没答理，继续跟吴青天理论："我们都是行将就木的人了，就不要再跟自己较劲了。管他好不好，到时候两腿一伸，火车照样往前开！"

吴青天说："行了，我这一辈子都没有说服你。不说了，来喝酒！"

克汉见两个老头都不理自己，蔫蔫地出去玩了。

元烁叹气："我已经走不动路了，只怕以后来不了啦，也算是跟老兄弟道个别。喝！"

五十九、初解安置到铁路

转眼到了1974年6月，"文革"之初被打倒的"党内第二号走资派"邓小平再度复出，负责主持党中央和国务院的日常工作。这位政治强人决定以铁路运输为突破口，首先在工交战线进行整顿。

主管交通的国务院副总理王震立下了"军令状"：保证一个月内见成效。四届人大组阁时，由邓小平点将的新任铁道部部长万里表示：要把党中央关于铁路整顿的第9号文件作为铁路工作的纲，"不换节目，不改镜头"，"一抓到底。"

在邓小平的领导下，贯通东西南北的铁路系统率先开始了整顿。万里要求全国铁路做到"畅通无阻，四通八达，安全正点，当好先行"。

整顿刚开始时，心慌气短的铁路造反派们还叫嚣着"万里不倒，火车不跑",不信邪的万里亲自率领工作组马不停蹄地跑遍了几个问题严重的路局,果断地撤了一批闹派性的造反派头头,重新调整了领导班子。

对铁路系统的有力整顿,使铁路运输的形势明显好转。到4月份,严重堵塞的几个铁路局全部疏通,全国20个铁路局中的19个超额完成了计划。铁路整顿初见成效。

铁路这个国民经济的大动脉,终于被疏通了,并很快达到了中央要求的:"畅通无阻,四通八达,安全正点,当好先行。"

经历过铁路动乱的铁路干部和职工们看到了希望,看到了光明,精神为之一振,深深地体会到了稳定、团结对铁路发展的好处,对那些每天叫喊着"造反"的人由衷地厌恶。江岸的铁路职工们自发地将江岸铁路俱乐部围墙上的"万里不倒,火车不跑""揪出邓小平的黑手万里"等标语涮白,重新写上了"万里,万里,日行万里!""铁路畅通万里行!"

一切又重新走上了正轨,江岸地区的人们又开始了正常的工作和生活。

徐明堂的老战友都提升了,就算是"文革"开始时被打倒的一些人,大部分也陆陆续续地官复原职。也听说过好几次老首长准备提拔自己的小道消息,但最后都不了了之。二十年了,自己还在原地踏步,徐明堂心里不免有些幽怨。他想了许久,才明白当年结婚时组织上说的"慎重"二字的含义与沉重。于是,在新一轮的干部轮换中,他主动要求到下面军分区任职。如愿以偿,他被调到襄阳军分区工作,初睿也随之调襄樊市党校,女儿依依和儿子亮亮也都迁到了襄樊上学。

远离了带给他无数麻烦的老丈人和那个复杂的大家庭,徐明堂觉得一阵解脱。但他也明白,一旦走出这一步,离开军区中枢,自己在军中的前途和地位也就定格在这个岗位上了。

在姬家人不断地申诉下，公检法军事管制委员会对初解的案件进行了重审。

当提前释放的初解再次出现在姐姐姐夫眼前，已经变成一个目光呆滞、动作机械的"机器人"了。

"你下一步怎么打算的？"徐明堂问道。

初解答："政府安置我到襄樊市，我就先来看望姐姐姐夫了。"

哦？安置到襄樊市了？徐明堂有些意外。

"那好啊！我们又在一起了，互相可以有个照应。具体安置到哪个单位？"

"单位还没有落实，要我等。"

初睿看着徐明堂："你看，是不是……"

没等她说完，就被徐明堂用严厉的目光制止住了。

徐明堂接过话说："你就听政府的安排，先回武汉等着消息吧。有了消息叫你姐姐打电报给你。"

初解直挺挺地站起来，鞠躬："谢谢姐夫！"又转过来给初睿鞠躬："谢谢六姐！"就走向门口自己的背包行李。

初睿忍不住了，大声吼道："你要搞么事！去洗澡！洗完澡准备吃饭！住几天再说！"

"是。"初解仍是平静地转身回来，重新坐了下来。

徐明堂在办公室给老战友打着电话："对对，就是解放的解，姬初解。这事就拜托你了。嗯，好的，好的。记住啊，千万保密，绝对不要跟任何人说，否则我里外都不是人。嗯，好的，好的。再见！"

电话打完了，他长舒了一口气。这些年来，从没求过人，这次下决心开口求人，听对方的口气好像很高兴嘛！但这件事，却是永远不能说的，永远都和自己没有丁点的关系。

不久，初睿接到转交初解的通知函。通知函共两份，一份说是襄樊市已经没有合适的工厂可以接收初解，经过上级部门协调，重新分配；另一份是武汉铁路局宜昌火车站的接收安置函，通知初解到宜昌火车站报到。

能够安置到铁路上，那可是天大的好事！但是，到一个亲人都没有的宜昌市，初睿还是有些失落。

六十、克强变了

克强接到命令，气喘吁吁赶到场部管教办公室，只见管教看都不看自己，自顾说道："你已经八个月了，政府已批准提前释放你。"

克强一听，不知道哪根筋又拧了："报告管教，我不走了！"

"嗯？"管教以为自己听错了："你说什么？"

"报告管教！我还不到期，还没有改造好，申请以后再释放！"

"放屁！这劳教场是你们家开的？你说了算？诶，我就奇了怪，人家都想方设法立功，立了功好减刑，你倒好，不想走了！你倒是给我说说，为什么？"

"报告管教！走了就没得吃的。这里不用操心吃饭！"

管教气得蹦起来给了他一脚："放屁！人活着就是为了吃？你才多大，就想在这里耗下去？还瞎写什么世道、主义！你才十几岁啊，还是个小毛孩，懂得个屁的主义！"

挨了一脚，克强还是没有走的意思。他还真是的不想出去，他觉得在劳教所比在外面受人尊重得多。

管教拿出了撒手锏，喊道："你白爷病啦，保外就医啦，回家啦。你他妈的还不滚回去照顾白爷！"

克强一听白爷回来了,转身就跑。管教喊住了他:"回来!办理出去的手续!"

等克强跑到在闽江边的山坡上的白家,却是空无一人。他也没有见到往日的街坊,只好怏怏地回到了自己的家。自己家里也没有人,他原来藏门钥匙的地方也没有找到钥匙,急得像无头苍蝇四处乱撞,低头搬起块石头就要砸门。

"强子,是强子吗?你可回来了!"街坊大妈看见克强回家了,忙赶了过来:"你可不要砸门,你爸爸在,没出去呢。"

"他人呢?"克强问道。

街坊大妈说:"他到医院去了,说是你白爷在医院住院呢,你爸爸都连着去了好几天了。就在农场的卫生所。"

克强扔下石头就往农场卫生所跑。

一进卫生所,他看到的是在卫生所走廊上,翠闽正在哭哭啼啼地收拣空床上的衣物。

"白爷呢?"他问道。

翠闽看到他,大哭起来:"你怎么才回来啊?爷爷今天早上走啦!昨天夜里他还在问你回来没有呢!"

克强一屁股坐到了地上,张嘴干吼了两声,却没有发出声音。他觉得心里发闷,喘不过气来,仰天呼着气。

白爷走了。初江张罗着白爷的后事,有许多当年被白爷治好了病的人赶来,给白爷磕头,敬香,烧纸钱。克强却像痴呆了一样,坐在角落里不言不语,又跟着大家一起到火葬场,跟着抱着骨灰坛的翠闽从火葬场走到闽江边的山坡上,跟着父亲回到家里,然后倒在床上打起了呼噜,一直睡了两天两夜。

初江有些担心,不时去摸摸克强的额头,看他是不是病了。

第三天,克强终于醒来,初江松了口气,端出稀饭馒头。克强一口气吃下五个大馒头、三碗稀饭,然后嘴一抹,说:"爸,我要打零工,我要自己养活自己。"

克强像变了一个人,不再到处闲逛了。他开始低三下四地求着农场领导,干些急活、累活。后来大家发现身强力壮的克强干活肯下力气,一个人要顶两个人,而且要的工钱极低,有时候只给他些地里的农产品他也愿意。于是,凡遇到劳动量大的活,都要喊克强来帮工,克强呢,也从不拒绝。

政治运动的高潮有点平息,初江也基本上不再抽调出去参加批斗了。他每天在闽江上放排,不再担心儿子的饥饱,倒是安心了许多。

一天,一位从北京来农场视察的大领导,突然向汇报工作的农场龚书记问起了白医生,听说白医生已故去,不禁唏嘘。他说,当年自己在战场上身负重伤,是白医生把他救活的,他一定要到白医生坟上烧香磕头,以报救命之恩。结果一大帮农场领导都跟随着大领导,找到白爷的坟茔,崇敬地祭奠起来。

临走时,大领导说,听说老白晚年收养了个孙女,你们要好好体恤啊。龚书记忙说:"那是当然的,我们一定会好好体恤,不辜负领导的厚望。"

领导走了后,龚书记亲自安排,将高中还没有读完的白翠闽招工进农场,在农场食堂做起了厨工。这个油水丰厚的工作,一时引起了好多人的羡慕。

这时,克强和翠闽,偷偷地谈起了地下恋爱。

克强跟翠闽说起了想成为农场的正式临时工,免得总是低三下四地求人干活。翠闽说,这事包在我身上。

第二天早上,龚书记的老婆来食堂买肉包子,翠闽故意多给了她一个。她以为是翠闽搞错了,慌忙拎着布袋子疾步走了。

下午,龚书记老婆来买菜,又是翠闽的窗口。龚书记老婆有些不自在，点了菜名，递过饭票接过饭盒就走。结果回家一打开饭盒，我的乖乖呀，以前菜里只有两三块肉的，今天却是满满一饭盒肉块！她心慌了，不知道这个丫头安的什么心，是要讨好自己呢，还是要栽赃自己？她也不敢跟丈夫说，毕竟丈夫是单位的大书记，政治警觉性强但也多疑，只怕是不会相信这事跟自己无关。

想了一晚上，她决定自己去问清楚，把该补的饭票自己补上，求得个心安。

没想到，事情会这么简单。翠闽说："我是有件事要求你。"

"什么事？"龚书记老婆心里一紧。

翠闽笑了："龚阿姨，小事情。您看，我的同学姬克强不是一直在农场打零工么，听说农场正在招临时工，您看，您就帮个忙呗！"

龚书记老婆松了口气，脸上又呈现出傲慢之色："这事你就去找龚书记去啊，我又不做主。"

翠闽依然笑着说："这小的事哪里轮得着大书记过问啊，谁不知道龚阿姨办事更牢靠。我就要赖着您了，要不我就天天给您吃好的，直到吃得您感谢我。"

这分不出好坏的话，倒把龚书记老婆给难住了。她哭笑不得地说："好啦，我去帮你问问。你不要再瞎搞了！"

翠闽说："您放心，我不会让阿姨为难的，但也不会克扣阿姨啊！"

这句话，倒让龚书记老婆暗自笑了起来。

果然，不久克强就成了农场的正式临时工，每天按时上下班，生活工作有了规律，自然也就更有时间谈恋爱了。

六十一、元烁的最后岁月

初胜复员回家，分配到离家不远的铁路医院下属的卫生所当医生。有了做医生的初胜在家里照顾老人，姬家几个兄弟倒是觉得很幸运。

元烁老人独自一人乘火车到北京，被张鹤鸣接到家。

外孙女抗抗和平平"文革"中都下放到内蒙古，因平平在农村得了肝炎，已经返回北京养病。平平见到姥爷，很是内疚，一下子哭了起来。元烁倒是很理解，劝慰道："别哭了，姥爷晓得你当时也是被逼着那样做的，要不然还不晓得你能不能活着回家。姥爷也想你啊！还想见到你的姐姐啊！"平平哭得更厉害了。

张鹤鸣是元烁老人唯一的可以畅谈的晚辈，而且是完全懂得自己历史的倾听者。他每晚都与张鹤鸣长谈，从老家轶事谈到抗战，谈到解放，谈到自己的不公正待遇，其中有些事还是第一次与人说起。

一天晚上，元烁突然说道："这次我来，主要是想坐一次内燃机车拉的火车。等了一辈子了，直到现在，京广线的客车才换内燃，我一看到新闻，就马上买了张到你这里来的火车票。但这一路，还是看到好多蒸汽机车在跑。唉！么时候都换成内燃机车了该多好啊。"

张鹤鸣说："其实，我们国家早在五八年就制造出来了我们自己的内燃机车。还有，就是您工作过的湖南株洲的田心机车车辆工厂，也同时研制出了中国第一台电力机车，叫'韶山'型。要说，现在我们国家已经不缺石油了，但就因为政治运动，延缓了新型机车的研发和生产速度。虽然这样，这几年铁路上是有很大的发展，现在已经有近几百台内燃机车出厂，只是先调配到边远的陡坡、长大隧道地区担负着运输任务。'韶山'也基本定型，马上就可以批量生产了。"

元烁兴奋了："那你是说在我的有生之年还能坐上电力机车啊？"

张鹤鸣说："您一定可以的。"

元烁沉默了一会儿，说："看样子是我离开铁路太久了，有些孤陋寡闻啊。鹤鸣啊，现在你也是老人了，你晓得我的心愿，铁路越是发展，我越是希望我们姬家铁路后继有人啊。"

"会的，一定会的！"张鹤鸣有信心地说。

当晚，元烁老人戴着老花镜，用毛笔哆哆嗦嗦地写了篇个人历史，又把每个孩子的名、字、号、生辰以及出生地详细地写了下来。

第二天一大早，老人将昨夜的手稿交给张鹤鸣，说："我老了，这些东西我死后恐怕没得人还能搞得清楚了。这次我就把这些交给你了。以后你姬家的弟弟妹妹想起来要了解这些的时候，你就告诉他们。"

张鹤鸣郑重地接过手稿，点了点头："您放心吧。"

接到张鹤鸣电报，几天后初昌请假从干校赶了回来。见到大女儿安然无恙，元烁放心了，就提出要回武汉。

初昌想让父亲多住些时日，但挽留不住，只好给父亲买了返程的火车票。

一家三口送老人到火车上，初昌看着车窗里衰老的父亲，不由自主地紧紧握住了张鹤鸣的手。火车已经走远了，一家三人还站在站台上不愿离开。

初昌说："我怎么老是感觉再见不到爸爸了。"

张鹤鸣说："他这次把能说的不能说的都跟我说了，还写下来了。这是位极清醒、极细心的老人。只是可惜，这一辈子磨难太多，没有一个好的施展平台。好了，你也不要想多了，他会长寿的。"

元烁回到家后，突然觉得腿脚不利索了，行走必须依靠拐杖。

这天午饭后，他对元梅说："你扶我，到蛇山走一下。"

两位老人慢慢走到蛇山脚下的铁路边，元烁找了个地方坐了下来，不走了。元梅只好陪着他待在这里。

一列列火车轰隆而过，元烁极享受地感受着那火车带过的风声，丝毫不顾忌洒落一身的煤灰。

眼见夕阳残红，丛林渐暗，元梅抖落一身的灰尘，喊着："老头子，天要黑了，我们走吧！"

等她过去搀扶老头子时，发现他嘴半张着，眼睛直瞪瞪地盯着铁路远方，怎么也动不了了。

元梅吓坏了，哭喊起来："你这是么样了？你不要吓我啊！"她努力地想把他扶起来。但他一下倒在了地上。

元梅叫道："来人啊！来人啊！快救人啊！"

附近扳道房里有人闻声跑了过来，见状也吓了一跳。听老太太说老头子是铁路退休工人，这些人赶紧帮忙，将老人抬下山，找了个三轮车送到家里。

等初胜赶回家里，医生已经检查完毕。

医生对元梅和初胜说："这是中风了。你们怎么那么大意，估计他早就出现中风症状了，都这样了，你们还让他上山吹冷风！"

元梅喋喋不休地说："哪里想得到他是中风啊！他半个月前就总是流口水，吃东西还总是掉到地上。今天是他非要到山上看火车啊！医生，您家看，要住院吗？"

医生对初胜说："姬医生，你看，你也是医生，老人家都这么大年纪了，你们就自己决定吧。"

初胜将医生拉到一角，低声地交谈了一会儿后，初胜明白了，严重中风的父亲已经进入病危状态。他对元梅说道："姆妈，住院没么事意义了，也就是每天打几针。我跟医生说好了，把药开出来，我每天回家给伯伯打针。在家里您家也好照顾，洗洗涮涮、接屎接尿也方便些。"

元烁老人就此躺在了家里，口不能语，身不能翻，就靠初胜每天打几针维持着最后的生命。

接到父亲病危的电报，除老大、老二、老三因自身处境赶不回来外，其余兄妹均赶回家守候着。老五初许，得到的消息最晚，他经过七天的日夜兼程，硬是赶了回来。

其时，正是1976年9月，又一个重大的事件发生了——毛泽东主席逝世。广播电台反复播送着哀乐和悼词，给姬家增添了悲哀的气氛。

躺在床上的元烁张口静默聆听着广播，双眼显现出悲哀的神色。

元梅抚摸着元烁浮肿的双脚，心疼地絮叨着："老头子的脚肿得好厉害啊，这一辈子造业了。老人说的，人到阎王爷那里报到之前，要自己走着去把自己所留下的脚印都收回来。看样子他活不过这几天了。老头子这一辈子走过的地方太多了，也太远了，这几天怕是要累死啊！都肿成这样了，造业啊！"

子夜，听姬元烁老人发出呜呜的声音，家人都围了上来。元梅将耳朵贴在元烁的嘴边聆听，也没有听清他到底呜呜说的什么。初胜发现父亲的手指在动，忙说："姆妈，你看，伯伯的手！"

元梅看到元烁僵硬的手正在努力地伸出一指，久举不下。她握住那根手指，说："哦，你是想见老大？她在北京，下放在农村，赶不回来。她打电报回来了。"又忙对初慧说："快，把你大姐的电报拿来念！"

初慧将电报纸拿过来，对父亲说："这是大姐发来的电报，我念给您听：'吾父病重，思亲念亲不见亲，奈何！愿天眷顾，我父平安。'"

这时，元烁手指慢慢垂下，安然逝去。

顿时，一家老小大哭起来。

灵堂就设在院子里，除了姬家人，左邻右坊没有人敢大胆参与。

第二天，身着便装的元祥登门祭奠。开进院子里的小汽车，引起了院子里邻居们的啧啧声。

元祥在元烁的遗像前三鞠躬，并大声说："姬元烁是个正直的人，是个好人，是对革命有贡献的人！他不该这么早就走！"他又走到屋里，对姬家人说："你们的父亲是个好人，历史会对你们姬家有交代的。你们放心，我也是个好人，历史也会对我的一生做出公正的评判。"

六十二、冻土上的两座坟茔

不久，"文化大革命"宣告结束，"拨乱反正"开始，一切都开始变得有秩序、有规则，中国的铁路也迎来了复兴和发展的好时代。

在武汉铁路局批判造反派头头的大会上，初湘在台下发现，台上从前的战友朱红霞看到了自己，对着自己隐隐发出一丝淡淡的微笑。初湘既惊恐又有些惭愧，慌忙躲开他的视线，悄悄离开了会场。

回家后，初湘的心情久久无法平静。他低声告诉玉芬，若干年前幸亏自己早早选择了离开那个风口浪尖，并调离到了沿线单位，不然这一次就可能也站在台上了。

好消息一个接一个传来。

初昌、初慧、先后被平反，重新回到了工作岗位。

只有初许，离开了石油系统，调到西安铁路局担任闲职。同年，他的儿子克腾考入了刚刚恢复招生的铁路警官学校，女儿克菲也从农村中学转到了西安市的铁路中学。

紧接着恢复高考，初昌的女儿张抗抗、张平平姐妹，初慧的儿子钱钢，都在第一年考上了大学。

不久，在报纸上登出了元祥出席中央会议的报道，他也官复原职了。

只有老二初珞、老三初江迟迟没有音讯。

在闽江边上深山里的劳改农场撤销，当年的"劳改者"和"被劳改者"就地安置，劳改农场更名为省农业研究所。

农场陆续宣布平反人员名单。但不是所有劳改人员都能平反，平反的是那些所谓"错划"的右派。像初江这样被反复查实是与政治有关的在押人员，并不在政策划定的平反范围之内。

带着尾巴被研究所留用的会计初江，开始写不断地写申诉信，要求平反，但申诉信都如石沉大海，没有结果。

初珞仍然在北大荒的农场。他已经提前退休了，自己的国民党军官的历史污点，已让他根本没有了重新解放的奢望。

为了给那些没有受到系统教育的农场子弟一个改变命运的机会，农场里成立了好几个高考补习学校。但这里懂外语的老师凤毛麟角。于是，会英语和日语的初珞成了香饽饽。这时，人们也懒得管他有什么问题了，几个补习学校都竞相聘请初珞担任外语老师。

一直被冷落的初珞，又重新得到人们的尊重，兴奋得无法自已，一下答应了三个学校的要求。当然，每节课十元块钱补助，对他也是个十分巨大的诱惑。老伴明穗一直没有参加工作，这笔收入，对这个拮据的家庭来说，该是一笔多大的补贴啊！他每天把课排得满满的，在几个学校之间穿梭着上课。

第二年的高考，补习学校的学生有一大半的英语过了关，其中竟然还出现了三个满分！这还了得，补习学校将喜报送到初珞家里来了，他喜得合不拢嘴了。

老伴高明穗不满意了。

眼见得别人家的孩子一个个兴高采烈地拿着录取通知书到自己家里来报喜，而自家的女儿克雪却只是上班下班、回家就睡觉，这将来怎么会有出息？她跟初珞商量着："要不自己亲自教孩子日语，你给她补习一下其他课程？"

初珞犹豫了："你说，这里谁都不知道你是日本人，你这样一做，那不是要露馅了？更何况我们这种家庭，政府会同意她参加高考？"

明穗说:"未必会日语就是日本人?你也会嘛。我就不能说是跟你学的?再说了,看现在这种形势,高考早晚会不考虑什么出身成分的。"

初珞勉强答应了。每天晚上他上完了补习课,又赶回家来给克雪补习数理化课程。

一日冬夜,阴云密布,不见一点星月。

初珞上完了最后一节补习课,已经是十点多钟了。想到今天还要给克雪讲解昨天布置给她的作业,就急急忙忙往家里赶。刚走到河边,就听见有人尖叫了一声,紧接着是一阵冰裂的声音。

"快来人啊!有同学掉到冰窟窿里去了!"

初珞一看,河边有几个学生正惊慌失措地乱打着手电。他不由分说,脱下大衣,就往冰窟窿里跳了下去。

不一会儿,一大群人围拢了过来。只见平静的冰窟窿里出现一阵喧响,一只大手将一个姑娘顶出了水面,她慌乱地抓住了冰窟窿的边沿,立刻有人抓住了她的手腕。

等将这个落水的姑娘拖到河岸,却没有见到救人者出现。

大家又爬到冰窟窿口,只见水里一片平静。

几个成年人赶紧找来铁锹砸开冰层,又有几个小伙子跳进水里寻找。等水里的人冻得哆哆嗦嗦地爬上来,又换了一拨人下去。最后,将初珞捞到,拖上了岸。

这时,初珞已经没了呼吸,成了一具僵硬的尸体。

有女学生已经哭出声来:"哇,是姬老师啊!""快,快送姬老师到医院抢救!""我们每天都是从这里冰上走过去的,今天怎么就塌了!"

一切都晚了,姬初珞再也救不回来了。

高明穗默默地办完了初珞的后事,将他葬在了这片冻土上。整个过程,她没有掉一滴眼泪,甚至没有悲哀的表情。

克雪哭成了泪人,母亲也只是安慰地搂着克雪颤抖的肩头。

头七过完后，明穗带着克雪到武汉认祖归宗。见到元梅，明穗跪倒在地，说道："对不起，我没有照顾好初珞。"并从包里拿出一件初珞准备亲自送给老父亲的东北毛皮大衣，双手呈给元梅。

元梅老泪纵横："儿啊！我虽然没有生你，但我养了你一场啊！你么样这狠心，让老娘来送儿啊！"克雪也痛哭着扑到了奶奶的怀里。

明穗跪在那里，匍匐在地，口里不停地说着："对不起！对不起！"

元梅将母女俩带到元烁的坟上，明穗跪着敬香，说道："父亲，初珞走了，我带您的孙女克雪回来见您啦，带您的孙女认祖归宗啦。"

到这时，高明穗的精神才彻底崩溃了，她伏在地上，大声号哭起来，哭得撕心裂肺，哭得毫无顾忌。

返回农场后，高明穗除了每天到初珞的坟上坐一会儿，就是整理日语课程，辅导克雪的日语。现在她没有了任何顾忌，在家里只说日语。在这种氛围下，克雪的日语进展极快，甚至在她焦躁的时候，也直接用日语来跟母亲吵架。

就在邻居们开始对这一家人指指点点的时候，场部来人了。除了几个领导模样的人，还有一个西装革履的日本人。

"您是高明穗？您的日本名字是不是叫高仓明穗？"场部的人客气地问道。

"我叫高明穗，我是中国人。"高明穗答道。

领导说："您不要有什么顾虑，中日早就建交了，现在正是中日之间最友好的时候。日本代表团这次访问中国，要求寻找到当年因战争原因遗留在中国的人员。为此，我们政府做了大量细致的工作，才找到您。还请您不要有什么顾虑。"

"你们一定是找错人了。我只是跟我丈夫学会了几句日语。"明穗还以为是街坊邻居多事。

这时，那个日本人用日语说道："您是日本京都人，父亲高仓英助、母亲原名早川茜。您五岁时，举家迁居到了东京，您在东京长大，在东京上的小学和中学。后来考入京都帝国大学的文科学部，一年后转读医科学部。战争爆发后，您被征入伍，随第五十五师团远征东南亚，后来在少尉军医任上失踪。不知道我们调查的资料是否正确？"

明穗听到这些，不再说话了。

"当然，我们这次并不是要强制您回国，只是告知您，您可以恢复日本国籍，也可以回日本探亲。一切费用和行程，可由我们友好协会承担和安排。"

明穗依然不理会。

这个日本人递过一个信封，说："您在东京还有个舅舅健在，叫早川键，他委托我们给您带来一封家书。"

明穗没有接，他放在了桌子上，又放了一张名片，说："这是我们的联系方式，您有需要可以打这个电话。"说完后，连连鞠躬。

一帮人离开了许久，明穗还呆坐在椅子上没动。

这一下，全农场都轰动了：原来跟自己一起生活了这么多年的一个农场家属，竟然是日本人！大家议论纷纷。

克雪还没下班，就有人告诉她了这桩奇事。她赶紧跑回家，看着呆坐在那里的母亲，问道："妈，这到底是怎么回事？你怎么成了日本人？"

明穗抬起头来，说道："我是中国人，是姬家的媳妇。"

克雪拿起了桌子上的信封，撕开就看。信封里还有一张照片，是一家四口的照片，都穿着和服，前面站立着的小男孩和小女孩甜甜地笑着。

克雪想起来了，妈妈的小箱子里也有一张这样的照片。她小时候翻看过，但被妈妈发现后，就再也找不见了，一定是被妈妈藏起来了。克雪的大脑混乱了。

她哆哆嗦嗦地将信的内容用原文念了一遍。那内容完全是一位长辈对晚辈的思念和哀求，希望能在死之前见外甥女一面。

再看母亲，只见她的眼角流下了眼泪，也不敢再继续追问。

明穗抹掉眼泪，站起来说："去，淘米做饭。我来做菜，我们吃完了到你父亲坟上去看看。"

克雪小心翼翼地点了点头。

天已将黑，克雪陪着母亲来到了后坡一片绿树围绕着的初珞的墓碑前。明穗用毛巾将墓碑擦拭干净后，在墓前坐下，拉着克雪的手，说："我要当着你父亲的面，将我们的过去告诉你。"

明穗将自己的童年，将年轻时的美好理想，将战争如何将自己的理想破灭，又如何在战场上救了初珞，初珞又如何救了自己，并收留自己，让自己脱离了残酷的战场，与元灵姑姑共同生活的美好岁月，与父亲元烁的最后离别，到北方与初珞相依为命的这二十年，直讲到初珞离世。

明穗娓娓道来，克雪却听得惊心动魄，感动得泪流满面。直到今夜，克雪才算是了解了自己的父母。她不由得紧紧地拥到了母亲的怀里。

夜深了。繁星下，克雪看见母亲眼里闪耀着光芒。

毕竟是时代不同了，虽然明穗的身份在农场已经毫无秘密，但并没有人歧视克雪。场部反而特别照顾克雪，将她调到了场部做打字员。

在克雪的规劝下，明穗给日本的舅舅回了封信。不久，在中日友好协会的安排下，明穗带着克雪踏上了赴日本探亲的旅程。

在医院见到已经病重的舅舅，明穗拉着克雪给他鞠躬。衰老的舅舅顿时号啕大哭起来，拉着母女俩的手不放，不停地唠叨着："你终于回家了，回家了！"

一连几天，明穗一大早就赶到医院里陪着舅舅，克雪就在几个表妹的带领下逛街采购，四处观光旅游。

克雪在妈妈的辅导下，日语沟通早已不成问题，通过这几天与表妹们的交流，已经越发娴熟。表妹说："你哪里像中国人，简直就是我们东京人嘛。干脆，就在我们这里定居好了。你长得这么漂亮，身材又好、个子又高，在日本会成为大明星的。"克雪说："我还是要陪我妈妈的，我妈不会留下来的。"表妹就说："那我们去跟爷爷说，让他来挽留你妈妈。但你可也要劝你妈妈哟。"

一晃，娘俩在日本已待了快一个月，明穗对舅舅提出准备回中国去了。舅舅一听，就号哭起来。明穗的表哥说道，你还是考虑一下留下来吧，这样对你的养老，对克雪的前途都有好处。

明穗坚决地摇了摇头，说道："那不行。我在中国已经习惯了，到这里反而不自在。"

克雪听见了，说道："妈，农场有什么好？留下来也不错嘛。"

明穗的表哥忙说："是啊，只要您同意，手续很好办的，是符合日本政府的规定的。"

没想到明穗对克雪怒斥道："我要回去守着你父亲！你要是留下来，那我死了谁给你的父亲上坟？！"

见到明穗真的发脾气了，一屋的人都鸦雀无声。

舅舅又号哭了起来。明穗不停地给舅舅鞠躬，说着："对不起了，对不起了！"

明穗拉着克雪离开医院。刚走到门口，克雪将母亲紧拽着的手甩开，说道："你是日本人啊，为什么非要回中国？"

明穗说："我现在已经是中国人，你也是！"

克雪叫道："我回去了人家也要说我是汉奸！"

一听此言，明穗气愤地当众给了克雪一记耳光！

克雪惊呆了，看着大门口侧目的人群，捂着脸就跑了出去。

明穗也惊呆了，她还举着打人的那只手，半天没有回过神来。是啊，从小到大，自己可是从来没有动过女儿半个手指头的呀！她追了出去。

克雪见母亲追了出来，就飞快地往公路对面跑去。

明穗刚要叫喊，就听见"吱——嘭——哐"一连串的响声。一辆疾驰的汽车将横穿公路的克雪撞飞，后面一辆车又连环撞上来，将第一辆车撞得横在了公路上。

明穗大叫一声，晕倒在地。

等明穗醒过来，发现自己躺在病床上，正打着点滴。她一把拽掉针头，大叫着："克雪！我的克雪！"就往外面跑。

表哥跟在后面边追边喊："在抢救间！"

几个侄女儿正守候在抢救间门口，明穗边跑边问："克雪怎么了？快告诉我！"就要推门。

这时，门开了，医生出来说："请家属见逝者最后一面吧。"

明穗"嗷"的一声闯了进去。见到的是克雪的遗体，脸上的血污还没有擦净。医生用白床单迅速将她的脸盖上了。

明穗扑了上去，抱着女儿的躯体大哭起来。

等亲戚们将她拉开，她还在不停地说着："克雪怎么了，她不会死的，不会死的。她说了什么，医生，她说了什么？"

医生说："抢救的时候她不停地说着：我要回家，我要回家。"

明穗又晕了过去。

没想到女儿就这样走了，明穗心里充满了自责。她自言自语着："我怎么会打她。我害死了自己的女儿。我就不该来日本。"

明惠手捧克雪骨灰盒，告别送行的舅舅一家人，登上了回国的飞机。

从此，高明惠一个人在农场守着丈夫和女儿的坟茔，再也没有与姬家通信。

六十三、克强成亲

"拨乱反正"的春风也吹到了这个偏僻的农业研究所。

初江敏感地判断，知识将回归到它应有的重要地位，于是，他开始督促克强重新捡起书本。

克强倒是信心满怀，到第二年高考报名的时候，他也在户口所在地的农业研究所报了名。

克强找龚书记问参加高考的报考结果，龚书记告知政审没有通过。

克强心灰意冷，决定先成家再说。于是又给研究所打了结婚申请报告，准备迎娶翠闽。这次倒是得到了研究所的批准。

听说研究所已经批准了姬家的结婚申请，龚书记拍桌子了："你们这是在做什么？谁给你们的权力？还有没有一点原则性？白老是搞错了的，戴教授是搞错了的，搞错了的人中央都给平反了。但他姬初江是真正的历史反革命、黑五类！搞他没有搞错，所以他没有平反！一个反革命怎么可以娶老革命的后代！不行！我们党委一定要干涉！"

一帮家属看不过去了，纷纷指责龚书记的老婆："都什么时代了，你家龚书记还在搞阶级斗争。他怎么不说你家丫头还在勾搭港商呢？"

龚书记的老婆与指责她的人大吵大闹："关你们什么事！我家姑娘那是正常谈恋爱，你们喷什么粪？"。

龚书记也觉得自己老婆骂大街有失体面，忙叫人将她拉回家里。

老两口在家里又是一场恶战。

龚书记气恼地在门口转着圈子。他也感受到了自己在农场越来越不受人待见了。

在街坊邻居的掺和下，克强和翠闽举行了一场热闹的婚礼。

一帮年轻人有意地将一串鞭炮扔到了龚书记的家门口，龚家老婆气得破口大骂，却被龚书记拦住，他拉着老婆从后门出去躲清闲了。

再拜父母时，一对新人先对着白爷的遗像鞠躬，再对着初江鞠躬。初江乐得合不拢嘴，也不停地向大家鞠躬，引得大家哄堂大笑。

六十四、徐汉生升官

徐鹏飞也平反了。因为快到退休年纪了，被安排在郑州铁路局武汉分局任巡视员。

徐鹏飞和徐汉生父子俩开始对抗战中的"平汉铁路破坏大队"进行调研，并向有关部门递交报告，要求对当年"平汉铁路破坏大队"所做出的处理结论进行重新审查。

徐汉生被提拔为教务室副主任，主抓教研工作。

一天，他听见那位工宣队家属朱老师正在上四年级的英语课，只听得她带着明显的黄陂口音在朗读："Our great leader Long live Chairman Mao！"徐汉生笑出了声。在教单词时，朱老师说道："Woman, Woman！女同志；Man, Man！男同志。同学们，我们要树立正确的无产阶级世界观，要批判性地学习外语，不能有西方资产阶级的腐朽思想。什么女人、男人，恶心死了！"

徐汉生摇了摇头："简直是误人子弟！"

徐汉生跟黄校长说："当务之急是教师资源问题。是不是申请尽快给我们分配些师范学院的毕业生来？"

黄校长说："你说得容易，能有那么多的师范生吗？他们现在可是抢手货，那么多的学校都等着抢呢！僧多粥少啊！"

徐汉生急了："你看看那些家属老师们，自己都搞不清楚，还去教学生，那不是误人子弟吗！你去听听朱老师的英语课，笑死个人了！"

黄校长忙阻止到："不要胡说八道。你还在培养期，还没有入党呢，那些老师可都是党员。这次你突击提干，虽然符合上级精神，可你要知道，在我们学校引起的非议还是不少呢！要慢慢来。"

徐汉生想了想，推了一下近视眼镜，说道："我倒有一个好主意，但是要你出头，正式发个文件。我想，在现有教师里面办个培训班，先提高他们的水平，再进行考试，摸个底。实在是差劲的就不让他们带高年级的班。"

黄校长拍了一下桌子："这个主意好！符合上级精神，同时又不会引起队伍的动荡。好，我发红头文件，你领头！"

"那没问题！辅导那些老教师我不敢，但辅导那些大老粗，我还是没问题的！"徐汉生笑了。

黄校长一板脸："什么大老粗！都是知识分子！"

徐汉生开始对老师们进行培训，在培训过程中才发现，实际情况比预料的要糟糕得多。虽然是小学教师，总不能小学教师也只有小学水平吧？结果还真是这样的！有的数学老师只会做算数，连代数都不会；有的语文老师最基础的文言文都不能通读，只能照本宣科读现代白话文；有一半的老师二十六个英语字母写不全，还有几个一个字母都不认得……徐汉生头都大了。这样混在一起没办法培训。经过领导同意，将老师分成了三类：第一类，"文革"前的老教师不用参加，并从中选出几个人作为培训老师；第二类，文化知识具备初中水平的，由徐汉生进行辅导，巩固现有知识，力争有所提高；第三类，只有小学水平的，由从第一类中选出来的培训老师进行培训，要求达到初一水平。这样一分类，拉开了档次，培训工作终于顺利地展开了。

徐汉生在高年级班级里各班选了几位成绩优异的学生，加入了第三类老师的培训班。没想到的是，这些学生比他们的老师学得更快。这一下，打击了这些老师的自尊心，他们找到校长，提出坚决不与自己的学生一起上课。徐汉生无奈，只好将这些学生退了出来。但他不甘心，心一横，干脆，将他们放到自己讲课的第二类培训班听课。这些小学生突然接触初中的课程，一下子哪里听得懂啊，这个徐汉生算是铁了心要"揠苗助长"，不是听不懂么，培训课前徐汉生先把要讲的要点给他们讲一遍，培训课中不再理会他们，只按着老师们的程度来掌握节奏；课后，这些"陪斩"的小学生有哪些听不懂的自己展开讨论，徐汉生在旁边连讽刺带挖苦，不时还吼几句。这样的"拔苗"居然真的"助长"了，到后来，有的老师做不出来的作业，也找这些学生来解决。

有些老师的基础实在太差，在补习中很吃力，又是同事在教同事，觉得很没有面子，于是要求调离学校。但学校的师资还紧缺，加上政策也不允许，只能由校长出面做好安稳工作。

姬初湘的小儿子姬克汉、吴青天的孙子吴尔奇也成了徐汉生的得意门生。每天上课结束后，这俩人就在徐汉生的那个也算不上是个培训班的小圈子里待着，边玩边学。他俩虽然都是年级考试成绩的前几名，但俩人在一起差距巨大：克汉精瘦精瘦的，体育成绩也很优异，长跑、短跑都能上，甚至连女孩子擅长的踢毽子、跳绳，他都能在武汉铁路局小学生比赛里拿第一；吴尔奇是个小胖子，体格也大，外号吴胖子，跑一步都气喘吁吁，更别谈参加体育比赛了，连体育考试都常常不及格。就是这两个走在一起像配对说相声的怪人，凭着脑袋瓜的聪明，得到徐汉生的青睐，被嫉妒的同学们戏称为"徐瞎子的哼哈二将"。

这一年，由新中国成立前的汉口扶轮中学改名的汉口铁路中学被列为武汉市的重点中学，首次开始在全市所有铁路小学中凭考试分数录取。徐汉生所带的这十几个学生，"哼哈二将"并列第一，前五名全被包揽，最差的也在五十名以前。这是给重点中学提供了最优秀的生源啊！这所铁路小学顿时名声大噪。于是，很多学校给徐汉生提出了优厚的条件和职位,想动员他调到本校。这一下在铁路分局教委引起了反响。经过调研和总结,分局教委向上级申报成果:"徐汉生教学法"。徐汉生成了教委的红人,年底被任命为副校长。但他依然在每届的四、五年级的学生中寻觅好苗子,坚持自带辅导班。在伯乐和栋梁之间,他更乐于做伯乐。

就在这一年,学校一下子分配下来六位师范毕业生,师资力量得到加强。紧接着收到了上级文件,所有"文革"期间进入学校担任教师、之后又没有取得相关教师资质的,一律调离学校,到铁路生活段重新安排工作。

那些下放来的文化精英所构建的校园文化犹存,"文革"前的老教师又重新成为教学骨干,"文革"中入校的人经过大浪淘沙留下了精英,新的科班生的加入如同注入了新的血液。至此,这所铁路小学进入了历史最辉煌的时代。

就在这所铁路小学的同一个院墙里,靠铁路侧的两栋楼,就是江岸铁二中。这个中学原来就是依附在铁路小学的基础上建成的,但只有初中部,升入高中,就要到远在江岸西的江岸铁一中就读了。

姬家老七初湘的大儿子克武就在这所学校读初中。

六十五、铁路子弟

长江流到江岸段,下游就是天兴洲,因此此段江面显得很宽阔,一眼望不到对岸。冬天的河岸有几百米宽,靠近江水那一半,全是江涛冲击上岸来的细腻的青沙。夏天涨水,江水就会一直淹过防洪林,直到江堤。防洪林是一色的大柳树,就是涨大水,也只能淹没树干。春秋之季，防洪林里铺满了绿茵茵的青草，枝头燕语莺声，草间虫鸣蚱跳。

夏天，在江里游泳，大家称之为"玩水"；冬天，在江边沙滩上打泥巴仗；春秋天，在树林里、草地上捉迷藏。这里，一直是附近孩子们的天堂。

每年夏季都有学生在这一段江里淹死，所以每年的夏季来临，学校和家长都会如临大敌地发公告、致家长书，希望能杜绝学生下江玩水。家长们的方式很简单，告诉孩子：每年淹死的孩子都会在第二年拉一个替身，拉到了替身他才能重新托生。你们要是不怕，就到水里去让他来选吧。孩子一想，也是啊！不然怎么会每年真的都淹死人呢？

但总是有一帮不听话的学生，放学后躲过一切监视，翻过铁路跳到长江里欢腾。

两列排列整齐的水泥桥墩，从江堤一直延续到江水中，每座相间十来米，就如长城的烽火台一样。克武听父亲说过，这就是当年火车轮渡的引桥桥墩。在没有长江大桥的时候，火车就是用轮渡在江岸火车站和对岸的徐家棚火车站之间来回载运，实现京汉线和粤汉线的贯通。

夏季涨水，当江水淹到桥墩、又恰好会露出一截墩顶时，这里就成了一帮不听话的学生的水上乐园。每个桥墩之间的距离，是一个天然的安全保障，即使不会游泳，顺着江流的冲力，在上水的桥墩一扑、蹬几下，就可抓住下一个桥墩了。不少学生就是在这里无师自通地学会游泳的。

姬克武、胡汉桥、汤岩、葛慧能几个同班同学，一到夏天就每天约好跑到这里玩水。

好不容易今天下午才一堂课，大家约早些来的，但一翻过大堤，就都失望了：长江涨大水了，水已经快淹到大堤了，那一排桥墩早已不见踪影。浑浊的江水混杂着树枝和杂草，翻滚着向下游涌去，宽阔的江面，根本没有可以下水的地方。

几个人无聊地站在工字型大堤上,开始胡吹海聊。

葛慧能说:"这水涨得这么高,比我们二七的房顶还高。要是决堤了,我们就都完了。"

汤岩说:"所以我们都要学会游泳啊!要是决堤了,肯定是先淹死那些不会游泳的同学。"

姬克武鄙夷地说:"屁话!你晓得要是这江里的水冲下去了,那不光是人,还有那房子、那大树,还不在水里翻滚啊,还游个屁的泳,就等死吧!所以才说'水火无情'啊!"

胡汉桥问道:"你们说,要是决堤了,该往哪里跑?"

有人说往房顶上跑,有人说上树,还有人说以百米冲刺的速度往汉口跑。

胡汉桥大笑:"你们都是在找死。"

大家说:"那你说该往哪里跑?"

胡汉桥说:"往江堤上跑。就是我们站的这地方。"

"不会吧,这里水最大啊!"

胡汉桥解释道:"这里最高啊!而且决口只是一个口子,又不是这整个江堤都垮了。"

"噢。"大家有些明白了。

胡汉桥说道:"我小时候,我们河南老家发过一次洪水,水库决堤,淹死了好多人。但我们村里的人都没有死,就是因为他们都跑到了水库大堤上。"

胡汉桥的父亲是新中国成立后从河南驻马店农村招的第一批铁路中专生,毕业后直接分配到江岸机务段。后来他娶了同村的姑娘,把她带到了江岸,成了铁路家属。

听到旁边京广线上驶过的列车发出的汽笛声,汤岩说:"我开过火车,真的!"

胡汉桥不屑地哼了声："吹牛不打草稿。"

汤岩说："你不信算了。去年放假的时候，我爸爸带我上机头，我坐他当班的火车到信阳，在公寓住了一天，又坐机头回来的。"

胡汉桥说："那不就沾你爸爸是火车司机的光，坐了一次机头吗？坐了就是开？那我还说我开过公共汽车呢！"

汤岩说："哼，火车运行到区间，我爸爸叫司炉让开，他投煤烧火，要我坐在他司机的位子上开车，我开了好半天。我爸爸指挥我：拉大汽门！我用两只手才把汽门把开到最大，火车就'轰轰隆隆'跑得飞快！"

葛慧能羡慕地说："我相信了，你真的开过火车。唉，么时候叫我也跟你爸爸走一趟车？"

胡汉桥鄙夷地说："你爸爸那是违章，被查出来是要处分的，你还瞎吹！"

葛慧能不愿意听了："你真不够意思，不就是你爸爸是书记么？么样呀，未必你还准备跟你爸爸告状？"

胡汉桥的爸爸是机务段运转车间的书记。在同学眼里，谁要是炫耀自己的父亲是当官的，都会被同学指责。

眼见形势不妙，又要吵起来了，姬克武忙说："人家汉桥又没有那个意思，他说的是让小孩开火车肯定是不行的，不然轧死人了么样办？慧能也不想想，人家汤岩的爸爸肯定是偷偷摸摸地吵，你还想去！"

慧能一听，也忙讨好地问胡汉桥："你爸爸是管司机的，你肯定也晓得火车是么样开的吧？"

胡汉桥马上卖弄起来："汤岩刚才说的就不对！火车要开得快，是要'大汽门、小把手'，你只拉汽门，火车能跑快吗？你晓得把手在哪里吗？只会拉汽门的司机，就是老司炉瞧不起的司机。那司炉怎么说的你知道吗？说：'在汽门把上挂个馒头，狗都会开火车'。"

克武大笑起来。

汤岩脸一红："我爸爸只让我拉汽门，别的都是他在动。"

慧能说："这已经很过瘾了，未必还真的全部让你开？"

汤岩叹了口气："唉！这个江岸机务段真没有搞头，我们说了半天，都是蒸汽机。还是武南机务段好，人家清一色的内燃机车呢，听说开内燃机跟开飞机一样，那才过瘾呢！么时候能上一次内燃机车就好了。"

克武问道："慧能，你爷爷不也是火车司机吗？还是二七大罢工拉汽笛人呢，我们去年还在二七纪念馆听他的教育课呢！"

慧能直摇头："你们莫听他说的。你们不晓得啊，二七大罢工那天，他那拉完汽笛后，就躲到乡里去了，都不敢露面，整个大罢工，他一天都没有参加。解放后要找二七大罢工的领导人物，都死了，找不见了，就把我爷爷抬了出来。每年二月份，他就要风光一阵子，搞得他真的跟林祥谦似的。"

克武说："那你爷爷不是罢工，是旷工。"

同学们大笑起来。

克武又问道："今天谁家里没有大人？我们干脆搞点吃的去。"

胡汉桥说："我！我家！我爸爸出去添乘（指铁路列车运行中，规定值勤人员之外的职工，随车参加乘务组的工作。其目的是学习、协助、研究或指导乘务工作）去了，要好几天才能回来，我妈回乡里去了，就我哥在家，他这几天都没有在家吃饭的。"

克武一听，高兴了："那好，我们今天要搞得丰盛些。走，我们找找看！"

一帮人先是沿着江堤往下走。不远处有一群鸭子，正在铁路排水沟边觅食。克武几个人悄悄地走近鸭群，只见慧能飞快地蹲下去狠狠抓住一只鸭子的脖子，边起身边一下拧断了鸭脖子，塞进了斜挎在身前的书包里。

这时，鸭群躁动了一下，在树下迷糊的放鸭老人，睁眼看了看这几个闲逛的学生呀，又闭上了眼。

几个人又开始在停车场巡睃。

克武侧起耳朵听了听，有猪叫的声音，问道："你们谁有削铅笔的小刀？快给我。"

几个人傻了："么样啊？你是要偷猪？扯淡吧！"

克武接过汉桥递过来的削笔刀，又把书包里的东西全部塞进汉桥的书包里，背上空书包，诡谲地一笑："你们都在这里等我。"

克武悄悄走到装生猪的车辆下，左右看了看没人，伸手从栏缝里抓住了一根猪尾巴，用小刀沿着根部一旋，一根猪尾巴还扭动着就被塞进了书包里。被割了尾巴的猪疼得一声嚎叫，就冲进了群中间，另一只扭动着尾巴的猪屁股又被拱到了这里，于是克武又割了起来。就这样，像割韭菜一样，而且根本不需换地方，几分钟的工夫，书包里就有了七八根猪尾巴。

猪的哀号声，终于把正在江边睡觉押车人引来了。他飞快地跑到这节车厢，疑惑地看着背着书包、背着手，大摇大摆朝自己走来的克武，克武朝他翻了个白眼，走了过去。

押车人又盯着猪车看了半天，只听有猪叫不见有异常，百思不得其解。

肉有了，接着汉桥又带着几个来到了铁路护坡下她妈妈种的小菜园里。

汉桥兄弟三个，汉桥排行老三。很多铁路家庭跟汉桥家里一样，父亲一人在铁路工作，母亲是家属，靠一人的工资收入养育着几个孩子，拮据可想而知。"文革"中，铁路各单位将这些身强力壮的家属们组织起来，成立了"五七连队"，成为铁路单位的附属小集体，承担些单位防暑降温、装卸煤炭、烧砖建房等不属于生产主业的工作。这样一来，也相应改善了些"半边户"家庭的生活。这些妇女来自农村，都吃苦耐劳，工作之余，就在铁路两旁开垦一小块荒地、种些小菜，以供家用。

到了自己家的菜园，汉桥没敢让同学们放肆，令他们在围栏外等着，自己进去起了棵大包菜、摘了几根快成熟的黄瓜。

胡汉桥家里没了大人，一帮人在家里就放肆地折腾开来。大家分好工，姬克武炖鸭汤、红烧猪尾巴，汤岩炒包菜，葛慧能凉拌黄瓜，胡汉桥就指点厨房里的东西在哪里就行了。

几个人把厨房里能用的作料、油都敞开了用，急得胡汉桥在一旁不停地一边喝止、一边收捡。

等几个菜上了桌，胡汉桥那四处游荡的二哥汉军却光着膀子摇晃着进了家门。见这一大桌菜，他问也不问就先抓一个鸭腿啃了起来。

汤岩叫唤起来："我们还没开始呢，你就先吃开了！不行，你不能吃白食，你要搞一瓶酒来。"

克武附和道："对，你快把你爸爸的酒拿出来。"

汉军犹豫了。上次他偷喝了他爸爸的酒，被他爸爸发现了，狠揍了他一顿。

见他犹豫不决，汤岩就直接把他从桌子边拉开："那你就别吃。"

汉桥也说："你么样回来了？我们几个同学会餐，没有准备你的呢！"

汉军嬉皮笑脸地说："哎呀，人多不是热闹嘛。好，我负责搞酒！"

他窜出门，到隔壁喊道："胖子，快出来！"

吴尔奇放下手里的作业本，懒洋洋地应声道："二哥，有么事这么急？"

汉军说："你出来说话。"

吴尔奇出得门来，汉军小声说："快，我们家今天有好吃的！"

吴尔奇眼睛一亮："有么事好吃的？"

汉军说："好多呢！有鸭子，还有猪尾巴！"

听说有好吃的，吴尔奇忙拉着汉军："走！"

汉军却不走了，说："还有个事情要你帮忙。"

"么事情，二哥快说。"吴尔奇有些等不及了

汉军有些为难地说："能不能把你爷爷的酒搞点出来？"

吴尔奇忙摇头："不行，不行。我爷爷发现了要打我的。"

汉军说："你爷爷都病得快起不了床了，要喝酒还不是要你去打？他哪里发现得了？你不愿意就算了，那我们都不吃了。"

吴尔奇嘟噜道："再说了，我爷爷的酒都是泡的药酒，好大的药味呢！"

汉军忙说："没关系，只要是酒就行！"

吴尔奇说："那好吧，我去打一碗。"

汉军说："你个笨蛋啊！你一打酒，那酒味一出来，还不被你爷爷闻到啊！你干脆就把酒罐子抱出来，到我们家里去再倒，完了再抱回去。"

吴尔奇想了想，说："那好吧。"

几个人见吴尔奇抱着一个大玻璃酒罐子进来，兴奋得大叫起来："吴胖子，你真了不起，搞了这么多酒啊！"

吴尔奇一见这么多人，慌了："这是我爷爷泡的药酒，不能多喝的！"

汉桥说："药酒是不能多喝的，我们一人喝一小点是个意思。来，上酒！"

汉军忙用玻璃茶杯给每个人倒了半杯酒。

几个人吆喝着，吃喝起来。

喝了人家的嘴软，汤岩对吴尔奇恭维道："你的学习那么好，将来一定会考上大学的。以后当了领导的，别忘了照顾我们，要给我们多开后门啊！"

吴尔奇边啃着猪尾巴，边骄傲地说："那是一定的。"

克武也炫耀地说:"我弟弟成绩也好,也能考上大学的。"

吴尔奇说:"那是,我和克汉都是徐老师培训班的,都是我们年级的前几名。"

汉军说:"就是那个徐瞎子吗?我最讨厌他了,对我狠得不得了。"

汉桥讥笑道:"就你那成绩,每次考试都不及格,徐瞎子能喜欢你才是出稀奇了。"

葛慧能见汉军有些不高兴了,忙打岔道:"二哥,你大哥不是去年已经考上北京的大学了?是哪个大学啊?"

汉军说:"我哥汉钢考上的是北方交通大学,他毕业了才真的会是我们的领导呢!"

克武问:"那你呢?准备高考么?"

汉军脸一红:"就我那成绩,考个屁。"

葛慧能说:"不考就不考。你爸爸是书记,还怕不能给你安排个工作。"

汉军说:"现在招工好难啊,我爸爸根本就不管我。不过不怕,我已经报名参军了,复员后还不是分到铁路上,到时候我一定会分到武南机务段的,要去开内燃机车的!"

大家边吃边喝,杯中酒喝完了就自己再倒。不一会儿,几个人就晕晕乎乎了。

吴尔奇发现大玻璃罐子里的酒已经去掉了一半,脸都吓白了:"二哥,你看,只剩半罐子了!这么样办啊!"

葛慧能说:"嗨!这有么事难的,加水!"

吴尔奇刚想说不行,汤岩打断了他的话头,站起来说道:"对,加水!上次我爸的一瓶酒,被我偷喝了半瓶,就是加了半瓶水。后来他请客,喝了一杯就说这酒不好,跑气了,又换了一瓶酒喝的。不也没事嘛!"

吴尔奇无奈，只好任凭几个人往罐子里加着自来水。

六十六、初江为母寻亲

　　初江终于等来了平反通知书，同时被聘为研究所的总会计师。初江以没几年就该退休了为由，不愿就任。

　　研究所负责平反工作的龚副书记给初江做着工作："您现在享受解放前参加革命的老干部的待遇了，这还不是体现了党对你们的关怀？您要领情啊！你要是对安置不满意，就是我们对革命工作的失职！请您无论如何要支持我们党委的工作，彻底纠正文化大革命的错误！"

　　初江无语，认真地、仔细地盯着永远正确的龚书记，看了近半分钟。

　　龚副书记被看得浑身不自在，尴尬地假笑几声。

　　初江转身就走。

　　农场派人拎了一斤鸡蛋、一斤红糖到初江家里探望，

　　临走时，来人指着立在方桌上的"反革命分子姬初江"的木牌子，说："老姬，这个我们就带走了。"

　　在里屋的克强跨了出来："不行，这个牌子我们家要留作纪念的，不好拿走。"

　　那人尴尬地对初江说："您看，这……"

　　初江很是很赞同儿子的说法，说："啊，是啊，我们家摆着这块牌子好几年了，没有了还真不习惯。"

　　那人说："老姬啊，'文革'那几年，您的确是受了大委屈了。这不都过去么，中央提出要往前看，相信您的觉悟会很高的。"

　　初江摇摇头："我哪里还有什么觉悟哟！几十年了，你们连报纸都

不准我看，我都快不识字了，还有什么觉悟！"

"唉！是啊，这都是'四人帮'给害的！您看，龚书记给我们下的死任务——"

"那就让他亲自来吧。"克强打断了他的哀求。

知道这任务已经没有可能完成了，来人果断地说："好，我这就回去跟龚书记汇报！"他紧紧地握住初江的手晃了晃，以示理解。

来人走后，初江对克强说："算了吧，不用跟他们较真了，要是他们再上门来要，就给他们吧。本来看着就闹心，这人再一上门就更烦心了。"

克强嗯了一声算是应诺了。

初江在研究所挂个经济顾问闲职，平时无所事事，种花玩鸟、拉拉二胡，倒是逍遥自在。

现在终于有了时间和精力，于是，他又开始继续"文革"中一度中断了的为老母亲寻亲的工作。

初江的小本子上记录着当年母亲提供的线索：带她出去的人到过"天堂"，见过"大海"，而且离家乡都不遥远；家里吃的是玉米，菜肴口味是甜的；村子的名字可能叫"蛇眼睛"。父亲说过，母亲原来只有小名"喜妹"，她是老家第一个把干货海鲜当作菜调料的佣人。

根据这些极其有限的线索，初江开始到图书馆查阅地方志、风土民俗等文字资料，慢慢，范围逐步缩小：江浙，杭州湾，山区。于是，他开始通过民政部门向杭州以及附近的地方民政部门求助。

没想到，亲还没有寻到、却先找到了一位老同学，这位杭州市民政局接待自己的老同志，居然就是当年武汉大学的同学！

有了老同学的帮忙，进展自然是快了许多。在老同学把目标锁定到了仙居地区的几个村落后，力邀初江到杭州来住几天，然后一同到仙居去实地访察。

初江向单位请了长假，一人奔杭州而去。

很快，有一家人找到民政部门，说他们家就是要找的人家。初江和老同学马上跟民政局的人赶到那一家。

接待的是个小伙子。他指着一同坐着的一位老人说："这是我爷爷，爷爷说你们要找的就是他的姐姐。我们家姓靳，我爷爷今年七十五了，他说有个比他大一岁的姐姐，在五岁多的时候，被人拐跑了。爷爷对那个姐姐没有什么具体印象，但爷爷的母亲经常跟他絮叨这件事，所以他将这件事记在了心里。他的姐姐不叫喜妹，叫七妹。"

初江好奇地问靳爷爷："是排行老七吗？"

靳爷爷说："哪里啊，我父亲兄弟四个，我父亲是老三。他们四兄弟的子女都一起排大小的，也就按这个起的名。我们家一母兄弟姐妹四个，我那个姐姐是老三，我最小啦。现在几个哥哥也都去世了，这辈人也就剩下我了。"

这靳爷爷一说话，初江信服了：这老爷子说话的神态和语气，跟自己那几个同父异母的兄弟简直是像极了。

民政局的人问道："你姐姐是被拐走的呀？不是说是逃荒走的吗？"

靳爷爷说："我的母亲说了，是我们同村子的一个远房亲戚，叫红妹的，隔三岔五地跑到城里谋生，带坏了村里的不少丫头呢！就是这个红妹拐走我姐姐的，后来我的母亲经常到他们家去讨人呢！"

民政局的人又问："那找到这个红妹没有啊？"

靳爷爷说："没呀，她也和我姐姐一起失踪了。"

初江问民政局的人："这个村叫什么名呀？"

民政局的人说："叫石岩大队，刚刚改为石岩村。"

初江说："那不对呀。靳爷，这里原来叫什么村？"

靳爷爷说："原来叫石碾村。"

初江说："还早呢？或者附近有没有一个叫'蛇眼睛村'的？"

靳爷爷摇头："没有，没有。"

靳家的那位大孙子笑道："'蛇眼睛村'，好难听的名字啊！"

初江的同学用当地话琢磨着："蛇眼睛，蛇眼睛，蛇眼睛村……"

靳爷爷看着初江的同学，说道："嗨！我晓得了，你说的不是什么'蛇眼睛村'，说的是'石碾靳家'。当年我们家有个大石碾子，不光村里人，还有外村的人都到我们家来加工打粮食，所以喊我们家叫'石碾靳家'。这'石碾靳家'用本地话说，听起来就像'蛇眼睛村'啊！"

初江恍然大悟："哦，原来不是说这里的人都是小眼睛，所以叫'蛇眼睛村'啊！"

靳家大孙子笑了起来："你们再往海边走，过了台州看看，海边的人每天海风吹着，有几个像你们北方人似的瞪着个大眼睛。"

大家都大笑起来。

初江说："不瞒您说，我是为我的母亲来寻亲的，最后一定还要我的母亲亲自来确认。不管怎么说，我相信了，我先认您这个舅舅。"说完，初江给靳爷爷鞠了个躬："舅舅！"

靳爷爷高兴地说："今天是个喜庆的日子啊！快，去告诉村长，我们家明天要摆流水席！"

元梅看着初江寄回来的照片，说："是的，这就是我的老家。这个大树还在，这个小溪边的石级还在，我在这里洗过碗。这个弟弟我还看得出小时候的模样，你看，他的这个额头上有一条疤痕，是跟我到河边的时候摔的，为了这事，我妈妈还狠狠地打过我呢！"

初胜说："真不容易，小哥居然找到了姆妈的家！什么时候陪您家到老家去探亲？"

元梅说："我哪里还走得了这么远的路哟！要不，你去把你舅舅接过来住几天？"

初胜答应着："好呀，这件事就交给我办。"

姬家的几个兄妹听说母亲找到了家里人，都为母亲感到高兴。同时，也对这个哥哥敬重得不得了。

初睿知道后，内心里为当年自己对这个哥哥的态度感到内疚。和徐明堂谈了一个晚上后，决定以夫妻俩的名义给初江去封信，为当年的行为道歉，并真挚地邀请哥哥到襄樊家里来住几天。

六十七、克强求学

这个心愿了结，初江又开始下一个计划。

一天，初江亲自下厨，做了一桌子菜。

翠闽不解地问克强："今天是什么日子？爸爸怎么搞得这么隆重？"

初江端起酒杯，对小两口说："今天不是什么纪念日，是我突然想做一个决定，希望你们能支持我。"

克强说："爸，您有什么安排就吩咐吧。"

初江说："主要是要对不起小闽了。"

翠闽不解地看着初江。

初江继续说道："受我牵连，克强从小受苦，皮肉之苦不是我最大的愧疚，精神之苦才是我难以忘怀之痛。克强没有受到系统教育，现在我的问题解决了，必须要克强重新捡起书本，完成学业，以本事立足。所以，要委屈小闽了。不是爸爸心狠，新婚宴尔就拆散你们，是我怕等不及看到姬家下一辈人重新振兴。"

翠闽说："爸爸您说什么呢，我这几天正在和克强商量，要他再次申报参加高考呢。"

初江说："我研究了一下我们地区的高考政策，像克强这样连初中毕业证都没有的农场青年，是不能参加高考的。不能再等了，克强年纪不小了。我跟你们北京的大姑去过信了，大姑父极力赞成，他说先到北京参加补习班，再想办法，一切听姑父的安排。小闽，你看怎样？"

"那再好不过了！什么时候去？我准备一下。"翠闽高兴得直鼓掌。

"你表态了我就放心了。我已经买好车票了，后天的火车。"

"爸，您这是先斩后奏啊！"

克强赴京，张鹤鸣把自己家里的住房腾出来一间给克强住，又亲自带他到大学同事办的补习学校报到。在补习老师的特别关照下，根据克强的实际文化水平，制订了专门的培训课程计划。克强在补习学校开始了恶补，虽然很是艰苦，但他心里却非常兴奋，读书是他梦寐以求的生活。

张鹤鸣听培训学校的老师说，这个孩子非常刻苦，也非常聪明，基础似乎不像刚进来时所测试的那么差，所以进步程度超乎想象。张鹤鸣听后高兴异常。

张鹤鸣也开始给克强进行课后的辅导，并尝试着将大学课程也混杂到培训内容中，克强居然也能跟得上进度。

为了缓解克强紧张的学习生活，张鹤鸣利用休息时间，拉着克强到北京的历史景点、青龙桥车站詹天佑陈列馆、老火车站等处所参观游览，并有意识地拿出珍藏的元烁老照片和资料给他讲解，向他介绍姬家与铁路的渊源。

一年紧凑的学习生活很快过去了，克强已经不是当年进京时的那个不自信的社会青年了，培训学校也几乎忘记了他是一位连初中都没有上完的学生，经常带着他参加高校的交流、研讨活动。

一次，一个外国铁道学者考察团来学院进行学术交流，张鹤鸣带着克强一同参加。克强毫不怯懦，与外国学者就一个学术细节进行辩论，并在黑板上书写着论据。看着克强不卑不亢、有理有据、演算缜密的表现，张鹤鸣欣赏地微笑着。

半个月后，克强拿着国外刚发表的论文告诉张鹤鸣，这个国外的铁道学术论文引用了自己的学术成果，并标注有被引用者的姓名：姬克强。

这是克强第一次被权威的学术报告认可，张鹤鸣也很是兴奋，为克强感到高兴。

张鹤鸣说："以你现在的研究状况，我觉得你应该直接报考铁道研究方面的研究生。"

克强却是摇头："直接考研究生？没有上过大学，基础会不会太差？"

张鹤鸣："现在恢复高考不久，这些年的耽搁，所谓的高考试卷只是一些中学最基本的公式、概念知识测试，这些早就不在你的话下。就算是在大学里，现在的课程也还没有达到相应的国际水平。我们国家各行各业现在是急需学术人才啊，再循序渐进、墨守成规，恐怕青黄不接的情况会更严重了。"

克强说："当年我想读书，但不准我读，初中都没让我读完。像我这种成分，既不准读书，更不配当兵，连在农场当农民的资格都没有。现在想起，仍心有余悸。就这么短短一年多的突击，就直接考研，恐怕有些赶鸭子上架呀！"

张鹤鸣大笑："哈哈，你是看不起我们这帮老头子么？现在的学术是什么水平，我们知道。再说了，你知道培训你的老师是什么水平吗？他原来就是大学教授，是当年西南联大的高才生！还有我呢，我也培训你这么长时间，不也相当于我又多带了一名研究生！那些虚的学历过程你不要顾忌，只是不知道你的志向在不在铁道。"

克强说："当然在铁道。我坚信，中国铁路的真正辉煌时代即将来到，未来二十年将是中国铁路翻天覆地的二十年，我辈将是中国铁路值得骄傲一代人。"

张鹤鸣一拍大腿:"好!你有这个雄心壮志我就放心了。容我再仔细研究一下,看看报考谁的研究生才好。"

六十八、家族隐私

刘一鸣夫妇从台湾辗转来京。

提前已接到电报的张鹤鸣、初昌早早赶到机场接机。一晃四十年过去了,已经成了老头、老太太的刘一鸣、谢瑛一走出通道,就被张鹤鸣、初昌一眼认了出来。四位老人激动得互相喊着对方的名字拥抱起来,谢瑛和初昌更是激动得热泪盈眶。在张鹤鸣的催促下,几个人才克制住情绪,上了出租车。

一个小时后,来到酒店。

把刘一鸣、谢瑛送到酒店,张鹤鸣说:"明天上午好好休息一下,适应一下北京的气候,上午我们来酒店接你们吃烤鸭。"

相互道别后,张鹤鸣夫妇才依依不舍地离开了酒店。

刘一鸣到台湾后,一直在能源部门工作,现在是大学的能源教授,也是国际著名的能源专家。此次来北京,主要是拜见张鹤鸣夫妇,以感谢初昌当年送机票和盘缠的恩情;同时还有件事情,他必须当面跟初昌说。

在北京烤鸭店专门预订的包间里,张鹤鸣指着盛好酒的高脚杯说:"一鸣,这可是你当年最喜欢的法国红葡萄酒啊,来,我们先干一杯,庆祝一下我们的重逢!"

谢瑛调侃道:"初昌,你还记得吗,那年在珞珈山,他们两位偷着喝酒，都不想给我们喝呢！"

初昌说："可不是，我记得呢！唉，一晃都五十年了，还恍如昨日、历历在目呢。"

张鹤鸣对谢瑛说："怎么没让你喝，你一进门来就抢了一大杯喝呢！"

谢瑛和初昌大笑起来。

刘一鸣说："别急着喝酒，我和谢瑛要先做一件事。来，谢瑛。"

他拉着谢瑛走到空地，朝着张鹤鸣和初昌就深深鞠躬。

张鹤鸣和初昌慌忙站起来："你们这是演的哪一出啊！"

刘一鸣严肃地说："我们专程来，就是为了给你们鞠上一躬，感恩你们当年资助我们机票和安家费。要不然，我们就真的是走投无路，即便是能逃难逃到台湾，怕也是要饿死在岛上啊！"

谢瑛掏出一个信封，双手递到初昌跟前："我们知道，现在还你们多少钱都抵不上当年你的资助，这些美元，聊表我们的感激之情。"

初昌把桌子一拍："你们这是干什么！他们俩是不是兄弟？我们俩是不是好姐妹？你这样做是想我们从此恩断义绝？几十年我们之间杳无音讯，一见面你们这样，老了老了，你们是又活转回去了？快拿走！"

一听此言，谢瑛号啕大哭起来。

张鹤鸣说："谢瑛，别这样，此生我们还能相聚，是高兴的事啊！一鸣，我们之间就跟亲人一样，你们这样做确实不妥，连有这样的想法都不应该。说感恩，那是亵渎我们之间的情谊。初昌说得没错，什么东西能抵得了我们之间的情谊啊！我们知道，故乡没有你们牵挂的人了，我们就是你们的亲人，我们也知道你们无时无刻不在想念、牵挂着我们，我们也一样想念、牵挂着你们。一鸣兄弟啊，你们就把钱收回去吧，以后不要再提这件事了。"

刘一鸣擦擦眼泪，示意谢瑛把钱收了回去。

初昌这才说:"当年我是上有老下有小,根本走不了,即使机票不送给你们,也要浪费掉。我只是替宋美龄做了个顺水人情。在京城,你们是我最亲近的人,不给你们,我们给谁啊?还回去?"

刘一鸣说:"我们都不说了,来,干杯!"

毕竟不是当年了,几杯酒下肚,大家都上脸了。

初昌调侃起来,问张鹤鸣:"张教官,你知不知道当年谢瑛其实钟情的是你?"

谢瑛脸一红:"你又胡说!"

张鹤鸣一脸茫然:"不会吧,当年她是最捣蛋的学员,我是训导她最严厉的教官,她还不恨死我了,会对我有过好感?"

刘一鸣说:"我最清楚,是有那么回事。"

谢瑛打了刘一鸣一筷子:"你也胡说,哪有那么回事!"

张鹤鸣说:"噢,原来是我最好的兄弟挖了我的墙脚啊!"

刘一鸣得意地说:"那是,不费吹灰之力就挖成功了。"

谢瑛说:"明明是张教官明修栈道暗度陈仓,挖了我们的班花,还故意在我们的婚礼上上演一出求婚的悲情剧,赚我们的眼泪呢!"

大家哄堂大笑。

几个人边喝酒边相互调侃,把当年的糗事都翻了出来,仿佛又回到了那意气风发的年轻时代。

一瓶酒,几个人都喝得醺醺然。

到酒店,张鹤鸣也干脆也开了间房,两家人倒头便睡,一直睡到日落西山方才起来。

两家人简单地在酒店吃了顿晚餐,又相聚在刘一鸣的房间。

刘一鸣从皮箱里拿出几张照片递给初昌,初昌惊喜地叫道:"是我二叔元灼!你怎么会有他的照片?"

刘一鸣指着另一张照片,这是一张靓丽的女孩的照片。他说道:

"这位姑娘才是我要跟你说的。这是你二叔的私生女丽丽。"

初昌吃惊地说:"他还有个女儿?还是私生女?我们从来没有听说过啊!"

刘一鸣凝重地说:"这件事很麻烦,我必须当面跟你说。"

"你就说吧。"初昌疑惑地说。

刘一鸣说道:"你叔叔元灼叔到台湾后没有了职位,很落魄。几年后,他太太也跟他离婚,移民到美国跟儿子初兴一起生活。他儿子初兴在美国,多年来一次也没有回台湾看望过他的亲生父亲。晚年不知道通过什么关系,你叔叔知道了我们跟你有关系,就找到了我,告诉我他有个私生女叫胡丽丽,但并没有相认。他希望我们看在与你的关系上照顾丽丽,以免在他风烛残年之后,这个在台湾无亲无故的亲生女儿根脉难寻,无人体恤。"

初昌说:"这种事在那个时代很常见的,没有什么很难解决的啊!"

刘一鸣说:"最难堪和无法启齿的是,"他说了半句话,竟打住了话头,低头沉默起来,似乎无法说下去了。

初昌盯着他,等了几分钟,见他还是不说,就向坐在旁边的张鹤鸣投去了求助的眼神。

张鹤鸣说:"有什么事你就直说吧,我们能做的事情一定会尽力去做。"

刘一鸣抬头对张鹤鸣说:"这是初昌姬家的事,我考虑是不是需要你回避一下。"

初昌忙拉住张鹤鸣的衣袖,说:"我们家的事从来不回避鹤鸣,姬家的事他比我知道的还多。"

刘一鸣咽了下口水,说道:"那好吧,我就直说了。这丽丽的亲生母亲姓胡,在你叔叔的撮合之下,后来又嫁给了你弟弟初江。你叔叔说到这里,当着我的面老泪纵横,说只怪当时初江不听他的劝阻,加上组织出面干预，也是不得已之举。他一直为此悔恨不已，怕是罪孽之重见不得祖宗了"。

初昌大脑一片空白，半晌才愤怒起来："这是什么事？红楼梦？家丑啊！那初江知道吗？"

刘一鸣说："他应该不知道。其实这个女儿还活在世上，连她亲生母亲也不知道。这孩子生在南京，是早产，一生出来就被你叔叔安排的人抱走了，只是告诉她母亲，孩子一出生就夭折了。这个孩子在国共大战前夕就被你叔叔送到了台湾。他告诉我这些的时候，是在六十年代初，他找到我，告诉我这一切，并将丽丽托付给我。不久，他在六十四岁寿辰之日亡故。这张是他墓地的照片。他在美国的儿子到底也没有回台奔丧。"

初昌问："这个丽丽现在在哪？"

刘一鸣说："我把她从寄读学校接出来，照顾她读完大学，又跟我读的研究生。这孩子性格孤僻，不愿与人交往，快四十了也不愿谈婚论嫁。后来不知道她怎么打探到一些事，知道了她的亲生父亲是姬元灼。你叔叔也算是有幸，终于等到了有个亲人给他扫墓。听说我要到大陆访亲，她就央求我帮她寻亲，并自己将姓氏改为了姬姓。我想，这才是你叔叔托孤给我的真正目的吧，所以，我必须亲口将这一切告诉你。"

初昌问道："她知道她母亲后来的事吗？"

刘一鸣："她只知道自己是姬元灼的私生女，别的一概不知。你叔叔也要求过我，绝对不能跟她提她母亲后来的事，只告诉她：她的外祖父外祖母死于抗日战争中的宜昌战役，她的生身母亲死于国共大战，她是两代烈士之后。"

初昌仰天长叹："我们姬家本来就乱，你回去不要提你找到了姬家的人，劝她以后也不要再设法寻找姬家的信息。我们姬家也不会认姬元灼这姬家二房了，以后就算是断了这房亲戚了。可怜的初江，可怜我的克强侄儿啊！"

第二天，四位老人乘飞机赴黑龙江的佳木斯，实现了刘一鸣到他的出生地看一看的愿望。

刘一鸣夫妇终于要启程了。张鹤鸣看着他们走进检查通道，惆怅地对初昌说："这恐怕也是我们最后的见面了。"

回到北京，张鹤鸣约克强聊天，问道："你对你的母亲还有什么印象？"

克强说："其实我对我妈妈的记忆已经很模糊了。"

张鹤鸣跟克强谈起了他的母亲、父亲以及与父亲的叔叔之间所发生的所有故事。

克强听得目瞪口呆。

张鹤鸣平静地说："我知道这些事告诉你后会对你造成怎样的心理冲击。但我如果不亲口告诉你，只怕你从别的渠道知道这些，又会被歪曲成什么样的故事，那样会误导你的。我自信我的公正和理性，也坚信你的辨别力和心理承受力。要成就大器必须要经历一些精神上的考验。"

克强用力晃了晃他那混沌的脑袋，努力使自己的思维跟上姑父的话语。

张鹤鸣看了看克强，突然问道："你觉得你的母亲不完美了吗？"

克强张张嘴，竟不知道该做出怎样的回答。

张鹤鸣说："你已经比一般的孩子经历的事多很多了，但是你经过的那些事，可能并不是你自己所能判断是非的。我经历过两个时代，这两个时代的事件千丝万缕无法分割，所以简单褒贬是轻率，那么对人物的臧否仅凭自己的感受，就是轻浮。你现在已经在接受最高程度的学术教育，我想，理性地分析和判断是非，是你应该具备的能力了。"

克强冷静了，认真地听着他敬仰的长辈和导师的教诲。

"不管是事件还是参与到事件中的个人，都是不自觉地带着自己独特的个性、心理缺陷、思维模式、判断方式、行为风格和社会角色融入事件的演绎之中，并不由自主地被整个事件左右着、推动着一直演绎下去。这不是演戏，因为这是真实的伤害、流血、死亡，每个人都留下无尽的悔恨、遗憾，而且都是悲剧没有喜剧。对，没有喜剧，我没有说错，因为人最后都是死亡，离开的人、留下的人都平静地处之，已经是最高境界了，哪来的一生喜剧？对这里面每个角色的臧否，不能简单地以伦理道德来评判，因为每个人的内心深处都充满着生存的原始本能，这个本能，交织着贪婪、自私、恐惧、脆弱，当然也有伦理、荣誉、善良。如果仅从伦理道德的角度做判断，很容易、很爽快，但缺乏理性，无法让所有人内心真正折服。就像你的二爷爷元灼，你的姑妈一提到他就咒骂他，说他是个十恶不赦的坏人，我想，恐怕你也一定这样认为的。但我要告诉你，人性都是复杂的、善恶交织的。不是说世上没有处心积虑的坏人，但是那种刻意的操作，只能在非常短的时间内和非常小的范围内才起作用。为什么呢？因为每一个人类事件都是众多成员和更小事件错综复杂交融到一起，像起化学作用一样发生的，任何个人再聪明、再勇猛，都不可能控制和左右社会事件的发生和发展，更不可能预测和导演个人的结局。"

克强问道："您是说是偶然性？个体无意识？或者是不可知论？"

张鹤鸣摇摇头，说："不尽然。所有的社会学理论和学说其实也是共同、共融存在于人类社会之中的，如果用一种理论或学说来独统人类社会，恐怕只会导致人类社会的崩溃。"

说到这，张鹤鸣果断地转移了话题："看透世间人和事，就是一个字：势。势能的势，大势的势。诸多因素汇集到一起，裹挟着单个因素无法自已，自能顺势而为。每个人要那么去做，都是因为他在那个时候、那个地方、那个背景下，不得不那么做。当然，我不是在为那些做了违背伦理道德的恶人进行诡辩，只是告诉你这个世界上的大恶、大善总是错综复杂、纵横交织在一起的，其中的单体个人的行为也是一样，更多的是做着违背自己本意的事。历史是无法复盘的，没有如果或假设；但从历史中走出来的人，要洒脱，要明智，要站在更高的角度回头俯视从前。"

张鹤鸣用慈祥的眼神看着克强，说："单个的人，在大的社会变迁中自主的能力是非常渺小的，诸多的因素会逼迫他顺着大潮流走到底，这个结局可能是个悲剧。你的母亲是一个伟大的母亲，她承受了比别的母亲更多的艰难困苦，因此更伟大，更值得你去怀念。"

克强的心病一下去除了，觉得该抽空回去看看多苦多难的父亲了。

张鹤鸣说："我想，你该知道自己该怎样去面对你的家人了，包括那个可怜无辜的姑娘。也知道你自己该如何做才对得起你的姓氏了。"

六十九、铁路畅想曲

吴尔奇的爷爷在病床上躺了半年，没有熬到这年的春节，在腊月间去世了。

齐扬灵从襄樊赶了回来，参加师傅的葬礼。

说是葬礼，其实也就是在家门前搭了个帐篷，摆了个灵台，放了几个花圈。吴青天没有亲朋好友，也就是左邻右舍来吊唁。放了寒假，徐汉生忙前忙后地帮衬着吴青天的儿子办理丧事。

晚上，齐扬灵有些疲惫了，他对儿子说："文强，我顶不住了，要回家睡一觉，就不守夜了。你在这里守着，眼睛灵光些，有事就回家喊醒我。"齐文强满口应承着。

齐文强几年前已经从知青中招工回铁路，现在是江岸机务段的副司机。

来人渐渐少了，徐汉生不愿意和那几桌打麻将的人掺和，借着墙边屋檐下的灯光，捧着一本书看了起来。

从牌桌上被赶下来的齐文强，在场子里梭巡开来，他发现花圈后面的徐汉生，吓了一跳。定定神，打起了招呼："徐校长，灯光这么暗，小心把……"刚说到这里，忙刹住话头。他想到了这个人的忌讳。

没想到，徐汉生笑着把话接了过去："怕我把眼睛看瞎了，是吗？我本来就是瞎子，还怕什么！"

齐文强不好意思地也笑了起来。

徐汉生取下眼镜，揉了揉眼睛，说："这灯泡是小了些，眼睛有些疼了。文强，来，陪我说说话。"

齐文强比徐汉生要小四五岁。他一直觉得这个后来搬到这里来住的人，平时高傲得不得了，而且搬来不久就老是有人找到家里来扯皮打架，所以不大爱答理他。近几年，看到一些学生和家长对他尊敬有加，而且升了副校长，慢慢才碰面打起了招呼。现在，见他这么大度，还有些幽默，齐文强心里对他的好感多了起来，忙说道："我去给你换个大灯泡。"

徐汉生说："不用了，太亮了他们又要在这里架麻将桌，我更看不成书了。哎，文强，听说你现在是火车司机了？"

齐文强坐下，回答道："没有啊，还是副司机。江岸机务段的老司机多得很啊，像我们要考司机，没有个七八上十年怕是轮不上。"

"这样难啊！"徐汉生同情地望着他。

齐文强说："我都不想干了。每天烧火，一趟往返要铲十几吨煤哩，累得像鬼一样。还有，浑身上下都是煤灰、油污，洗都洗不干净。你没有听说有人给我们编的顺口溜吗，'远看是要饭的，近看像捡破烂的，仔细一看是机务段的。'"

徐汉生大笑起来:"这句话,我听过好多版本呢,只是把'机务段'三个字改成了别的单位。其实啊,机务段蛮好的,不像你说得这么惨。我听说,自然灾害的时候,全国人民都吃不饱,但火车司机出乘的时候,直接发粮票呢。"

齐文强说:"我还听我爸爸说,那时候火车司机都把两个饭盒焊接成一个,变成一长筒盒子,一次打一大筒子米饭,回家够一家人吃呢。"

"是啊,火车司机都占够了便宜,你还在抱怨。"

"不是抱怨啊,你们只看到火车司机占便宜,没想到我们有多辛苦。再说了,那时候,要是火车司机都吃不饱,谁还开火车啊,那不是铁路都要停运了,铁路可是国家大动脉呢。唉,要是我们机务段也换内燃机车就好了,那我就满足了。"

徐汉生说:"听说内燃机车上光电路图就几大张呢,那不是又需要重新学习?"

齐文强说:"那是。我们的基础太差了。听说武南机务段乘务员现在只要司机学校的毕业生,连分配来的复员军人也要到司机学校学习两年呢。我们快落伍了,除非是我们江岸机务段整体换内燃,否则要是想调到武南机务段开内燃,怕是没人要的。"

徐汉生叹了口气,说:"学习知识很重要啊。那年恢复高考的时候,我没有下决心丢下工作去考,虽然后来参加函授也拿了本科文凭、硕士学位,但还是很羡慕那些正规上大学的呢。"

齐文强想到什么,说道:"对了,您这一说,我还想起个事来。这隔壁的胡家的老大胡汉钢,小时候跟我是同学,他是从知青点考上大学的,还是考到了北京。他也回来了,我还说要找他聊一聊的呢,您看,这一忙乎都忘了!"

听说胡汉钢回家了,徐汉生也来了兴趣:"汉钢回来了?他补习的时候,还是找我要的高中课本呢!文强,你去把他找来,我们一起聊聊。"

"好咧，我这就去！"齐文强听说他们也认识，就赶紧去隔壁找人。

听说是徐汉生找，胡汉钢放下手里的资料就出来了。

见到徐汉生，胡汉钢使劲地握住了他的手："徐老师啊！我还说要去专门拜访您呢！您看，您就在家门口坐着我都不知道，得罪了！"

徐汉生说："你现在是大学者呢，还这么客气。"

胡汉钢脸一红："什么大学者啊！也就是一书生。再说了，我还要感谢您在我高考复习的时候，给我那么大的支持和帮助呢！"说完，给徐汉生鞠躬。

徐汉生忙拦住："街里街坊的，你还客气么事！再说了，我就是当老师的，近水楼台啊，不必放在心上。"

齐文强说："你看，你们两一见面搞得跟演电影似的，都酸得不得了。好了，你们先坐下聊着，我去给您们上茶。"

徐汉生看着齐文强的背影，对胡汉钢说："你这个同学很有意思。"

胡汉钢说："是啊，他聪明得很，就是不爱读书。你跟吴老爷子很熟？"

徐汉生说："我们是忘年交。告诉你，这个吴老爷子的一生是传奇的一生。只是很可惜，直到今天，还没有人意识到他的价值。你在北京读的什么专业？"

胡汉钢说："我上的北方交通大学交通运输学院，现在在那里读研。其实啊，还是学的铁路。"

徐汉生说："那还是子承父业啊，好啊，我们还都是一个体系。刚才我还在跟文强讨论，这铁路将来的发展，文化基础知识很重要啊，不然就面临着被淘汰的危机。"

"来，喝点热茶，暖暖身子。"齐文强把热茶端了过来，"汉钢这是文化人了，我呢，还在烧火，只是盼望着能上个内燃机呢！"

胡汉钢笑："你的期望值也太低了。过不了几年，怕是你就看不起内燃机了。"

齐文强故作紧张地说："喔唷！你就不要吓我了，我一个初中生，怎么，还能开飞机？"

胡汉钢对徐汉生说："听说徐老师已经是副校长了，你看呢？文强能不能开飞机？"

徐汉生笑笑，打着圆场："我看能。难者不会，会者不难，听吴老爷子说过，文强的爸爸参加工作的时候还不识字，后来不也做总工程师了？文强有遗传的。"

齐文强严肃地答道："嗯，是的，我有遗传，明天我就到机场去报名开飞机。"

两个人被他逗得大笑。

徐汉生说："不过，说正经的，文强还是要补习一下基础课程，起码，电工，力学，数学，这些是马上就要用的东西。也不是像你想象的那样难，关键是你要真的学起来。不懂可以问我。"

胡汉钢说："徐校长说的没错。我跟你们说一个人，他叫姬克强，好像是原籍也是武汉的。他父亲是右派，落籍福建。他比文强还惨，连初中都没有毕业。但他为了求学，前几年投奔北京的姑父，开始补习，后来居然考上了研究生，和我是一个导师。这说明只要立志读书，再差的基础，都还是能追上的。"

齐文强问道："那他是不是比你差得太远？"

胡汉钢说："非也。他的学习能力极强，知识面也极广，是我们班里最早在国际权威刊物发表论文的人，也是最早出应用成果的人。我们都很崇拜他，提出的观念很超前，很多文章已得到铁道部的重视。"

徐汉生说："是的，社会也是一所大学，可以锻炼出更杰出、更有特点的人才。文强，其实你父亲也是这样的人。"

齐文强说："我没有他们那样的毅力，也不可能成为他们那样的人。不过我还是要听徐校长的，把物理好好补习一下。到时候也好学内燃机车。"

胡汉钢对齐文强说："我刚才不是说了吗，你的期望值太低了，你不只是要开内燃机车，还会开电力机车的。"

齐文强有些不信："你该不是跟我'闹眼子'（糊弄）吧？"

徐汉生拉拉齐文强，说："汉钢是研究铁路的，他应该对铁路的走向最清楚。汉钢，你就跟我们说说吧。"

胡汉钢喝了一大口茶，说道："其实我们国家内燃机车的研制从20世纪50年代就开始了，主要是研究从苏联进口的T31型、从匈牙利进口的ND1型电传动内燃机车。1964年，我们就生产出了自己的内燃机车，而且第一年就出厂了九台，以后每年出厂一百到两百多台。"

齐文强问道："这么多啊，那我们怎么看不到？"

胡汉钢说："这些机车主要是东风系列、东方红系列，被称为中国第一代内燃机车，这些机车主要调配在西南、西北、东北北部等高山、陡坡、长大隧道地区。第一代内燃机车运用中故障率很高，主要是进行演练，积累经验，培养人才。直到1976年，才开始给新成立的武南内燃机务段配置东风4型内燃机车，这已经属于第二代内燃机车了，到现在为止，才配置了二十多台，所以在武汉地区的铁路线上见到的不多。但这一代内燃机车的故障率已经得到控制，机破率（机破率是在一定的时间段，比如一个月、一个季度、半年、全年等单位内发生的机车在出库后的运行过程中发生机械或电气故障而被迫停车的一种非人为的事故数量与全部运用机车数量的百分比。）大大降低了。现在，跟世界先进水平相当的第三代内燃机车正在研制中，相信不久就会定型生产。"

徐汉生听得兴趣盎然，问道："那电力机车呢？"

胡汉钢说："大家都以为机车的发展顺序是从蒸汽机车到内燃，再从内燃到电力，其实不然，不管是国外还是国内，内燃机车和电力机车的研制几乎都是同步的。1958年，我国在参照苏联的H60型电力机车基础上，就试制成功了第一台干线铁路电力机车。1968年株洲电力机车工厂开始研制生产韶山1型电力机车，到七六年定型，现在，韶山1型、已经出厂了五百多台，成为中国电气化铁路干线的首批主型机车。韶山2型也已经研制成功了，韶山3型也在研制之中。"

齐文强问道："这一型、二型、三型有么事不一样？"

胡汉钢说："主要是机车持续功率、最高速度、牵引重量等技术指标得到很大的提高。"

徐汉生感叹地说："你要是不说，我还真不知道这铁路技术更新有这样快呢。"

胡汉钢说："老师啊，我还担心过于快了呢。我正在对中国铁路机车的发展进行调研，发现这快的过程中，隐含些危险。"

齐文强说："你真是的，饱汉子不知饿汉子饥，早些开上先进的机车，是我们机车乘务员的梦想呢，巴不得再快一些。"

徐汉生说："汉钢，你说一下你的观点。"

胡汉钢说："这几十年，中国内燃机车的发展是取得了相当的成绩的，但对如何形成中国铁路牵引动力改革的特色，如何与国外的先进技术同步，还是有些目标不清晰，出现了混乱。比如，机车种繁类多，车型多，系列化差，机车零部件互换性、通用性特别差，给机车的使用维修带来了极大的不便。国外先进技术在机车上的运用没有体系，往往是一定型就面临着要淘汰，极大的人力、物力、时间投入了，反而留下遗憾。还有，不是根据各个站段、各个区间地形地势的不同需求，进行科学的、系统的、综合性的研发，而是按计划经济的方式闭门造车，生产出什么样的机车就直接调配下去，违背了市场规律，所以有些车型很快就会面临着淘汰。"

徐汉生说:"你分析得很有道理。那该怎么办?"

胡汉钢说:"这应对之策正是我的研究课题。我认为,首先应该确定内燃机车发展的总体方针,停止非主流技术运用的机车产品的生产,同时要瞄准世界上最先进的运用技术,大力开发具有先进传动和动力技术的系列化产品,做到定型产品少而精。特别是第三代内燃机车的研发,要慎而又慎,要为电力机车的全面运用提前做好准备。"

"有远见!"徐汉生赞叹道。

胡汉钢继续说:"其实中国电力机车的时代马上就要到来,韶山3型电力机车通过鉴定后就要批量生产了,铁道部正在部署电力铁路线的改造计划和电力机车运用段的筹建选址。所以啊,文强很有可能会直接上电力机车的。"

齐文强有些兴奋了,说:"那我就等着直接上电力机车。我给你换新茶叶去!"

听到这里,徐汉生说道:"吴老爷子对老江岸这几十年的发展的停滞,到死都耿耿于怀啊。他把这一切看作是铁路局的不重视造成的。你对这个问题怎么看?"

胡汉钢笑着摇摇头:"那不是根本问题。现在不是有个新江岸么?铁路的发展是个大布局,有些老的铁路枢纽已经在逐步被新的枢纽替代,新的京广铁路主干线不是已经走新江岸、饶过老城区了么?老铁路区终究会被历史淘汰。新江岸的规模和作用不是老的江岸能比拟的,但随着铁路的新布局和发展趋势,跳出现有城市局限,在城市外建设全新的铁路枢纽区,向边远地区辐射,以铁路带动城市发展,将是铁路发展的大趋势,新江岸也将会面临老江岸的结局。像江岸机务段、江岸车辆工厂等,发展、更新已经被约束,要想得到新生,早晚会迁到郊外的。"

徐汉生遗憾地说:"那我们这里肯定会继续衰败下去了。"

胡汉钢笑道:"老师啊,你要知道衰极必兴的道理啊。这样一块风水宝地,如果铁路彻底迁出以后,还不是开发的重点区域?到时候,会比老汉口还繁华的。"

徐汉生说:"你这一说,我心里舒服多了。一会儿,我去跟吴老爷子说说,让他在那边也高兴一下。"

胡汉钢又说道:"老师,你知道日本的新干线么?"

徐汉生说:"我看到过资料,说是列车运行车速每小时可达到三百公里呢,号称是'子弹列车'。"

胡汉钢说:"老师还是广博多识,你说得没错,我们称之为高速铁路。为什么能够跑这么快呢?主要是它的机车是采用了更新的理论技术:动力分散的运行方式,简单点说就是每节车厢的车轮都安装了电动机,将列车的动力分散到各节车厢,这种高速列车,又叫动车组。你看,这是不是又比我们现有的机车更先进?"

徐汉生说:"你该不会说这个我们也会引进吧?"

胡汉钢神秘地说:"我刚才提到的那个同学姬克强,他对此很感兴趣,正在受命对日本的新干线进行研究,一切皆有可能呢!"

徐汉生感叹道:"今天我长见识了,以后要喊你老师了呢。你别谦虚,我还有个请求,什么时候你有空到我们学校,给我们全校师生做一次报告,会很有意义、也会很轰动的。"

胡汉钢满口答应了。

七十、峡风茶道

接到翠闽的电报,克强赶回到病危的父亲身边。

初江喃喃自语:"啊,我没有听伯伯的话呀,没有跟他一起留在铁路上啊！我一辈子胆小，怎么就跟国民党部队走了呢？我怎么就跟国民党部队到缅甸去了呢？"

克强抚摸着父亲的手："您就别瞎想了，现在不是平反了么？不管怎么说，工资也补发了，名誉也恢复了，咱们也就不再纠结了。不管什么党、什么军，当年都是为了抗战打日本，您是英雄。"

初江看着翠闽怀里抱着的孙儿："我的盼盼不能再受苦了啊。"

克强对着父亲的耳边小声说道："我妈在那边等着您呢，给我妈妈带个好。"

初江嘴角呈现出了一丝笑意，虚弱地哼哼道："我要回家。我的二胡，二胡……回家……"声音越来越小，最后长吁一口气，溘然长逝。

火化场走道，克强最后一次凝望着穿戴着寿衣寿帽的父亲，将父亲一直珍藏的二胡，放到父亲身边。

一年后，初江的骨灰安葬到武昌卓刀泉古寺下的公墓里，克强全家人在初江墓前敬香、磕头。

遵照初江的遗愿，他的墓碑后刻着："野火烧不尽，春风吹又生"的诗句。不同的人用不同的方式诠释着逝者的本意。

姬丽丽到汉川老家找寻姬元灼的信息，最后得到了姬家在武汉的地址。她又赶赴武汉，找到了武昌元梅的家。

元梅见到一位不认识的女人指名道姓地登门找姬元烁的家人，疑惑地问："你是姬家的亲戚？是几房的？"

姬丽丽在确认了这位老太太就是自己亲生父亲的嫂子后，眼泪就下来了："大妈，您就是我的大妈呀！我是姬元灼的女儿，专门从台湾来寻亲认祖的。"

元梅还没有反应过来："你是元灼的姑娘？你是二房的？"

姬丽丽使劲地点着头。

元梅这下清楚了，激动地说："哎呀！你是二房的呀！从那么远找过来，造业了呀！我还是在抗战前见过你爸爸的，后来一直没能再见到，再后来听说他到台湾去了，就更见不到了。他还在吗？"

姬丽丽哭着说："大妈，我父亲都死了二十多年了。现在就剩我一个人了。"

元梅鼻子一酸，眼眶也红了："造业，造业啊！快，快进来！"

等姬丽丽坐下，元梅赶紧给初胜打电话，告诉他家里来了贵客，赶紧赶回来。

听说是台湾二叔家里的人回来了，初胜不敢怠慢。但他一想，这个二叔只是听父亲说过，自己一点都不了解情况，大概北京的大姐会知道一些，于是，他又给北京大姐家里打了个长途电话，询问情况。

初昌接到初胜的电话，一听就急了："跟姆妈说，不要见她！"

见初胜不明白，初昌就把这个丽丽和二叔、初江两家的关系说了出来。并说："你跟姆妈说，这个二房家里人我们不要再理会了，我们姬家要跟他们断绝关系！"

赶回家里的初胜，跟丽丽打了个招呼后，就把母亲拉到厨房，把大姐的话一五一十地告诉了母亲。

元梅听完后，脸色大变，放下手里的活，就往外屋冲去，初胜想阻拦都来不及。

元梅对丽丽说："你找错了人家，我们不是你要找的人。快收拾起你的东西，你快走！"

见元梅一下子态度大变，丽丽不明就里，看看初胜。初胜刚要开口，元梅就喊道："你快走啊！"

丽丽说："大妈，您……"

元梅气急败坏地打断了她："谁是你的大妈？你要搞清楚再喊！快走！你还不走？那你是姬家的哪一个啊？是哪个辈分哪个字的人啊？你到底要喊我么事啊，是该喊大妈吗？还是该喊……我都说不出口啊！

滚！你快滚啊！我们姬家没有这个叫姬元灼的人啊！"说到这里，元梅气得想哭，却欲哭无泪，她只好双手拍着腿干号起来："扒灰呀！丢人啊！我们姬家没有这门亲戚啊！这二房的就不是人啊！我们家没有二房啊！你快滚啊！"

看着手足无措的丽丽，初胜有些怜悯起来。他犹豫了一下，递给她一张写了大姐家电话号码的纸条，说："你走吧。我们也不清楚这里面的事情。要不你到北京我大姐那里去问问。"

元梅吼道："还要丢人丢到北京去？不准去！我们姬家没有二房！"

丽丽只好离开姬家，一路上，她百思不得其解，感到极其委屈。想到初胜的话，她径直叫了辆车，赶往飞机场。

到了北京，丽丽打通了初昌家里的电话，初昌一听是姬丽丽，就挂了电话。再打，就没人接电话了。

她只好先在酒店住下。

这一夜，她都无法入眠，各种情况她都进行了假设，但又都给否定了。一大早，她忍不住又往初昌家里打了个电话。

这次，是一个男的接的电话，他只简单地问了句："你现在住在哪里？哦，你在酒店等我。"

张鹤鸣赶到丽丽住的酒店，自我介绍后，陪她吃了个早餐。

张鹤鸣边就餐边客气地问了问丽丽和刘一鸣家里的近况，丽丽魂不守舍地回答着。

餐后，张鹤鸣到丽丽的房间，和她交谈了一整天。也不知道他们具体谈了些什么，第二天，丽丽一人静悄悄地返回到台湾。

半年后，姬丽丽改回母姓，回到大陆，在外公、外婆殉国之地湖北宜昌定居下来。

后来，她在宜昌开了个叫"峡风茶道"的茶馆，边经营茶馆边写些文章寄往港台的杂志上发表，几年来她再也没有与姬家人联系。再后来，她和几个志同道合的文友一起，创建了一个叫"苍狼的怒嚎"的民间团体，进入到宜昌夷陵区的崇山峻岭里寻找当年的抗战遗迹，并对发现的烈士遗骸进行收殓立碑。

克强拿到博士学位后，正式进入铁道部研究所任研究员。

张鹤鸣突发脑溢血死亡，学院里组织了张鹤鸣纪念活动，并出版了《张鹤鸣学术论文选》《张鹤鸣诗文选》《张鹤鸣书画选》。

克强翻看着纪念张鹤鸣的画册，仿佛现在才意识到张鹤鸣的学术地位和价值，后悔自己没有更深入地与这位尊敬的长辈进行讨教。逝者已去，他陷入深深地悲痛与自责之中，甚至超过了丧父之痛。

姬克武、胡汉桥、汤岩、葛慧能高中毕业了，他们一同报考了武汉铁路司机学校，又一起接到了录取通知书，分别进入司机学校的内燃机车乘务班和车辆检修班。

克强在互联网上看到了胡丽丽在宜昌抗战遗址上收敛烈士遗骸的报道，知道了她的信息。于是，趁着在宜万高铁调研的机会，走进了宜昌老街里的"峡风茶道"。

一进入"峡风茶道"，仿佛进入了另一个世界。里面面积并不大，一色的硬木桌椅，在柔和的灯光下显得那么的沉稳和宁静。茶架上，陈列着各种茶罐，茶罐之间穿插摆着些紫砂壶；绿色植物的藤蔓攀爬在茶架上，又在这黑红的色调上了平添些亮绿，使生硬的器物具有了生机之感。留白的墙面上挂着些中国茶文化内容的字画，与整体格局完美搭配，使整体效果饱满起来，文化韵味立刻凸显。拐角转过去，一面岩石做底的墙上，却是挂着些与茶室根本不搭调的军用品，有钢盔、弹夹、子弹壳、军用水壶、水杯等，都是锈迹斑斑、残缺凹瘪。

一曲古琴的轻音回响在耳畔，茶室里已经有几个人在品茶。

见到克强那好奇的表情，穿着白色亚麻长袍的领位小姐，微笑着说："先生这是第一次来吧。"

克强说："是的，我是专门来拜访胡老板的。"

"哦，您认识我们老板，那就能领会这面墙的意思了。您先品茶，我去请老板。"

克强问："胡老板不在店里吗？"

茶师小姐指指另一个区域，说："老板正在弹古琴，要等她这一曲完了才能过来。"

克强说："你告知她就行了，我不急。"

他点了份本地的五峰绿茶。古色古香的茶具，茶师灵动娴熟的泡茶姿态，一会儿便茶香四溢。流水般古琴声绵长流转，克强一人独品着茶、享受着音乐，这轻松舒适的氛围里，他竟有些世外桃源之感。

琴声停了下来，但感觉耳膜依然在震动，茶杯里那一缕漂浮的蒸汽也还在按着琴音的节奏变换、升腾着。克强此时才真正感受到了什么叫作余音绕梁、三日不绝。

跟茶师们穿着一样的白色亚麻长袍的胡丽丽优雅地站在了克强对面，问了句："先生，您找我？"那声音燕语莺啼如同少女，根本不像四十多岁的中年妇女。克强不禁暗自惊讶。

胡丽丽坐了下来，笑吟吟地看着克强。柔和的灯光照在她轮廓清晰的脸庞上，显得那么地庄重、安详。克强脑海里跳出了两个词：淡然自若，清逸脱俗。这也跟自己原来对这个丽丽的想象差别太大了！

停滞片刻，克强说道："我是铁路局的，到宜昌出差。我是在网上看了您的事迹，特地慕名而来的。胡老板，久仰了！"

胡丽丽说："非常感谢您光临峡风茶道。来到这里，就只谈茶道，至于社会活动，"她指了指另一边四五个一边喝茶一边摊开资料讨论着的人，"你要参与到他们之中。"

"他们是？"

"他们都是'苍狼的怒嚎'户外探险队的。你在报纸上看到的事情，都是他们做的。"

克强钦佩地看了他们一眼，说道："我今天来，就是喝茶的，顺便看看您这个传奇人物。"

胡丽丽摇摇头："您说错了，我一点都不传奇。你知道么，你随便问一位茶客，他的父辈、祖父辈，都会比我传奇。"

克强说："那倒是，经历了抗日战争、解放战争，活下来的每一个人都是历史的传承人。"

胡丽丽不由得认真地看着克强："您好像不是铁路局的干部吧？您更像一名学者。"

克强笑了："我是铁路里的学者，也是学者里的铁路人。"

胡丽丽也笑了："您真幽默。你觉得这宜昌的茶叶怎么样？"

克强端起茶杯，评价道："茶色翠绿，气味芳香，滋味醇和，好茶！比我喝过的西湖龙井、信阳毛尖毫不逊色。"

胡丽丽说："您很会品茶。"

克强说："您抬举我了。我更看中喝茶的环境。您这里闹中取静，既有世外桃源的意境，也有赤壁怀古的情怀，特别是胡老板的洒脱、豪气，实在是难得的品茶之地。"

胡丽丽说："喝茶要心静，心静才能品尝到茶的奥妙。静静感受茶的境界，将心中杂事、欲望放下，让一切回归到自然的、平和的心灵原点，这就是茶道。"

克强说："说得好！茶中有道，饮茶者也有道。'什么都没有，又好像什么都有，是静静地蕴藏着，生命与创造原的地方，也是真正能得到休息与安宁的地方。无何有之乡就是生命的故乡，艺术的故乡，思维的故乡……是人的故乡。'这是我见过的一首茶室的诗，用在您这里再恰当不过了。"

胡丽丽笑了："您这是赞誉台湾紫藤庐茶室的诗。紫藤庐我以前也常去的，用在我这里实在是不敢当。"

有茶师过来小声对胡丽丽耳语了几句，胡丽丽抱歉地对克强说："实在抱歉，那边户外探险队的要我过去谈点事，不能陪您喝茶了。"

克强说："我也喝好了，也该走了。"

胡丽丽说："那我们就要说再见了。"

克强站起身来，说道："您也不问我姓什么？"

胡丽丽微微一笑："不问来去，不问缘由，来的都是客，缘分定分合。先生姓什么不重要，有缘我们会再见。欢迎再次光临峡风茶道。"

走到街道口的克强忍不住又回头看了一眼峡风茶道，心里默念了句：茶就静静等在那里，来，或者不来，她就在那里。

七十一、新一代铁路人

到了湖北，克强是必须要到武昌看看奶奶的。

年老的元梅，见到长孙，自然是喜得合不拢嘴。克强也很会讨老人开心，三十几岁的人了，还像个孩子一样跟奶奶疯闹。

知道克强回来了，初湘、初胜、初解三个叔叔也赶了回来。

克强说："叔叔们都回来了，你们和奶奶正好凑一桌麻将。"

元梅说："是啊，我都好久没有摸牌了，心里想得很呢！"

初胜说："克强，今天你陪奶奶打牌吧，我来给你当参谋。"

克强为难地说："我是一点都不会啊！还是八叔您上吧，我给您们端茶续水，做好服务。"

这边，初解已经摆好了麻将桌，催促着："快点啊，克强不会打，老八哥你就上吧！"

几个人陪着元梅就开始打起麻将来。

初湘出牌较慢,认真地埋头看着自己的牌打;初胜呢,老是在给母亲放水,元梅连续胡了几把,高兴得不时大笑。

几圈过后,初解的牌运好起来,一连胡了几大把。

初胜见自己有意给妈妈放水都挡不住初解的大胡,讪讪地说:"这满贯是遗传了老妈的牌技,青出于蓝,现在是牌仙了,我们都打不过啊。"

克强说:"奶奶,您就放开了打,输了算我的!"

初胜说:"还是克强好。"

等牌码好了,初解催道:"姆妈,您家快起牌啊!"

见老太太还没有动,几个人一同朝老太太看去。她靠在椅子上,像是睡着了。

初胜一看,说了声:"不好了!"忙起身摸着老太太的颈脉,脸色煞白地说:"姆妈走了!"

元梅就这样无疾而终。

高考分数线出来了,吴尔奇顺利地考入武汉大学物理系。

考试发挥失常的姬克汉却只能进入中专:武汉铁道运输学校。

要强的克汉在家里哭了,他央求父亲让他复读,明年重新参加高考。

初湘不同意,说:"考上中专也不错了!复读一年,就晚参加工作一年。再说了,一年后你能保证就能考上?你要分析一下,拉你的分的是英语,语言这个东西是不可能一年内能有多大的突破的。要是明年分数线又提高了呢?那你不是鸡飞蛋打了!"

克汉不服气,说:"我离高考录取线只差三分,我就是要复读!"

听说了姬克汉的事,徐汉生专门叫吴尔奇把克汉叫到学校来,对他说:"你就是一根筋。武汉铁道运输学校很好啊,你要知道,几年后中国铁路将迎来一个什么样的飞跃性发展啊,好多技术,不是上大学能遇得到的。我倒是巴不得你能加入到其中呢，凭你的智商，一定会大有作为的。再说了，上大学就非得住到大学里面去？老师我不也是没有上过正规大学么？关键在于你自己，现在自修大学、函授大学，文凭不都是国家承认的么，关键是你还可以自由选择你所喜欢的科目。我相信你，很有可能你会比吴尔奇更早拿到大学文凭、拿到更高的学位呢！"

往往是家长说一大堆，都不如老师说一句。姬克汉听了徐老师的话，准备到运输学校报到了。

几年后，初胜之子克征、初解之子克顺从部队复员后，分别分配到武汉客运段、武昌车站。

克汉果然没有辜负徐汉生的期望。从铁路运输学校毕业后，他在武南机务段技术室工作岗位上，加入到大学本科的自修行列，拿到了文凭后，又开始了读研。

姬克强呢，从铁道部工程师的岗位上调任我国铁路史上修建难度最大、公里造价最高的山区铁路线——宜万铁路工程的副总指挥长。

至此，姬家实现了姬元烁老人的遗愿：姬家铁路后继有人了。

在美国的姬初兴联络元祥之孙姬克鹏，回到老家汉川投资，圈地建设大规模的科技开发区——兴隆科技开发区。

于是，当地大批年轻人到科技开发区的工厂里打工。

几年后，当地的水质一步步被工业废水所污染，附近的庄稼重金属超标，土地被荒废，姬家河也断流。无奈，青壮年都到城里去打工，只剩些老弱病残留守在姬家湾。

后来，姬家湾又发现多人患癌症，特别是老人，几乎都是死于癌症。姬家湾以及附近的村庄一片恐慌，家家户户的留守人口都随子女外迁，姬家湾成了一座荒芜的空村。

在政府的严厉查处和各种官司的困扰之下，姬初兴不得不停止了一些工厂的建设计划，并对开发区进行全面改造。姬家湾的沟沟壑壑及破旧不堪的老房屋被推平了，准备在这里建一个养老院。

姬家湾彻底地消失了。

2009年的12月26日，新建的犹如大鹏展翅状的武汉火车站正式启用，同时迎来了"和谐号"电力动车组的首次正式运营。

高铁动车平稳地停在了停车标前。担当这次乘务的司机姬克武，在给站台上的铁道部领导敬礼时，看到姬克强也在领导队伍里，咧开嘴笑了。

2012年7月1日，汉宜高速铁路正式开通运营，"和谐号"开进了汉川火车站。已经调回到铁道部的姬克强，站在汉川火车站的站台上感慨万千。他想到了爷爷，想到了父亲，想到了他所崇敬的姑父。在这片土地上，曾经有多少仁人志士走出田园、投身到中国的铁路建设之中，但他们并没有看到火车开进自己的家乡。他想，此刻自己是代表着他们所有人来迎接这历史性时刻的，一种自豪感油然而生。他不由得扬起头来，任凭清风吹拂着他那已呈现出白丝的头发。

2014年8月，姬家子侄辈相约北京，给九十六岁的大姑妈初昌祝寿。

克强的儿子盛盼正在北京上大学，也赶到了姑奶奶家里。

已经退休的北京交通大学教授张抗抗与克强探讨着铁路的发展，在对铁路也是工业产品，也要市场化、国际化的问题上，他们各抒己见，不时争得面红耳赤。

见大哥、大姐在争论，一帮弟弟们知趣地走了出去，围在了坐在轮椅上的老寿星身边。

初昌见到这一大帮子侄，高兴得合不拢嘴。

听到争吵声，初昌对盛盼说："盼盼啊，你爸爸和你姑妈又在争吵什么啊？他们俩一见面就争，没完没了。你去把他们喊出来。"

盛盼不屑地说："不想理他，我和我爸爸也经常这样。他都要落伍了，不值得跟他吵。"

初昌不愿意了:"你这个孩子,怎么这么说你爸爸。"

盛盼说:"姑奶奶,您是不知道,我学的是信息自动化管理,他真的是一知半解呢,却总是要和我抬杠!"

初昌笑了:"你个小子,愣是比你爸爸有学问了?"

克汉说:"盛盼,你是不知道,你爸爸在几年前就跟我说过信息自动化在机车上的运用呢。"

初昌看着一大群子侄,说道:"记得当年你们的爷爷对内燃机车要替代蒸汽机车非常向往,没想到现在你们对动车都不满足了。好!我们姬家铁路人一代更比一代强。"

克顺说:"姑妈,您什么时候也坐一次高铁,就坐克征的车,他现在是列车长,可以全程好好照顾您呢!我呢,就在武汉火车站把您老当作铁道部长一样接车。最好是让克武到火车头上添乘,克武现在是机务段的运转主任呢,那火车还不开得稳稳当当的。克腾哥,是铁路刑警大队的队长呢,还有克汉,还有……"

初昌笑得合不拢嘴,笑着说:"你们这是要开个姬家铁路局呀!唉,只是我太老了,出不了门了,要不,我还真想坐一次姬家人开的火车呢!"

大家都笑了起来。

初昌突然用纯正的汉川腔调说道:"我好想念老屋前的那个河汊。"

"说什么呢,这么热闹?"张抗抗问道。

见大姐和大哥过来了,弟弟们忙起身让座。克顺说:"老姐,姑妈说要开姬家铁路局呢!"

张抗抗笑了,对老母亲说:"那就开吧,您就当局长,姬局长!"

大伙都笑了。

盛盼拉着张抗抗的衣袖,问道:"大姑妈,您给我爸上课了?有效果吗?他可是个老顽固。"

张抗抗一甩衣袖："你胡说呢！你爸爸可不是顽固，比你精明着呢！"

张平平说："姐，你们争论半天，到底说些什么，你就给我们说说呗，看弟弟们都急着打听呢！"

张抗抗说："我们谈得好着呢！来来，姬领导，您来说说。"

克强还未张口，克征就带头鼓起掌来。张抗抗笑着挥手阻止："去去，马屁都拍到家里来了！"

克强说道："现在，真是我们国家的铁路盛世。你们知道吗，今年，我们的铁路投资都超过8000亿了，不仅以前我们难以想象，世界上也没有哪个国家有如此大的手笔呢。今年，新线投产8427公里，是中国铁路历史的最高纪录。现在，我们国家的铁路营业里程已达11.2万公里，其中高铁1.6万公里，可以自豪地说，中国已经是世界铁路大国！"

张抗抗接着说："以前，一条京九线的开通就是重大利好消息，而现在，我们国家贯通东西、纵横南北的高速铁路已经形成网状，还有城际铁路、有轨交通的补充，几年之间我们就成冲在了世界前沿。但是，我们下一步该怎么办？还往哪里修？我刚才跟克强就是在探讨这个问题。盛盼，你知道'一带一路'是说的什么吗？"

盛盼答道："'一带一路'是习主席在去年出访中亚和东南亚国家期间，先后提出来的共建'丝绸之路经济带'和'21世纪海上丝绸之路'，简称'一带一路'。"

张抗抗满意地说："时事政治学得不错，表扬一次。你再说说，这个'一带一路'的核心到底是什么？"

盛盼说："把生意做到国外呗。"

张抗抗说："是这个意思。就是促进各国经济繁荣和区域经济合作。"

克汉说："我明白大姐的意思了。您是说我们要把生意做出去，把我们的高铁卖到国外，缓解我们的高铁产能过剩状况。"

张抗抗高兴地说:"还是我们克汉领悟性强!盛盼,你还要像叔叔们好好学习。"

克强说道:"大姐跟我提出的几个必须解决的问题,正是我们在解决的问题。铁路要走出去才能有持续地发展,要走出去面对国际市场,就必须解决诸如知识产权、铁路投融资体制改革、铁路基建行业战略调整、生产资源重新组合等关键问题。我可以告诉大家的是,我们都在努力、在准备了,具有完全自主知识产权的中国标准动车组也将正式下线,中国出口到欧洲的第一个动车组项目、也是中国动车组产品符合欧洲TSI(欧洲铁路互联互通技术规范)要求进入欧洲市场的第一单合同也已经签订。伴随着"一带一路"战略的提出和实施,中国高铁走出去多个项目正在实施中。中国高铁'走出去'的步伐已呈现出逐步加快的态势……"

张平平在老母亲耳边大声地说:"你听清楚了吗?说您的'姬家铁路局'要开到外国去,要变成'国际托拉斯'呢!"

这时,盛盼走到克强身边,悄悄地问道:"老爸,我毕业后可以报考铁路岗位吗?"

克强说:"那是必然的。我们姬家铁路怎么能到你这一代断了档?"

克强走到窗前,看着窗外茂盛的树木。摇曳着的树叶发出哗哗的响声,克强仿佛听见了火车汽笛的长鸣。

2018年4月20日
第三次修订于北京

后记

从汉口南面汉川县姬家河边乡下走出来的几个青年，有加入到中国铁路建设中的，有投身军界而成为国民党高级将领的，有献身教育成为教育家的，也有参加了共产党成为解放军高级将领的……他们坎坷的一生，被历史的潮流裹挟着，以不同的方式与聚变中的国家和民族共同承担着灾难和辉煌。

其中，铁路世家姬家百年的传奇和对铁路坚定不移的传承和坚守，更是展现了中国铁路人的个性与风范。同时，也记录了武汉这个中国铁路重镇的历史、地理、文化和民俗的变迁。本故事虽是虚构，但人物和事件均有原型。我即出生在这样的家庭。眼看着老人一个个离去，老地方一处处消失，活生生的事件都成了传说和故事，以致我现在想找个人询问一下旧事都找不到了人，而且在这方面鲜有记载，我很郁闷。闲暇时，我和朋友们侃天，说了一些带有传奇色彩的故事，没想到大家都很感兴趣也很好奇，他们鼓励我系统地写出来。但又因为题材过于宏大，需要查找的资料太多太难，其中还涉及有些家族恩怨和隐私很难合适地表达，所以断断续续、写写停停，一搞就是近十年。现在终于截稿，也算是了了我和家族老人的一桩心愿。

但这期间，又不断有老人逝去，我怕成书后真的没有了一位可以点评事件的老人，虽然惶恐，但还是把书稿递了出去，希望有些出书的价值。最早提议我写出来的人是一位退休的老编辑李海璞老先生；写成几千字的故事梗概后，觉得是个好东西、鼓励我写下去并多次组织他的作家朋友和我交流研讨的是作家徐晓光先生；初稿出来后，我的发小、传媒界企业家杨宏武对此很感兴趣，他把我收罗到他的公司，让我专心完成了它。还有我的一些同学、发小，都是铁路子弟、都是在铁路边长大，他们都盼望着能看到完整的故事。我心存感激，不能辜负他们，遂完成此稿以飨亲友和有缘的读者朋友。

段纪武
2018年4月20日